Gert Kowarowsky

Individualisierte Burnout-Therapie (IBT)

Ein multimodaler Behandlungsleitfaden

Verlag W. Kohlhammer

1. Auflage 2017

Alle Rechte vorbehalten
© W. Kohlhammer GmbH, Stuttgart
Gesamtherstellung: W. Kohlhammer GmbH, Stuttgart

Print:
ISBN 978-3-17-032341-4

E-Book-Formate:
pdf: ISBN 978-3-17-032342-1
epub: ISBN 978-3-17-032343-8
mobi: ISBN 978-3-17-032344-5

Für den Inhalt abgedruckter oder verlinkter Websites ist ausschließlich der jeweilige Betreiber verantwortlich. Die W. Kohlhammer GmbH hat keinen Einfluss auf die verknüpften Seiten und übernimmt hierfür keinerlei Haftung.

Inhaltsverzeichnis

Prolog 11
Einleitung 11

1 Burnout – Was ist das eigentlich? 13
   1.1 Das Burnout betritt das Behandlungszimmer 13
        1.1.1 Sozialrechtliche Aspekte der Diagnostik 14
        1.1.2 Burnout ist immer etwas Individuelles 16
        1.1.3 Burnout: Der Persönlichkeit oder den Verhältnissen geschuldet?..18
        1.1.4 Burnout kennt inzwischen jedes Kind 20
   1.2 Die Geschichte des Burnout-Begriffs 21
   1.3 Definitionen von Burnout 21
        1.3.1 Die Grundelemente der Burnout-Definition 21
        1.3.2 Burnout-Definitionen: Fazit 23
   1.4 Die verschiedenen Burnout assoziierten Symptome 27
   1.5 Der Burnout-Verlauf 29
        1.5.1 Die verschiedenen Phasenmodelle des Burnout-Verlaufs 29
        1.5.2 Die zwölf Stadien des Burnout-Verlaufs nach Freudenberger
               und North (1997) 30

2 Differenzialdiagnostik bei Burnout 33
   2.1 Hinweise zu Besonderheiten bei der Gesprächsführung während
        der Anamnese und Diagnostik 33
   2.2 Das biopsychosozial-environmentale Modell 35
   2.3 Die somatische Ursachenvielfalt für einen Zustand völliger Erschöpfung ...37
        2.3.1 Adrenalinmangel 42
        2.3.2 Allergie 42
        2.3.3 Anämie 43
        2.3.4 Andere Vitamin- oder Mikronährstoffdefizite im Blutbild: 43
               2.3.4.1 B1-Mangel 43
               2.3.4.2 B2-Mangel 44
               2.3.4.3 B3-Mangel 44
               2.3.4.4 B4-Mangel 44
               2.3.4.5 B5-Mangel 45
               2.3.4.6 B6-Mangel 45
               2.3.4.7 B7-Mangel 46
               2.3.4.8 B8-Mangel 46
               2.3.4.9 B9-Mangel 46

2.3.4.10 B10-Mangel 46
2.3.4.11 B11-Mangel 47
2.3.4.12 B12-Mangel 47
2.3.4.13 Biotin-Mangel 47
2.3.4.14 Coenzym-Q10-Mangel 48
2.3.4.15 Eisen-Mangel 49
2.3.4.16 Folsäure-Mangel 49
2.3.4.17 Kalium-Mangel 50
2.3.4.18 Kalzium-Mangel 50
2.3.4.19 Kupfer-Mangel 51
2.3.4.20 Magnesium-Mangel 51
2.3.4.21 Molybdän-Mangel 52
2.3.4.22 Selen-Mangel 52
2.3.4.23 Thiamin-Mangel 53
2.3.4.24 Tryptophan-Mangel..53
2.3.4.25 Vitamin-A-Mangel 54
2.3.4.26 Vitamin-C-Mangel 54
2.3.4.27 Vitamin-D-Mangel..55
2.3.4.28 Vitamin-E-Mangel 56
2.3.4.29 Vitamin-K-Mangel 57
2.3.4.30 Zink-Mangel..57
2.3.4.31 Mangel an Omega-3- und Omega-6-Fettsäuren 58
2.3.4.32 Wasser-Mangel 59
2.3.5   Weitere biologisch-medizinisch mögliche Gründe für
          Erschöpfung 61
2.3.5.1   Infektionen (bakterielle, virale) 61
2.3.5.2   Fernreisefolgen mit potenziellen Infektionen vor
          dem Auftreten der Erschöpfungssymptome 61
2.3.5.3   Hepatitis (Leberentzündung)..61
2.3.5.4   Diabetes..62
2.3.5.5   Starke Menstruationsblutungen und/oder
          starke hämorrhoidale Blutungen 63
2.3.5.6   Schwangerschaft 63
2.3.5.7   Krebs (Malignome, Lymphome, Leukämie) 63
2.3.5.8   Chronische Krankheiten 64
2.3.5.9   Erkrankungen des rheumatischen Formenkreises
          (incl. Fibromyalgie)..66
2.3.5.10 Schilddrüsenunterfunktion (Hypothyreose).................67
2.3.5.11 Nierenerkrankung...67
2.3.5.12 Lungenerkrankungen (z. B. Tuberkulose)....................68
2.3.5.13 Herz-Kreislauf-Erkrankungen 68
2.3.5.14 Magen-Darm-Erkrankungen 68
2.3.5.15 Übergewicht (starke Gewichtszunahme vor Beginn
          der Erschöpfung) 69
2.3.5.16 Untergewicht (starke Gewichtsabnahme vor Beginn
          der Erschöpfung) 70

2.3.5.17 Chronisch ungesunde, unregelmäßige, nährstoffarme
und vitalstoffarme Ernährung 70
2.3.5.18 Aktuell oder seit längerem vorgenommene radikale
Ernährungsumstellung 70
2.3.5.19 Nebenwirkungen von Medikamenten 71
2.3.5.20 Borreliose 72
2.3.5.21 Epstein-Barr-Virus..72
2.3.5.22 Aktuell oder länger zurückliegende operative Eingriffe
oder größere Verletzungen 72
2.3.5.23 Schlafstörungen 73
2.3.5.24 Andere Krankheiten mit einhergehender tiefer
Erschöpfung 75
2.3.6 Zusammenfassung der sinnvollen somatischen Untersuchungen
bei Burnout 76
2.4 Psychische/psychologische Ursachen 76
2.4.1 Alkoholmissbrauch oder Alkoholabhängigkeit
(Störung durch Alkoholkonsum)....................................77
2.4.2 Angststörungen...79
2.4.2.1 Panikstörung 80
2.4.2.2 Agoraphobie 82
2.4.2.3 Soziale Phobie...85
2.4.2.4 Spezifische Phobien...87
2.4.2.5 Generalisierte Angststörung 88
2.4.2.6 Krankheitsangststörung (Hypochondrische Störung) ...89
2.4.2.7 Zwangsstörung 90
2.4.3 Depressive Erkrankungen 91
2.4.3.1 Unipolare Depression...93
2.4.3.2 Bipolare Störungen 96
2.4.3.3 Posttraumatische Belastungsstörungen.......................99
2.4.3.4 Anpassungsstörungen 103
2.4.4 Neurasthenie...106
2.4.5 Chronisches Erschöpfungssyndrom (Chronic Fatigue
Syndrome: CFS/ME) – Systemic Exertion Intolerance
Disease (SEID) 107
2.4.6 Somatoforme Störungen – Somatische Belastungsstörungen 109
2.4.7 Persönlichkeitsstörungen...111
2.4.7.1 Paranoide Persönlichkeitsstörung...............................113
2.4.7.2 Schizoide Persönlichkeitsstörung 114
2.4.7.3 Schizotype Persönlichkeitsstörung 114
2.4.7.4 Antisoziale Persönlichkeitsstörung 115
2.4.7.5 Borderline-Persönlichkeitsstörung 116
2.4.7.6 Histrionische Persönlichkeitsstörung 117
2.4.7.7 Narzisstische Persönlichkeitsstörung..........................119
2.4.7.8 Vermeidend-selbstunsichere Persönlichkeitsstörung ..121
2.4.7.9 Dependente Persönlichkeitsstörung 122
2.4.7.10 Zwanghafte Persönlichkeitsstörung 123

2.4.7.11 Persönlichkeitsveränderung aufgrund eines
anderen medizinischen Krankheitsfaktors,
andere näher bezeichnete Persönlichkeitsstörungen,
nicht näher bezeichnete Persönlichkeitsstörungen 124

2.4.8   Substanzkonsumstörungen...126
2.4.9   Essstörungen..130
    2.4.9.1   Anorexie 130
    2.4.9.2   Bulimie 130
    2.4.9.3   Binge-Eating 131
2.4.10   Negativsymptomatik der Schizophrenie 132
2.5   Arbeitsplatzbedingte Ursachen 133
2.6   Soziale Ursachen 141
2.7   Umweltbedingte Ursachen 143

3   Individuelle Behandlungsplanung 147
3.1   Das individuelle Burnout-Verständnis erfassen 147
3.2   Die individuellen Einflussfaktoren gewichten – Sinnvolle Diagnostik 148
    3.2.1   Burnout-Testverfahren 149
        3.2.1.1   MBI – Maslach Burnout-Inventar 151
        3.2.1.2   Tedium Measure – Die Überdruss-Skala
(Tedium Scale) 152
        3.2.1.3   Freudenberger-Test
(Burnout-Test nach Freudenberger).......................153
        3.2.1.4   Canaff-Test (Burnout-Test nach Canaff)...................153
        3.2.1.5   BOSS – Burnout-Screening-Skalen 153
        3.2.1.6   Possnigg-Test
(Fragebogen zum Burnout-Zustand nach Possnigg) ...154
        3.2.1.7   HBI – Hamburger Burnout-Inventar 156
    3.2.2   Erweiterte Burnout-Syndrom-Diagnostik 157
        3.2.2.1   Das Stressverstärker-Profil nach Kaluza 157
        3.2.2.2   AVEM – Arbeitsbezogenes Verhaltens- und
Erlebensmuster 158
        3.2.2.3   BDI-II – Beck Depressions-Inventar 160
        3.2.2.4   Arbeitsblatt 1 und SCL-90 160
        3.2.2.5   Störungsspezifische Diagnostik 161
3.3   Den Arbeitsauftrag erarbeiten 162
3.4   Individuelle Therapieziele festlegen 163
3.5   Therapiestrategien auswählen 167
3.6   Die therapeutische Allianz sichern durch motivierende
Gesprächsführung 168

4   Therapiebausteine zur kompetenten Burnout-Behandlung –
Die Behandlungsmodule 173
4.1   Die Grundlagen der Burnout-Behandlung 173
4.2   Modul 1: Das individuelle Burnout verstehen – Psychoedukation 173
4.3   Modul 2: Motivierung 175

4.4   Modul 3: ABC-Modell 176
        4.4.1   Das ABC-Modell vermitteln..177
                 4.4.1.1   Das ABC-Modell praktisch anwenden 182
                 4.4.1.2   Antworten auf häufig von Patienten gestellte Fragen 188
                 4.4.1.3   Die Rationale Selbstanalyse (RSA) vermitteln 193
4.5   Modul 4: Burnout verstärkende Kognitionen kennenlernen 198
        4.5.1   Die Top Ten irrationaler Grundeinstellungen nach Ellis 198
        4.5.2   Eine ganz besondere Kognition 199
        4.5.3   Die fünf Stressverstärker nach Kaluza....................................200
4.6   Modul 5: Burnout vermeidende Kognitionen einüben 201
        4.6.1   Die Rationale Vorstellungsübung (RVÜ) 203
        4.6.2   Konstruktive Kognitionen einüben mit dem
                 Ein-Personen-Rollenspiel 204
        4.6.3   Eine ganz besondere Art, konstruktive Kognitionen einzuüben..206
4.7   Modul 6: Äußere Belastungsfaktoren verringern –
        Stressbewältigungskompetenz vermitteln 207
        4.7.1   Die eigenen Körperreaktionen unter Belastung kennenlernen.....211
        4.7.2   Entspannungsübungen selbständig durchführen können 213
        4.7.3   ABC-Modell verstehen und anwenden können 216
        4.7.4   Techniken der kognitiven Umstrukturierung anwenden können 217
4.8   Modul 7: Achtsamkeit und Akzeptanz verstehen und
        anwenden können 217
4.9   Modul 8: Selbstwertkonzept verstehen und anwenden können 221
4.10   Modul 9: Selbstregulationsfähigkeiten erlernen und anwenden können 225
        4.10.1   Fehlt es an der Klarheit der Ziele? 226
        4.10.2   Realistische Einschätzung eigener Kompetenzen 227
        4.10.3   Die Fähigkeit, mit inneren und äußeren Störungen auf
                 dem Weg hin zu Zielen kompetent umgehen zu können 227
        4.10.4   Positive Konsequenzerwartung 228
4.11   Modul 10: Problemlösungsstrategien kennen
        und anwenden können 228
4.12   Modul 11: Zeitmanagement individuell anwenden können 231
4.13   Modul 12: Ressourcenaktivierung durchführen können 241
4.14   Modul 13: Resilienzfaktoren aktivieren können 242
        4.14.1   Der Zehn-Punkte-Plan der APA zur Resilienz 243
        4.14.2   Antonovsky: Resilienz durch Kohärenz 243
        4.14.3   Die sieben Resilienzfaktoren nach Emmy Werner 245
4.15   Modul 14: Selbstfürsorge – Motivierung zur Lebensstiländerung 253
        4.15.1   Relevante Bereiche der Selbstfürsorge 253
        4.15.2   Selbstfürsorge aus der Sicht der Traditionellen Chinesischen
                 Medizin (TCM) 266
        4.15.3   Selbstfürsorge aus der Sicht des Ayurveda 272
Epilog 281
Individualisierte Burnout-Therapie (IBT) Flussdiagramm 282
Literaturverzeichnis 284
Verzeichnis der Onlinematerialien 294
Stichwortverzeichnis..298

Onlinematerial:
Arbeitsmaterialien
Memoblätter
Rezeptvorschläge
Videotipps
Abbildungen

Hinweis zum Onlinematerial:
Alle im Text erwähnten Arbeitsblätter, Memoblätter, Comics und Abbildungen finden Sie als Download unter http://downloads.kohlhammer.de/?isbn= 978-3-17-032341-4 (Passwort: 7t0tbllw)[1]. Hier können Sie die Unterlagen im direkt für die Praxis benutzbaren DIN-A4-Format ausdrucken.

Zusatz-Information
Die Memoblätter für Ihre Klienten, die Sie hier im Download zum Buch finden, können im Copyshop vergrößert werden auf jede beliebige Größe – DIN A3, 2, 1 oder ganz riesig auf beeindruckendes DIN-A0-Format. Viele Patienten berichten, dass die für sie wichtigsten Informationen als Poster in der Küche, im Flur, im Büro und sogar am Ort der Stille – in der Toilette – sie immer wieder an ihre Veränderungsziele erinnern. Beachten Sie jedoch bitte das Copyright. Eine Vervielfältigung zu professionellen Zwecken ist nicht gestattet.

---

[1] Wichtiger urheberrechtlicher Hinweis: Alle zusätzlichen Materialien, die im Download-Bereich zur Verfügung gestellt werden, sind urheberrechtlich geschützt. Ihre Verwendung ist nur zum persönlichen und nichtgewerblichen Gebrauch erlaubt. Jede Verwendung außerhalb der engen Grenzen des Urheberrechts ist ohne Zustimmung des Verlags unzulässig und strafbar. Das gilt insbesondere für Vervielfältigungen, Übersetzungen, Mikroverfilmungen und für die Einspeicherung und Verarbeitung in elektronischen Systemen.

Prolog

Was ist der Mensch – die Nacht vielleicht geschlafen,
doch vom Rasieren wieder schon so müd,
noch eh ihn Post und Telefone trafen,
ist die Substanz schon leer und ausgeglüht ...

(Dr. med. Gottfried Benn 1955, in dem Gedicht „Melancholie")

Einleitung

Erschöpfung, sich ausgebrannt fühlen, nicht mehr können – diese Erfahrung gibt es seit Menschengedenken, bis hin zur legendären biblischen Elias-Müdigkeit. Der Begriff „Burnout" dagegen ist relativ neu. In den letzten Jahren hat die Bezeichnung „Burnout" eine weite Verbreitung gefunden. In Talkshows, Tageszeitungen, Zeitschriften und vielen wissenschaftlichen und unwissenschaftlichen Büchern wird darüber berichtet. Am Arbeitsplatz fehlt dieser oder jener wegen „Burnout". Viele Patienten[2] kommen in die Sprechstunde mit der klaren Ansage: „Ich kann nicht mehr, bitte helfen Sie mir, ich habe Burnout."

Burnout – die Krankheit der Manager? Immer mehr Personen aus helfenden, erzieherischen, kreativen oder Dienstleistungsberufen, und nicht wie oftmals angenommen nur aus dem Management, zunehmend Studierende und Alleinerziehende, letztendlich Menschen aus allen Arbeitsbereichen wenden sich an Beratungsstellen, Praxen und Kliniken auf der Suche nach Hilfe bei Burnout. Der Auftrag ist klar – zumindest vermeintlich. Doch welche Symptomatik bezeichnet der jeweilige Patient als Burnout und welche impliziten Vorstellungen von angemessener Hilfe bringt er mit? Viele Patienten finden es ich-synton, also unproblematisch und mit ihrem Selbstbild übereinstimmend, unter Burnout zu leiden und Hilfe zu suchen. Ausgebrannt zu sein beinhaltet für sie die selbstwerterhaltende Botschaft, intensiv für ihr Leistungsfeld gebrannt zu haben. Die möglichen Diagnosen Anpassungsstörung, depressive Episode, Angststörung, somatoforme Störung oder gar Persönlichkeitsstörung würden diese Patienten ganz sicher weit von sich weisen.

Diese Diagnosen jedoch findet der professionelle Helfer leicht in der 2016 noch gültigen Internationalen Klassifikation der Krankheiten ICD-10 im Kapitel V (F). „Burnout" dagegen befindet sich in der ICD-10 erst weit hinten im Kapitel XXI (Z) unter der Überschrift: „Z73 Probleme verbunden mit Schwierigkeiten bei der Lebensbewältigung". Der Unterpunkt Z73.0 definiert Burnout lapidar als: „Erschöpfungssyndrom (Ausgebranntsein; Burnout-Syndrom)". Die Popularität dieses Begriffs

---

[2] Patient oder Patientin: Die maskuline Sprachform in diesem Buch schließt allzeit die Wahrnehmung der Rolle durch eine Frau mit ein.

wird dadurch jedoch in keinster Weise geschmälert. Immer mehr Helfende erfahren in ihren Praxen, Beratungsstellen und Kliniken die ungebrochen wachsende Nachfrage nach qualifizierter Hilfe.

Das vorliegende Buch möchte Ihnen dabei helfen, Burnout kompetent zu behandeln. Es zeigt die wichtigsten Symptome und Ursachenzuschreibungen auf, die Patienten gewöhnlich als Grundlage ihres persönlichen Burnouts verstehen. Daraus folgt die Notwendigkeit, den Uniformitätsmythos zu verlassen und jedem Patienten nach einer individuellen Analyse *seines* Burnoutverständnisses und *seiner* je individuellen Persönlichkeits- und Störungscharakteristika auch ein ganz individualisiertes Therapieangebot für *seine* real vorliegende Symptomatik zu erstellen. Folgen wir dem Ausgangsauftrag („Helfen Sie mir, *mein* Burnout zu bewältigen!"), können wir vielen Menschen stigmatisierungsfreie, adäquate Hilfe bei einer Vielzahl von relevanten Krankheitsbildern zuteilwerden lassen, die ansonsten nie um eine Therapie nachgefragt haben würden.

Auf der Basis der kognitiven Verhaltenstherapie, insbesondere der Rational-Emotiven Verhaltenstherapie und der motivierenden Gesprächsführung wird ein multimodaler individualisierter Behandlungsansatz vermittelt. Individualisierbare verhaltenstherapeutische Bausteine befassen sich mit persönlichen Ansprüchen, den realen Veränderungsmöglichkeiten der Lebens- und Arbeitsbedingungen sowie den Verbesserungsmöglichkeiten der Selbstfürsorge und der Pflege sozialer Netzwerke bei vorliegendem hohem Stress im Beruf bzw. bei der aktuell vorliegenden Haupttätigkeit – sei diese Schulbesuch, Studium, Haushaltsführung, Kindererziehung oder die Pflege von Angehörigen. Ziel ist eine dauerhafte Änderung des Lebensstils, die das Burnout minimiert.

Der multimodale Behandlungsansatz der Individualisierten Burnout-Therapie (IBT) vermittelt Kompetenzen zur Motivierung für einen gesundheitsbewussteren Lebensstil und zur Bewältigung von Berufsstress, Arbeitsplatzangst, anderen Ängsten, Erschöpfung bedingenden Störungen und Depression. Bewährte Elemente der in diesem Buch beschriebenen Behandlungsbausteine sind Psychoedukation, die Verbesserung sozialer Kernkompetenzen, die kognitive Umstrukturierung dysfunktionaler Basisüberzeugungen durch die Rationale Selbstanalyse sowie die Vermittlung von Techniken zur Verhaltensänderung und zur Regeneration der verloren gegangenen Kraft und Energie auf der Basis vermehrter Selbstfürsorge. Auf dem **Memoblatt M0** und Seite 282–283 finden Sie das Flussdiagramm der Gesamtbehandlungskonzeption anschaulich dargestellt.

Das Ziel dieses Buches ist, dass Therapeuten das Burnout-Syndrom als subjektiv erlebte Belastungserfahrung verstehen und auf dem Hintergrund der Theorie der Multikausalität Betroffene individualisiert, kompetent und wirksam behandeln können.

Ich habe dieses Buch für Psychotherapeuten, Psychologen, Ärzte und Berater, Ausbildungskandidaten und Angehörige helfender Berufe geschrieben. Selbstverständlich ist es auch für alle gedacht, die an Burnout leiden und es kompetent mit IBT behandelt wissen wollen.

Bad Steben, 12.1.2017
Gert Kowarowsky

1 Burnout – Was ist das eigentlich?

1.1. Das Burnout betritt das Behandlungszimmer …

… doch es bringt Herrn Maier mit. Das Konzept „Burnout" birgt eine große Chance, Menschen mit klinisch relevanten Störungsbildern stigmatisierungsfreie Hilfe zuteilwerden zu lassen. Menschen, die spüren, dass ihr alltägliches Mit-sich-und-der-Welt-Klarkommen nicht mehr funktioniert, betreten das Behandlungszimmer mit einem Auftrag an uns Behandelnde, der aus ihrer Sicht sehr klar ist: *Ich habe Burnout und ich wünsche mir Hilfe dabei, aus diesem Zustand wieder herauszukommen.* Unsere Aufgabe ist es nun herauszufinden, worin genau dieser als Burnout bezeichnete Zustand besteht. Tatsächlich ist das, was jeder konkrete einzelne Hilfesuchende unter Burnout versteht, oftmals sehr unterschiedlich.

Fallbeispiele:

Herr Maier, 42 J., Niederlassungsleiter eines internationalen Konzerns, fühlt sich völlig ausgebrannt: nächtliche Telefonkonferenzen mit den Geschäftspartnern in Ländern mit versetzten Zeitzonen bei unausgesprochener Erwartung der Geschäftsleitung, morgens um 7 Uhr wieder im heimischen Werk bereit zu stehen. Die Vorbereitungen für das nächste Audit zur Qualitätssicherung sitzen ihm im Nacken. Nebenbei Umbau und Modernisierung seines kürzlich günstig erworbenen über fünfzig Jahre alten Hauses. Zunehmender Druck von der Geliebten, die dadurch die Hoffnungen schwinden sieht, dass er sich endlich von seiner Ehefrau scheiden lassen wird. Der 16-jährige Sohn hat einen „blauen Brief" von der Schule mit nach Hause gebracht: Versetzung gefährdet! Die Eltern werden in die Elternsprechstunde geladen.

Frau Müller, 36 J., dagegen pflegt ihre anspruchsvolle und von ihr nie geliebte Schwiegermutter zu Hause und bekommt von ihrem Mann jeden Abend nur Vorwürfe zu hören, weshalb sie seine Mutter nicht liebevoller und fürsorglicher behandle. Zeit zum Treffen mit ihrer besten Freundin hat sie schon seit Monaten nicht mehr gefunden. Sie hört sich immer öfter zu sich selbst sagen: „Ich kann einfach nicht mehr!" Frau Müller versteht unter ihrem Burnout ganz sicher etwas anderes als Herr Özdemir:

Herr Özdemir, 49 J., spürt von Woche zu Woche mehr, wie ihm die Kräfte schwinden. Er wurde vor einigen Monaten zum Polizeidienststellenleiter befördert und sieht sich nun einer Fülle persönlicher Anfeindungen von vormals gleichgestellten Kollegen ausgesetzt. Zusätzliche administrative Aufgaben können nur durch regelmäßige Überstunden, oft bis spät in die Nacht hinein, bewerkstelligt werden. Der bei einigen Kollegen nach Feierabend zu beobachtende entlastende Griff zur Flasche kommt für ihn jedoch schon aus Glaubensgründen nicht in Frage. Zum

Abschalten hat er sich stattdessen angewöhnt, spät abends viel zu viel zu essen. Dennoch hat er in den letzten drei Monaten schon fünf Kilogramm abgenommen. Es beunruhigt ihn. Eigentlich müsste er mal wieder zum Arzt, um sich gründlich durchchecken zu lassen. Aber nein! Dafür ist nun wirklich keine Zeit.

Frau Schulze, 38 J., indessen ist seit drei Jahren auf der Suche nach einem neuen Lebenspartner. Dutzende von Verabredungen hat sie nun schon erfolglos mit viel Einsatz und oft wochenlanger vorbereitender Lektüre hinter sich gebracht. Sie fühlt sich müde, erschöpft, zunehmend gereizter und fragt sich völlig verzweifelt, ob das alles überhaupt noch einen Sinn hat, angesichts der Übermacht an jüngeren, attraktiveren Konkurrentinnen. So richtig deprimiert wird sie immer dann, wenn sie daran denkt, wie viel Geld sie für die Mitgliedschaft in entsprechenden Internet-Partnerschaftsportalen schon ausgegeben hat. Eigentlich hasst sie sich dafür, dass sie tut, was sie tut. Da sie aber keine wirkliche Alternative zu sehen vermag, macht sie eben weiter. Wenn bloß diese bleierne Schwere und Müdigkeit, dieses tiefe hoffnungslose Erschöpftsein von ihr fallen würde!

Frau Piazolo, 24 J., dagegen sitzt derzeit Tag und Nacht über ihrer Dissertation im Fach Pädagogik. Sie hat sich ein anspruchsvolles Thema gewählt. Die junge Frau fühlt sich völlig ausgebrannt und ist kurz davor aufzugeben – nicht nur ihre Dissertation, sondern auch das ganze besch... Leben.

Praxistipp:

Unsere initiale Aufgabe als Behandelnde besteht in jedem Einzelfall darin zu klären, ob und welche sozialrechtlich relevante(n) Diagnose(n) in der vorgebrachten Beschwerdenschilderung vorliegt bzw. vorliegen. Es bedarf einer exakten Differenzialdiagnose, um diese gemäß den Kriterien der ICD-10 angemessen vergeben zu können.

1.1.1 Sozialrechtliche Aspekte der Diagnostik

Die meisten Hilfesuchenden gehen davon aus, dass Burnout eine anerkannte Krankheit ist, deren Behandlung sowohl von den gesetzlichen als auch den privaten Krankenkassen übernommen wird und eine Arbeitsunfähigkeitsbescheinigung rechtfertigt. Dies ist jedoch nicht der Fall!

ICD-10. In der internationalen Klassifikation aller Krankheiten, der ICD-10, wird Burnout nur unter der Rubrik „Zusatzdiagnosen" unter der Überschrift „Faktoren, die den Gesundheitszustand beeinflussen und zur Inanspruchnahme des Gesundheitswesens führen" aufgeführt. Als Unterpunkt Z73 findet sich hier die Überschrift: „Probleme mit Bezug auf Schwierigkeiten bei der Lebensbewältigung" und darunter letztendlich: „Z73.0 Erschöpfungssyndrom (Ausgebranntsein; Burnout-Syndrom)".

Dieser Definition fehlen die sonst üblichen spezifizierenden Zusatzangaben über typische Symptombündel, Mindestanzahl der Symptome, Länge der Symptomdauer oder Auftretenshäufigkeit der Symptome. Eine genaue, sozialrechtlich anerkannte spezifische Burnout-Diagnose ist daher mangels genauer wissenschaftlich festgelegter Kriterien prinzipiell unmöglich und ganz offensichtlich von den für das Gesundheitswesen Verantwortlichen auch nicht erwünscht.

DSM-5. Noch deutlicher spiegelt sich diese Tatsache im Klassifikationssystem der Amerikanischen Psychiatrischen Vereinigung wider. In ihrem diagnostischen und statistischen Manual in der seit 2013 gültigen fünften Version DSM-5 (American Psychiatric Association: Diagnostic and Statistical Manual of Mental Disorders, Fifth Edition, DSM-5) finden wir Burnout weder im Glossar noch unter der Auflistung der Störungsbegriffe der seit Oktober 2016 verbindlichen ICD-10-CM-Kodes. Für die ICD-10-Ziffer Z73.0 findet sich kein entsprechender Referenzeintrag zu einer DSM-5-Diagnose.

Unter der Rubrik „Andere klinisch relevante Probleme" finden sich lediglich:

• Z 56.9 Andere Probleme im Zusammenhang mit der Berufstätigkeit
• Z 65.8 Anderes Problem im Zusammenhang mit psychosozialen Umständen

Bei diesen Klassifikationen handelt es sich jedoch um Phänomene, die nach dem DSM-5-Klassifikationssystem nur zusätzlich kodiert werden, wenn sie Anlass zum Hilfesuchen waren oder wenn das Problem den Verlauf, die Prognose oder die Behandlung einer psychischen Störung oder einer körperlichen Erkrankung beeinflusst. Sie gelten auch hier nicht als sozialrechtlich relevante Diagnosen, sondern sind lediglich äquivalent zu den Z-Diagnosen des ICD-10 zu sehen.

Die Burnout-Diagnose nach DSM-5 könnte eng begrenzt auf den Berufsbereich folglich lauten:

• Z 56.9 Andere Probleme im Zusammenhang mit der Berufstätigkeit

Sollte sich die Burnout-Diagnose auf überwiegend andere psychosoziale Belastungen beziehen, könnte gemäß DSM-5 kodiert werden mit:

• Z 65.8 Anderes Problem im Zusammenhang mit psychosozialen Umständen

Soweit im Vorfeld der aktuellen Arbeiten am ICD-11 (geplantes Erscheinungsjahr 2017) bekannt wurde, ist Burnout auch in den neueren Versionen dieses Klassifikationssystems nicht als offizielle Krankheitsdiagnose vorgesehen. „Burnout" ist demnach keine sozialrechtlich anerkannte Krankheitsdiagnose, sondern lediglich eine Zusatzdiagnose ohne immanenten Behandlungsauftrag.

> **Praxistipp:**
>
> „Burnout" sollte niemals als alleinige Diagnose gestellt werden, wenn eine gerechtfertigte Arbeitsunfähigkeitsbescheinigung ausgestellt werden soll oder eine über eine private oder gesetzliche Krankenkasse finanzierte Therapie angestrebt wird. Es ist sozialrechtlich von absoluter Notwendigkeit, mindestens eine zusätzliche anerkannte Hauptdiagnose zu stellen, die den vorgebrachten Symptomen und Beschwerden angemessen ist und nach den ICD-10- bzw. ICD-11-Kriterien objektiv validiert werden kann.

Im weiteren Verlauf der Ausführungen wird im Kapitel 2 deutlich werden, wie groß das Spektrum der relevanten Hauptdiagnosen tatsächlich sein kann, die zu den Symptomen gehören können, die hinter dem Begriff Burnout vorgebracht werden. Nicht selten finden wir hierunter: Depression, Angststörung, Tinnitus, Bluthochdruck, somatoforme Schmerzstörungen, Persönlichkeitsstörungen und viele weitere psychische, psychosomatische und somatische Erkrankungen mit eindeutiger ICD-10-Diagnosenzuordnung.

Vor dem Hintergrund der Popularität der Verwendung des Burnout-Begriffs wird offensichtlich, dass es für nicht mit dem Diagnostiksystem vertraute Hilfesuchende nicht nachvollziehbar wäre, wenn wir wissenschaftlich exakt antworten würden: „Ich kann Sie nicht auf Kosten Ihrer Krankenkasse wegen Burnout behandeln. Burnout gibt es nicht als sozialrechtlich anerkannte behandlungsrelevante Diagnose." Nutzen Sie deshalb die Chance zu einer individuellen, stigmatisierungsfreien adäquaten Hilfestellung, wenn ein Patient sich mit der Bitte an Sie wendet, sein Burnout-Problem bearbeiten zu wollen. Dies ist Ihnen jederzeit legal als Kassenleistung möglich, wenn Sie auf der Basis der jeweiligen Symptomschilderungen eine wissenschaftlich anerkannte, sozialrechtlich behandlungsrelevante Diagnose stellen.

1.1.2   Burnout ist immer etwas Individuelles

Die Analyse typischer Aussagen, die von Patienten üblicherweise unter der Einleitung: „Ich habe Burnout – …" geäußert werden, macht jedem Behandelnden schnell deutlich: Burnout ist für jeden Hilfesuchenden etwas ganz Eigenes.

Hier einige typische Erstgesprächsaussagen von Hilfesuchenden aus dem Praxisalltag:

* „Ich habe Burnout – bitte helfen Sie mir."
* „Ich habe Burnout – es ist mir einfach alles zu viel, ich kann nicht mehr."
* „Ich habe Burnout – mein ganzer Körper schmerzt, ich bin völlig fertig."
* „Ich habe Burnout – ich kann nicht mehr! Was soll das alles? Bringe ich es noch?"
* „Ich habe Burnout – Stress pur, ich bin nur von Idioten umgeben, nichts geht mehr."
* „Ich habe Burnout – ich bin völlig antriebslos, leer, nur noch ein Schatten meiner selbst."

- „Ich habe Burnout – Müdigkeit, das Gefühl, alles ist schon vorbei."
- „Ich habe Burnout – ich fühle mich so ausgebremst; ich glaube, ich bin echt depressiv."
- „Ich habe Burnout – ich fühle mich meinen Aufgaben nicht mehr gewachsen."
- „Ich habe Burnout – ich bringe keine Leistung mehr."
- „Ich habe Burnout – ich fühle mich ständig angespannt, habe so eine ständige Unruhe in mir, kann nicht mehr schlafen, kann mich überhaupt nicht mehr richtig erholen, kann nicht mehr abschalten, drehe ständig zu hoch, komm gar nicht mehr runter, kann mich über alles und alle aufregen, gehe bloß noch mit Widerwillen zur Arbeit, wo einem eh nix gedankt wird."
- „Ich habe Burnout – wenn ich morgens aufwache, habe ich keinen Bock auf gar nichts mehr, ich überbiete meine Schüler noch an Widerwillen gegenüber der Schule."
- „Ich habe Burnout – mir ist jedes Gespräch zu viel, ich will nur noch in Ruhe gelassen werden und knirsche nachts so sehr mit den Zähnen, dass mein ganzer Unterkiefer schon seit Wochen weh tut."
- „Ich habe Burnout – ich bin ständig grantig, keiner versteht mich. Meine Akkus sind leer und ich finde die Ladestation nicht mehr. Wenn ich frühmorgens komme und schon zehn Patienten im Wartezimmer sitzen und mich anglotzen, könnte ich grad wieder umdrehen und schreiend davonlaufen."

Der Patient hat unser Behandlungszimmer betreten mit der Hoffnung auf Hilfe. Er hat uns die aus seinem Verständnis wichtigsten Informationen über seine Symptome mitgeteilt und hat nun aus seiner Sicht zu Recht die Erwartung auf kompetente Unterstützung bei seiner persönlichen Burnout-Bewältigung.

Die validierende, empathisch wertschätzende Grundhaltung des Helfers, der dem Hilfesuchenden deutlich macht, dass er bereit ist, die Details der aus Patientensicht dem Burnout geschuldeten Beschwerden umfassend verstehen zu wollen, ist hierbei der erste Schritt zum Aufbau einer konstruktiven therapeutischen Allianz. Rainer Sachse spricht 2006 hierbei von initialen Einzahlungen ins Beziehungskonto als unabdingbare Voraussetzung für jede effektive therapeutische Intervention. Für die im weiteren Verlauf der Behandlung unvermeidlichen Konfrontationen mit dysfunktionalen Denk- und Verhaltensweisen, die nach Sachse Beziehungskredit kosten, wird somit eine belastbare Basis geschaffen. Wie bei jeder anderen therapeutischen Intervention gilt es dann, unter dem Arbeitsauftrag „Burnout-Behandlung" gemeinsam erreichbare Ziele festzulegen, Ressourcen zu orten, Möglichkeiten, aber auch Grenzen des Patienten und seines Umfeldes sowie der aktuellen gesellschaftlichen und weltwirtschaftlichen Randbedingungen realistisch einzuschätzen und authentisch zu vermitteln. Ein gemeinsamer Blick auf die Comics von Mester kann an dieser Stelle bereits helfen, den Blick über das im Individuum Liegende und individuell Veränderbare hinaus zu weiten. Sie finden diese auch als Handouts zum Download unter Abb.1.1, Abb.1.2, Abb.1.3 und Abb.1.4 (s. Hinweis auf S. 10).

Praxistipp:

Informieren Sie zu Beginn einer Therapie Ihre Patienten, dass Sie ihnen im Verlauf der Behandlung diverse für sie persönlich ausgewählte Materialien aushändigen werden, wie Arbeitsblätter, Memoblätter (wegen ihrer Wirksamkeit auch „Textpillen" genannt), Comics sowie Rezeptvorschläge für hilfreiche Verhaltensweisen. Empfehlen Sie ihnen, dafür einen Ordner anzulegen und diesen zu jeder Sitzung mitzubringen. So entsteht nach und nach ein ganz individuelles Therapiehandbuch, das in jeder Therapiestunde weiter aufgefüllt werden kann und außerdem den Zugriff auf früher erarbeitete Ergebnisse erlaubt. Auch erhält jeder Patient ein Arbeitsblatt zur Nachbearbeitung der Therapiestunde (► **Arbeitsblatt 1a**). Die Erfahrung hat gezeigt, dass der Effekt jeder Stunde vertieft werden kann durch die Reflexion darüber, was das Wichtigste in der Stunde war, wie zufrieden der Patient mit dem Verlauf der Stunde, mit sich selbst und mit dem Therapeuten war, was ihm eventuell gefehlt hat, was beim nächsten Mal angesprochen werden sollte und was er selbst sich bis zum nächsten Mal zu tun vorgenommen hat. Schlagen Sie Ihren Patienten außerdem vor, sich die für Sie wichtigsten und prägnantesten Textpillen groß auszudrucken und gut sichtbar zu Hause aufzuhängen (s. Hinweis auf S. 10).

1.1.3 Burnout: Der Persönlichkeit oder den Verhältnissen geschuldet?

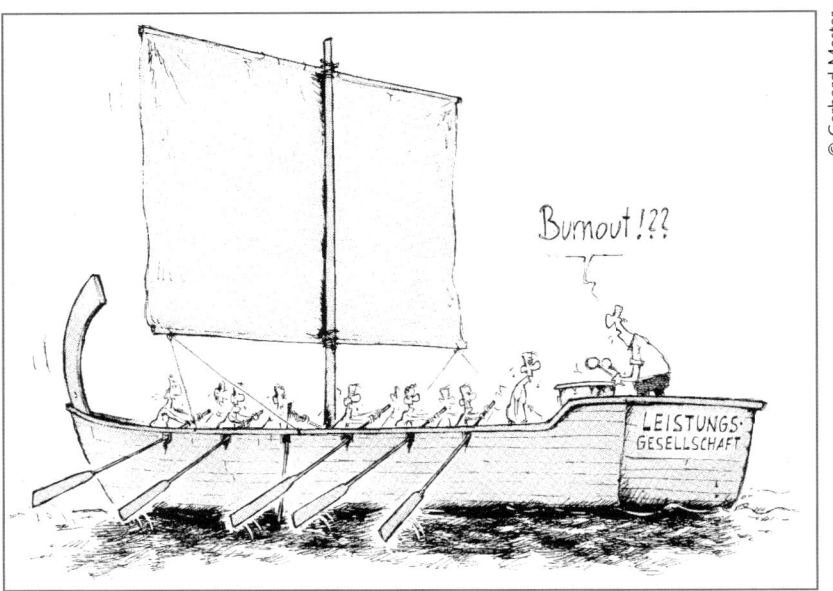

© Gerhard Mester

Abb. 1.1: Individuelles Versagen oder zu schneller Taktschlag?

© Gerhard Mester

Abb. 1.2: Dreht das Rad zu schnell oder grübelst du zu viel?

© Gerhard Mester

Abb. 1.3: Sind die Anforderungen zu hoch oder bist du zu schwach?

Abb. 1.4: Sind die Vorgaben zu hoch oder bist du zu langsam und zu geschwätzig?

1.1.4 Burnout kennt inzwischen jedes Kind

Abb. 1.5: Ohne Worte

1.2. Die Geschichte des Burnout-Begriffs

Herbert Freudenberger (1926–1999) gilt als der Vater des Burnout-Begriffs. Seine eigene Biografie wird gerne als geradezu dafür prädestiniert angeführt, dass er es war, der den Begriff Burnout in Zusammenhang mit beruflicher und persönlicher Überlastung und deren psychischen und physischen Folgen brachte. Er arbeitete als Psychoanalytiker in eigener Praxis in New York, daneben als Lehranalytiker sowie ehrenamtlich in sozialen Einrichtungen, etwa einer „Free Clinic" in Spanish Harlem (Klientel: u.a. drogenabhängige Jugendliche). Dazu kamen Besprechungen, Supervision, Fortbildungen oft bis spät in die Nacht. Er und viele seiner Mitarbeiter arbeiteten bis zur völligen Erschöpfung. Burnout als psychologischer Begriff wurde durch ihn zum Synonym für einen Zustand völliger psychischer und körperlicher Erschöpfung.

Nach einem eigenen körperlichen Zusammenbruch schrieb er 1974 zum ersten Mal einen Artikel über Burnout im *Journal of Social Issues*. Der Begriff *Burnout* sollte sich durch diesen nur sieben Seiten umfassenden Artikel nach anfänglich geringer Resonanz über die ganze Welt ausbreiten. Viele weitere Veröffentlichungen zum Thema folgten.

1.3 Definitionen von Burnout

1.3.1 Die Grundelemente der Burnout-Definition

Burnout wird in der Literatur oft definiert als Endzustand einer Entwicklungslinie, die mit Begeisterung und Engagement begann und sich durch frustrierende Ereignisse schleichend zu Desillusionierung wandelt.

Übereinstimmend beschreiben viele Autoren Burnout als eine chronifizierte, arbeitsbezogene Stressreaktion, die zu einem dauerhaften negativen Gemützustand bei „normalen" Individuen führt, also bei Menschen, die ansonsten keinerlei Kriterien für eine psychische Krankheit erfüllen. In fortgeschrittenen Stadien wird die Erschöpfung als die wesentlichste Komponente dargestellt.

Der Begriff „Burnout" wird hierbei sehr vielschichtig und unterschiedlich verwendet. Prinzipiell lassen sich nach Barth (1992) drei Sichtweisen eruieren:

- Burnout wird beschrieben als Syndrom, mit je nach Autor unterschiedlichsten Kombinationen von Symptomen.
- Burnout wird beschrieben als der Endzustand eines fortschreitenden Verausgabungsprozesses.
- Burnout wird beschrieben als der Verausgabungsprozess selbst.

Zur Definition von Burnout gehören die drei Dimensionen

1. emotionale Erschöpfung,
2. Zynismus, Entfremdung, Distanzierung und Demotivierung sowie
3. subjektiv eingeschätzte Leistungsminderung.

Burnout wird als Ausdruck einer ungenügenden Bewältigung arbeitsrelevanter Belastungen beziehungsweise als Resultat einer mangelnden Übereinstimmung zwischen den Ressourcen und Eigenschaften eines Arbeitnehmers und seiner Arbeitsumgebung interpretiert. Als Risikofaktoren zur Entstehung eines Burnouts gelten einerseits bestimmte Charakteristika oder Einstellungen des Individuums, andererseits spezifische Arbeitsbedingungen, deren Interaktion bei den Betroffenen zur subjektiven Wahrnehmung von Stress und bei Dauerbelastung zu einer Burnout-Symptomatik führt.

Die drei Hauptkennzeichen, auf die in den meisten Burnout-Definitionen Bezug genommen wird und mit denen das Burnout-Syndrom am häufigsten charakterisiert wird, sind:

- Erschöpfung
- Depersonalisation
- Leistungsabbau

Erschöpfung. Körperliche, geistige und emotionale Ermüdung gelten hierbei als erste Warnsignale, mit einer oftmals nach und nach entstehenden Apathie.

Depersonalisation. Verschlechterte Beziehungen zur sozialen Umwelt durch Zynismus, Reizbarkeit, Ungeduld, Vorwürfe gelten als charakteristisch. Das kann bis hin zur Dehumanisierung des Gegenübers gehen, bedingt durch die Veränderung der eigenen Persönlichkeit durch chronisch überhöhte Arbeitsbelastung, unerfüllte Bedürfnisse und Erwartungen.

Die in den Beschreibungen oft als Depersonalisation bezeichnete Veränderung in der Einstellung und im Verhalten der Betroffenen bezieht sich dabei sowohl auf die nicht-wertschätzende Verhaltensweise anderer Personen gegenüber als auch auf die Veränderung der eigenen Person, die nach und nach nur noch ein Schatten ihres ursprünglichen, oft sehr prosozialen Persönlichkeitsprofils zu sein scheint. Diese Entwicklung wird oft auch verstanden als dysfunktionaler Bewältigungsversuch gegenüber der zunehmenden Erschöpfung. Diese zunehmende Entfremdung sich selbst, der Arbeit und den anderen gegenüber begünstigt aber in den meisten Fällen das Auftreten psychosomatischer Erkrankungen (Herz-Kreislaufprobleme, Kopfschmerzen, Magen-Darm-Dysfunktionen etc.) bis hin zu Depression, Panikattacken, Zwangs- und Suchterkrankungen.

Leistungsabbau ist dadurch unvermeidlich – zuerst subjektiv wahrgenommen, später zunehmend objektiv beobachtbar. Widerwillen gegen überhaupt alles kennzeichnet die Beschreibungen des Endzustands. Bezieht sich dieser Widerwille mit zunehmender Frustration und Depressivität auf sich selbst, ist Selbsttötung als unumkehrbarer Burnout-Endpunkt nicht ausgeschlossen.

Es gibt eine Fülle unterschiedlichster Definitionsversuche des Burnout-Syndroms; einige der bekanntesten sind enthalten in den Arbeiten von Maslach (1982), Pines und Aronson (1981), Brill (1984), Cherniss (1999), Edelwich und Brodsky (1980) sowie von Schaufeli und Enzmann (1998). Bei Burisch (2010) finden sich zusammenfassende und differenzierte Darstellungen dieser Definitionsversuche seiner Kolleginnen und Kollegen.

1.3.2 Burnout-Definitionen: Fazit

Selbst bei dem Versuch, ein Fazit aus all diesen vielfältigen Definitionsversuchen zu formulieren, erhalten wir ein schillerndes Bild, dessen letztendliche Konturen noch nicht abschließend festgelegt sind.

Burnout wird auf dem Hintergrund der meisten Definitionsversuche häufig als *occupational stress* bezeichnet, Berufsstress also, der sich im Wesentlichen auf besondere Belastungen im Zusammenhang mit der Arbeit bezieht und sich in multiplen psychischen und körperlichen Beschwerden manifestiert bis hin zur Arbeitsunfähigkeit. Burnout wird als im Wesentlichen tätigkeitsbezogene Erschöpfung verstanden und schließt z.B. auch Menschen in der Ausbildung, bei der Arbeitssuche, bei der Haushaltsführung für eine Familie oder der häuslichen Pflege Angehöriger mit ein.

Das Fehlen einer allgemein akzeptierten Definition hat zur Folge, dass Burnout beinahe alles und damit nichts ist. Der inflationäre Gebrauch des Wortes Burnout ist die logische Folge davon. Systematische Forschung und daraus resultierende miteinander vergleichbare Ergebnisse sind damit von der Ausgangslage her nahezu unmöglich. So wie in der Intelligenzforschung das geflügelte Wort galt „Intelligenz ist das, was der Intelligenztest misst", versuchen viele Autoren die fehlende allgemeinverbindliche wissenschaftliche Definition pragmatisch zu überwinden, indem sie für ihre Arbeiten Burnout definieren als „das, was das Maslach Burnout-Inventar misst" (und dieses hat seine eigene Validitätsproblematik …).

Burisch (2010) fasst angesichts dieser Uneinheitlichkeit in der Verwendung des Begriffs Burnout deshalb analytisch klar zusammen: „Der Begriff *Burnout* ist nicht wirklich eindeutig. Er bezieht sich auf eine randunscharfe Menge, also auf ein ‚Fuzzi Set', wie man in der Mengenlehre sagt. Er umfasst viele Veränderungen bei Menschen." (Burisch 2010, S. 15) Er stellt ferner die Frage nach der nicht geklärten Differenzialdiagnostik, wer denn nun ‚ausgebrannt', wer nur müde, wer nur „normal depressiv" ist. Paine wiederum schlug bereits 1982 vor, Burnout nach fünf Definitionsebenen zu unterscheiden:

1. Burnout als Cluster emotional-verhaltensmäßiger *Symptome*
2. Burnout als mentale Störung – den *Endzustand* eines Burnout-Prozesses
3. Burnout als Prozess mit regelhaften *Phasen*
4. Burnout-*Faktoren*, d. h. alles, was zu Burnout beiträgt
5. Burnout als *Folgewirkung auf der Organisationsebene*

Andresen vertritt in seinen Vorlesungen im WS 2012 an der Universität Hamburg in einer kritischen Rezeption des Burnout-Begriffs und seinem erfolglosen Versuch, eine eindeutige Definition für Burnout zu finden, die These, dass Burnout kein berechtigterweise eigenständiges Konstrukt darstelle. Prinzipiell ist seiner Meinung nach eine Definition des Burnout-Syndroms unangemessen, da Burnout als Schnittmenge verschiedener anderer Konstrukte zu verstehen sei (Abb. 1.6 und 1.7).

Andresen schließt sich damit Kaluza an, der bereits 2011 formulierte: „Beim Burnout-Syndrom handelt es sich nicht um ein fest umschriebenes Krankheitsbild, es stellt auch keine eigenständige psychiatrische Diagnose dar. Es bestehen vielfältige symptomatische Überlappungen insbesondere zu depressiven Störungsbildern und psycho-somatischen Störungen." (Kaluza 2011, S. 25)

Gemäß dem „Autonomie-Postulat" wird Burnout als eigenständiges Konstrukt definiert.

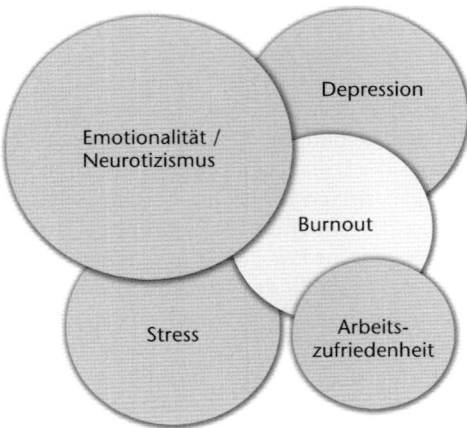

Abb. 1.6: Modell – Burnout als eigenständiges Konstrukt

Burnout als eigenständiges Konstrukt ist jedoch nicht erfassbar. *Mitgemessen*, aber nicht *mitgeteilt* werden immer auch andere Konstrukte.

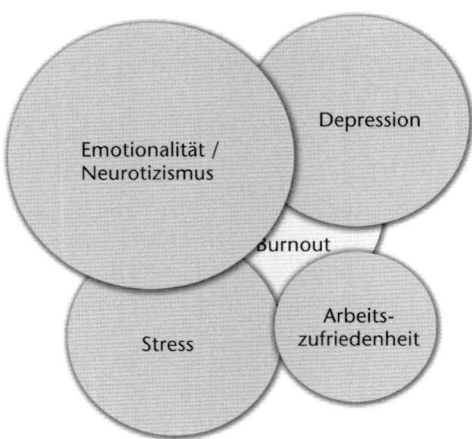

Abb. 1.7: Modell – Burnout als Teilmenge anderer Konzepte

Das Fazit zu Burnout der Deutschen Gesellschaft für Psychiatrie und Psychotherapie, Psychosomatik und Nervenheilkunde, veröffentlicht in der S3-Leitlinie zur Depressionsbehandlung, lautet wissenschaftlich nüchtern auch in ihrer am 20. Juli 2015 aktualisierten Version so:

„Das Burnout-Syndrom ist wissenschaftlich nicht als Krankheit kodiert. Es handelt sich hingegen um eine körperliche, emotionale und geistige Erschöpfung aufgrund beruflicher oder anderweitiger Überlastung bei der Lebensbewältigung. Diese wird meist durch Stress ausgelöst, der wegen der verminderten Belastbarkeit nicht bewältigt werden kann. Burnout wird in der ICD-10 als ‚Ausgebranntsein‘ und ‚Zustand der totalen Erschöpfung‘ mit dem Diagnoseschlüssel Z73.0 erfasst. Er gehört zum übergeordneten Abschnitt Z73 und umfasst ‚Probleme mit Bezug auf Schwierigkeiten bei der Lebensbewältigung‘. Nach dieser Einstufung ist Burnout eine Rahmen- oder Zusatzdiagnose und keine Behandlungsdiagnose, die zum Beispiel eine Therapie erforderlich macht. Längerfristige Arbeitsüberforderungen können aber das Risiko für die Entwicklung einer psychischen Erkrankung, wie zum Beispiel einer Depression, erhöhen, und Burnout bzw. Burnout-ähnliche Symptome können ein Hinweis auf eine zugrundeliegende Depression sein, weswegen Anzeichen von Burnout ernst genommen werden sollten." (S3-Leitlinie/NVL Unipolare Depression Langfassung Konsultationsfassung, 20. Juli 2015, S. 22)

Anders ist die Position der drei holländischen Spitzenverbände des niederländischen Krankensystems, die zu einem davon deutlich abweichenden Fazit kamen. Der Landesweite Verband von Notfallpsychologen, die Niederländische Hausärztegesellschaft und der Niederländische Verband für Arbeits- und Betriebsmedizin veröffentlichten nach mehrjähriger vorausgehender Zusammenarbeit 2011 eine umfangreiche Richtlinie zur diagnostischen Festlegung von Burnout. In Holland stellt die ICD-10 nicht das Maß aller Dinge im Gesundheitswesen und seiner Finanzierung dar, so dass diese Richtlinie, die auch einen Definitionsvorschlag enthält, gesundheitsrechtsrelevante Bedeutung hat. Burnout ist in Holland damit eine anerkannte, richtliniendefinierte Krankheit, deren Behandlung mit den Krankenkassen abgerechnet werden kann. Eine deutsche Übersetzung dieser Regelung nahm Matthias Burisch (2012) vor, die Sie hier nachlesen können: http://www.burnout-institut.eu/fileadmin/user_upload/Def_BO_NL.pdf (Stand 08.04.2016). Burisch hält diese Definition in weiten Teilen für sinnvoll und möglicherweise auch wichtig für Deutschland als Vorlage für eine entsprechende Regelung.

Koch, Lehr und Hillert (2015), die ausgewiesenen Experten für stationäre Behandlung von Burnout bei Lehrern und Autoren mehrerer diesbezüglicher Veröffentlichungen, übernehmen jedoch ungeachtet der Bemühungen der holländischen Kollegen, wie inzwischen auch viele andere Autoren, die Position der Deutschen Gesellschaft für Psychiatrie und Psychotherapie, Psychosomatik und Nervenheilkunde. Sie schlagen deshalb vor, den Begriff „Burnout" lediglich als Bezeichnung für einen *Risikozustand* für das Auftreten psychischer Erkrankungen gemäß der ICD-10, infolge beruflicher Überlastung, bzw. als ein subjektives Störungsmodell, mit dem unspezifische Symptome als berufliche Überlastungsfolgen attribuiert werden, zu verwenden. Die Zusammenfassung ihrer Burnout-Definition kann derzeit als Fazit vieler gleichlautender Überlegungen anderer Autoren gelten.

Diese Definition erweiternd weisen Mathesius und Wolf (2014) darauf hin, dass der Begriff „berufliche" Überlastungsfolgen besser durch den Begriff „tätigkeitsbezogene" Belastungsfolgen ersetzt werden sollte. Sie argumentieren:

„Für viele Menschen entstehen nicht mehr zu bewältigende Anforderungen neben dem beruflichen Bereich auch in der Familie, der Kindererziehung, der Pflege von Angehörigen u.a.m. Zusätzliche Belastungen ergeben sich auch teilweise aus einem sich verändernden teilweise auflösenden und neu herausbildenden Rollenverständnis beispielsweise zwischen den Geschlechtern, aber auch zwischen den Generationen. Identifikationsunsicherheiten bis Identifikationsstörungen können auftreten, wenn Anforderungen, Verantwortungen und gesellschaftliche Bewertungen der Erfüllung und Befriedigung individueller Ziele und Bedürfnisse entgegenstehen. Insgesamt geht es dabei nicht nur um leistungsorientierte, sondern vor allem auch um sozial bedingte und aus gesellschaftlichen Normen resultierende Belastungen, denen Menschen gerecht werden wollen, einige jedoch auf Dauer nicht gewachsen sind". (Mathesius & Scholz 2014, S. 81)

Diese Definition von Burnout als subjektives Störungsmodell in Wechselwirkung mit tätigkeitsbezogenen, sozialen und gesellschaftlichen Belastungen stellt die Notwendigkeit eines individualisierten Behandlungsansatzes in den Fokus einer jeglichen effektiven und kompetenten Burnout-Behandlung:

Praxistipp:

Kompetente Burnout-Behandlung bedeutet somit: Individualisierte Burnout-Therapie (IBT).

Wir behandeln nicht das Burnout – wir behandeln den in unserer Praxis oder Klinik erscheinenden Patienten mit den spezifischen Symptomen seines individuellen Burnouts. Zu behandeln wird sein, was gemäß ICD-10 eine sozialrechtlich relevante Erkrankung darstellt und worunter der überlastete Patient leidet – als von ihm individuell so erlebte spezifische Burnout-Symptomatik, die zu verändern er motiviert ist.

Was sind nun die Symptome, die Patienten – nicht zuletzt durch viele populärwissenschaftliche Veröffentlichungen dafür sensibilisiert – als spezifisch für Burnout erachten und unter der Diagnose Burnout behandelt wissen wollen?

1.4 Die verschiedenen Burnout assoziierten Symptome

Insgesamt finden sich in den unterschiedlichsten Veröffentlichungen mehr als 130 Burnout assoziierte Symptome. Verschiedene Autoren haben auch hier versucht, der Fülle der beschriebenen und von den Betroffenen genannten Symptome durch ihre je eigene Art und Weise der Kategorisierung zu begegnen.

> Die Symptom-Schnittmenge wird dabei mehr als offensichtlich: progredienter Verlust von Lebensfreude, persönlicher Gesundheit und Schaffenskraft; ausgeprägte körperliche und geistige Erschöpfung mit mangelnder Regenerationsfähigkeit; zunehmende körperliche Beschwerdevielfalt und Persönlichkeitsveränderungen.

Entlang der „Big Five", des Fünf-Faktoren-Modells der Persönlichkeit, verändern sich sukzessiv mit zunehmender Burnout-Symptomatik immer deutlicher beobachtbar die fünf Dimensionen:

1. Extraversion: von Geselligkeit zu Zurückgezogenheit
2. Verträglichkeit: von Freundlichkeit zu Barschheit und Reizbarkeit
3. Gewissenhaftigkeit: von Gewissenhaftigkeit zu Nachlässigkeit und Unachtsamkeit
4. Neurotizismus: von Stabilität und Entspanntheit zu Verletzlichkeit und negativistischer Überempfindlichkeit
5. Offenheit für Erfahrung: von Kreativität zu Fantasielosigkeit und Stumpfheit.

> **Praxistipp:**
>
> Wenn Menschen nach der Arbeit nicht mehr abschalten können, stellt dies aus der Fülle der aufgelisteten Burnout Symptome nach Burisch (2010) ein Warnsignal erster Güte dar.

Pelz (2014) sichtete die Burnout-Symptomatik unter dem Blickwinkel der Auswirkungsebenen: Andere, Selbst, Arbeit. Er kategorisierte die Fülle der Symptome sowohl in ihren negativen Auswirkungen für die anderen, mit denen sich der Betroffene im sozialen Kontext befindet, als auch in ihren problematischen Auswirkungen für den Betroffenen selbst und in ihren Auswirkungen für die zunehmend ineffektivere Erledigung der je individuellen Arbeitsaufgaben. Kaluza (2011) beschreibt die wichtigsten Symptome des Burnout-Syndroms aus einer Vierfach-Kategorisierung der Erschöpfungssymptomatik nach den Bereichen: Körper, Emotion, geistig-mentaler Bereich und sozial-interaktiver Bereich. Faust (2011) wiederum ist bemüht, die Burnout-Symptome darzustellen als ein beobachtbares Schmelzen der Pyramide im Sinne von Maslow, bei der den Betroffenen aktualisierte, also bereits höher entwickelte Persönlichkeitsmerkmale zunehmend abhandenkommen, bis hin zum Nicht-mehr-weiterleben-Wollen. Es beginnt an der Spitze der Pyramide mit dem Verlust von Kreativität, Leistungsfähigkeit und Wohlbefinden, geht weiter mit zunehmenden Konzentrations- und Gedächtnisstörungen, seelischen Tiefs, psychosomatischen Beschwerden über soziale Schwierigkeiten im privaten und beruflichen Umfeld, zunehmend negativer werdenden Einstellung gegenüber der Arbeit sowie gegenüber Patienten, Kunden, Schülern. Irgendwann wächst alles über den Kopf, es gibt keine Erholungsmöglichkeiten mehr, potenzielle Ressourcen der Regenerierung (z.B. Hobbys, Zusammensein mit Freunden) werden aufgegeben – bis hin zur Depression, zum Ende des Weiter-leben-Wollens durch Suizidgedanken.

Exemplarisch für patientengerecht vereinfachend dargestellte Burnout-Symptomlisten sei abschließend auch auf die Symptomkategorisierung verwiesen, die die Klinik Heiligenfeld auf die vier Beschreibungsebenen körperlich, emotional, kognitiv und verhaltensbezogen zusammengestellt und im Internet veröffentlicht hat. (https://www.heiligenfeld.de/images/pdf/burnout_web.pdf, Zugriff: 09.06.2016)

Als konkret benannte Symptome werden übereinstimmend bei allen unterschiedlichen Systematiken der Darstellungsweisen immer wieder beschrieben: **Energiemangel, chronische Müdigkeit, Erschöpfung, Schlafstörungen, häufige Infekte, Kopf- und Rückenschmerzen, erhöhter Blutdruck, Herzrasen, Schwindel, Magen- und Darmbeschwerden, reduzierte Libido, sexuelle Funktionsstörungen, Konzentrationsstörungen, Gedächtnisprobleme, Entscheidungsschwierigkeiten, Interessenlosigkeit, negative distanzierte Einstellung zur Arbeit, unbestimmte Angst, Ruhelosigkeit, Niedergeschlagenheit, Hoffnungslosigkeit, Ausweglosigkeit, Gefühl von innerer Leere, Verlust der Empathie, Gereiztheit, Zynismus, Rückzug aus privaten Kontakten, Partnerschaftsprobleme, vermehrte Konflikte mit Kollegen, Kunden und Vorgesetzten, Vernachlässigung von Selbstfürsorge, Hobbys und Freizeitbeschäftigungen.** Sekundär als dysfunktionaler Bewältigungsversuch können oftmals zunehmende Substanzkonsumstörungen und andere kurzfristig Entlastung verschaffende, aber mittelfristig selbstschädigende Verhaltensweisen auftreten.

Praxistipp:

Burnout, als höchst individueller Prozess, scheint nach Burisch (2009) dennoch einen gemeinsamen Kennwert zu haben. Bei den meisten Betroffenen findet sich eine **Zwickmühle, eine Falle, in der jemand steckt,** für die bisher noch kein Lösungsweg gefunden wurde.

1.5 Der Burnout-Verlauf

1.5.1 Die verschiedenen Phasenmodelle des Burnout-Verlaufs

Ebenso wie bei den vorliegenden Definitionen und der Beschreibung der Symptomatik des Burnouts ergeben sich von Autor zu Autor unterschiedliche Beschreibungen der Phasenbezeichnungen und der Abfolge der Phasenverläufe. Lalouschek merkt deshalb zu Recht kritisch an: „Die unterschiedlichen Phasen der unterschiedlichen Phasentheorien sind nicht wissenschaftlich abgesichert. Alle Phasenmodelle haben ‚Modellcharakter‘, der individuelle Verlauf kann von Überlappungen und unterschiedlichen Gewichtungen der Symptome gekennzeichnet sein." (Lalouschek 2011, S. 17)

Unstrittig erscheint allen Autoren die Tatsache, dass die Burnout-Symptome langsam und oftmals vom Betroffenen selbst unbemerkt, weil schleichend, einsetzen. Die von Phase zu Phase offensichtliche Zunahme der Intensität und Schwere der Symptome werden in den meisten Fällen anfänglich ignoriert. Das Bild des Frosches drängt sich hier auf, der im Topf sitzen bleibt, weil er die langsam, aber stetig zunehmende Aufheizung des Wassers, obwohl von außen beobachtbar, selbst nicht wahrnimmt.

Im Sinne des S-O-R-K-C-Modells liegt gerade hier eine Herausforderung für die Anamnese, den oder die individuell auslösenden Stimuli mit den dazu pathoplastisch interagierenden Personenvariablen zu finden, die die individuelle Burnout-Dynamik ursprünglich aktivierten, und diejenigen, welche sie zusätzlich aktuell aufrechterhalten.

Situationen momentan erhöhter persönlicher Vulnerabilität mit Belastung ohne Aussicht auf Entlastung sowie Leistungsherausforderungssituationen im Bewusstsein der Sinnlosigkeit oder des zunehmenden Handelns im Widerspruchs zum eigenen Wertesystem gehören hierbei neben den Verausgabungssituationen ohne Eintritt der erwarteten Belohnung ganz sicher zu den vordersten Plätzen auf der Suche nach den üblichen Verdächtigen (nach Faust 2011, Burisch 2010, Bräutigam 1968, Lauderdale 1982). Der eigene Anspruch und die Erwartungshaltung der privaten und beruflichen Umwelt nach ständiger Verfügbarkeit und digitaler Präsenz stellen hierbei einen zusätzlichen Belastungsfaktor dar.

> Exemplarisch für die verschiedenen – und dies sei noch einmal betont: nicht empirisch gesicherten! – Phasenbeschreibungen soll hier die bekannteste und in populärwissenschaftlichen Veröffentlichungen am häufigsten[3] zitierte Phasenbeschreibung nach Freudenberger und North (1992) wiedergegeben werden.
>
> Die Bandbreite der in der wissenschaftlichen Literatur zu findenden Anzahl der Phasen des Burnout-Verlaufs reicht dabei von drei bis zu zwölf Phasen, wo-

[3] Ihr Buch „Burnout bei Frauen" wurde allein in der deutschen Übersetzung in der nunmehr 14. Auflage veröffentlicht (Stand: Mai 2016), und von unzähligen Journalisten wurde die darin enthaltene Phasenbeschreibung als Grundlage ihrer Burnout-Berichterstattung zitiert.

bei die Reihenfolge der Phasen von den Autoren selbst als mehr oder weniger verbindlich angesehen werden.

In den Konzeptionen von Cherniss (1999), Maslach (1982) und Lauderdale (1982) werden jeweils drei unterschiedliche Phasen benannt, fünf in der Beschreibung von Edelwich und Brodsky (1980), während Burisch (2010) meint, im typischen Burnout-Verlauf sieben Phasen erkennen und beschreiben zu können. Freudenberger und North (1992, 1997) übertreffen diese Sieben-Phasen-Einteilung mit ihrer Beschreibung von insgesamt zwölf Burnout-Phasen.

1.5.2 Die zwölf Stadien des Burnout-Verlaufs nach Freudenberger und North (1997)

- **Stadium 1: Der Zwang, sich zu beweisen**
  Sie haben einen Beruf, den Sie mit großer Begeisterung und hohem Einsatz ausüben. Ihre persönlichen Erwartungen steigen und Sie arbeiten immer verbissener und wollen den Erfolg erzwingen. Koste es, was es wolle – und es kostet immer mehr. Sie selbst setzen sich unter Leistungszwang. Die Wahrnehmung der eigenen Grenzen und die Bereitschaft, Rückschläge anzuerkennen und zu akzeptieren, nehmen ab.

- **Stadium 2: Verstärkter Einsatz**
  Arbeiten zu delegieren, fällt Ihnen immer schwerer. Sie haben das Gefühl, alles selbstständig erledigen zu müssen. Das Delegieren wird als Bedrohung der eigenen Unentbehrlichkeit erlebt. Die anderen sind – Ihrer Ansicht nach – nicht in der Lage, die Aufgaben korrekt zu erfüllen. Ängste, nicht gut genug zu sein, nehmen zu.

- **Stadium 3: Subtile Vernachlässigung eigener Bedürfnisse**
  Die Arbeit nimmt in Ihrem Leben einen immer größeren Platz ein, sowohl gedanklich wie auch zeitlich. Persönliche Bedürfnisse und soziale Kontakte wie Familie und Freunde hingegen treten immer stärker in den Hintergrund. Sie werden zunehmend ernsthafter, verspüren weniger Lust auf Sex und sozial unbeschwerte Kontakte erscheinen Ihnen nur noch als Zeitverschwendung. Dieses Verhalten wird jedoch aufgrund Ihrer beruflichen Situation verstanden.

- **Stadium 4: Verdrängung von Konflikten und Bedürfnissen**
  Es schleichen sich die ersten Fehler ein, wie z. B. Unpünktlichkeit oder das Verwechseln von Terminen. Sie können sich jedoch diese Fehler nicht eingestehen. Sie nehmen sich weniger Zeit zum ausreichenden Schlafen. Die ersten körperlichen Beschwerden treten auf, Müdigkeit nimmt zu, Erschöpfungsgefühle werden immer ausgeprägter.

- **Stadium 5: Umdeutung von Werten**
  Sie stumpfen langsam emotional ab. Soziale Kontakte werden als Belastung empfunden und früher wichtige Ziele werden umgewertet. Wichtiges und Unwichti-

Stadium 1: Der Zwang, sich zu beweisen

Stadium 2: Verstärkter Einsatz

Stadium 3: Subtile Vernachlässigung eigener Bedürfnisse

Stadium 4: Verdrängung von Konflikten und Bedürfnissen

Stadium 5: Umdeutung von Werten

Stadium 6: Verstärkte Verleugnung der aufgetretenen Probleme

Stadium 7: Rückzug

Stadium 8: Beobachtbare Verhaltensänderungen

Stadium 9: Depersonalisation / Verlust des Gefühls für die eigene Persönlichkeit

Stadium 10: Innere Leere

Stadium 11: Depression

Stadium 12: Völlige Burnout-Erschöpfung

Abb. 1.8: Freudenberger Burnout-Stadien. Eigene Darstellung des Autors der ursprünglichen Kreisdarstellung – Die 12 Stadien des Burnout-Verlaufs nach Freudenberger & North 1997, S. 259)

ges können immer schwieriger erkannt werden, die Selbstfürsorge befindet sich auf dem Nullpunkt.

- **Stadium 6: Verstärkte Verleugnung der auftretenden Probleme**
  Die Verdrängung der eigenen und fremden Bedürfnisse wird zur Gewohnheit. Sie ziehen sich immer weiter aus Ihrem sozialen Umfeld zurück. Unterdrückte Wut staut sich an, Gereiztheit nimmt zu. Sie reagieren zynisch und aggressiv auf normale Fragen und beurteilen viele Ihrer Mitmenschen als dumm und undiszipliniert. Deutliche Leistungseinbußen und körperliche Beschwerden wie z. B. ständige Müdigkeit oder Migräne treten ein.

- **Stadium 7: Rückzug**
  Die Fähigkeit, aus eigener Kraft soziale Kontakte herzustellen, ist auf ein Minimum gesunken. Beruflich wird nur noch „Dienst nach Vorschrift" verrichtet. Orientierungslosigkeit, Hoffnungslosigkeit und Entfremdung herrschen vor. Der Wunsch nach Ersatzbefriedigung steigt. Sie spüren, dass Sie nicht mehr so intensiv arbeiten können, wie Sie es sich wünschen. Sie bemerken den Leistungsabfall. Eine Krise deutet sich an, emotionale Verflachung und zunehmend depressivere Grundstimmungen nehmen zu.

- **Stadium 8: Beobachtbare Verhaltensänderungen**
  Die Verhaltensänderung wird sichtbar. Freunde und Familie ziehen sich zurück. Zu oft wurden sie zurückgewiesen. Die Schuldzuweisungen an die Umwelt steigen und Sie vermeiden immer häufiger die soziale Nähe. Von Ihrer beruflichen Tätigkeit sind Sie regelrecht besessen, die Leistungsfähigkeit nimmt jedoch zusehends ab und mit Kritik können Sie nur noch aggressiv abwertend umgehen.

- **Stadium 9: Depersonalisation – Verlust des Gefühls für die eigene Persönlichkeit**
  Die eigene Wertschätzung sowie auch die Wertschätzung anderer sinken deutlich. Ein Privatleben existiert nicht mehr. Sie sind eigentlich nicht mehr arbeitsfähig. Die Umwelt erlebt Sie als kalt, distanziert, schwankend, unberührbar. Das Burnout-Syndrom wird unübersehbar und Hilfe von außen ist dringend nötig.

- **Stadium 10: Innere Leere**
  Es kommt in Ihnen zu einer inneren Leere. Ein Gefühl der Sinnlosigkeit breitet sich aus, das zunehmend durch selbstschädigende Verhaltensweisen zu unterdrücken versucht wird: Alkohol, Drogen, wahlloser Sex, Exzesse mit nachfolgend vertiefter innerer Leere. In Folge werden Sie zunehmend teilnahmsloser und werden selbst bei selten ausreichendem Schlaf nicht mehr richtig wach. Die Situation spitzt sich zu und es wären dringend Menschen vonnöten, die anwesend sind. Die meisten davon haben Sie in diesem Stadium jedoch bereits selbst verprellt.

- **Stadium 11: Depression**
  Sie fühlen sich lust- und antriebslos, sind müde und haben existenzielle Zweifel; Gedanken daran, nicht mehr weiterleben zu wollen, nehmen zu. Sie riskieren zunehmend, einen tödlichen Unfall billigend in Kauf zu nehmen. Sie sehnen sich nach dem „ewigen Schlaf".

- **Stadium 12: Völlige Burnout-Erschöpfung**
  Es kommt zu völliger psychischer und körperlicher Erschöpfung mit desolatem Zustand des Immunsystems, des Herz-Kreislauf-Systems und nicht selten zu zunehmenden Selbstmordgedanken.

(In Anlehnung an die Ausführungen von Freudenberger und North 1997, S. 122–156)

2 Differenzialdiagnostik bei Burnout

2.1 Hinweise zu Besonderheiten bei der Gesprächsführung während der Anamnese und Diagnostik

Bedenken Sie: Der Patient, der mit der Selbstdiagnose „Burnout" zu Ihnen kommt, hat in den meisten Fällen das Grundempfinden einer „ehrenhaften" Funktionsstörung mit den Leitsymptomen der völligen körperlich-seelischen Erschöpfung und der Leistungsreduktion, wegen der er oder sie sich berechtigterweise schlecht fühlen und mit krankheitswertiger Intensität Sorgen machen sowie um Hilfe bitten darf. Burnout selbstdiagnostizierte Rat- und Hilfesuchende erwarten mehr als viele andere Patientengruppen eine besonders empathische Grundhaltung seitens ihres Therapeuten. Ihre sich ausgebrannt fühlende Grundempfindung und ihre prämorbid oftmals erbrachten hohen beruflichen Leistungen wollen angemessen gewürdigt werden. Eine Gesprächsführung aus einer initialkritischen Haltung des Helfenden heraus – wie wissenschaftlich angemessen und berechtigt sie auch sein mag –, ob es sich bei den vorgebrachten Beschwerden denn nun auch wirklich um ein „echtes Burnout" handle, wäre das Ende vor dem Anfang einer konstruktiven therapeutischen Allianz.

Und lassen Sie sich hier erneut daran erinnern: Die dünne wissenschaftliche ICD-10-Definition von „echtem Burnout" als Zustand völliger Erschöpfung bedarf eines kritisch distanzierten Blicks!

Die Grundlage einer kompetenten Burnout-Behandlung besteht in Anlehnung an die Formulierung von Rösing (2008, S. 236) immer darin, die Betroffenen selbst und direkt zu fragen, worunter sie leiden; die Betroffenen zu fragen, was für sie persönlich „Burnout" bedeutet; ihnen Raum und Zeit zu geben, ihre individuellen Symptome ausführlich zu schildern, bevor eine weiterführende, systematische und differenzierte Diagnostik durch Fragebögen und weitere Untersuchungsmethoden erfolgt.

Ausgehend von diesen individuellen Aussagen nutzt der Therapeut den Wunsch nach Therapie des Burnout für ein systematisches Vorgehen, das alle individuellen Aspekte erfasst, und kann dafür gezielt differenzialdiagnostische Fragebögen, Untersuchungen und Testverfahren auswählen. Machen Sie deutlich, dass Sie das Anliegen, bei subjektiv erlebtem Burnout Hilfe erhalten zu wollen, nicht nur ernst nehmen, sondern auch als sehr berechtigt empfinden. Dies geschieht für den Patienten am überzeugendsten durch die Erfahrung, dass seine meist vorliegende subjektiv sehr ausgeprägte Erschöpfung und die geklagten Begleitstörungen von Ihnen in ihrer Vielschichtigkeit differenziert erfasst und quantifiziert werden. Sein individuelles Burnout-Verständnis wird ernst genommen. Fragen Sie nach Mikroelementen, die die Symptomatik auslösen und aufrechterhalten. Fragen Sie frühzeitig nach Therapiezielen: Dies sind erste Samenkörner der Botschaft – ganz im Sinne von Kanfer und Erickson –, dass Betroffene nicht nur passive Opfer der Umstände sind, sondern dass sie lernen können, ihre Probleme selbstbestimmt zu bewältigen.

Die optimale Grundhaltung: Bearbeiten Sie vertrauensvoll und zielgerichtet mit dem Patienten seine Beschwerden und entwickeln Sie gemeinsam mit ihm Strategien, die seine Fähigkeiten zum Selbstmanagement erhöhen. Die Basis dafür ist der Raum und die Freiheit, die Sie dem Hilfesuchenden geben, sein Burnout-Erleben ausführlich zu schildern.

Praxistipp: Die therapeutische Allianz bei Burnout-Therapie sichern

Ein wichtiger Faktor für die Erfolgsprädiktion wurde bereits 1994 von Grawe beschrieben, der auch für die Individualisierte Burnout-Therapie (IBT) gilt: die Induktion einer realistischen Besserungserwartung. Am besten wird diese auf empathische und wertschätzende Art und Weise dadurch vermittelt, dass der Helfende sich bemüht, alle individuellen Burnout-Details und deren gewünschte Veränderung so genau wie möglich zu erfassen.

Kompetente individualisierte Burnout-Behandlung wird darüber hinaus realisierbar auf der Basis individuell gemeinsam erarbeiteter angemessener Ziele. Partizipative Entscheidungsfindung sollte mehr sein als nur ein Lippenbekenntnis, das oftmals schon dadurch konterkariert wird, dass der Behandlungsplan bereits feststeht, bevor der Patient in der Klinik anreist. *Gemeinsam* mit dem Patienten wird in einer kompetenten Burnout-Therapie die Selbstregulationsfähigkeit verbessert. Der Patient erlebt mehr Selbstwirksamkeit, indem er lernt, unveränderliche von veränderlichen Tatsachen zu unterscheiden und sein subjektives Problemerleben in Beziehung zu setzen zu seinen Gedanken und Bewertungen über die ihn umgebenden Tatsachen. Die Zusatzdiagnose „Z73.0: Zustand völliger Erschöpfung" kann dabei ethisch und sozialrechtlich unbedenklich immer dem sich ausgebrannt fühlenden Patienten diskussionslos zugestanden und für ihn demonstrativ sichtbar dokumentiert werden.

Was sich nun auch immer im weiteren Verlauf der Differenzialdiagnostik tatsächlich ergeben mag – die Selbstdiagnose „Burnout" muss in keinem Fall als unangemessen ersetzt werden durch eine wissenschaftlich „richtige" Diagnose. Die kompetente Behandlung des Patienten, für den die Diagnose „Burnout" eine stigmatisierungsfreie Bezeichnung seines seelischen und körperlichen Leidens darstellt, besteht darin, die angemessenen therapeutischen Maßnahmen immer als wirksame Behandlungsbausteine zur individuell geschilderten Burnout-Symptomatik einzuführen. Auch wenn sich beispielsweise als Hauptursache für den Erschöpfungszustand ein bisher noch nicht diagnostizierter behandlungsbedürftiger Diabetes erweisen sollte, bleibt es ethisch vertretbar, die notwendige Behandlung immer auf das Hauptanliegen des Patienten zu beziehen, eine angemessene Burnout-Therapie erhalten zu wollen. Der therapeutische Kommentar könnte dann lauten: „Gut, dass Sie in die Sprechstunde gekommen sind, jetzt wissen wir, was Sie und Ihr Körper – neben möglicherweise zusätzlich sinnvollen arbeitsplatzbezogenen beruflichen Veränderungen – am dringendsten brauchen, um bei dem, was Sie leisten, wieder aus diesem Zustand völliger Erschöpfung herauszukommen."

2.2 Das biopsychosozial-environmentale Modell

Nach Egger (2005) ist das biopsychosoziale Modell das gegenwärtig kohärenteste, kompakteste und auch bedeutendste Theoriekonzept, innerhalb dessen der Mensch in Gesundheit und Krankheit erklärbar und verstehbar wird. Für ihn ist das biopsychosoziale Modell aus Studien zur Allgemeinen Systemtheorie und seiner Anwendung auf die Biologie hervorgegangen und im Wesentlichen das Verdienst von Bertalanffy und Weiss. Die Ausformulierung und Propagierung des Modells als Grundlage für die psychosomatische Medizin ist für Egger wiederum im Wesentlichen auf die Arbeit des Sozialmediziners Engel (1976) und der Verhaltensmediziner Schwartz und Weiss zurückzuführen. Meiner Meinung nach hat das Lehrbuch „Psychosomatische Medizin" von Uexküll, in der Erstauflage 1979 erschienen und bis 2013 in sieben Überarbeitungen insgesamt acht Mal neu aufgelegt, ganz sicherlich wesentlich, wenn nicht am meisten zu der Verbreitung dieses Modells beigetragen, ebenso wie Uexkülls zweites, 2002 erschienenes Standardwerk „Integrierte Medizin".

In Bezug auf die Behandlung des Burnout-Syndroms lautet in Anlehnung an Egger (2005) die Frage nunmehr: An welchen Punkten der Ätiopathogenese oder des Heilungsprozesses haben psychosoziale Faktoren einen wie großen Einfluss – sind sie eventuell vernachlässigbar oder aber prozesssteuernd?

Gerade und vor allem bei einem subjektiven Erleben von völliger Erschöpfung wird deutlich, dass das seit nunmehr 40 Jahren als State-of-the-Art geltende biopsychosoziale Modell unverzichtbar ist, um eine angemessene Differenzialdiagnose durchzuführen.

Allerdings waren 1976 Umwelteinflüsse auf körperliche und seelische Gesundheit noch kaum im Blickfeld des öffentlichen Bewusstseins. Die Nuklearkatastrophe von Tschernobyl ereignete sich erst zehn Jahre später. Bürgerinitiativen gegen Sendemasten für mobile Kommunikation waren unbekannt, da sich nur wenige materiell privilegierte Individuen ein mobiles Telefon leisten konnten. Das normale Telefon war fest verkabelt. WLAN-dauerdurchflutete Klassen-, Arbeits-, Hotel-, Wohn- und Schlafzimmer waren ebenfalls nicht existent. Das zwei Jahre zuvor von der Firma Monsanto auf den Markt gebrachte Breitbandherbizid „Roundup" mit dem Hauptwirkstoff Glyphosat galt noch als landwirtschaftlicher Segen und wurde weltweit eingesetzt, um Unkraut zu vernichten. Allein in Deutschland kam es auf rund einem Drittel aller Felder zum Einsatz, ebenso wie im Weinbau, in Obstanlagen, privaten Gärten, auf Bahngeländen und in öffentlichen Parkanlagen. Erst Anfang 2015 wurde es von der WHO als Klasse 2A – krebsartige und neurodegenerative Erkrankungen auslösendes Umweltgift eingestuft (Lancet 2015). Von dem vom gleichen Hersteller weltweit in Umlauf gebrachten genveränderten Saatgut und daraus resultierenden genveränderten problematischen Nahrungsmitteln sprach in den 1970ern fast noch niemand. Asbest galt wegen seiner vielen praktischen Eigenschaften als idealer Baustoff, bevor er in Deutschland im Jahr 1993 verboten wurde. Inneneinrichtungsgegenstände und Bodenbeläge evaporierten ebenso von der öffentlichen Diskussion unbehelligt ihre Materialabgase in die Atemluft wie Lacke, Farben und andere problematische Bau- und Renovationsstoffe. Umweltzonen in Innenstädten und Sorgen um Feinstaub waren unbekannt. Rauchen in Restaurants, in öffentlichen Gebäuden und am Arbeitsplatz galt als völlig normal und für die betroffenen passiv Mitrauchenden als hinzunehmende Tatsache. „Stell Dich nicht so an!" war eine gesellschaftlich akzeptierte Antwort für um Rücksicht bittende nichtrauchende Mitmenschen.

Kurzum, körperliche und seelische Beschwerden wurden in der Regel nicht mit Einflüssen aus der chemisch-physikalisch-elektromagnetischen Umwelt in Verbindung gebracht. Sollte ein Patient von Einflüssen des „Bestrahltwerdens" berichtet haben oder die Meinung geäußert haben, sein Essen könnte irgendwie vergiftet sein, war dies eindeutig als wahnhaftes Gedankengut diagnostiziert worden.

Im Jahr 2016 liegt ein diesbezüglich völlig anderes allgemeines Bewusstsein inklusive national und international geforderter Standards und zum Teil schon realisierter rechtlicher Vorgaben vor. Die Werbungsinhalte gelten als der sensibelste Indikator für verändertes öffentliches Bewusstsein. Ikea z. B. bemüht sich werbewirksam zu betonen, dass ihre Kunststoff-Verpackungen garantiert frei seien vom Weichmacher Bisphenol A (BPA). Damit übertrifft Ikea die aktuellen EU-Gesetze außerhalb Frankreichs. Dort ist der Weichmacher seit 2013 verboten.

In den meisten vorliegenden Veröffentlichungen, die sich auf das biopsychosoziale Modell beziehen, wurde die Erweiterung um die environmentale Dimension bis jetzt noch nicht berücksichtigt im Hinblick auf die vielfältigen chemisch-physikalisch-elektromagnetischen Einflüsse, die einen täglichen Bestandteil unserer modernen Lebensumwelt darstellen und unseren Organismus auf vielfältige Art und Weise beeinflussen. Dies sei hiermit vorgenommen. Das biopsychosoziale Modell wird mit der Aktualisierung und konsequenten Erweiterung um die environmentalen Einflüsse damit erneut wieder zu Recht als das bezeichnet werden können, was es ist:

> Das biopsychosozial-environmentale Modell ist das gegenwärtig kohärenteste, kompakteste und auch bedeutendste Theoriekonzept, innerhalb dessen der Mensch in Gesundheit und Krankheit erklärbar und verstehbar wird.

In Bezug auf das Phänomen der völligen Erschöpfung erscheint es daher mehr als angemessen, bei der Differenzialdiagnose dieses aktualisierte, um die Dimension der environmentalen Einflüsse erweiterte biopsychosoziale Modell als Grundlage zu favorisieren.

> **Praxistipp:**
>
> Bei Klagen über Burnout können die vorgebrachten Beschwerden umfassend und ganzheitlich nach dem biopsychosozial-environmentalen Modell erfasst und angemessen, meist mit Mehrfachdiagnosen nach ICD-10 (und in Kürze nach ICD-11), diagnostiziert werden.

Betrachten wir deshalb nachfolgend die potenziellen Ursachen für den individuell geklagten und subjektiv zumeist auf die relevante Haupttätigkeit bezogenen Zustand der völligen Erschöpfung. Und wir betrachten sie idealerweise umfassend aus biologisch-somatischer Sicht, aus psychologischer Sicht, aus sozialer Sicht mit den Teilbereichen „veränderte soziale Interaktionsbedingungen am Arbeitsplatz" und „veränderte soziale außerberufliche Interaktionsbedingungen" vor dem Hintergrund der generellen gesellschaftlichen Veränderung und Erosion sozialer Werte sowie aus environmentaler Sicht mit den vielfältigen chemo-physikalisch-elektromagnetischen Einflüssen:

2.3 Die somatische Ursachenvielfalt für einen Zustand völliger Erschöpfung

Jede kompetente Burnout-Behandlung sollte immer mit einer differenzierten somatischen Diagnostik beginnen. Die Behandlung erschöpfungsursächlicher Erkrankungen sowie die parallele Behandlung der körperlichen Folgeerkrankungen sollten sichergestellt sein.

Mit Ina Rösing (2008) stimme ich überein, dass die Unterscheidung der vorgebrachten Klagen in Ursachen von Burnout, Begleiterscheinungen von Burnout oder Folgen von Burnout in jedem Einzelfall schwierig bleibt. Auch teile ich ihre Hypothese, dass z. B. beim Vorliegen einer depressiven Episode sowohl das Ausfüllen eines Fragebogens zu Burnout-Symptomen durch die Depression negativ gefärbt sein wird als auch das Ausfüllen einer Checkliste psychosomatischer Symptome. Gleichermaßen wird letztendlich in beiden Selbstbeurteilungsinstrumenten nur die gesamte Bandbreite depressiver Symptomatik widergespiegelt werden.

Was dessen ungeachtet bleibt, ist die Notwendigkeit zur differenzialdiagnostischen Abklärung vorliegender potenziell behandlungsbedürftiger biologischer, körperlicher, somatischer Veränderungen (die strenggenommen bezeichnet werden müssten als biopsychosozial-environmentale Symptome mit biologisch-somatischem Schwerpunkt – sofern es bei konsequenter Anwendung des psychosomatisch-environmentalen Modells eine solche Aufteilung in rein medizinisch-biologisch erklärbare Ursachen ohne die gleichzeitige Berücksichtigung der anderen Ebenen überhaupt geben kann ...).

Von niedergelassenen deutschen Psychologischen Psychotherapeuten wird der obligate somatische Bericht vor Durchführung einer ambulanten Psychotherapie oftmals als formale Lästigkeit empfunden. Mehr als bei anderen Störungs- und Krankheitsbildern hat er jedoch bei der Abklärung der Burnout-Trias von vorliegender völliger Erschöpfung, Depersonalisation und Leistungsabfall mit zunehmenden ich-dystonen Denk-, Verhaltens- und Erlebensweisen eine ganz besonders hohe Bedeutung. Der mit dem Konsiliarbericht beauftragte Arzt – idealerweise der Hausarzt des Patienten, da dieser in der Regel den Patienten schon längere Zeit behandelt und über Vorerkrankungen informiert ist, oder ein Internist – sollte darum gebeten werden, besonders sorgfältig die in Frage kommenden Parameter zu erheben, die mit starker Erschöpfung einhergehen, um die diesbezüglich häufigsten somatischen Erkrankungsursachen oder Folgeerkrankungen auszuschließen oder diagnostizieren zu können.

Bei der Eingangsdiagnostik von Personen mit der Selbstdiagnose „Burnout" und einem körperlich offensichtlich schlechten Allgemeinzustand sollte der Konsiliararzt darum gebeten werden, neben der Anamnese bezüglich vorliegender aktueller somatischer Erkrankungen immer dann eine besonders umfassende Mikronährstoffstatusanalyse durchzuführen, wenn es sich bei dem Patienten um ein Mitglied einer der nachfolgend genannten Risikogruppen handelt.

Praxistipp:

Eine umfassende Mikronährstoffstatusanalyse ist bei Patienten, die einer Risikogruppe angehören, zu empfehlen. Als ganz besondere Risikogruppe für einen Erschöpfung verursachenden oder verstärkenden, oftmals multiplen Mikronährstoffmangel sind hierbei anzusehen:

- Personen mit hohem **Alkohol-** und/oder **Zigaretten-** und/oder **Kaffee-** und/oder **Schwarztee-Konsum,**
- Personen mit Mikronährstoff-Resorptionsstörungen oder beschleunigter Nährstoffausscheidung durch chronische Krankheiten, insbesondere **Magen-Darm-Erkrankungen,** multiplen, rezidivierenden oder **chronischen Infekten** und länger andauernder oder wiederholter Einnahme von **Antibiotika,**
- Personen, bei denen in der Anamnese des Auftretens der geklagten Burnout-Trias **größere Operationen** mit Vollnarkose oder Unfälle mit hohem **Blutverlust** vorliegen, weiterhin Personen, bei denen **maligne Tumore** mit **Bestrahlungen** und/oder **Chemotherapie** behandelt wurden, sowie Personen mit **Langzeitmedikamenteneinnahme.**
- Frauen mit **jahrelanger oraler Kontrazeptiva-Einnahme** bzw. vorliegender **Schwangerschaft** oder noch bestehender **Stillzeit** gehören ebenso zu dieser Risikogruppe wie
- Personen, die in überschaubarer Vergangenheit eine **extreme Umstellung ihrer Ernährungsgewohnheiten** vorgenommen haben – oft mit dem Ziel, sich nunmehr einer besonders gesunden Lebens- und Ernährungsweise zuzuwenden – oder aber ganz im Gegenteil eine **chronisch ungesunde, unregelmäßige Ernährungsweise** habituiert haben, übertrieben fasten oder regelmäßig aus unterschiedlichsten Gründen erbrechen sowie alle Personen, bei denen eine manifeste **Essstörung** vorliegt.

Das **Arbeitsblatt 2,** die ausgefüllte Checkliste potenzieller medizinischer Ursachen für Erschöpfung, die im DIN-A4-Format download- und ausdruckbar ist (s. Hinweis auf S. 10), sollte dem Konsiliararzt für seine Untersuchung vorliegen. Im Einzelfall ist hierbei zu entscheiden, ob es günstiger ist, Frage um Frage in der Anamnese selbst zu erheben und auf der Checkliste zu dokumentieren oder den Patienten zu bitten, die Checkliste zu Hause selbständig auszufüllen. Im Hinblick auf die obigen Ausführungen zur therapeutischen Allianz wird es sich in den meisten Fällen als günstig erweisen, diese relevanten Ausgangsdaten nach der freien Schilderung der vorliegenden Symptome gemeinsam mit dem Patienten entlang der vorgegebenen Checkliste zu besprechen und von ihm selbst in der Liste dokumentieren zu lassen. Eine Kopie davon verbleibt dann in der Akte des Therapeuten, das Original nimmt der Patient zur Konsiliaruntersuchung mit.

Auf **Memoblatt M4 „Somatische Untersuchungen"** (s. Hinweis auf S. 10) finden Sie eine **Auflistung aller sinnvollen somatischen Untersuchungen**, über deren Durchführung es bei vorliegender Erschöpfung aus fachärztlicher Sicht individualisiert zu entscheiden gilt.

Aus praktischer Erfahrung heraus hat es sich als günstig erwiesen, die dem Risikoprofil entsprechenden Patienten bereits im Vorfeld der Konsiliaruntersuchung darauf hinzuweisen, dass in den meisten Fällen sowohl gesetzliche als auch private Krankenkassen einen differenzierten Mikronährstoffstatus nicht als obligaten Teil ihrer Kassenleistung verstehen und mit entsprechender Eigenleistung für die Erhebung dieser Daten zu rechnen ist.

Burnout-relevante Therapieansätze zur Reduktion von Mikronährstoff-Mangelzuständen sind: die Behandlung der fachärztlich diagnostizierten Grunderkrankungen, Zufuhrerhöhung der fehlenden Stoffe durch eine bewusste Nahrungsmittelauswahl, Nahrungsergänzungsmittel oder Medikamente. Bei einer Umstellung der Ernährung sollte der Rat eines Experten (Arzt, Ernährungsberater) hinzugezogen werden, der imstande ist, seine Empfehlungen an die individuellen Bedürfnisse und Vorlieben des Patienten anzupassen: konventionelle Ernährung, vegetarisch, vegan, ayurvedisch oder sonstige Ernährungsstile.

Generell gilt, dass biologisch angebaute Nahrungsmittel einen höheren Gehalt an Mikronährstoffen haben als solche aus konventionellem Anbau. Insbesondere gilt das für Fleisch. Vom ethischen Standpunkt abgesehen, ist Fleisch aus Massentierhaltung auch ärmer an Nährstoffen und reicher an Gesundheitsrisiken als Fleisch von Tieren, die artgerecht gehalten wurden. Der massive Einsatz von Antibiotika in der Tiermast führt häufig dazu, dass das Verhältnis von Nutzen und Risiko beim Verzehr von Fleisch als nicht mehr stimmig bezeichnet werden kann (siehe hierzu auch GEO 2012: http://www.geo.de/GEO/natur/massentierhaltung-antibiotika-in-der-tiermast-viertel-nach-zwoelf-70654.html?p=2 Zugriff: 15.06.2016).

In Anlehnung und Erweiterung der von Korczak et al. (2010) vorgelegten Liste gilt es bei geklagter ausgeprägter Erschöpfung vor allem folgende schwerpunktmäßig biologisch-medizinische Gründe differenzialdiagnostisch abzuklären:

Biologisch-medizinisch mögliche Gründe für Erschöpfung:
• Adrenalin-Mangel
• Allergie
• Anämie
• Andere Vitamin- oder Mikronährstoffdefizite im Blutbild:
    – B1-Mangel
    – B2-Mangel
    – B3-Mangel
    – B4-Mangel
    – B5-Mangel
    – B6-Mangel

- B7-Mangel
- B8-Mangel
- B9-Mangel
- B10-Mangel
- B11-Mangel
- B12-Mangel
- Biotin-Mangel
- Coenzym-Q10-Mangel
- Eisen-Mangel
- Folat-Mangel
- Kalium-Mangel
- Kalzium-Mangel
- Kupfer-Mangel
- Magnesium-Mangel
- Molybdän-Mangel
- Selen-Mangel
- Thiamin-Mangel
- Tryptophan-Mangel
- Vitamin-A-Mangel
- Vitamin-C-Mangel
- Vitamin-D-Mangel
- Vitamin-E-Mangel
- Vitamin-K-Mangel
- Zink-Mangel
- Mangel an Omega-3- und Omega-6-Fettsäuren
- Wasser-Mangel
- Infektionen (bakterielle, virale)
- Fernreisefolgen mit potenziellen Infektionen vor dem Auftreten der Erschöpfungssymptome
- Hepatitis
- Diabetes
- starke Menstruationsblutungen und/oder starke hämorrhoidale Blutungen
- Schwangerschaft
- Krebs
- chronische Krankheiten
  - HIV/Aids
  - COPD – chronisch obstruktive Lungenerkrankung
  - ALS – amyotrophe Lateralsklerose
  - degenerative Erkrankung des Zentralnervensystems
  - chronische Entzündungen
  - sonstige chronische Erkrankungen
- Erkrankungen des rheumatischen Formenkreises (incl. Fibromyalgie)
- Schilddrüsenunterfunktion (Hypothyreose)
- Nierenerkrankung
- Lungenerkrankungen (z. B. Tuberkulose)
- Herz-Kreislauf-Erkrankungen

- – Herzinfarkt
- – Kardiomyopathie
- – Angina Pectoris
- – koronare Stenosen
- – Herzrhythmusstörungen
- – künstliche Herzklappe
- – Hypertonie
- – Hypotonie
- Magen-Darm-Erkrankungen
  - – chronischer Durchfall
  - – Verstopfung
  - – Magengeschwüre
  - – Gastritis
  - – Zwölffingerdarmgeschwüre
  - – Colitis Ulcerosa
  - – Morbus Crohn
  - – andere Erkrankungen des Dünn- oder Dickdarmes
- Übergewicht (starke Gewichtszunahme vor Beginn der Erschöpfung)
- Untergewicht (starke Gewichtsabnahme vor Beginn der Erschöpfung)
- chronisch ungesunde, unregelmäßige, nährstoffarme und vitalstoffarme Ernährung
- aktuell oder seit längerem vorgenommene radikale Ernährungsumstellung
- Nebenwirkungen von Medikamenten
  - – blutdrucksenkende Medikamente
  - – Psychopharmaka
  - – Schlaftabletten
  - – Chemotherapie
  - – andere Medikamente
- Borreliose
- Epstein-Barr-Virus
- aktuell oder länger zurückliegende operative Eingriffe oder größere Verletzungen
- Schlafstörungen
  - – Schwierigkeiten einzuschlafen
  - – Schwierigkeiten durchzuschlafen
  - – vorzeitiges Erwachen
  - – Schlafapnoe
  - – primäre Insomnie
  - – Schlafphasenverlagerungssyndrom
  - – Restless-Legs-Syndrom
- andere Krankheiten mit einhergehender tiefer Erschöpfung

Es gibt nicht wenige körperliche Mangelsituationen und Erkrankungen, bei denen ein subjektives Krankheitsempfinden völlig fehlen kann. Für die oben genannten somatischen Ursachen trifft dies nicht zu. Diese führen ganz besonders häufig und ausgeprägt bei den Betroffenen zu dem Erleben von Müdigkeit, Erschöpfung, depressiver Stimmung, Leistungsabbau, dem subjektiven Gefühl der „leeren Batterie", des Ausgebranntseins.

Die Kenntnis dieser Liste der wichtigsten körperlichen Erkrankungen und somatischen Ursachen im Zusammenhang mit geklagter Burnout-Erschöpfung ist von daher für jeden Behandelnden unabdingbar (► **Memoblatt M3 "Liste der Krankheiten mit ausgeprägtem Erschöpfungssyndrom"**, s. Hinweis auf S. 10).

Betrachten wir diese Liste der für die Burnout-Betroffenen im Einzelfall relevanten somatischen Ursachen, Mangelzustände und evtl. vorliegenden medizinischen Krankheitsdiagnosen deshalb im Detail:

2.3.1 Adrenalinmangel

Hauptfunktionen von Adrenalin: in Stress-Situationen Steigerung des Blutdrucks und der Herzfrequenz, Freisetzen von Blutzucker, vermehrte Ausschüttung von Blutfetten, Erweiterung der Bronchien, erhöhtes Erregungsniveau im Gehirn, Vorbereitung des Körpers auf „Kampf oder Flucht".

Hauptursachen von Adrenalinmangel: Nebenniereninsuffizienz (Morbus Addison), chronische Entzündungen, bestimmte blutdrucksenkende Medikamente, Schädigung der Mitochondrien (der Kraftwerke der Zellen) durch Dauerstress.

Hauptsymptome von Adrenalinmangel: Energieabfall, tiefe Erschöpfung, depressive Stimmung sowie Konzentrationsschwierigkeiten.

2.3.2 Allergie

Verbreitung: Laut einer Studie der Deutschen Dermatologischen Gesellschaft (DDG) haben rund 35 Prozent der Bevölkerung in Deutschland Heuschnupfen, Asthma, Neurodermitis oder eine andere Allergie.

Hauptursachen: Bisher ist es noch nicht gelungen, die spezifischen und in den meisten Fällen multikausalen Ursachen der multiplen Allergien zu ergründen. Wer wann unter welchen Bedingungen eine Allergie wogegen entwickeln wird, ist weder vorhersagbar noch im Nachhinein wissenschaftlich exakt nachvollziehbar.

Hauptsymptome: Müdigkeit, Erschöpfung und allergiebedingte Schlaflosigkeit, nervenaufreibender Juckreiz vor allem bei Neurodermitis. Weitere kräftezehrende Auswirkungen von Allergien sind: Schnupfen, Husten, Asthma, Hautausschläge, Schwellungen, Übelkeit, Erbrechen, Durchfall und Kreislaufprobleme. Müdigkeit ist dabei in den meisten Fällen eine allergietypische Begleiterscheinung.

2.3.3 Anämie

Anämie wird oftmals von Laien gleichgesetzt mit Eisenmangel. Richtig ist, dass etwa achtzig Prozent der an Blutarmut leidenden Patienten tatsächlich einen Eisenmangel aufweisen. Anämie bezeichnet im streng wissenschaftlichen Sinne jedoch zunächst das Vorliegen einer Blutveränderung, bei der zu wenige Erythrozyten (rote Blutkörperchen) vorhanden sind oder aber eine zu geringe rote Blutfarbstoffmenge, also zu wenig Hämoglobin.

Hauptursachen für Anämie: Eisenmangel. Gründe für Eisenmangel können ungünstige Ernährungsgewohnheiten, chronische Blutungen, hoher Blutverlust nach schweren Operationen, bestimmte Darmparasiten, Magengeschwüre, Nierenerkrankungen, Vitamin-B12-Mangel, chronische Entzündungen, Tumore, Infektionen, großflächige Verbrennungen u.a. sein.

Hauptsymptome: Blässe, Schwächegefühl, Müdigkeit, Leistungsabfall, Apathie, Schwindel, das typische tiefe Gefühl, ausgebrannt zu sein.

2.3.4 Andere Vitamin- oder Mikronährstoffdefizite im Blutbild

Im Folgenden sollen alle Vitamine in Hinblick auf Ihren Zusammenhang mit Erschöpfung, zunehmender Gereiztheit, zunehmender Depressivität und Leistungsabfall betrachtet werden. Dabei sind besonders die Vitamine des B-Komplexes von hoher Bedeutung.

Die größte Gemeinsamkeit der Vitamine B1, B2, B3, B5, B6, B12, Biotin (früher B7, in der französischen Nomenklatur auch B8 genannt) und Folsäure (früher B9 oder auch B11) ist ihre Wasserlöslichkeit. Mit Ausnahme von Vitamin B12, und in Maßen B3, kann der menschliche Körper die B-Vitamine nicht speichern. Ein Überschuss wird über den Urin ausgeschieden. Auf dem **Memoblatt M4.1** (s. Hinweis auf S. 10) finden Sie die **aktuelle Nomenklatur der B-Vitamine** und ihrer Synonyme in schöner und klärender Übersichtlichkeit auf einer Seite noch einmal zusammengefasst.

Die regelmäßige exogene Zufuhr der B-Vitamine ist somit wegen ihrer für den Stoffwechsel, das Nervensystem und das psychische Erleben so bedeutsamen Funktionsunterstützung besonders wichtig. Im Zusammenhang mit erlebter Überforderung finden wir jedoch gerade hier besonders häufig ungute, erschöpfungs- und depressionsverstärkende Regelkreise im Zusammenhang mit Vitamin-B-Mangel und dem Mangel an weiteren Mikronährstoffen.

2.3.4.1 Vitamin-B1-Mangel

Hauptfunktionen von Vitamin B1 (Thiamin): Vitamin B1 ist besonders wichtig für den Kohlehydratstoffwechsel von Nerven, Gehirn und Muskeln. Enders (2014) beschreibt die Funktion von Vitamin B1 anschaulich und prägnant so: „Unser Gehirn braucht es nicht nur, um die Nervenzellen gut zu ernähren, sondern auch, um sie von außen mit einem elektrisch isolierenden Fettmantel einzuhüllen." (Enders 2014, S. 123)

Liegt ein Mangel an Vitamin B1 vor, sprechen wir vom identischen Sachverhalt eines Thiaminmangels (siehe weitere Details deshalb in Kap. 2.3.4.23).

2.3.4.2 Vitamin-B2-Mangel

Hauptfunktionen von Vitamin B2 (Riboflavin): Vitamin B2 findet sich in allen Körperzellen. Es spielt eine besondere Rolle bei der Umwandlung von Fetten, Eiweißen und Kohlehydraten in Nährstoffe.

Hauptursachen für Vitamin-B2-Mangel: hoher Alkoholkonsum über längere Zeit, häufige Infektionen mit Antibiotika-Behandlung, regelmäßige Einnahme oraler Kontrazeptiva, Psychotherapeutika und Chemotherapeutika, Dauermedikation mit Thyroxin oder Barbituraten, Krebs, länger andauerndes Fieber, chronische Diarrhö und eine Burnout-typische dauerhaft ungesunde Ernährung.

Hauptsymptome von Vitamin-B2-Mangel: Lethargie, zunehmende Depressivität, Persönlichkeitsveränderungen. Körperliche Symptome, insbesondere Hautprobleme können auftreten und die zunehmend depressiv-gereizte Grundstimmung verstärken. Die Ermüdbarkeit und der Leistungsabfall wachsen durch die in Folge des Vitamin-B2-Mangels abnehmende Produktion von Erythrozyten, was im weiteren Verlauf zum Vollbild einer Anämie führen kann. In Folge eines Vitamin-B2-Mangels tritt in den meisten Fällen auch ein dadurch verursachter zusätzlicher Vitamin-B3-Mangel auf, mit dessen zusätzlichen erschöpfungsvertiefenden Auswirkungen.

2.3.4.3 Vitamin-B3-Mangel

Hauptfunktionen von Vitamin B3 (Niacin): hohe Bedeutung für viele Stoffwechselvorgänge, insbesondere für die Produktion von Serotonin und die Aufrechterhaltung des Serotoninspiegels sowie für das störungsfreie Arbeiten des Nervensystems.

Hauptursachen von Vitamin-B3-Mangel: hoher Alkoholkonsum über längere Zeit, Darmerkrankungen oder andere Verdauungsstörungen, länger andauernder Durchfall mit Malabsorption, B2- und/oder B6-Mangel.

Hauptsymptome von Vitamin-B3-Mangel: Müdigkeit, körperliche Schwäche, Zunahme vorliegender Schmerzen, Erhöhung von Intensität und Frequenz von Kopfschmerzen, Gereiztheit, Angstzustände, Gefühlsschwankungen, depressive Grundstimmung; bei ausgeprägtem Vitamin B3-Mangel mittelgradige bis schwere depressive Episoden, stark paranoides Denken und sogar das Auftreten von Halluzinationen. Demenz wird laut der D-A-CH-Verbände (2015) insbesondere bei einem ausgeprägten Vitamin-B3-Mangel als Mangelsymptomatik beobachtet.

2.3.4.4 Vitamin-B4-Mangel

Hauptfunktion von Vitamin B4 (Adenin): Adenin ist ein wichtiger Bestandteil der DNA und der RNA. Aufgrund mangelnder Vitamin-Eigenschaften wurde ihm der Vitamin-Status wieder aberkannt.

Die Analyse eines Vitamin-B4-Mangels kann bei der Betrachtung der relevanten Faktoren in Zusammenhang mit einem Zustand völliger Erschöpfung als irrelevant erachtet werden.

2.3.4.5 Vitamin-B5-Mangel

Hauptfunktion von Vitamin B5 (Pantothensäure): wichtig für den Energiestoffwechsel, das Gefühl der Vitalität und die Gesundheit von Bindegewebe, Haut, Haaren und Nägeln.

Hauptursachen von Vitamin-B5-Mangel: ungünstige Ernährungsgewohnheiten, unangemessen strenge Diäten zur Gewichtsreduktion, chronische Erkrankungen, hoher Alkoholkonsum.

Hauptsymptome von Vitamin-B5-Mangel: ausgeprägte Müdigkeit bei gleichzeitig erhöhter Schlaflosigkeit, Kopfschmerzen, insgesamt geschwächte Immunität durch die herabgesetzte Wirkungsmöglichkeit von Antikörpern, Muskelschmerzen, Brennen und Taubheit in Unterschenkeln und Füßen sowie trockene rissige Haut und brüchige Haare.

Dies alleine könnte schon zu depressiven Reaktionen führen. Ausgeprägt hoher Vitamin-B5-Mangel an sich löst darüber hinaus häufig eine vermehrt depressiv-energielose Grundstimmung aus.

2.3.4.6 Vitamin-B6-Mangel

Hauptfunktion von Vitamin B6 (Pyridoxin): wichtig bei eiweißumbauenden Stoffwechselvorgängen und während des Wachstums; unerlässlich für die Funktion von Herz, Gehirn und Leber; wesentliche Beteiligung an der Neurotransmittersynthese von Serotonin, Dopamin und Norepinephrin und damit an der Aufrechterhaltung der psychophysischen Stabilität sowie an der Reizleitung innerhalb des Nervensystems. Tryptophan kann ohne ausreichende Vitamin-B6-Verfügbarkeit kein Serotonin bilden. Darüber hinaus wirkt Vitamin B6 spezifisch gegen Schwangerschaftsübelkeit und lindert Menstruationsbeschwerden[4].

Hauptursachen für Vitamin-B6-Mangel: Auslöser eines vorliegenden Mangels sind im Wesentlichen verhaltensbedingt: Rauchen, Trinken, hoher Kaffeekonsum. Die Aufnahme hoher Mengen Eiweiß erhöht den Bedarf an Vitamin B6 ebenso wie die dauerhafte Einnahme von oralen Kontrazeptiva, Antikonvulsiva und Tuberkulostatika. Chronische Verdauungsstörungen sowie das letzte Drittel der Schwangerschaft und die nachfolgende Stillzeit gelten ebenfalls als bekannte Ursachen von Mangelzuständen. Die Aktivierung zur biologisch vollen Wirksamkeit von Vitamin B6 verlangt zusätzlich einen angemessenen Zink- und Riboflavin (Vitamin-B2)-Status.

---

[4] Da etwa 5 % der Frauen im reproduktiven Alter unter schweren und eine große Dunkelziffer unter leichteren Formen des prämenstruellen Syndrom leiden, bei dem einige Tage vor Beginn der Regelblutung eine milde Form der Depressivität, Gereiztheit, Ängstlichkeit und Stimmungsschwankungen auftreten, sei an dieser Stelle auch noch folgender Hinweis weitergegeben: In einem Übersichtsartikel analysierte im Jahr 2008 Bettina Reinhard-Hennch die aktuelle wissenschaftliche Literatur zur Gabe von Vitamin B6 bei prämenstruellem Syndrom. Sie kam dabei zu dem Schluss, dass Vitamin B6 in niedriger Dosierung (maximal 50 bis 100 mg/Tag) die psychischen Beschwerden von Frauen mit PMS wesentlich zu mindern vermag.

Die Hauptsymptome von Vitamin-B6-Mangel sind zum Teil drastisch: abnormale Hirnströme, Verwirrungszustände, Zuckungen, Krämpfe, Depressionen, Reizbarkeit, Angstzustände, eingeschränkte Leukozytenfunktion, verminderte Produktion von Antikörpern und damit erhöhte Infektanfälligkeit, Ausbildung einer eisenresistenten Anämie mit ihren Folgeerscheinungen tiefer Erschöpfung und Leistungsabfall. In Folge eines Vitamin-B6-Mangels tritt in den meisten Fällen auch ein Vitamin-B3-Mangel auf, mit dessen zusätzlichen erschöpfungsvertiefenden Auswirkungen. Laut Flemmer (2011) weisen depressive Patienten häufig einen Vitamin-B6-Mangel auf. **Bei einem kombinierten Vitamin-B2-, Vitamin-B3- und B6-Mangel ist eine besonders hohe Wahrscheinlichkeit für das Erkranken an einer Depression gegeben.**

2.3.4.7   Vitamin-B7-Mangel

Hauptfunktion von Vitamin B7 (Biotin, in der französischen Nomenklatur B8): wichtig für die DNA- und Proteinsynthese und für den Aufbau und Erhalt von Zellen, Haut und Haar (► Kap. 2.3.4.13: Biotin-Mangel).

2.3.4.8   Vitamin-B8-Mangel

Vitamin B8 ist die inzwischen ungebräuchliche französische Nomenklatur für Vitamin B7, auch bezeichnet als Vitamin H oder Biotin. Liegt ein Mangel an Vitamin B8 vor, sprechen wir vom identischen Sachverhalt eines Biotinmangels (► Kap. 2.3.4.13: Biotin-Mangel).

2.3.4.9   Vitamin-B9-Mangel

Hauptfunktion von Vitamin B9 (auch Folat oder Folsäure genannt): Bei einem Vitamin-B9-Mangel haben wir es somit mit dem identischen Folsäuremangel zu tun (► Kap. 2.3.4.16 Folsäure-Mangel).

2.3.4.10   Vitamin-B10-Mangel

Hauptfunktion von Vitamin B10 (p-Aminobenzoesäure, PABA): PABA/PABS ist wissenschaftlich korrekt kein Vitamin, sondern ein Baustein der Folsäure (B9, B11) und spielt eine wichtige Rolle bei der Erhaltung der Gesundheit von Haut und Haar.

Auf dem Markt der kommerziellen Nahrungsergänzungsmittel wird gegen „Vitamin-B10-Mangel" „Vitamin B10" vermarktet als „Paba 500 mg" gegen graues Haar und für schönere Haut. Da aber keine PABA-Mindestwerte in der Literatur bekannt sind und über die Bioverfügbarkeit von zugeführter PABA keine wissenschaftlich verbindlichen Aussagen vorliegen, bleiben diese Nahrungsergänzungsmittel in ihrem Nutzen spekulativ. Sollte jedoch tatsächlich damit ein Folsäuremangel korrigiert werden können, hätte dies relevante Auswirkungen auf unser Thema. Die Folgen eines ausgeprägten Vitamin B9-/B11-/Folsäure-Mangelzustandes könnten dann vermieden oder reduziert werden: erhöhte Reizbarkeit, paranoides Denkverhalten, Depression, verminderte Konzentration und Gedächtnisleistung, schnelle Ermüdbarkeit, Schwäche, Kurzatmigkeit, Infektionsanfälligkeit, Anämie mit der Folge tiefer Erschöpfung.

2.3.4.11 Vitamin-B11-Mangel

Vitamin-B11-Mangel ist ebenfalls ein Synonym zu Folsäuremangel, dessen Ursachen und Auswirkungen dargestellt werden in ► **Kapitel 2.3.4.16: Folsäuremangel.**

2.3.4.12 Vitamin-B12-Mangel

Hauptfunktionen von Vitamin B12: notwendig für die Herstellung der DNA und der RNA, für die Synthese von Myelin, der schützenden Schicht um die Nervenleitungsbahnen und damit das Funktionieren des Nervensystems, essenziell für die Aktivierung der Folsäure.

Hauptursachen für Vitamin-B12-Mangel: Eigentlich dürfte es einen Vitamin B12-Mangel gar nicht geben. Der Körper kann das Vitamin B12 – im Gegensatz zu den meisten anderen B-Vitaminen – über viele Jahre hinweg speichern, den größten Teil davon in der Leber.

Ein Mangel an Vitamin B12 macht sich oft erst nach Jahren bemerkbar und entwickelt sich vorhersagbar mit zunehmendem Alter und alterstypischen veränderten Funktionsbedingungen von Magen und Darm. Auch im jüngeren Alter können sich chronisch entzündliche Darmerkrankungen und die dauerhafte Einnahme diesbezüglicher spezifischer Medikamente negativ auf den Vitamin-B12-Spiegel des Körpers auswirken. Verhaltensbedingte Faktoren sind vor allem streng vegane Kost, Rauchen und hoher Alkoholkonsum, außerdem Schwangerschaft und Stillzeit.

Hauptsymptome von Vitamin-B12-Mangel: Da nahezu alle Zellen des Organismus davon betroffen sind, beobachten wir ein breites Spektrum an Auswirkungen: Störungen der Zellerneuerung und vor allem der Blutbildung, die Ausbildung riesiger roter Blutkörperchen, die sogenannte megaloblastische Anämie, und Störungen in der Versorgung von Nervenfasern, die schon in der Anfangsphase, lange vor einer Dauerschädigung des Nervensystems, zu Konzentrations- und Gedächtnisstörungen führen, zu Ermüdungs- und Erschöpfungszuständen sowie zu depressiven Verstimmungen, Gereiztheit, Aggressivität bis hin zu Persönlichkeitsveränderungen und paranoidem Verhalten. Typische körperliche Symptome sind häufig ein brennendes Gefühl auf der Zunge, in den Armen und in den Beinen. Schlafraubendes, erschöpfungsverstärkendes Restless-Legs-Syndrom kann dann die Folge sein. Schwindel, Tinnitus und Kreislaufbeschwerden, körperliche Schwäche, Herzbeschwerden, Durchfälle sowie eine erhöhte Sturzneigung auf der Basis von Empfindungsstörungen treten bei schweren Fällen von Vitamin-B12-Mangel auf.

2.3.4.13 Biotin-Mangel

Hauptfunktion von Biotin (Vitamin B7, B8, Vitamin H): Gesunderhaltung von Haut und Haar.

Hauptursachen für Biotin-Mangel: vor allem Schwangerschaft sowie Stillzeit, in der hohe Mengen Biotin durch das heranwachsende Baby verbraucht werden. In den Originalworten von Enders (2014, S. 185): „Babys ziehen Biotin wie alte Kühlschränke Strom."

Weitere mögliche Ursachen: langfristige Einnahme von Antibiotika, Anti-Epileptika (insbesondere Cabamazepin) oder Barbituraten; Alkoholismus; Anorexia; Laxantienmissbrauch; Diäten mit hohem Anteil an rohen Eiern, die aufgrund ihres hohen Gehalts an Avidin zu massivem Biotinabbau führen; Biotinmangel **aufgrund verringerter Biotingehaltsmengen in den Lebensmitteln durch Ernte vor der vollen Reifung.**

Im Zusammenhang mit der Genmanipulation des Saatgutes kam es neuerdings dazu, dass pflanzlicher Mais tierisches Avidin enthält. Der Mais ist dadurch zwar weniger anfällig für Schädlinge, bindet im ungekochten Zustand jedoch alles frei verfügbare Biotin des verdauenden Körpers zur Avidin-Neutralisierung.

In der ICD-10 findet sich unter E53.8 die Diagnosemöglichkeit und damit die auf gesetzlicher Grundlage mögliche Abrechenbarkeit einer Behandlung von Erschöpfung auf der Basis von Biotinmangel.

Hauptsymptome von Biotin-Mangel: gerötete und schuppige Hautstellen besonders um Mund und Nase, brüchige Nägel, Haarausfall bis hin zur Glatzenbildung, erhöhte Schmerzempfindlichkeit – vor allem Muskelschmerzen –, Taubheit und Kribbeln in den Extremitäten, Appetitlosigkeit bis hin zur Anorexie, Immunschwäche mit erhöhter Infektionsanfälligkeit und Cholesterinanstieg, ausgeprägte Müdigkeit, geminderte Leistungsfähigkeit, Angstzustände und Depression. Die unterstützende Funktion für Wachstum und Erhalt des Nervengewebes und damit der Nervenfunktionen geht bei einem vorliegenden Biotinmangel verloren.

2.3.4.14 Coenzym-Q10-Mangel

Hauptfunktionen von Coenzym Q10 (Ubichinon): essenzieller Bestandteil der Energieproduktion in den Mitochondrien, wirksames Antioxidans.

Hauptursachen für einen Coenzym-Q10-Mangel: Zerstörung von Ubichinonen durch blutdrucksenkende Betablocker, erhöhter Cholesterinspiegel als Nebenwirkung einer Statintherapie (z.B. Simvastatin), ungenügende Versorgung mit den an der Synthese beteiligten Vitaminen B3, B5, B6, B9, B12. Weitere verhaltensbedingte Faktoren: massives Reduktionsdiätverhalten, einseitige/ungesunde Ernährung, der Verzehr extrem fettarmer Kost, Alkohol sowie oxidativer Stress durch Rauchen. Die Resorption kann zusätzlich eingeschränkt sein durch gastrointestinale Störungen, Störungen der Gallenfunktion und Lebererkrankungen.

Hauptsymptome von Coenzym-Q10-Mangel: Beeinträchtigung der mitochondrialen Energiebereitstellung, Zunahme der freien Radikale, die Proteine, Zellmembranen und andere Zellbestandteile angreifen und zerstören können und somit zum Energieverlust sowie zur Beschleunigung der Zellalterung beitragen. Möglicherweise wird das Risiko für die Entwicklung einer Depression auch von der Versorgung mit antioxidativen Substanzen beeinflusst. Es besteht Scapagnini et al. (2012) zufolge ein Zusammenhang zwischen niedrigen Blutspiegeln von Vitamin E, Coenzym Q10 und Zink und dem Auftreten von Depressionen.

Coenzym Q10 kann nur in geringen Mengen vom Körper synthetisiert oder über die Nahrung aufgenommen werden. Ein Coenzym-Q10-Defizit von mehr als 25 Prozent kann bereits zu strukturellen Schäden an den Mitochondrien und damit zur dauerhaften Beeinträchtigung der Energiegewinnung führen.

2.3.4.15 Eisen-Mangel

Hauptfunktionen von Eisen: essenziell für den Sauerstofftransport, unterstützend für die Elektronenübertragung. Ebenso ist es beteiligt an der Energieversorgung und der Neutralisierung von schädlichen Sauerstoffradikalen.

Hauptursachen für Eisenmangel: unzureichende Zufuhr mittels der täglichen Nahrung, insbesondere bei vorliegenden Essstörungen und hierbei allen voran die anorektische Diätkur oder extreme und einseitige Diätkuren; hoher Kaffee- und Teekonsum; Extremsportarten, hier insbesondere regelmäßige Teilnahme an Triathlon, Biathlon und Marathonläufen sowie die ganzjährigen Trainingsvorbereitungen dazu.

Als körperliche Ursachen sind bekannt: chronische Blutverluste durch gesteigerte Menstruation oder gynäkologische Erkrankungen bei Frauen sowie bei Männern und Frauen gleichermaßen häufig durch Hämorrhoiden; okkulte Blutungen im Magen-Darm-Bereich, oft ausgelöst durch Aspirin oder andere nicht steroide anti-inflammatorische Medikamente, verstärkt durch hohen Alkoholkonsum; Einnahme von Steroiden; chronische Entzündungen, insbesondere Magengeschwüre oder maligne Tumoren – vor allem bei Darmkrebs.

Bei Nierenerkrankungen kommt es ebenso wie bei vorliegendem Vitamin-A-, Vitamin-B- und Kupfer-Mangel zu einer erhöhten Gefahr von Eisenmangel.

Hauptsymptome von Eisenmangel: subjektive und objektive Beeinträchtigung der körperlichen und geistigen Leistungsfähigkeit durch rasche Ermüdbarkeit, Schwächegefühle und tief empfundenen Energiemangel; schnelleres Ermüden der Muskulatur; vermehrte Muskelkrämpfe; mangelnde Konzentrationsfähigkeit und zunehmende Kurzzeitgedächtnisprobleme; erhöhte Infektanfälligkeit durch die Eisenmangel-mitbedingte Immunsystemschwächung und die daraus folgende zusätzliche Erschöpfung; zusätzlich oftmals Schlafstörungen auf der Basis von Eisenmangel durch extrem unruhige, kribbelnde, schmerzende Beinen in der Nacht, dem sogenannten Restless-Legs-Syndrom. Eisenmangel führt außerdem zu einer erhöhten Kälteempfindlichkeit, zu vermehrter Aufnahme von und einer größeren negativen Sensibilität gegenüber Blei und Cadmium aus der Umwelt sowie zu Appetitmangel.

2.3.4.16 Folsäure-Mangel

Hauptfunktionen von Folsäure (Folat, Vitamin B9/B11): Folsäure wird benötigt für die Herstellung der Erbsubstanz DNA und RNA und für die Produktion der beiden Neurotransmitter Serotonin und Dopamin. Das erklärt den engen Zusammenhang zwischen vorliegendem Folsäuremangel und der damit einhergehenden Hauptsymptomatik Depression und Gedächtnisstörungen.

Hauptursachen für Folsäure-Mangel: erhöhter Alkoholkonsum, Rauchen, gemüse- und vollkornarme Ernährung, Erkrankungen des Dünndarms oder der Leber, Krebs, jahrelanger Gebrauch von oralen Kontrazeptiva, Aspirinmissbrauch, Antibiotikatherapie und Chemotherapie bei Krebserkrankungen.

Hauptsymptome von Folsäure-Mangel: erhöhte Reizbarkeit, paranoides Denkverhalten, Depression, verminderte Konzentration und Gedächtnisleistung, schnelle Ermüdbarkeit, Schwäche, Kurzatmigkeit, Infektionsanfälligkeit, Anämie und dadurch weiterer Leistungsabfall, Restless-Legs-Syndrom.

2.3.4.17 Kalium-Mangel

Hauptfunktion von Kalium: Regulierung des Wasserhaushalts, des Säuren-Basen-Gleichgewichts, der Muskelkontraktionen sowie der Nervenreizleitung.

Hauptursachen von Kalium-Mangel: entzündliche Darmerkrankungen, dialysepflichtige Nierenerkrankungen, Vorliegen eines Magnesiummangels, der in Folge einen Kaliummangel bewirkt, ebenso kommt es zu Kaliumverlusten durch Erbrechen, Durchfall, Verbrennungen und Verletzungen mit hohem Blutverlust.
Verhaltensbedingte Faktoren: radikale Diäten mit Mangelzufuhr, Missbrauch von Abführmitteln und übermäßiger Alkoholkonsum.

Hauptsymptome von Kalium-Mangel: verzögerte Darmentleerung, Verstopfung, Müdigkeit bis hin zur Lethargie, allgemeine Schwäche, insbesondere Muskelschwäche, Blutdruck- und Blutzuckerspiegelabfall mit dem häufig dabei empfundenen subjektiven Gefühl ausgeprägter Erschöpfung und Leistungsunfähigkeit.

2.3.4.18 Kalzium-Mangel

Hauptfunktionen von Kalzium: Baustein von Knochen und Zähnen (zu 99 Prozent in diesen enthalten), wichtig zur Stabilisierung von Zellmembranen sowie bei der Blutgerinnung, der intrazellulären Signalübertragung, der Muskelkontraktion und der Gewährleistung einer angemessenen Reizübertragung im Nervensystem und in den Gehirnzellen. Nach Eisenlohr und Kowalski (2011) hat Kalzium eine hohe Bedeutung als Co-Faktor bei der Neurotransmitter-Synthese.

Hauptursachen für Kalziummangel: Ernährung mit industriell hergestellten Lebensmitteln, da diese oft in großen Mengen Phosphat enthalten, welches Kalzium quasi „verdrängt"; erhöhter Bedarf bei zunehmendem Alter, für Frauen mit Beginn der Menopause ebenso wie in Schwangerschaft und Stillzeit; Diäten mit hohem Protein-, Natrium- oder Phosphatgehalt und wenig Fett; außerdem die „üblichen Verdächtigen": Alkohol und Koffein.

Hauptsymptome von Kalziummangel: Demineralisierung der Knochen mit den Folgeerkrankungen Osteoporose und Rachitis; grauer Star; Muskelschwäche; schnellere schmerzhafte Muskelkrampfbildung und vermehrte Blutung nach Verletzung aufgrund reduzierter Blutgerinnungsfähigkeit (bei kurzfristig hohem Kalzium-Mangel); erhöhte Erregbarkeit der Nervenzellen; Störung in der Neurotransmitter-Synthese mit negativ-affektiven Begleiterscheinungen. Flemmer (2011) referiert ein Experiment, aus dem zu schließen ist, dass bei Kalziummangel eine subdepressive bis depressive Symptomatik die zu erwartende Folge ist.

2.3.4.19 Kupfer-Mangel

Hauptfunktionen von Kupfer: wichtig für Blutbildung, Immunsystem, Struktur und Elastizität von Knochen, Bändern, Knorpeln, Bindegewebe und Blutgefäßen, ganz wesentlich auch bei der Energieproduktion in den Mitochondrien und bei der Bildung der schützenden Myelinschichten rund um die Nervenfasern.

Hauptursachen für Kupfermangel: chronische Diarrhoe oder Darmentzündungen, einseitige kupferarme Ernährung, **hochdosierte dauerhafte Einnahme von Eisen, Zink und/oder Molybdän,** Einnahme von Antazida oder Steroiden, Rauchen, dauerhafte Exposition mit stark verschmutzter Luft, rheumatische Arthritis, größere Blutverluste.

Hauptsymptome von Kupfermangel: Anämie, Infektanfälligkeit, Schlafstörungen, erhöhte Schmerzempfindlichkeit, Gefühl ausgeprägter Schwäche, Erschöpfung und Müdigkeit. Ein Hinweis auf Kupfermangel ist häufig auch schlaffe Haut mit vorzeitigen Falten, vorzeitig graue Haare und erhöhte Sonnensensitivität.

2.3.4.20 Magnesium-Mangel

Hauptfunktionen von Magnesium: Von den insgesamt 20 bis 30 g Magnesium, das sich in unserem Körper befindet, finden sich gut 60 Prozent in den Knochen und 30 Prozent im Bindegewebe, vor allem in der Leber und den Muskeln. In den extrazellulären Körperflüssigkeiten befindet sich rund ein Prozent der verfügbaren Gesamtmenge, der Rest in den intrazellulären Flüssigkeiten. Magnesium ist der natürliche Gegenspieler des Kalziums. Es hat eine wichtige Funktion bei der Regelung der Erregbarkeit der Zellen des Körpers, insbesondere der Nerven- und Muskelzellen. Es sorgt sowohl dafür, dass sich Muskelzellen nach dem Zusammenziehen wieder entspannen, als auch dafür, dass Nervenzellen nach einer Erregungsphase wieder in den Zustand der Stille zu finden vermögen. Magnesium hat ferner eine große Bedeutung beim Aufbau und der Stabilität von Knochen und Zähnen und wird darüber hinaus für die störungsfreie Aktivität von über 300 Enzymen benötigt. Gemeinsam mit diesen Enzymen sorgt Magnesium dafür, dass der Stoffwechsel des Körpers optimal funktionieren kann und alle Zellen, Gewebe und Organe des Körpers mit ausreichend Energie versorgt werden.

Hauptursachen für Magnesiummangel: chronisch erhöhter Alkoholkonsum, Einnahme von Diuretika, Kortikoiden oder oralen Kontrazeptiva, Chemotherapie mit Cisplatin, Resorptionsstörungen durch Erkrankungen des Magen-Darm-Trakts, hohe Dosen von Eisensupplementen.

Hauptsymptome von Magnesiummangel: verlangsamte Energiebereitstellung und damit schnelle Ermüdbarkeit und Erschöpfung. Magnesiummangel führt zu Reizleitungsstörungen im Nervensystem, da es an den Synapsen eine wichtige Rolle spielt. Die bekanntesten Symptome sind: Muskelkrämpfe, Muskelzittern, Störungen des Immunsystems, Schlaflosigkeit, Konzentrationsstörungen, Übererregbarkeit und zunehmende Reizbarkeit. Die Funktion des Magnesiums in Bezug auf Auslösung und Aufrechterhaltung von depressiver Symptomatik ebenso wie seine Rolle in der Serotonin-Synthese ist noch nicht abschließend beurteilbar und deshalb Gegenstand weiterer aktueller Forschung.

2.3.4.21 Molybdän-Mangel

Hauptfunktionen von Molybdän: wichtig für Abwehr und Verarbeitung environmentaler Einflussfaktoren auf Müdigkeit, Infektion und Erschöpfung, wesentlich für den Aufbau von Harnsäure (wichtiges Antioxidans und Radikalenfänger), notwendig für Vorratshaltung und Transport von Eisen und für den Abbau von schwefelhaltigen Verbindungen, namentlich Cystein, Methionin, Taurin, Glutamin und Homocystein sowie von toxischen Sulfiten.

Hauptursachen von Molybdänmangel: Resorptionsmangel durch Darmerkrankungen, insbesondere Morbus Crohn, in erhöhtem oxidativen Stress durch Rauchen und verunreinigte Atemluft, Exposition gegenüber Chemikalien sowie einseitige Ernährung mit überwiegend raffinierten Kohlehydraten, Fetten, Ölen und Fleischprodukten.

Hauptsymptome von Molybdänmangel: massive Abbauprobleme schwefelhaltiger Nahrungsmittel und erhöhte Sulfitempfindlichkeit mit den relevanten Alltagsauswirkungen Müdigkeit, Benommenheit, Atembeschwerden und Stimmungsschwankungen bei Exposition mit Schwefeldioxid durch Autoabgase, Öl- und Kohleheizungen, insbesondere an nebligen Smog-Tagen, Verzehr geschwefelter Nahrungsmittel (Salate, Trockenfrüchte, Wein), Funktionsstörungen an Nerven und Gehirn.

2.3.4.22 Selen-Mangel

Hauptfunktionen von Selen: als Selenocystein ein Bestandteil von Proteinen, hohe Bedeutung bei der Spermienproduktion, der DNA-Synthese und als Antioxidans, maßgebliche Beteiligung bei der Schilddrüsenhormon-Homöostase und der Aufrechterhaltung der störungsfreien Funktionsweise des Zentralnervensystems.

Hauptursachen für Selenmangel: einseitige Ernährung mit ausschließlich lokalen Produkten aus selenarmen Böden und Verzicht auf höhere Selenzufuhr durch tierische Lebensmittel im Rahmen einer streng veganen Ernährung, eingeschränkte Selenresorption durch chronisch entzündliche Darmerkrankungen, Bauchspeicheldrüsenentzündungen und Zeiten anderweitig stark erhöhter Urin- und Stuhlausscheidungen.

Verhaltensbedingte Faktoren können Essstörungen mit Mangelernährung, dysfunktionales exzessives Training und starkes Rauchen sein.

Hauptsymptome von Selenmangel: Störungen der Muskelfunktion, die auch den Herzmuskel betreffen können, Schwächung des Immunsystems, verminderte Resistenz gegen oxidative Schäden und damit ein erhöhtes Krebsrisiko. Selenmangel kann zu einer Schilddrüsenunterfunktion führen mit den bekannten Auswirkungen von Antriebsmangel, Müdigkeit und schnellem Erschöpftsein.

2.3.4.23 Thiamin-Mangel

Hauptfunktionen von Thiamin (Vitamin B1): wichtig für die Energiegewinnung des Organismus und die störungsfreie Reizweiterleitung im Nervensystem. Thiamin kann vor allem in Zeiten besonderer Belastung und daraus resultierender ungesunder, einseitiger Ernährung dem Körper schnell in nicht mehr ausreichender Menge zur Verfügung stehen.

Hauptursachen für Thiaminmangel: orale Kontrazeptiva, Schwangerschaft und Stillzeit, niedrige Zufuhrmengen aus vor allem industriell verarbeiteter Nahrung, länger andauerndes Fieber, Schilddrüsenüberfunktion, Lebererkrankung, Folsäuremangel, Adoleszenz, Alter. Verhaltensspezifische Faktoren sind hoher Kaffee- oder Schwarzteekonsum und intensives körperliches Training über längere Zeit.
In der ICD-10 findet sich die Ziffer E51.8: „Sonstige Folgen von Thiaminmangel" und stellt damit ebenfalls eine Grundlage für die Abrechenbarkeit mit den Krankenkassen dar, wenn ein solcher Mangel diagnostiziert wird.

Hauptsymptome von Thiaminmangel: Konzentrationsprobleme, Vergesslichkeit, erhöhte Reizbarkeit, zunehmende Depressivität, schnelle Ermüdbarkeit, Lern- und Gedächtnisstörungen, häufige Kopfschmerzen, Schlaflosigkeit, Appetitlosigkeit, verringerte Produktion von Antikörpern bei Infektionen und insgesamt ein ich-dystoner psychischer und physischer Schwächezustand.

2.3.4.24 Tryptophan-Mangel

Hauptfunktionen von Tryptophan: Tryptophan ist eine essenzielle Aminosäure, die zum Aufbau von Zellprotein benötigt wird. Aminosäuren stellen die kleinste Basis von Proteinen dar und sind neben Vitaminen, Spurenelementen oder Mineralstoffen wichtige Nährstoffe, die maßgeblich viele physiologische Funktionen steuern. L-Tryptophan ist als essenzielle Aminosäure außerdem ein Vorläuferstoff des Antidepressions-Neurotransmitters Serotonin. Serotonin wiederum kann in der weiteren biochemischen Verarbeitung innerhalb des menschlichen Stoffwechsels zu dem schlaffördernden Melatonin synthetisiert werden. Über eine zweite Synthetisierungsschiene ist Tryptophan zusätzlich bei der Produktion von Vitamin B3 (Niacin) beteiligt. Zudem vermag die erhöhte Aufnahme von Tryptophan die Aufnahme von Zink aus der Nahrung zu erhöhen.

Hauptursachen für Tryptophanmangel: Tryptophan kann nicht vom Körper synthetisiert werden, sondern muss über die Nahrung aufgenommen werden, ist aber von allen essenziellen Aminosäuren in Lebensmitteln am schwächsten vertreten. Bei Stress wird vorhandenes Tryptophan in Niacin (Vitamin B3) umgewandelt. Weitere ungünstige Faktoren sind stressbedingte dysfunktionale Ernährungsgewohnheiten und die ungute Zunahme der Zufuhr von die Tryptophanabsorption behindernden Genussmitteln bis hin zum Missbrauch, speziell von Koffein, außerdem mangelnde

Vitamin-B6- und Magnesium-Zufuhr, chronische Erkrankungen des Magen-Darm-traktes sowie orale Kontrazeptiva.

Hauptsymptome von Tryptophanmangel: beeinträchtigte Metabolisierung von Tryptophan in das stimmungsaufhellende, antidepressiogene Serotonin und dessen nachfolgende Synthetisierung in das schlaffördernde Melatonin. Weiterhin Infektanfälligkeit, Leistungsabfall sowie Gelenksbeschwerden. Das Gefühl, über die eigene Leistungsgrenze hinaus belastet zu sein, nimmt zu.

2.3.4.25   Vitamin-A-Mangel

Hauptfunktionen von Vitamin A: wichtige Anti-Erschöpfungsfunktionen, z.B. Aktivierung von Eisen im Zusammenhang mit der Bildung von roten Blutkörperchen; Unterstützung des Eiweiß-Stoffwechsels; Gesunderhaltung der Haut und der Schleimhäute in den Atem-, Verdauungs- und Harnwegen; gutes Sehen – hier ist es beteiligt an der Umwandlung von Licht in Nervenimpulse; Stärkung des Immunsystems durch Produktion von Antikörpern und Erhöhung der Aktivität der T-Zellen sowie durch Unterstützung der Widerstandskraft der Schleimhäute; Unterstützung bei der Heilung von Knochenbrüchen; Schutz und Reparaturfunktion für Nervenzellen im Gehirn, im Rückenmark und in den peripheren Nervenbahnen und, last not least, gesteigertes Vitalitätsgefühl durch seine Beteiligung bei der Synthetisierung von Östrogen und Testosteron sowie bei der Spermatogenese.

Hauptursachen von Vitamin-A-Mangel: hoher Alkoholkonsum, Rauchen, Luftverschmutzung, toxische Metalle, insbesondere Cadmium, dauerhaft sehr hoher Eiweiß-gehalt der Ernährung, längerfristige Einnahme von Medikamenten zur Cholesterinsenkung sowie Barbiturate und Laxantien, ein vorliegender Diabetes oder Schilddrüsenunterfunktion, dauerhaft subjektiv erlebter Stress, länger andauernde Infektionen oder Operationen mit hohem Blutverlust unter der vollen Mikronährstoffbalance-Belastung durch eine Vollnarkose.

Hauptsymptome von Vitamin-A-Mangel: allgemeiner Verlust des Vitalitätsgefühls sowie zunehmende Müdigkeit und Erschöpfung, progrediente Anämie, erhöhte Infektanfälligkeit, verlangsamte Rekonvaleszenz und vermehrte Anstrengung bei alltäglichen Sehprozessen durch verringerte Adaptionsfähigkeit der Augen an trübes Licht bis hin zur Nachtblindheit. Die Mangelversorgung mit weiteren wichtigen Mikronährstoffen durch verringerten Appetit mit daraus resultierender eingeschränkter Ernährung sowie Zunahme von Unwohlsein durch Trockenheit, Jucken und Rötung der Konjunktiva und der Haut sind weitere negative Folgen. Ferner Rückgang der Libido durch die verringerte Synthese von Steroidhormonen, einschließlich der Produktion von Androgen und Östrogen.

2.3.4.26   Vitamin-C-Mangel

Hauptfunktionen von Vitamin C (Ascorbinsäure): vitalisierende Wirkung durch Einfangen von freien Radikalen und Stimulation des Enzymsystems der Leber und somit Unterstützung der Entgiftungsfunktion; wichtig für die Funktionsfähigkeit von Folsäure (Vitamin B9), Vitamin E und Kupfer; vitalisierende Sauerstoffversorgung aller Zellen durch die Erhöhung der Ausbeute an Eisen aus der Nahrung (besonders wichtig bei veganer Ernährung); Vitamin C wird ferner benötigt, um zusammen mit Vitamin B6 und Vitamin B3 (Niacin) Carnitin zu bilden. Carnitin wiederum wird benötigt, um Fette in Energie umzuwandeln und damit Ermüdungserscheinungen vorzubeugen. Darüber hinaus ist Vitamin C wesentlich beteiligt an der Bildung des Antidepressions-Neurotransmitters Serotonin aus Tryptophan. Vitamin C befindet sich im Blut, in Körperflüssigkeiten und in allen Zellen, in denen es durch milde eigene Oxidation verhindert, dass freie Radikale mit ihren Oxidationsprozessen die Zellen beschädigen oder gar zerstören. Vitamin C ist das wichtigste wasserlösliche Antioxidans im Körper!

Hauptursachen für Vitamin-C-Mangel: Vitamin C kann vom Körper selbst nicht synthetisiert und nicht gespeichert werden, externe Zufuhr ist deshalb zur Erschöpfungsprophylaxe unabdingbar. Nach ein- bis zweiwöchiger Vitamin-C-armer Ernährung kann es bereits zu einer Mangelsituation kommen. Weitere ungünstige Wirkfaktoren: oxidativer Stress durch Rauchen und Alkohol, ebenso wie Chemikalien in der Umwelt, Strahlungen und Schwermetalle in der Atemluft sowie in den Nahrungsmitteln. Ebenfalls ungünstig ist die dauerhafte Einnahme von Aspirin, Antibiotika und oralen Kontrazeptiva. Infektionen, Diabetes, Schilddrüsenüberfunktion, Schwangerschaft und Stillzeit stellen weitere erhöhte Gefahren für einen ausreichenden Vitamin-C-Spiegel dar.

Hauptsymptome von Vitamin-C-Mangel: Schwäche, Abgespanntheit, Müdigkeit, Infektionsanfälligkeit, verminderte Wundheilung, Zahnfleischbluten und zunehmende durch Serotoninmangel bedingte Depressivität und Gereiztheit.

2.3.4.27 Vitamin-D-Mangel

Hauptfunktionen von Vitamin D: unerlässlich für den Knochenaufbau in der Kindheit und die Erhaltung der Knochendichte im Erwachsenenalter; fördert die Aufnahme von Kalzium aus der Nahrung und hilft sowohl die Kalzium- als auch die Phosphatspeicher im Körper zu erhöhen; Co-Faktor bei der Neurotransmittersynthese und somit ein Garant zur Vermeidung einer durch Kalziummangel bedingten subdepressiven bis depressiven Symptomatik; Aktivierung der weißen Blutkörperchen bei Infektionen; verhindert unkontrolliertes Wachstum von nicht normgerechten Leukozyten und die Reifung von gesunden Zellen. Die in der Vergangenheit immer wieder geäußerte These einer nachweisbaren Reduktion des Darm- und Brustkrebsrisikos bei ausreichend vorhandenem Vitamin D ist auch nach strengsten wissenschaftlichen Kriterien nicht auszuschließen (D-A-CH-Ernährungsverbände 2015).

Hauptursachen für Vitamin-D-Mangel: Lebererkrankungen, Nierenerkrankungen und Fettabsorptionsprobleme etwa durch Gallenblasenerkrankungen, Alkoholmissbrauch, Medikamente gegen Epilepsie, Depression, Psychosen oder durch Antitransplantat-Abstoßungsmedikamente.

Gefährdet sind auch Personen, die eine radikal vegane Diät einhalten, da bei ihnen eine fehlende Choleacalciferol-Zufuhr über die Ernährung vorliegt. Die höchste Bedeutung jedoch kommt der körpereigenen Produktion von Vitamin D3 durch

Sonnenexposition zu. Bis zu 90 Prozent des im Körper befindlichen Vitamin D kann von diesem unter günstigen Bedingungen mit Hilfe des Sonnenlichts selbst hergestellt werden. Fehlt dieser Sonnenkontakt oder ist er unzureichend, weil der Mensch seine Haut zu gründlich vor der Sonne schützt (durch Kleidung oder Sonnenschutzcremes mit hohem Lichtschutzfaktor) oder weil er gleich ganz die Sonnenexposition meidet, kommt es vorhersagbar zu Vitamin-D-Mangelzuständen.

Hauptsymptome von Vitamin-D-Mangel: Demineralisierung der Knochen mit den Folgeerkrankungen Osteoporose und Rachitis, Muskelschwäche und schnellere schmerzhafte Muskelkrampfbildung durch den dadurch mitbedingten Kalziummangel, generalisierte Schmerzen des gesamten Skeletts, Restless-Legs-Syndrom, erhöhte Erregbarkeit der Nervenzellen und eine gestörte Neurotransmittersynthese mit negativ affektiven Begleiterscheinungen, bis hin zur Depression.

2.3.4.28   Vitamin-E-Mangel

Hauptfunktionen von Vitamin E: Vitamin E ist Bestandteil aller biologischen Membranen und der wichtigste fettlösliche Radikalenfänger. Im menschlichen Körper ist Vitamin E im Zusammenspiel mit Vitamin A, Selen und Vitamin C der wichtigste Garant für ein gut funktionierendes Zellschutzsystem.

Hauptursachen für Vitamin-E-Mangel: unzureichende Vitamin-E-Zufuhr durch die Nahrung, vor allem bedingt durch überwiegende Ernährung mit Weißmehl, Vitamin-E-armen mehrfach ungesättigten Fettsäuren; steigender Bedarf an Vitamin E durch anwachsende Oxidationseinflüsse aus der Umwelt wie Strahlungen, Elektrosmog, Luft- und Wasserverschmutzung sowie durch Pestizide und Schwermetallbelastungen in den Grundnahrungsmitteln und durch chemische Zusätze in den vermehrt verzehrten Fertigprodukten; Vitamin-C- und/oder Selenmangel; Störungen in der Fettresorption durch Erkrankungen der Bauchspeicheldrüse, der Leber oder der Galle, ebenso wie Zöliakie, Kurzdarmsyndrom nach einer Darmoperation oder Morbus Crohn; Rauchen, übermäßiger Alkoholkonsum und eine immer wieder über persönliche körperliche Leistungsgrenzen hinausgehende Verausgabung.

Hauptsymptome von Vitamin E-Mangel: massive Schwächung des Immunsystems, erhöhte Tendenz der Blutplättchen zur Verklumpung und Verklebung (Risiko von Koronarerkrankungen), erhöhte Anfälligkeit der Zellen für vermehrte Ablagerungen und Zellstrukturveränderungen (Krebsrisiko); erhöhte Infektanfälligkeit; verringerte Zellwandstärke von Muskeln und Nervenzellen; Konzentrationsstörungen; frühzeitige Alterung; Kraftreduktion und Atrophie der glatten und der Skelettmuskulatur sowie im Extremfall die Degeneration von Nervenzellen.

Flemmer (2011) referiert eine Studie, in der im Blutserumvergleich von Gesunden und Depressiven die Erkrankten eine deutlich geringere Vitamin-E-Menge aufwiesen als die gesunde Kontrollgruppe.

Zimmermann et al. (2000) berichten über wiederholte, systematische Beobachtungen, dass nervöse Spannungen, Abgespanntheit, Heißhungerattacken, Depressionen und Schlaflosigkeit bei genügend hohem Vitamin-E-Spiegel reduziert waren, vor allem wenn diese Symptome in engem Zusammenhang stehen mit den monatlichen Blutungen.

2.3.4.29   Vitamin-K-Mangel

Obwohl Vitamin-K-Mangel manchmal als Ursache für Burnout genannt wird, finden sich keine wissenschaftlich haltbaren Belege dafür. Ein potenzieller Vitamin-K-Mangel steht in keiner unmittelbaren Korrelation zu Erschöpfung, Depersonalisation oder Leistungsabfall, da das Vitamin K im Wesentlichen für Blutgerinnung und Knochenmetabolismus zuständig ist. Es ist daher bei einem Laborcheck der Burnout-relevanten Mikronährstoffdefizite in der Regel nicht notwendig, den Vitamin-K-Gehalt zu bestimmen.

2.3.4.30   Zink-Mangel

Hauptfunktionen von Zink: hohe Bedeutung als Antioxidans und wichtiger Schwermetallgegenspieler, Beteiligung an der Synthese und katalytische Funktion bei über zweihundert Enzymen, wichtig für störungsfreie Neurotransmitterfreisetzung.

Hauptursachen von Zinkmangel: unzureichende Zinkzufuhr bei extremen Reduktionsdiäten oder bei chronisch einseitig ungesunder oder streng veganer Ernährung; Resorptionsstörungen durch Erkrankungen der Bauchspeicheldrüse; entzündliche Darmerkrankungen wie Colitis ulcerosa oder Morbus Crohn; die genetisch bedingte Zinkmangelkrankheit Acrodermatitis enteropathica; verminderte Aufnahme durch äußere Einflüsse wie überhöhte Kalzium-, Kupfer-, Phosphat-, Phytat- oder Nahrungsfasern-Zufuhr; Schwermetallvergiftung und Infektionen. Zinkmangelzustände werden auch beobachtet im Zusammenhang mit Diabetes mellitus, Krebs, Anämien, Nierenerkrankungen, Lebererkrankungen – auch und besonders ausgeprägt im Zusammenhang mit hohem Alkoholkonsum. Ein erhöhter Bedarf liegt auch vor nach abgelaufenem Herzinfarkt, Verbrennungen und bei entzündlich rheumatischen Erkrankungen, während der Schwangerschaft, in der Stillzeit und bei exzessiv betriebenem Leistungssport. Folgende Medikamente haben einen ungünstigen Einfluss auf den Zinkspiegel: Corticosteroide, das schmerz- und schwellungsreduzierende Dimethylsulfoxid, das Antituberkulosum Isoniazid, orale Antikonzeptiva, das Zytostatikum in der Chemotherapie der Leukämie und Langzeittherapeutikum bei chronischer Darmentzündung, Mercaptopurin, und Methotrexat, das sowohl in der Chemotherapie als auch in wesentlich abgeschwächter Form in der Rheumatherapie zum Einsatz kommt; auch ein Vitamin-E-Mangel vermindert den Zinkspiegel im Blutplasma.

Praxistipp:

Bei dieser hohen Anzahl Zinkmangel verursachender Faktoren erscheint es ratsam, bei Patienten mit subjektiv ausgeprägter Erschöpfung diesen Laborparameter auf jeden Fall in die Anamnese mit einzubeziehen.

Hauptsymptome von Zinkmangel: Wundheilungsstörungen, Hautveränderungen, Haarausfall, weiße Flecken oder Furchen an den Fingernägeln, Potenzstörungen, kalte Hände und Füße, unruhige Beine, Geruchs- und Geschmacksstörungen, Appetitlosigkeit, Anfälligkeit für Infektionen, insbesondere der Schleimhäute und des Darms; Fruchtbarkeitsstörungen; verringerte Neurotransmitterfreisetzung mit entsprechenden psychischen Veränderungen, allen voran die für Burnout typische Trias von zunehmender aggressiver Gereiztheit, Leistungseinbuße der Konzentrations- und Merkfähigkeit sowie zunehmende depressive Erschöpfung und Antriebslosigkeit.

Nach Flemmer (2011) liegt bei vielen Patienten mit diagnostizierter Depression eine erniedrigte Zinkkonzentration im Blutserum vor.

2.3.4.31   Mangel an Omega-3- und Omega-6-Fettsäuren

Hauptfunktionen von Omega-3 und -6: Benötigt werden die beiden essenziellen Fettsäuren zum Aufbau und zum geschmeidigen Funktionserhalt der Zellwände, der Nervenzellen und der Gehirnzellen. Sie müssen über die Ernährung zugeführt werden und sollten in einem optimalen Verhältnis von 5:1 (Omega-6 zu Omega-3) vorliegen. Ist proportional zu viel Omega-6-Linolsäure im Körper, wird die Arbeit der Omega-3-Linolensäure behindert, bis hin zur Nervensystemschädigung.

Hauptursachen eines Mangels von Omega-3 und -6: mangelhafte Zufuhr über die Nahrung.

Hauptsymptome eines Mangels von Omega-3 und -6: Durch den allmählichen Ersatz der essenziellen Fettsäuren durch gesättigte Fette verlieren die Zellwände ihre Geschmeidigkeit und Reaktionsbereitschaft mit den Folgen trockene schuppige Haut, Haarausfall, gestörte Sehkraft, erhöhte Fragilität der roten sauerstofftransportierenden Blutkörperchen mit daraus resultierender zunehmender Erschöpfung, ein geschwächtes Immunsystem und damit eine erhöhte Infektanfälligkeit sowie eine erhöhte Gefahr für chronische Entzündungen mit erhöhter Krebsgefahr und der Entwicklung entzündlicher Gelenkserkrankungen wie Rheuma und Arthritis, eine gestörte Wundheilung, Herzrhythmusstörungen, erhöhter Blutdruck und eine erhöhte Gefahr von Herzinfarkt.

Es gibt Hinweise auf einen Zusammenhang zwischen Omega-3-Mangel und Depression (Flemmer 2011), ebenso scheinen hohe Dosen an Omega-3-Fettsäuren die Wirkung konventioneller Antidepressiva zu verstärken (Flemmer 2011, Schmiedel 2015). Ferner bezieht sich Flemmer auf eine Studie an der Sheffield University, bei der bei 70 Patienten, die auf gängige Antidepressiva nicht angesprochen hatten, mit hohen Dosen Omega-3-Säuren die Depressivität verringert werden konnte. Es gab in der Vergangenheit einige Rechenspiele, die höheren Fischkonsum mit geringeren Depressionsraten in Verbindung zu bringen suchten. Japan mit 67 kg Fischverbrauch (Fisch hat einen besonders hohen Gehalt an Omega-3-Fettsäuren) pro Einwohner und Jahr und einer statistisch erfassten Depressionsrate von nur 0,1 Prozent wird hierfür gerne als Paradebeispiel angeführt.

Zurückhaltender äußert sich eine Cochrane-Studie (2015) mit dem Omega-3-Euphorie dämpfenden nüchternen Ergebnis: „Alle Studien waren unmittelbar für unser Review relevant, aber wir fanden die Qualität der Evidenz niedrig bis sehr niedrig." Zum gegenwärtigen Stand wissenschaftlicher Forschung merken sie konstruktiv kritisch an: „Wir benötigen mehr Evidenz, insbesondere um die Unterschiede zwischen den Studienergebnissen erklären zu können. Z. B. sollte untersucht werden, welche Personen von ungesättigten Omega-3-Fettsäuren profitieren und welche nicht." (http://www.cochrane.org/de/CD004692/omega-3-fettsauren-gegen-depressionen-bei-erwachsenen, Stand 08.06.2016)

Praxistipp:

Im Download auf **Memoblatt M4.2** finden Sie unter der Überschrift **„Burnout relevante Labordiagnostikparameter"** den komprimierten Gesamtüberblick über die kritischen Grenzwerte aller vorgenannten erschöpfungsrelevanten Mikronährstoffe und die Zusammenfassungen ihrer wichtigsten negativen Auswirkungen bei einem vorliegenden Mangel. Auf **Memoblatt M4.1 „Namensliste B-Vitamine"** finden Sie die zum Teil verwirrende **Vitamin-B Nomenklatur alphabetisch geordnet** von Vitamin B1 bis B12 und von Adenin bis Thiamin. Auf **Memoblatt M4.3 „Verhältnisse der Mikronährstoffe untereinander"** finden Sie die Zusammenfassung der in den einzelnen Ausführungen beschriebenen Wechselwirkungen der Mikronährstoffe untereinander. Auf Memoblatt **4.4 „Mikronährstoffmangel-Tabelle"** finden Sie alle Auslöser der Mangelzustände.

Zur Abrundung der Analyse aller Mikronährstoffe mit hoher Bedeutung in Bezug auf das Thema Burnout soll abschließend der Blick auch noch auf das Element Wasser gerichtet werden, von dem Thales meinte: „Das Prinzip aller Dinge ist das Wasser, aus Wasser ist alles, und in Wasser kehrt alles zurück."

2.3.4.32 Wassermangel

„Sie sind nicht krank – Sie sind durstig!", mit dieser provozierenden These schaffte es Batmanghelidj, dass 2014 die zwölfte (!) Auflage seines gleichnamigem Buches erscheinen konnte. Flemmer fasst die dahinterliegenden unstrittigen biologischen Tatsachen folgendermaßen zusammen: „Sich allein richtig zu ernähren genügt nicht, um geistig fit zu bleiben. Der Grund: Etwa 83 Prozent unseres Blutes (ca. 75 Prozent des Gehirns) bestehen aus Wasser. Wenn wir zu wenig trinken, wird das Blut dickflüssig. Die Folge: Es fließt langsamer, kann nicht mehr so viel Sauerstoff und Nährstoffe zum Gehirn transportieren und die feinen Blutgefäße (Kapillaren) können nicht mehr ausreichend durchblutet werden. Der schnelle Weg bis in die Gehirnzellen wird langsamer.

Studien haben gezeigt, dass die geistige Leistungsfähigkeit schon bei einem Flüssigkeitsverlust von nur zwei Prozent des Körpergewichts nachlässt. Im Gegensatz dazu verbesserte eine ausreichend hohe Flüssigkeitszufuhr Aufmerksamkeit und Lernleistung. Ebenso können bei Änderung der Flüssigkeitsversorgung Kopfschmerzen auftreten und die Vitalität wird geringer. Müdigkeit macht sich breit, sogar Gedächtnisstörungen und depressive Stimmungen können auftreten.

Täglich sollte ein erwachsener Mensch 1,5 bis zwei Liter Flüssigkeit aufnehmen. Damit dies nicht zu höherem Körpergewicht führt, sind Wasser (Leitungs- und/oder Mineralwasser), ungesüßte Kräuter- und Früchtetees sowie großzügig mit Wasser verdünnte Fruchtsäfte (Schorlen) empfehlenswert, die sogar noch etwas Zucker enthalten, damit das Insulin die Aufnahme von Tryptophan fördern kann." (Flemmer 2011, S. 98)

In den Top Ten der ayurvedischen Empfehlungen gegen Burnout von Schrott (► **Kap. 4.15.3**) wird zusätzlich der besondere Wert von mindestens zehn Minuten gekochtem Wasser betont, das in einer nur für heißes Wasser benutzten Thermoskanne an den Arbeitsplatz mitgenommen werden kann. Dieses sogenannte ayurvedische Wasser gilt in Indien bis heute traditionell als die gesündeste Form der täglichen Flüssigkeitszufuhr.

Ursachen eines vorliegenden Wassermangels können zwar temporär bedingtes Fieber, Durchfall, Erbrechen, starker Blutverlust durch Verletzungen oder nach Operationen sein, längerfristig auch chronische Nierenerkrankungen oder das Vorliegen einer Störung in der Hirnanhangdrüse, die für die angemessene Produktion des die Wasserausscheidung regulierenden Vasopressins verantwortlich ist – aber in den allermeisten Fällen ist die Ursache des Wassermangels schlicht und ergreifend eine für die aktuellen Lebensbedingungen mangelnde Flüssigkeitszufuhr.

Therapieansätze zur Reduktion eines für ausgeprägte Erschöpfung mitverantwortlichen Wassermangels sind: Behandlung möglicherweise vorliegender fachärztlich diagnostizierter Grunderkrankungen und auf jeden Fall dauerhaft erhöhte Flüssigkeitsaufnahme, mindestens 1,5 Liter Wasser bzw. kalorienarme Getränke pro Tag. Es darf gerne ein bisschen mehr sein …

Praxistipp:

Die tägliche empfohlene Tagesdosis von durchschnittlich 1,5 Liter Wasser wird auf die sicherste Art und Weise durch die Anwendung des Premack-Prinzips zu erreichen sein.

David Premack erkannte schon 1962, dass Verhaltensweisen mit hoher Auftretenshäufigkeit als Verstärker für Verhaltensweisen mit niedriger Auftretenshäufigkeit verwendet werden können. Trinken Sie einfach in Koppelung mit Ihren häufigsten wiederkehrenden alltäglichen Tätigkeiten jeweils davor und danach einen Schluck Wasser: vor dem nächsten Anruf, nach dem nächsten Anruf, vor dem nächsten Schriftstück, nach dem nächsten Schriftstück, vor der nächsten Arbeitshandlung, nach der Arbeitshandlung. Gewöhnen Sie sich symbolisch so naheliegende Gewohnheiten an wie die, nach Flüssigkeitsabgabe durch Wasserlassen erneut Wasser zuzuführen. Trinken Sie einfach zusätzlich jedes Mal, nachdem Sie auf der Toilette waren, einen Schluck Wasser.

2.3.5 Weitere biologisch-medizinisch mögliche Gründe für Erschöpfung

Wie bereits unter 2.3 erwähnt führen die nachfolgend aufgeführten möglicherweise vorliegenden Erkrankungen besonders häufig und ausgeprägt zu dem Erleben von Müdigkeit, Erschöpfung, depressiver Stimmung, Leistungsabbau und dem subjektiven Gefühl des Ausgebranntseins.

Die Kenntnis auch dieser Erkrankungen und der damit verbundenen Basismechanismen in Bezug auf geklagte Erschöpfung ist deshalb für jeden Behandelnden unabdingbar.

2.3.5.1 Infektionen (bakterielle, virale)

Sowohl Bakterien, als auch Viren, die zur Vermehrung den menschlichen Organismus als Wirt benötigen – beide sind potenzielle mit Erschöpfung einhergehende Krankheitsauslöser. Bakterien bewirken dies in der Regel durch ihre oftmals giftigen Stoffwechselprodukte, Viren durch die Zerstörung körpereigener Zellen. Hinzu kommt, dass das System zusätzlich belastet wird durch die körpereigene Abwehraktivität und die Beseitigung der virusbefallenen Zellen. Müdigkeit, Erschöpfung und Vitalitätsverlust sind die dadurch entstehenden themenrelevanten Folgen. Bei geklagtem Zustand völliger Erschöpfung stellt sich darum immer auch die Frage nach aktuell bestehenden oder in der nahen Vergangenheit abgelaufenen Infektionen.

2.3.5.2 Fernreisefolgen mit potenziellen Infektionen vor dem Auftreten der Erschöpfungssymptome

Eine relevante anamnestische Frage an Hilfesuchende, die sich ausgebrannt und erschöpft fühlen, ist auch die Frage nach Fernreisen in den letzten Monaten oder Jahren. Differenzialdiagnostisch lassen sich dann vom Facharzt potenzielle „Fernreisemitbringsel" abklären wie beispielsweise Malaria, Typhus, Dengue-Fieber, Hepatitis, Borreliosen, HIV, Rift-Valley-Fieber, Adenoviren, HSV, Coxsackie, Chlamydiosen, Q-Fieber, Brucellose, Legionellose, Rückfallfieber, Lues, Toxoplasmose und multiple Parasiten, insbesondere Darmparasiten wie der auf Fernreisen erworbene Hakenwurm. Speziell der Hakenwurm kann wiederum Auslöser und Aufrechterhalter einer erschöpfungsbedingenden Anämie sein.

Zu bedenken bleibt nach Burchard (2015) auch, dass bei innereuropäischen Reisen und bei Personen, die im Kontakt mit Fernreisenden stehen, ebenfalls eine diesbezügliche Ansteckungsgefahr nicht mehr auszuschließen ist. Im Zuge der Globalisierung und Klimaerwärmung treten Tropenerkrankungen immer häufiger auch im innereuropäischen Raum auf.

2.3.5.3 Hepatitis (Leberentzündung)

Abgeschlagenheit, Müdigkeit, Appetitlosigkeit, unspezifische Oberbauchbeschwerden sind bei den meisten Betroffenen, vor allem wenn die beruflichen und sozialen Herausforderungen aktuell sehr hoch sind, meist nicht assoziiert mit dem Gedanken an Hepatitis.

Als Ursachen der die Leberzellen schädigenden Leberentzündungen nennt Diepolder (2014) Viren, Alkohol, Fettstoffwechselstörungen, Medikamente und Autoimmunerkrankungen.

Angesichts der weltweit nach wie vor hohen Verbreitung von Hepatitis ist bei vorgebrachtem Behandlungswunsch einer subjektiv vorliegenden Burnout-Symptomatik im Rahmen einer medizinisch sinnvollen Differenzialdiagnostik auch die Frage nach einer potenziell bestehenden Hepatitis abzuklären. Seidel (2015) empfiehlt dies insbesondere bei anamnestisch eruiertem hohen Alkoholkonsum, Adipositas, Diabetes, beruflichen Kontakten mit Blut und Körperflüssigkeiten sowie mit Giften wie Tetrachlorkohlenstoff, Vinylchlorid oder Phosphor. Weitere Leitindikatoren der Anamnese sind Fragen nach der Langzeitanwendung von Paracetamol und Tetrazyklin, Drogenmissbrauch, eine kürzlich erhaltene Bluttransfusion, sexuelle Kontakte mit häufig wechselnden Partnern oder Fernreisen. Sollten sich in letzter Zeit darüber hinaus noch Stuhlfarbe, Urinfarbe oder die Häufigkeit zu Blutungen zu neigen verändert haben, so ist bei vorliegender Erschöpfung eine Hepatitisdiagnostik dringend indiziert.

2.3.5.4   Diabetes

Diabetes kann sowohl auf psychischer als auch auf somatischer Ebene das Entstehen einer Depression begünstigen. Zum einen lässt sich beobachten, dass viele Diabetiker über die Tatsache Diabetiker zu sein deprimiert sind. Sie leiden unter der für sie die Lebensqualität einschränkenden Notwendigkeit, ständig auf den Blutzuckerspiegelwert achten zu müssen und dementsprechend ihren Aktivitäts- und Essensplan einzustellen bzw. medikamentös darauf zu reagieren. Dies gilt für viele Diabetiker insbesondere dann, wenn die regelmäßige Insulinselbstinjektion unvermeidlich geworden ist. Daneben und davon teils unabhängig laufen im Körper der an Diabetes erkrankten Patienten auch Prozesse ab, die sie für Depressionen anfälliger machen. Bei einer schlechten Blutzuckereinstellung fühlen sich Diabetiker häufig erschöpft, müde, ausgebrannt, unkonzentriert und antriebslos. Zum anderen liegen darüber hinaus Befunde bei Diabetikern vor, die auf eine Beeinträchtigung des Nervenwachstums schließen lassen, was wiederum zu psychischen Problemen und Leistungsabfall führen kann. So spekuliert Petrak (2013) über diese Diabetes-spezifischen körperlichen Ursachen einer vorliegenden depressiven Erschöpfung, dass diese Krankheit möglicherweise auch zu Veränderungen im Gehirn führen kann: „… ein Indiz dafür ist, dass manche Diabetiker eine verminderte Plasmakonzentration des Wachstumsfaktors BDNF (brain-derived neutrophic factor) haben. Dieses Protein spielt eine wichtige Rolle beim Wachstum von Nervenzellen. Tierversuche ergaben zudem, dass Diabetes bei Mäusen die Bildung von Nervenzellen im Hippocampus beeinträchtigt. Und bildgebende Untersuchungen an Menschen deuten auf ein reduziertes Hirnvolumen mancher Diabetiker in bestimmten Arealen wie der Amygdala und dem Hippocampus hin. Zwar sind dies bislang nur Einzelbefunde, aber sie legen eines nahe: Angenommen, das Nervenwachstum im Hippocampus ist bei manchen Diabetikern gestört, dann behindert das möglicherweise die Lernfähigkeit. Vielleicht können sie dann weniger gut lernen, schwierige Situationen zu bewältigen. Das könnte eine Depression zusätzlich begünstigen."

2.3.5.5   Starke Menstruationsblutungen und/oder starke hämorrhoidale Blutungen

Starke Menstruationsblutungen führen ebenso wie chronische Blutungen zu der Notwendigkeit einer ständig erhöhten Neubildung von Erythrozyten und damit zu einem erhöhten Eisenbedarf. Dies führt dann häufig zu einer Eisenmangelanämie mit den bekannten Folgen chronische Müdigkeit, schnellere Erschöpfung und Leistungsabfall. Tritt dies in Zusammenhang mit erhöhten beruflichen Anforderungen auf, ist die Selbstdiagnose „Burnout" für die Betroffenen mehr als naheliegend. Die anamnestische Frage nach starkem Blutverlust bei den monatlichen Blutungen sollte im Zusammenhang mit einer soliden Burnout-Diagnostik ebenso selbstverständlich sein wie die üblicherweise von Psychologischen Psychotherapeuten noch seltener gestellte Frage nach (zusätzlichen) starken hämorrhoidalen Blutungen. Die Notwendigkeit zur fachärztlichen Mitbehandlung ist auch hierbei unabdingbar.

2.3.5.6   Schwangerschaft

Zunehmende Müdigkeit, Erschöpfung und Leistungsabfall sind auch im Rahmen einer Schwangerschaft keine seltenen Symptome. Fällt der Beginn der Schwangerschaft jedoch zusammen mit einem besonderen Anstieg an Anforderungen im persönlichen und/oder beruflichen Umfeld, wird die subjektiv erlebte massive Erschöpfung oftmals nicht der Schwangerschaft, sondern eher diesen äußeren Umständen attribuiert werden. Classen et al. (2002) weisen zusätzlich darauf hin, dass auch die Frage nach einer kürzlich vorausgegangenen Geburt eines Kindes differenzialdiagnostisch relevant ist, da in diesem Zusammenhang auch eine postpartale Hypothyreose (► Kap. 2.3.5.10) mit ihren leistungsreduzierenden Auswirkungen in Erwägung zu ziehen ist, ebenso wie das mögliche Auftreten einer postpartalen Depression, die bei etwa der Hälfte der Frauen mit postpartalen „Hochs" auftritt.

Die Bedeutung einer seit Monaten, vielleicht seit Jahren zum wiederholten Male erlebten Enttäuschung über eine nicht eingetretene, aber sehnlichst erwartete Schwangerschaft sowie die möglichen psychologischen, unter Umständen depressiogenen Auswirkungen eines Schwangerschaftsabbruchs sind weitere zu klärende potenzielle Einflussgrößen eines vorliegenden Zustandes Burnout-attribuierter depressiver Erschöpfung.

2.3.5.7   Krebs

Die Klinik für Tumorbiologie an der Universität Freiburg, Abteilung Psychoonkologie, hat unter der Leitung von Prof. J. Weis bei 1200 Patienten über fünf Jahre hinweg beobachtet, wie sehr Müdigkeit und quälende Erschöpfung im Zusammenhang mit Krebs die Lebensqualität beeinträchtigen:

„Unmittelbar nach der Tumortherapie tritt Fatigue bei 70 bis 90 Prozent aller Krebspatienten auf. Nur zum Teil können hierfür körperliche Ursachen wie Blutarmut oder Stoffwechselstörungen ausfindig gemacht werden, die sich mit Medikamenten behandeln lassen", erklärt Weis. Mit zunehmendem Abstand zur Tumortherapie nimmt die Fatigue-Problematik zwar deutlich ab, doch immerhin 35 Prozent der von Weis untersuchten Patienten klagten auch zwölf Monate nach Behandlungsende über eine starke Erschöpfung. Von den Krebskranken gaben sogar 12,8 Prozent an, ihre Müdigkeit habe weiter zugenommen. Der Grad der Erschöpfung war dabei unabhängig davon, welche Art der vorsorglichen Behandlung – Strahlen-, Chemo-, Hormon- oder Immuntherapie – die Patienten in den vergangenen Monaten erhalten hatten. „Unsere Ergebnisse verdeutlichen, dass die Fatigue nicht nur ein akutes Problem ist, sondern unabhängig von der Art der Therapie weiter bestehen oder manchmal sogar erst später auftreten kann", erläutert Weis. Außerdem beobachtete er bei den untersuchten Patienten sechs und zwölf Monate nach Abschluss der Tumorbehandlung verstärkt Angstzustände und Konzentrationsschwierigkeiten. Depressive Symptome konnte er hingegen nicht häufiger feststellen als in der gesunden Normalbevölkerung. Besonders überrascht war Weis über den hohen Anteil an Fatigue-Betroffenen unter den Langzeitüberlebenden: „Fünf Jahre nach der Diagnose Krebs berichteten immer noch rund 15 Prozent der Patienten über eine Verschlechterung der Fatigue-Problematik und weitere 25 Prozent gaben an, dass sich ihr Erschöpfungszustand nicht gebessert hatte."

Praxistipp:

Als qualifizierter Ansprechpartner für diese spezielle Gruppe von an Krebs erkrankten Patienten, die sich an Helfende wenden mit der Bitte um die Behandlung von Burnout, gilt hierbei Prof. Dr. phil. Joachim Weis, kontaktierbar über die Klinik für Tumorbiologie an der Universität Freiburg, Abteilung für Psychoonkologie, Breisacher Straße 117, 79106 Freiburg, Tel.: 0761 2062218, Fax: 0761 2062258, E-Mail: weis@tumorbio.uni-freiburg.de (Stand 31.10.2016)

2.3.5.8 Chronische Krankheiten

Es ist offensichtlich, dass bei allen chronischen Erkrankungen das Allgemeinbefinden leidet, Antriebskraft und Lebensfreude abnehmen, depressive Entwicklungen nicht auszuschließen sind und zunehmende Erschöpfung und Leistungsabbau in Folge häufig auftreten. Bei der Anamnese der Burnout-typischen Symptome darf deshalb die Frage nach chronischen Erkrankungen nicht fehlen:

- **HIV/AIDS**
  Charakteristisch ist auch bei der erworbenen Immunschwäche bei vielen Betroffenen (es gibt ca. 70 000 Erkrankte in Deutschland) die Erfahrung des zunehmenden Leistungsabfalls und der schnelleren Ermüdbarkeit und Erschöpfung.
  Die psychologische Belastung infizierter Personen durch die nach wie vor bestehende Stigmatisierung ist hoch. Kommen Verlust von Intimpartnern, Freunden und Arbeitsplatz hinzu, sind zusätzlich energieraubende depressive Reaktionen hochwahrscheinlich. Auch die unter der Diagnose DSM-5 F07.0 beschriebene Persönlichkeitsänderung aufgrund eines anderen medizinischen Krankheitsfaktors gilt es im Hinblick auf die zentralnervöse Beteiligung dieser Infektionserkrankung differenzialdiagnostisch bei vorliegender Erkrankung sorgfältig abzuklären.

- **COPD**
  Chronic Obstructive Pulmonary Disease, die chronisch obstruktive Lungenerkrankung, geht, wie der Name schon sagt, mit einer Verengung der Atemwege einher und führt im weiteren Verlauf dazu, dass auch andere Organsysteme in Mitleidenschaft gezogen werden. Durch den engen Zusammenhang des Herz-Lungen-Kreislaufs betrifft es in erster Linie das Herz. In Folge schlechterer Sauerstoffversorgung leiden langfristig auch Muskulatur, Skelett und Stoffwechselorgane. Anämie und Muskelabbau mit zunehmender Erschöpfung und Müdigkeit sind vorhersagbar. Nach Steffers und Credner (2015) ist jede sechste Erwerbsunfähigkeit durch eine COPD bedingt. Bei geklagter Erschöpfungssymptomatik ist wegen der hohen Prävalenz deshalb auch diese Erkrankung differenzialdiagnostisch in Erwägung zu ziehen.

- **ALS**
  Die Amyotrophe Lateralsklerose, abgekürzt ALS-Krankheit genannt, ist eine chronisch-degenerative Erkrankung des zentralen Nervensystems. Charakteristisch ist dabei der sichtbare Schwund der Muskulatur zuerst an den Extremitäten, später auch im Gesicht und am übrigen Körper. Die zunehmende Lähmung der Atemmuskulatur stellt ein weiteres Symptom der ALS dar. Diese progrediente Einschränkung der Lungenfunktion äußert sich anfänglich nur durch vermehrte Müdigkeit, zunehmend durch Sauerstoffmangel bedingten Kopfschmerz und immer weniger erholsamen Schlaf. Massive zunehmende Erschöpfung ist die Folge.
  In der Praxis ist weniger damit zu rechnen, dass unter ALS leidende Patienten um eine Burnout-Behandlung nachfragen, da die Progredienz des Muskelabbaus hier im Vordergrund der Aufmerksamkeit der meisten Patienten steht. Gleichwohl ist bei untypischem Verlauf damit zu rechnen, dass das Erschöpfungssyndrom zu einem Primärkontakt mit einem Helfer führen kann, der eben wegen dieser erlebten zunehmenden Erschöpfung aufgesucht wird.

- **Degenerative Erkrankungen des Nervensystems**
  Bei neurodegenerativen Erkrankungen wie Parkinson, Demenz, Chorea Huntington und Creutzfeld-Jakob beobachten wir einen zunehmenden Zelluntergang von Nervenzellen mit je nach Ort des Zellverlusts unterschiedlichen Symptomen. Da die Anzahl der solcherart Erkrankten hoch ist – etwa eine Million an Demenz erkrankte Menschen (Nov. 2015), geschätzte 250 000 an Parkinson Erkrankte, die nur z. T. (etwa 150 000) diagnostiziert sind – ist differenzialdiagnostisch gerade bei älteren Betroffenen eine neurologische Ausschlussdiagnostik indiziert. Ebenfalls gilt es, im Einzelfall ZNS-Tumore auszuschließen.

- **Chronische Entzündungen**
  Chronische Entzündungen können oft lange Zeit unbemerkt ablaufen und erst über zunehmende Erschöpfung subjektiv wahrgenommen werden. Ausgelöst werden sie in der Regel durch Bakterien, Viren, Pilze, Parasiten oder Allergene, seltener durch physikalische Einflüsse, die das Immunsystem überfordern, etwa durch radioaktive Strahlung oder durch Umweltgifte. Meist sind Viren die Hauptverursacher. Daneben können aber auch Stress, falsche Ernährung und man-

gelnde Bewegung die Immunabwehr soweit negativ beeinflussen, dass sie als direkte Auslöser und aufrechterhaltende Faktoren chronischer Entzündungen verantwortlich gemacht werden können.

Die Symptome chronischer Entzündungen sind sehr vielfältig und decken den gesamten Bereich der unter 1.4 zuvor beschriebenen Burnout-Symptome ab: depressive Verstimmungen, Erschöpfungszustände, Gelenkbeschwerden, unspezifische Ganzkörperschmerzen, Konzentrationsstörungen, Vergesslichkeit, Leistungsabfall, Verdauungsbeschwerden, morgendliche Müdigkeit, Schwindel, Schlaflosigkeit und zunehmende Gereiztheit.

Differenzialdiagnostisch sollte daher immer auch ausgeschlossen werden, dass bei geklagter Burnout-Erschöpfung eine chronische Entzündung vorliegt.

- **Sonstige chronische Erkrankung**
  Die Frage nach sonstigen chronischen Erkrankungen sollte zu den Standardanamnesefragen gehören, wenn es darum geht, die individuellen Ursachen eines vorliegenden subjektiv geklagten Burnouts mit dem Leitsymptom Erschöpfung zu eruieren. Explizit sollten dabei folgende Erkrankungen anamnestisch thematisiert und abgeklärt werden:

2.3.5.9 Krankheiten des rheumatischen Formenkreises (incl. Fibromyalgie)

Der Beginn von Krankheiten des rheumatischen Formenkreises ist meist schleichend, mit allgemeinem Krankheitsgefühl und Leistungsminderung. Der zentrale Bezug liegt dabei auf der zunehmenden Erfahrung „ziehender, reißender" Schmerzen. Die Herausforderung mit permanentem oder immer wieder auftretendem Schmerz umzugehen, führt häufig zu dem Gefühl der Überforderung, Gereiztheit und Erschöpfung mit daraus resultierendem Leistungsabfall. Die Selbstdiagnose Burnout findet sich daher nicht selten bei Patienten mit Erkrankungen aus dem rheumatischen Formenkreis, ganz gleich aus welcher der vier Hauptgruppen sie stammen:

1. entzündlich rheumatische Erkrankungen wie Rheumatoide Arthritis (RA), Morbus Bechterew, Kollagenosen und Vaskulitiden;
2. degenerative rheumatische Erkrankungen wie Arthrose;
3. Krankheiten des Bewegungssystems durch Stoffwechselstörungen, z. B. bei Osteoporose, Gicht oder Diabetes;
4. nichtentzündliche rheumatische Schmerzkrankheiten („Weichteilrheumatismus") wie der „Tennisellenbogen", durch Zugluft schmerzende Körperteile und Fibromyalgie.

Bei Fibromyalgie haben die Patienten oft eine Odyssee von Arztbesuchen hinter sich, bei denen ihnen bescheinigt wurde, dass sie nicht organisch degenerativ oder an entzündlichen Prozessen erkrankt sind, also eigentlich keine Schmerzen haben dürften. Charakteristisch für die Diagnose „Fibromyalgie" sind jedoch neben dem Ganzkörperschmerz mit seinen über den Körper verteilten spezifischen Druckschmerzpunkten eine allgemeine Leistungsschwäche, gravierende Schlafstörungen und multiple psychovegetative Beschwerden wie kalte Füße, Kloßgefühl im Hals,

Kopfschmerzen, Kreislaufbeschwerden, Herzrhythmusstörungen und Verdauungsbeschwerden. Ein hoher subjektiver Leidensdruck und ein nicht geringer Anteil emotionaler Verletztheit, „eigentlich keine Beschwerden haben zu dürfen", liegen bei vielen dieser Patienten vor. Depressive Reaktionen, sozialer Rückzug, zunehmende Müdigkeit und vertiefte Erschöpfung sind die Folge. Die Diagnose „Burnout" als Erklärung für diesen negativ erlebten Gesamtzustand vom aufgesuchten professionellen Helfer erhalten zu wollen, ist nachvollziehbar. Vor Beginn der Burnout-Therapie ist deshalb auch immer an die Abklärung möglicher vorliegender erschöpfungsauslösender Schmerzerkrankungen zu denken, inklusive nichtentzündlicher rheumatischer Erkrankungen, namentlich Fibromyalgie.

2.3.5.10 Schilddrüsenunterfunktion (Hypothyreose)

Bei gemeinsamem Auftreten von geklagter Müdigkeit, depressiogener Erschöpfung, vermehrter Kälteempfindlichkeit und Haarausfall ist als potenzielle medizinische Ursache auch an eine Unterfunktion der Schilddrüse zu denken. Immerhin leidet in der Normalbevölkerung nach Greten et al. (2010) jeder hundertste Bundesbürger an einem Schilddrüsenhormonmangel. Die von der Schilddrüse produzierten Hormone Thyroxin (T4) und Trijodthyronin (T3) beeinflussen fast alle Stoffwechselvorgänge. Eine wesentliche Verringerung dieser Schilddrüsenhormone führt zu einer deutlichen Reduzierung der gesamten Stoffwechselaktivität und damit auch der Vitalität. Erschöpfung, Müdigkeit, Leistungsabfall und nicht selten Depressivität sind neben erhöhter Kälteempfindlichkeit und Haarausfall die Folgen.

Bei Verdacht auf eine die Erschöpfung mitbedingende oder aufrechterhaltende Hypothyreose sollte deshalb unbedingt eine diesbezügliche fachärztliche Differenzialdiagnostik erbeten werden. Durch entsprechende hormonsubstituierende Medikamente lässt sich eine diagnostizierte Schilddrüsenunterfunktion in der Regel wirkungsvoll behandeln.

2.3.5.11 Nierenerkrankung

Nach Angabe des Kuratoriums für Dialyse und Nierentransplantation (KfH) leiden in Deutschland schätzungsweise vier bis sechs Millionen Menschen an einer eingeschränkten Nierenfunktion. Die Abnahme der Nierenfunktion vollzieht sich oft schleichend und zu Beginn meist unbemerkt. Symptomatisch treten jedoch mit zunehmender Krankheitsdauer Ermüdbarkeit, Erschöpfung, Konzentrationsstörungen und Leistungsabfall auf, was die Betroffenen an Burnout denken lässt. Weitere typische Symptome einer schleichenden Niereninsuffizienz sind laut KfH (2015): Anstieg des Blutdrucks, Wassereinlagerungen, rascher Gewichtsanstieg, Harnauffälligkeit wie rötlich-bräunliche Verfärbungen und Schäumen, Atemnot, schnelles Ermüden, Blässe, Juckreiz, Unwohlsein, Appetitlosigkeit, Erbrechen, Verwirrtheit.

Wie bei den möglichen Entstehungsursachen einer ursächlich erschöpfungsauslösenden Anämie bereits in Kapitel 2.3.3 erläutert kann auch eine erkrankte Niere Auslöser für eine Anämie sein. Blutarmut und damit ein Zustand zunehmender Erschöpfung mit Leistungsabfall sind die Folge.

Der zweite bereits in Kapitel 2.3.1 dargelegte Zusammenhang zwischen einer erkrankten Niere und zunehmender Erschöpfung liegt ferner in einer möglichen Nebenniereninsuffizienz und einem daraus folgenden Adrenalinmangel.

Zusammenfassend lässt sich angesichts der schwerwiegenden Konsequenzen einer nicht rechtzeitig erfassten Nierenerkrankung feststellen, dass bei Erschöpfung mit zusätzlichem Vorliegen einer oder mehrerer der oben beschriebenen typischen Symptome einer schleichenden Niereninsuffizienz eine diesbezügliche Differenzialdiagnostik unbedingt einzuleiten ist.

2.3.5.12   Lungenerkrankung

Bei vielen Lungenerkrankungen (z. B. Tuberkulose, Pneumonie, Bronchopneumonie, akute Bronchitis, Asthma bronchiale, Lungenemphysem, Lungenfibrose, Lungenkarzinom) sind häufig die ersten subjektiv erlebten Symptome die Allgemeinsymptome Appetitlosigkeit, Gewichtsabnahme, Nachtschweiß, Müdigkeit und Erschöpfung. Wenn zusätzliche länger anhaltende atemwegsassoziierte Symptome vorhanden sind, empfiehlt sich dringend ein Ausschluss-Konsil bei einem Pneumologen.

2.3.5.13   Herz-Kreislauf-Erkrankungen

Eigen ist den meisten der bekanntesten Herz-Kreislauf-Erkrankungen, dass sie zu einer zunehmenden Leistungsminderung und zu zunehmenden Ermüdungs- und Erschöpfungserfahrungen führen. Ob jemand einen Herzinfarkt hatte mit massiven Angina-Pectoris-Beschwerden und ob eine künstliche Herzklappe eingesetzt wurde, wissen die meisten Patienten. Was sie meist nicht wissen, ist, dass durch die künstliche Herzklappe auf mechanischem Wege Erythrozyten geschädigt werden und ihr beschleunigter Zerfall bewirkt wird. Neben naheliegenden anderen psychosozialen Faktoren wie Reaktionen der Betroffenen und ihrer sozial relevanten Bezugspartner auf die Diagnose einer vorliegenden koronaren Herzerkrankung oder eines abgelaufenen Herzinfarkts kann diese Schädigung der Erythrozyten wiederum auch als relevanter Burnout-auslösender Faktor wirken. Es kann nämlich schon alleine dadurch zu der bereits in Kapitel 2.3.3 beschriebenen mechanischen Verursachung einer Anämie mit ihren erschöpfungsauslösenden Folgen kommen. Ebenso schleichend können sich nach und nach weitere koronare Stenosen durch Ablagerungen an den Herzkranzgefäßen gebildet haben oder der Herzmuskel kann sich vergrößert und damit in seiner Leistungsfähigkeit nachgelassen haben. Beides wird zu einer erlebten Abnahme der für den Alltag zur Verfügung stehenden Energie führen. Menschen mit einer Herzerkrankung leiden außerdem häufiger unter einer Depression als entsprechende Personen der Normalpopulation. Eine umfassende Eingangsdiagnostik sollte daher in den meisten Fällen auch eine kardiologische Untersuchung mit. Bei einer Ausschlussdiagnostik bei einem erfahrenen Kardiologen lässt sich in vielen Fällen auch die Herzratenvariabilität bestimmen. Ist diese verringert, so stellt dies ein sicheres Maß für eine vorliegende hohe subjektive Belastung und Erschöpfung ohne ausreichende Regenerationsmöglichkeit des Organismus dar.

2.3.5.14   Magen-Darm-Erkrankungen

Die anamnestischen Fragen zu den körperlichen Ursachen bei einer gewünschten Burnout-Behandlung beinhalten auch Fragen nach Magen-Darm-Erkrankungen. Sowohl bei Durchfall als auch bei Verstopfung, bei Magengeschwüren, Gastritis, Zwölffingerdarmgeschwüren, Colitis Ulcerosa, Morbus Crohn sowie bei anderen gastroenterologischen Erkrankungen besteht die Gefahr der Unterversorgung mit Mikronährstoffen und Vitaminen und daraus wiederum resultiert die Gefahr zunehmender leistungsreduzierender Ermüdung und Erschöpfung. Durch die jeweils spezifischen Probleme der erkrankten Magen- bzw. Darmbereiche kommt es häufig zur Mal-Assimilation der zugeführten Nahrung und der darin enthaltenen Mikronährstoffe und Vitamine.

Gerade bei den eher häufig auftretenden, von den Betroffenen oft bagatellisierten und von vielen Therapeuten als nachvollziehbare funktionelle Beschwerden gewerteten Symptomen wie Durchfall und Verstopfung sowie bei vorliegenden unklaren Bauchbeschwerden im Zusammenhang mit beruflichen Überlastungssituationen ist im Zusammenhang mit berichteter zunehmender Leistungsabnahme, Antriebsmangel und zunehmender Erschöpfung eine differenzialdiagnostische gastroenterologische Abklärung dringend indiziert. Jeder Patient sollte darauf hingewiesen werden, dass eine fachärztliche Mitbehandlung diagnostizierter Magen-Darm-Erkrankungen als eine unabdingbare Voraussetzung für eine kompetente und erfolgversprechende Burnout-Behandlung zu sehen ist.

2.3.5.15   Übergewicht (starke Gewichtszunahme vor Beginn der Erschöpfung)

Bei einem offensichtlich adipösen Patienten stellt sich im Zusammenhang mit geklagter Burnout-Symptomatik immer auch die differenzialdiagnostische Frage nach den auslösenden und aufrechterhaltenden Mechanismen des vorliegenden Übergewichts. So weisen Ladwig et al. (2013) explizit darauf hin, dass belastende psychosoziale Faktoren sowohl einen starken Einfluss auf Ernährungsgewohnheiten als auch auf den zusätzlich gewichtserhöhenden Alkoholkonsum haben. Belastungen im beruflichen und privaten Umfeld, Angst- und Persönlichkeitsstörungen sowie eine vorliegende Depression können in einem Circulus vitiosus über eine zu hohe Kalorienzufuhr und zu wenig Bewegung wesentliche Ursachen für einen erhöhten Body-Mass-Index (BMI) darstellen. Andererseits kann nach Herpertz und Zipfel (2016) die sich meist schleichend entwickelnde Adipositas über ein zunehmend negativer werdendes Selbstwertgefühl die Entstehung einer Depression fördern, welche wiederum häufig mit einer weiteren Gewichtszunahme assoziiert ist. Zusätzlich erhebt sich die Frage, ob die geklagten Erschöpfungszustände und Leistungsminderungen in direktem Zusammenhang zu sehen sind mit einem vor Beginn der Erkrankung stark angestiegenen Körpergewicht und dem daraus resultierenden erhöhten Energieaufwand für Alltagsaktivitäten, oder ob sich durch das bereits längere Zeit bestehende Übergewicht die eine oder andere oder gar mehrere der adipositasbedingten erschöpfungsauslösenden Krankheiten ergeben hat. Tatsache ist, dass bei vorliegendem Übergewicht sowohl von einer mechanischen Mehrbelastung des gesamten Körpers, namentlich der Gelenke, und einer erhöhten Anforderung an die Herz-Kreislauf-Leistung auszugehen ist als auch von einer damit assoziierten erhöhten metabolischen Funktionsbeeinträchtigung, die vorhersagbar zu einer zunehmenden Erschöpfungssymptomatik bei ungebremst zunehmendem Übergewicht führen wird.

2.3.5.16 Untergewicht (starke Gewichtsabnahme vor Beginn der Erschöpfung)

Bei einem offensichtlich stark untergewichtigen Patienten bzw. bei einem Patienten, bei dem Burnout-prämorbid eine starke Gewichtsabnahme in kurzer Zeit erfolgte, stellt sich im Zusammenhang mit geklagter Burnout-Symptomatik ebenfalls die Frage nach den auslösenden und aufrechterhaltenden Mechanismen des vorliegenden stark reduzierten Gewichts. Für starke Gewichtsabnahme gilt ebenso wie für starke Gewichtszunahme, dass belastende psychosoziale Faktoren einen großen Einfluss auf die Ernährungsgewohnheiten haben. Belastungen im beruflichen und privaten Umfeld, Angst- und Persönlichkeitsstörungen sowie eine vorliegende Depression können prinzipiell ebenso in einem Circulus vitiosus über eine spannungsbedingt zu geringe Kalorienzufuhr wesentliche Ursachen für einen leistungsmindernden ungesund erniedrigten Body-Mass-Index (BMI) darstellen und andererseits kann die daraus möglicherweise resultierende Mikronährstoffmangelsituation Erschöpfung, Anspannung, Unruhe und Depression fördern, welche wiederum mit einer weiteren Gewichtsabnahme einhergehen kann. Auf der anderen Seite ist bei bereits längere Zeit bestehendem Untergewicht auch differenzialdiagnostisch abzuklären, inwieweit es sich hierbei um die Folge einer anderen erschöpfungsauslösenden Krankheit handelt.

2.3.5.17 Chronisch ungesunde, unregelmäßige, nährstoffarme und vitalstoffarme Ernährung

Burnout-typische dauerhaft ungesunde, unregelmäßige, nährstoff- und vitalstoffarme, einseitige Ernährung führt, wie im Kapitel 2.3.4 im Detail beschrieben, häufig zu multiplen Mangelzuständen bezüglich essenzieller Mikronährstoffe und ihrer daraus folgenden Verhaltens- und Befindlichkeitsstörungen. Deshalb ist differenzialdiagnostisch immer auch die Frage nach den Ernährungsgewohnheiten relevant. Die objektiv günstigste, wenngleich für den Patienten nicht preisgünstigste (da in den meisten Fällen selbst zu finanzierende) Diagnostik besteht in Bezug auf vorliegende problematische Ernährungsgewohnheiten darin, eine umfassende Labordiagnostik zum Status der erschöpfungsrelevanten Mikronährstoffe durchzuführen. Auf **Memoblatt M4 „Somatische Untersuchungen"** (s. Hinweis auf S. 10) sind die hierbei zu untersuchenden Mikronährstoffe aufgeführt, die von jedem qualifizierten medizinischen Labor quantifiziert werden können.

2.3.5.18 Aktuell oder seit längerem vorgenommene radikale Ernährungsumstellung

Personen, die in überschaubarer Vergangenheit eine extreme Umstellung ihrer Ernährungsgewohnheiten vorgenommen haben – oft mit dem Ziel, sich nunmehr einer besonders gesunden Lebens- und Ernährungsweise zuzuwenden –, machen nicht selten die Erfahrung einer abnehmenden Leistungsfähigkeit, zunehmender Erschöpfung und herabgestimmter, dysphorischer Gefühle. Zu viel, zu streng, zu radikal, zu einseitig und jenseits eigener Befindlichkeiten – das ist hierbei oft das Problem.

So sind z. B. beliebte im Übermaß konsumierte Eiweiß-Shakes bei Freizeit-Bodystylern nicht unwesentlich beteiligt an steigender Depression und Erschöpfung, da ein zu hoher Proteingehalt in der zugeführten alltäglichen Ernährung vorhersagbar zu einem Vitamin-B6-Mangel und zu starkem Kalziumverlust über den Urin führt. Dieser Prozess verstärkt sich zusätzlich oftmals durch eine vermeintlich besonders gesunde radikal fettarme Diät. Fett wiederum könnte Kalzium jedoch binden und dadurch die beschleunigte Ausscheidung reduzieren.

Ähnliche Erfahrungen werden regelmäßig berichtet, wenn eine radikale Ernährungsumstellung zu einer unzureichenden Zufuhr auch von anderen essenziellen Mikronährstoffen (Eisen, Vitamin B12 u. a.) führt.

Praxistipp:

Die Frage nach aktuell oder seit längerem vorgenommener radikaler Ernährungsumstellung sollte bei einer umfassenden differenzialdiagnostischen Abklärung der subjektiv als Burnout-Symptomatik empfundenen Leistungs- und Stimmungseinbußen nicht fehlen.

2.3.5.19   Nebenwirkungen von Medikamenten

Bei vielen Medikamenten ergeben sich als typische unerwünschte Nebenwirkungen Befindlichkeitsstörungen wie Müdigkeit, Abgeschlagenheit und Leistungsabfall. Stimmungsschwankungen, Gereiztheit oder depressive Verstimmungen sind ebenfalls im Zusammenhang mit der Einnahme, aber auch mit dem Absetzen von über längere Zeit verordneten Medikamenten zu beobachten. Bopp und Herbst (2013) weisen im „Handbuch Medikamente" insbesondere darauf hin, dass gerade für die große Gruppe der Patienten mit Bluthochdruck auch immer an die nicht selten auftretenden initialen leistungsreduzierenden Auswirkungen gedacht werden sollte. Außer blutdrucksenkenden Medikamenten sind in diesem Zusammenhang insbesondere zu beachten: Psychopharmaka, oral eingenommene Kontrazeptiva und Zytostatika.

Jenseits der bekannten Nebenwirkungen von verordneten Medikamenten ist auch abzuklären, ob evtl. ein Medikamentenmissbrauch oder Wechselwirkungen der verordneten Medikamente untereinander bzw. mit zusätzlich eingenommenen Nahrungsergänzungsmitteln oder individuellen Ernährungsgewohnheiten vorliegen.

Im Zusammenhang mit dem Auftreten starker körperlicher und psychischer Unruhe bis hin zu erschöpfender Angst weisen Becker und Margraf (2016) darauf hin, dass vor allem Schilddrüsenpräparate, aber auch Bronchodilatantien, Anästhetika, Herz-Kreislauf-Mittel, Antihistaminika sowie einige Antidepressiva hierbei wesentlich beteiligt sein können. Angstsymptome können dabei nicht nur während der Einnahme, sondern manchmal auch nach Absetzen der Medikamente auftreten. Aus den Erfahrungen vieler der von mir selbst behandelten Angstpatienten gilt dies insbesondere bei der medikamentösen Begleitbehandlung mit Serotonin-Wiederaufnahmehemmern (SSRI, z. B. Citalopram).

Müller und Paterok (2010) wiederum verweisen besonders auf den Zusammenhang von erschöpfungsauslösender oder -verstärkender Wirkung von Medikamenten, die eine schlafbeeinträchtigende Wirkung haben, namentlich Antibiotika,

Anticholinergika, aktivierende Antidepressiva, Antihistaminika, Antihypertensiva, Appetitzügler, Atemwegspräparate, Corticosteroide, Diuretika, Hypnotika mit kurzer Halbwertszeit, Neuroleptika, Nootropika mit aktivierender Wirkung, Schilddrüsenhormone, Sympathomimetika sowie Zytostatika.

2.3.5.20 Borreliose

Wird von Borreliose gesprochen, so ist in der Regel die Lyme-Borreliose gemeint, die meist durch Zeckenbisse übertragen und darum populär als Zeckenbisskrankheit bezeichnet wird.

Nach erfolgter Infektion (wobei der Zeckenbiss manchmal gar nicht wahrgenommen wurde) können die Symptome je nach dem Allgemeinzustand des Menschen bzw. der Stabilität seines Immunsystems von kaum wahrnehmbar bis sehr belastend sein. Neben den körperlichen Symptomen Fieber, geschwollene Lymphknoten und geschwollene Gelenke sowie Kopf-, Glieder-, Muskel- und Nervenschmerzen sind hier auch psychische Auswirkungen zu nennen, namentlich Abgeschlagenheit, anhaltende Müdigkeit und emotional zunehmende Instabilität und Reizbarkeit sowie ein leistungsreduzierender, grippeähnlicher geschwächter Allgemeinzustand mit Beeinträchtigungen der Konzentration und des Erinnerungsvermögens.

Differenzialdiagnostisch bleibt bei all diesen Symptomen nach einem Zeckenbiss auch eine Infektion mit FSME (Frühsommer-Meningoenzephalitis) abzuklären. Hierbei handelt es sich um viral ausgelöste Entzündungen im Gehirn, dem Zentralnervensystem und den Hirnhäuten nach Biss von befallenen Zecken. FSME kann aber auch durch nicht pasteurisierte, virenhaltige Rohmilch und Rohmilchprodukte ausgelöst werden von diesbezüglich befallenen Kühen, Schafen und Ziegen.

Die Frage nach einer potenziell vorliegenden Borreliose-Erkrankung als Hauptursache der geklagten Burnout-Symptomatik stellt sich insbesondere bei den Patienten, die sich beruflich bedingt oder in ihrer Freizeit viel im Freien aufhalten.

2.3.5.21 Epstein-Barr-Virus

Das Epstein-Barr-Virus gehört zur Gruppe der Herpes-Viren und ist vor allem als Erreger der Mononukleose (Pfeiffersches Drüsenfieber, „kissing disease") bekannt. Bei etwa 90 Prozent der erwachsenen Bevölkerung lässt es sich serologisch nachweisen. Die meisten Betroffenen durchlaufen diese Infektion klinisch stumm, also ohne irgendwelche subjektiv wahrnehmbaren Symptome. Nur bei einem geschwächten Immunsystem kommt es zur Erkrankung mit deutlichen Symptomen (hohes Fieber, Lymphknotenschwellungen). Das lebenslang im Körper verbleibende Virus kann auch nach Abklingen der Symptome für Monate bis zu zwei Jahre Müdigkeit und Schwäche verursachen. Es beeinträchtigt das Immunsystem und führt so zu erhöhter Infektanfälligkeit. Es gibt auch Hinweise, dass das Epstein-Barr-Virus an der Entstehung des Chronic-Fatigue-Syndroms beteiligt sein könnte.

2.3.5.22 Aktuell oder länger zurückliegende operative Eingriffe oder größere Verletzungen

Nach Unfällen oder infolge von schweren, langdauernden Operationen kann oftmals der Ausgleich der verlorenen Blutmenge vom Körper nicht in ausreichendem Maße geleistet werden. Trotz Produktion neuer Erythrozyten, vermehrter Flüssigkeitsaufnahme im Gefäßsystem und Ausschüttung der Eisenspeichervorräte ist dann eine Anämie sowie die massive Abnahme wichtiger Mikronährstoffe mit ihren erschöpfungsauslösenden Folgen nicht mehr vermeidbar. Nach Zimmermann (2001) führen Verletzungen, Verbrennungen oder größere Operationen, nach denen eine umfangreiche Regeneration und Heilung von Zellen einen vermehrten Verbrauch von essenziellen Fetten erfordern, darüber hinaus zu einem Mangel an Omega-3- und Omega-6-Fettsäuren mit den in Kapitel 2.3.4.31 beschriebenen erschöpfungsrelevanten negativen Auswirkungen. Hinzu kommen die chemischen Belastungen durch die Vollnarkose sowie die postoperativen Medikamente. Eine umfassende Diagnostik aller relevanten Blutparameter ist hier besonders indiziert.

Nicht zu vergessen ist die Frage nach Unfällen, die zu einem Schädel-Hirn-Trauma geführt hatten, welches unter Umständen die unter der Diagnose DSM-5 F07.0 beschriebene Persönlichkeitsänderung aufgrund eines anderen medizinischen Krankheitsfaktors ausgelöst hat.

2.3.5.23 Schlafstörungen

Schlafstörungen gehören zu den global am häufigsten verbreiteten Gesundheitsproblemen. Nach Gößling (2013) leiden in Deutschland 15 Prozent aller Menschen unter behandlungsbedürftiger Schlaflosigkeit. Neben der sogenannten primären Insomnie treten Schlafstörungen als Vorboten von Depressionen, Suchtproblemen, PTB, Angststörungen und im Verbund vieler als Burnout-kodierter Belastungssymptome auf. Gößling (2013) zitiert mehrere Forschungsergebnisse, die einen deutlichen Hinweis darauf geben, dass die frühe Behandlung von Schlafstörungen den Ausbruch anderer psychischer Erkrankungen zu verhindern vermag.

Bei vorliegenden Schlafstörungen nehmen bei vielen Betroffenen im Laufe der Zeit Tagesmüdigkeit, subjektives Unbehagen, rasche Erschöpfbarkeit, Konzentrationsstörungen, Leistungsreduktion und Antriebsmangel, Reizbarkeit sowie eine ängstlich-depressive Symptomatik progredient zu. Nächtliches Grübeln und negatives Gedankenkreisen stellen dabei ein charakteristisches problemaufrechterhaltendes Insomnie-Phänomen dar.

Die Regelkreise sind dabei vielfältig: Vermehrte Leistungsanforderungen können zu Einschlaf- und Durchschlafstörungen führen und damit zum erschwerten Bewältigen der Tagesanforderungen. Oder Schlafstörungen anderer Genese führen zu erhöhten kompensatorischen Anstrengungen bei der Bewältigung der vorliegenden Tagesaufgaben und damit zu zunehmender Erschöpfung bis hin zum subjektiv geklagten völligen Burnout. Differenzialdiagnostisch ist es von hoher Relevanz, eventuell vorliegende Schlafstörungen als Auslöser eines Zustandes völliger Erschöpfung oder als dessen Folge rechtzeitig zu erkennen und angemessen in den Gesamtbehandlungsplan mit einzubeziehen, um den ansonsten eher progredient verlaufenden psychophysiologischen Circulus vitiosus durch angemessene therapeutische Interventionen unterbrechen und beenden zu können. Eine meiner ersten und wichtigsten Fragen in Bezug auf den Faktor Schlaf und Schlafqualität ist – vor allem bei bereits völlig erschöpften Patienten – die Frage, wie häufig es vorkommt, dass sie meinen, die Menge der unerledigten Aufgaben durch längeres Arbeiten bewältigen zu müssen und es dann auch tatsächlich tun. Jenseits der daraus folgenden zusätzlichen Schwierigkeit, noch schlechter einschlafen zu können, weil der mentale Aktivierungsgrad noch zu hoch ist, um den Übergang zum Schlaf zu ermöglichen, ist die natürliche erschöpfungsvertiefende Folge: zu wenig Schlaf! Interessant hierzu sind auch die Ausführungen zur Selbstfürsorge des Experten für ayurvedische Medizin Schrott im Modul 14 (► **Kap. 4.15.3**).

In Bezug auf die vorliegenden Informationen zur Diagnostik und Therapie geklagter Schlafstörungen herrscht eine erfreuliche, über die Jahre hinweg konstante Übereinstimmung bei den entsprechenden Fachautoren, namentlich Zulley und Knab (2002), Riemann (2004) sowie Müller und Paterok (2010). Nach der ICD-10-Klassifikation sind Schlafstörungen gekennzeichnet durch Ein- und/oder Durchschlafstörungen und/oder nicht erholsamem Schlaf über einen Zeitraum von länger als einem Monat. Die subjektiv erlebte Beeinträchtigung der Leistungsfähigkeit und/oder der Befindlichkeit sind dabei das klinisch relevante Kriterium. Müller und Paterok (2010) beschreiben das Spektrum der unterschiedlichen Schlafstörungsformen wie folgt:

- Insomnie als Anpassungsstörung
- Psychophysiologische Insomnie
- Paradoxe Insomnie
- Idiopathische Insomnie
- Insomnie bei psychiatrischen Erkrankungen
- Insomnie durch inadäquate Schlafhygiene
- Drogen-, alkohol- und medikamenteninduzierte Insomnie
- Insomnie bei organischen Erkrankungen

Handelt es sich um Insomnien als **Anpassungsstörungen,** lösen sich diese erfahrungsgemäß nach spätestens dreimonatiger Dauer wieder auf, sobald die entsprechenden Stressoren verschwunden sind oder neues diesbezügliches Copingverhalten erlernt ist. Als Kernmerkmal der **psychophysiologischen Insomnie** beschreiben Müller und Paterok (2010) das Vorliegen eines erhöhten Erregungsniveaus in Kombination mit erlernten schlafverhindernden Assoziationen. Die **paradoxe Insomnie** wiederum ist gekennzeichnet durch die Diskrepanz zwischen subjektiv erlebter Schlaflosigkeit und tatsächlicher gemessener, meist angemessener Schlafdauer im Schlaflabor. Die erlebte Erschöpfung resultiert dabei im Wesentlichen aus der Überzeugung, gar nicht leistungsfähig sein zu können bei subjektiv zu geringem Schlaf. Unter der **idiopathischen Insomnie** wird eine psychophysiologische Insomnie verstanden, deren Beginn bis in die früheste oder zumindest frühe Kindheit zurückverfolgt werden kann. Bei ungefähr einem Drittel aller Insomnien liegen gemäß Müller und Paterok psychiatrische Erkrankungen zugrunde, während umgekehrt gut zwei Drittel aller psychiatrischen Patienten über Schlafstörungen klagen. Die Insomnie bei vorliegenden psychiatrischen Erkrankungen findet sich besonders häufig bei Depression, Angststörungen, Manien, Schizophrenien, Essstörungen und demenziellen Erkrankungen. Und wie eingangs schon erwähnt: Insomnie selbst gilt als Risikofaktor für die Entstehung psychischer Störungen.

Die Insomnie durch **inadäquate Schlafhygiene** bezieht sich auf ungünstige Verhaltensmuster bezüglich der Schlafenszeiten, dem Konsum von Alkohol, Koffein und zu großer Mengen von Nahrung kurz vor dem Schlafengehen. Der zu geringe Abstand der bis in den späten Abend hineinreichenden Tagesaktivität ist besonders oft bei beruflich stark geforderten Patienten als Fehlverhalten bezüglich guter Schlafhygiene zu beobachten.

Bei geklagter Erschöpfung durch Schlaflosigkeit gilt es ganz besonders genau zu sein bezüglich der Konsumgewohnheiten im Hinblick auf die Differenzialanamnese einer möglicherweise vorliegenden **drogen-, alkohol- und medikamenteninduzierten Insomnie.**

Naheliegend ist eine vorliegende Insomnie bei den bereits genannten erschöpfungsrelevanten **organischen Erkrankungen.** Hier sollte explizit nach den individuellen Auswirkungen auf das Schlafverhalten gefragt werden, um der Behandlung von Schlafstörungen im weiteren Behandlungsverlauf eine angemessen hohe Bedeutung und Aufmerksamkeit zukommen lassen zu können.

Zusätzlich relevante Daten bezüglich durch Beeinträchtigungen des Schlafverhaltens entstandene Erschöpfungszustände sollten bei entsprechender Indikation, etwa durch Angaben des Partners zum Schlafverhalten, differenziell im Schlaflabor abgeklärt werden: Schlafapnoe, Schlafphasenverlagerungssyndrom oder Störungen des Schlafes durch schlafbezogene Bewegungsstörungen wie etwa das Restless-Legs-Syndrom (RLS), das in Kombination, aber jeweils auch unabhängig voneinander mit dem Syndrom der periodischen Beinbewegungen im Schlaf auftreten kann (PLMS: Periodic-Leg-Movement-Syndrom). Speziell bei Schlafstörungen durch das Restless-Legs-Syndrom lohnt sich ein Blick auf den Zink-Status. Ist dieser zu gering, so kann dies nach Zimmermann (2001) wesentlich zum Auslösen und Aufrechterhalten des Phänomens der unruhigen Beine beitragen. Ebenso sinnvoll ist immer auch ein Blick auf die aktuell vorliegende Medikation des Betroffenen. Schmauß (2016) weist darauf hin, dass klinische Beobachtungen dafür sprechen, dass insbesondere Mirtazapin, aber auch SSRI, Venlafaxin und Duloxetin ein Restless-Legs-Syndrom induzieren bzw. ein bereits bestehendes verstärken können.

2.3.5.24   Andere Krankheiten mit einhergehender tiefer Erschöpfung

Letztendlich ist es unerlässlich, bei jedem Behandlungswunsch einer vorgebrachten Burnout-Symptomatik eine konsiliarische Abklärung bezüglich möglicher bestehender oder vorbestehender somatischer Erkrankungen vorzunehmen. Wann immer das Allgemeinbefinden für längere Zeit durch körperliche Erkrankungen beeinträchtigt ist oder war, kann von einer parallel verlaufenden zunehmenden Anstrengung bei der Bewältigung der anliegenden beruflichen und privaten Verpflichtungen ausgegangen werden. Erschöpfung, zunehmende Gereiztheit und Leistungsabfall sind die Folge – und dies umso mehr, je ausgeprägter und länger andauernd die jeweilige körperliche Erkrankung ist. Welche Krankheit individuell besonders belastend erlebt wird, unterliegt extrem großen intra- und interindividuellen Schwankungen und bedarf deshalb der möglichst genauen Eingangsdiagnostik, um angemessen im Gesamtbehandlungsplan berücksichtigt werden zu können.

Im Bezug auf die unter der Diagnose DSM-5 F07.0 beschriebene Persönlichkeitsänderung aufgrund eines anderen medizinischen Krankheitsfaktors gilt es besonders aufmerksam zu sein bezüglich des Vorliegens folgender medizinischer Krankheitsfaktoren, die Persönlichkeitsveränderungen verursachen können, die unter Umständen in ihrer milden Ausprägung als Burnout-Symptomatiken subjektiv geklagt werden: Chorea Huntington, Epilepsie, Infektionserkrankungen mit zentralnervöser Beteiligung, endokrine Störungen sowie Autoimmunprozesse mit zentralnervöser Beteiligung wie z. B. systemischer Lupus erythematodes.

2.3.6 Zusammenfassung der sinnvollen somatischen Untersuchungen bei Burnout

Das **Memoblatt M4 „Somatische Untersuchungen"** (s. Hinweis auf S. 10), fasst den Stufenplan einer optimalen Konsiliaruntersuchung zusammen. Es bietet damit eine Grundlage für die differenzierte Bitte um Abklärung der relevantesten somatischen Ursachen eines geklagten Zustandes tiefer Erschöpfung.

Dieser Stufenplan fußt auf der erweiterten Liste sinnvoller Untersuchungen bei Burnout und CFS nach Lalouschek (2011) und dem Robert Koch Institut (2015). Er empfiehlt eine allgemeinärztliche bzw. fachärztliche Ausschlussdiagnostik bezüglich vorliegender erschöpfungsbedingender körperlicher Erkrankungen, mit namentlich benannten Einzelelementen.

2.4 Psychische/psychologische Ursachen

Nachdem nun die Bedeutung einer differenzierten somatischen Diagnostik für eine kompetente Burnout-Behandlung hinreichend reflektiert und ausführlich dargestellt wurde, ist im weiteren Verlauf der Eingangsdiagnostik darauf zu achten, dass die Behandlung erschöpfungsursächlicher psychischer Erkrankungen sowie die parallele Behandlung der psychischen Folgeerkrankungen ebenfalls sichergestellt werden.

Auch in Bezug auf die psychischen Erkrankungen gilt, was hinsichtlich der somatischen Erkrankungen bereits festgestellt wurde: Die Unterscheidung der vorgebrachten Klagen in Ursachen von Burnout, Begleiterscheinungen von Burnout oder Folgen von Burnout bleibt in jedem Einzelfall schwierig. Was dessen ungeachtet bleibt, ist auch hier die Notwendigkeit zur differenzialdiagnostischen Abklärung vorliegender potenziell behandlungsbedürftiger psychischer Veränderungen (die strenggenommen bezeichnet werden müssten als biopsychosozial-environmentale Symptome mit psychischem Schwerpunkt – sofern es bei konsequenter Anwendung des psychosomatisch-environmentalen Modells eine solche Aufteilung in rein psychisch erklärbare Ursachen ohne die gleichzeitige Berücksichtigung der anderen Ebenen überhaupt geben kann …).

Der große Vorteil der stigmatisierungsfreien Behandlungsmöglichkeit psychischer Störungen auf der Basis eines subjektiv geklagten Burnouts sollte auf jeden Fall genutzt werden. Es bleibt meines Erachtens, wie bereits in Kapitel 2.1 für die somatischen Erkrankungen ausgeführt, ethisch völlig korrekt, auch die Behandlung psychischer Erkrankungen in Zusammenhang mit dem geklagten Zustand völliger Erschöpfung als „Burnout-Therapie" durchzuführen. Jede der im Folgenden dargestellten psychischen Störungen, die nach ICD-10 Kapitel V (F) bzw. nach DSM-

5 diagnostiziert werden können, lässt sich erfolgreich behandeln, ohne seitens des Therapeuten darauf zu bestehen, dass es sich „in Wahrheit" nicht um Burnout, sondern um eine F-Diagnose handelt, die die vorgebrachten Burnout-Symptome als definierte diagnostische Kriterien enthält. Liegt ein subjektiver Zustand völliger Erschöpfung vor, kann die Diagnose Z 73.0 sozialrechtlich korrekt auch bei psychischen Störungen immer zusätzlich kodiert werden.

Praxistipp:

Was sich auch immer im weiteren Verlauf der psychologisch-psychiatrischen Differenzialdiagnostik tatsächlich ergeben mag – die Selbstdiagnose Burnout muss in keinem Fall dem Patienten gegenüber als unangemessen ersetzt werden durch eine wissenschaftlich „richtige" F-Diagnose. Die kompetente Behandlung des Patienten, für den die Diagnose „Burnout" eine wichtige stigmatisierungsfreie Bezeichnung seines seelischen und körperlichen Leidens darstellt, besteht oft darin, die angemessenen therapeutischen Maßnahmen initial als wirksame Behandlungsbausteine zu seiner individuellen Burnout-Behandlung einzuführen. (Die Abrechnung mit den entsprechenden Krankenkassen bedarf jedoch neben der Ziffer Z73.0 immer auch der zusätzlichen Angabe der korrekten F-Diagnose.)

2.4.1 Alkoholmissbrauch oder Alkoholabhängigkeit (Störung durch Alkoholkonsum)

Wird von einem Zustand völliger Erschöpfung gesprochen, stellt sich immer auch die Frage, inwieweit zur Kompensation vorliegender beruflicher und privater Belastungssituationen übermäßiger Alkoholkonsum als dysfunktionale Bewältigungsstrategie vorliegt. Gleichzeitig bleibt zu Beginn differenzialdiagnostisch zu klären, ob die Leistungsminderung, die zunehmende Gereiztheit und Depersonalisation nicht umgekehrt bereits die Folge eines vorliegenden Alkoholproblems darstellt. Nach Kiefer et al. (2016) liegt die geschätzte Gesamtzahl alkoholabhängiger Erwachsener in Deutschland bei 1,86 Millionen Menschen. Dies entspricht 2,8 Prozent der Allgemeinbevölkerung ab 18 Jahren. Bei längerfristig mehr als 24 Gramm täglicher Zufuhr reinen Alkohols muss laut Kiefer et al. (2016) bei Männern bereits von einem riskanten Konsum ausgegangen werden, bei Frauen liegt der relevante Grenzwert bei 12 Gramm täglicher Zufuhr reinen Alkohols. Dies bedeutet, dass Sie sich bereits in einem gesundheitlich riskanten Bereich bewegen, wenn Sie als Frau die als üblicherweise gering eingeschätzte Menge von mehr als 0,1 l Wein oder Sekt trinken oder mehr als einen Viertelliter (0,25 l) Bier oder 4 cl Schnaps pro Tag trinken. Für Männer gilt die doppelte Menge.

In Bezug auf das Thema Burnout mit dem Kernsymptom der subjektiven Erfahrung völliger Erschöpfung, einer Wesens- und Interaktionsstilveränderung sowie in zunehmendem Maße tatsächlich objektiv beobachtbarem Leistungsrückgang spielen dabei die biochemischen Auswirkungen von Alkohol eine ganz besondere Rolle.

Wie bereits bei der vertieften Betrachtung der Hintergründe für ausgeprägten Nährstoffmangel in Kapitel 2.3.4 erörtert, führt Alkohol zu einer besonders großen Bandbreite negativer Auswirkungen im Hinblick auf die Verfügbarkeit dieser essenziellen Mikronährstoffe. Die Burnout-Symptom-Trias wird damit durch Alkohol ganz besonders ungünstig beeinflusst.

Jenseits der Aufteilung alkoholbezogener Störungen in die Kategorien „riskanter Konsum" (mengenabhängig) sowie „schädlicher Gebrauch" und „Abhängigkeit" (beide ICD-10-Kategorien mengenunabhängig) besteht die differenzialdiagnostische Herausforderung darin, möglichst genau die tatsächliche Höhe, die Art und Weise und die bereits damit in Zusammenhang sichtbaren Folgen des aktuellen täglichen bzw. wöchentlichen Alkoholkonsums zu ermitteln und möglichst frühzeitig den Zusammenhang von Alkohol und Burnout-Symptomatik zu thematisieren. In der im DSM-5 benutzten Nomenklatur der „Substanzkonsumstörung" wird „Störung durch Alkoholkonsum" bzw. „Alkoholkonsumstörung" über elf diagnostische Kriterien explizit erfassbar. Wenn innerhalb eines Zeitraums von zwölf Monaten mindestens zwei der Kriterien vorliegen, kann bereits von einem problematischen Muster von Alkoholkonsum gesprochen werden. Die drei dabei definierten Schweregrade werden im DSM-5 angegeben mit: F10.10 Leicht: Zwei bis drei Symptomkriterien sind erfüllt; F10.20 Mittel: Vier bis fünf Symptomkriterien sind erfüllt; F10.30: Sechs oder mehr Symptomkriterien sind erfüllt. Das fünfte Kriterium bezieht sich dabei direkt auf den Aspekt des Leistungsrückgangs durch Alkohol, wenn nämlich beobachtet werden kann, dass wiederholter Alkoholkonsum zu einem Versagen bei der Arbeit, in der Schule oder zu Hause führt.

Praxistipp:

Im Zusammenhang mit alkoholbezogenen Störungen und der Bitte um Hilfe zur Burnout-Bewältigung zeigt sich ganz besonders deutlich der Vorteil der Diagnose „Burnout" im Hinblick auf eine stigmatisierungsfreie Behandlungsmöglichkeit dieser Substanzkonsumstörung. Nach Kiefer et al. (2016) nahmen einer Studie aus den USA und Kanada zufolge weniger als 50 Prozent der Betroffenen in den ersten 15 Jahren fachliche Hilfe in Anspruch. In Deutschland, so referieren sie, ergab eine repräsentative Erhebung, dass über 70 Prozent der aktuell Alkoholabhängigen in ihrem gesamten Leben noch keinen Kontakt zu suchtspezifischen Hilfsangeboten hatten.

Bei vorliegender Motivation zur Burnout-Symptomreduktion kann nachvollziehbar mit Kenntnis des Behandlers über die in Kapitel 2.3.4 im Einzelnen dargestellten Zusammenhänge zwischen Alkohol, Mikronährstoffmangel und Erschöpfung eine burnoutbezogene Motivation zur Reduktion oder gar zur völligen Abstinenz des Alkoholkonsums eingeleitet werden. Der persönliche Burnout-Symptom-Änderungswunsch des Patienten kann so mit den generellen Informationen über weitere Problemfelder bezüglich vorliegender Alkoholkonsumstörungen verhaltensänderungsmotivierend verbunden werden. Die Bundeszentrale für gesundheitliche Aufklärung (BZgA) für Jugendliche und junge Erwachsene gibt auf ihrer Homepage (http://www.kenn-dein-limit.de/ Stand: 08.06.2016) relevante niederschwellig befolgbare Verhaltenshinweise zu initialen Veränderungen bezüglich bereits potenziell bestehender Alkoholkonsumstörungen.

Die Reduktion des Alkoholkonsums wird dabei in den nationalen und internationalen Leitlinien zur evidenzbasierten Behandlung von alkoholbezogenen Störungen (NICE 2011; EMA 2012; AWMF 2015) als legitimes intermediäres, schadenminimierendes Therapieziel anerkannt, jenseits des Therapiezieles der völligen Abstinenz. Die Prinzipien der motivierenden Gesprächsführung zur Verhaltens- und Lebensstiländerung zu beachten, spielt vor allem hier, bei den Themen zur Substanzkonsumstörung, eine ganz besonders hohe Rolle. Sie werden in Kapitel 3.6 und 4.3 vertieft dargelegt werden. Auf **Memoblatt M37 „Thema Alkohol"** (s. Hinweis auf S. 10), finden Sie die wichtigsten Adressen, Telefonnummern, Internetseiten, Literaturhinweise und Tipps für diejenigen Ihrer Patienten, bei denen das Thema Alkohol ein relevanter Bestandteil ihrer Burnout-Problematik darstellt.

2.4.2 Angststörungen

Bei einer vorliegenden Angststörung und der damit verbundenen dauerhaft hohen Anspannung sind zunehmende Erschöpfung, Leistungsrückgang durch Konzentrationsstörungen und zunehmende Gereiztheit leicht nachvollziehbar. Komorbidität mit Alkoholkonsumstörungen, die die Burnout-Symptomatik verstärken, sind dabei nicht selten.

Panikstörungen mit oder ohne Agoraphobie, soziale Phobien, spezifische Phobien, Generalisierte Angststörung sowie die als hypochondrische Störung bezeichnete Krankheitsangst gilt es differenzialdiagnostisch auch immer in Erwägung zu ziehen, wenn Burnout aus Patientensicht als Behandlungsschwerpunkt gewünscht wird. Dazu gehören auch Zwangsstörungen, bei denen im Hintergrund erheblich zu einem Zustand völliger Erschöpfung beitragende Angst vor erwarteten negativen Folgen der Motor ist, die Zwänge auszuführen.

Gerade im Zusammenhang mit Angststörungen treten eine hohe Anzahl körperlicher, vegetativer und zentralnervös gesteuerter erschöpfungsauslösender Symptome auf. In den meist über Jahre bis Jahrzehnte bestehenden unbehandelten Krankheitsverläufen tragen diese Spannungszustände zunehmend zur massiven Leistungseinbuße und Erschöpfung bei.

Becker und Margraf (2016) führen hierzu aus: „Begleitet werden die Sorgen [bei der generalisierten Angststörung, Anm. d. V.] von einem hohen Anspannungsniveau und einer Vielzahl körperlicher Symptome. Während sich die Panikstörung durch eine erhöhte Aktivität des autonomen Nervensystems auszeichnet, stehen Symptome, die durch eine starke Aktivierung des zentralen Nervensystems hervorgerufen werden, im Vordergrund der generalisierten Angststörung (Noyes et al. 1992). Vor allem klagen diese Patienten über Beschwerden wie Schlafschwierigkeiten, Ruhelosigkeit oder Muskelverspannungen und erhöhte Reizbarkeit. Auch Übelkeit und Kopfschmerzen, teilweise durch die erhöhte Anspannung hervorgerufen, können vermehrt auftreten (Nisita et al. 1990). Besonders typisch für die generalisierte Angststörung bei Erwachsenen sind die Muskelverspannungen (Faravelli et al. 2012); bei Jugendlichen ist die Reizbarkeit das Hauptsymptom der generalisierten Angststörung (Comer et al. 2012). Es gibt erste Hinweise, dass in asiatischen Ländern die körperlichen Symptome im Vordergrund stehen (Hoge et al. 2006)." (Becker & Margraf 2016, S. 16)

All diesen Angststörungen ist gemeinsam, dass die subjektiv erlebte unmittelbare Furcht und die Angst vor zukünftigen Bedrohungen exzessiv und unverhältnismäßig sind. Das subjektiv negativ erregende Erleben geht in Intensität und Dauer weit über das hinaus, wie es typischerweise andere Menschen in der gleichen Situation erleben würden.

Nach DSM-5 entwickeln sich viele Angststörungen bereits in der Kindheit und treten bei Frauen doppelt so häufig auf wie bei Männern. Kritisch zu hinterfragen bleibt dabei, inwiefern die doppelt so hohe Anzahl diagnostizierter Angststörungen bei Frauen einem tatsächlichen Geschlechterunterschied geschuldet ist. Für Männer erscheint es nach wie vor unvereinbar mit dem eigenen Selbstbild, an einer Angststörung zu leiden, und deshalb werden entsprechende Symptome subjektiv eher als Burnout-Symptome kodiert und kommuniziert werden. Auch hierbei erweist sich die radikale Akzeptanz der vom Patienten vorgebrachten Selbstdiagnose „Burnout" als hilfreiche Grundlage zum Aufbau einer tragfähigen therapeutischen Allianz für eine erfolgreiche Therapie einer möglicherweise primär tatsächlich vorliegenden Angststörung. Das bedeutet für jede Therapeutin und jeden Therapeuten, ganz besonders achtsam und hellhörig zu sein, die von ihren männlichen Patienten vorgebrachten Burnout-Beschwerden im Hinblick auf die Diagnosekriterien des Spektrums der oben genannten Angststörungen zu überprüfen.

2.4.2.1 Panikstörung

Ein Zustand völliger Erschöpfung ist naheliegend bei all den Personen, bei denen die Erfahrung besteht, dass immer wieder, völlig ohne Vorwarnung, eine oft subjektiv als lebensgefährlich empfundene körperliche Erregungssituation eintritt.

Das zentrale Charakteristikum der Panikstörung (F41.0) besteht darin, dass innerhalb von Minuten der Höhepunkt einer plötzlichen Anflutung intensiver Angst oder eines intensiven Unbehagens erreicht wird. Diese Anflutung kann sowohl aus einem Ruhezustand als auch aus einer bereits bestehenden Ängstlichkeit heraus entstehen. Nach DSM-5 (2015) treten dabei mindestens vier der folgenden Symptome der „Wilden Dreizehn" auf:

1. Palpitationen, Herzklopfen oder beschleunigter Herzschlag
2. Schwitzen
3. Zittern oder Beben
4. Gefühl der Kurzatmigkeit oder Atemnot
5. Erstickungsgefühle
6. Schmerzen oder Beklemmungsgefühle in der Brust
7. Übelkeit oder Magen-Darm-Beschwerden
8. Schwindelgefühle, Unsicherheit, Benommenheit oder das Gefühl, einer Ohnmacht nahe zu sein
9. Kälteschauer oder Hitzegefühle
10. Parästhesien (Taubheit oder Kribbelgefühle)

11. Derealisation (Gefühl der Unwirklichkeit) oder Depersonalisation (sich von der eigenen Person losgelöst fühlen)
12. Angst, die Kontrolle zu verlieren oder „verrückt zu werden"
13. Angst zu sterben (DSM-5 2015, S. 291)

Stellen wir diese für die Panikstörung charakteristischen Symptome in den Kontext der von Burisch beschriebenen über 130 burnoutbezogenen Symptome, dann wird deutlich, wie hoch die Wahrscheinlichkeit ist, dass jemand bei gleichzeitig vorliegender hoher beruflicher oder tätigkeitsbezogener Belastung diese eindeutigen Panisymptome als Grundlage „seines" Burnouts sieht und diesbezüglich nach Hilfe sucht.

Praxistipp:

Das wesentliche Kriterium der Diagnose Panikstörung (F41.0) ist die Tatsache wiederkehrender unerwarteter Panikattacken. Treten wiederkehrend, ohne subjektiv und objektiv ersichtlichen Grund, also unerwartet, Panikattacken auf, kann die Diagnose als gesichert gelten.

Panikattacken, die vorhersagbar, also erwartet auftreten in Folge von offensichtlichen Hinweisreizen auf gefürchtete Situationen sowie in Folge von körperlichen Ursachen, werden nicht als Panikstörung kodiert. Körperlich bedingte und damit nicht unerwartet auftretende Panikattacken beobachten wir nicht selten in Zusammenhang mit körperlich intensivem Unbehagen, etwa ausgelöst durch Herzrasen oder -stolpern im Zusammenhang mit kardiologisch begründbaren Herzrhythmusstörungen, bei Angina-pectoris-Beschwerden, bei Erregungszuständen, auf Grund einer vorliegenden Schilddrüsenüberfunktion (Hyperthyreose), bei Atemnot durch Asthma oder aufgrund allergischer Reaktionen, aber auch durch Intoxikationen im Rahmen von Substanzkonsumstörungen.

In Bezug auf Angststörungen, depressive Störungen, bipolare Störungen, psychotische Störungen und Persönlichkeitsstörungen gilt es abzugrenzen, ob die Panikattacken in Zusammenhang stehen mit besonders intensiv aktualisierten Zuständen der jeweiligen Störung und damit das Kriterium „erwartete Panikattacke" erfüllen oder ob zusätzlich zu einer gesichert vorliegenden vorgenannten Störung immer wieder unerwartete Panikattacken auftreten und somit komorbid eine Panikstörung (F41.0) diagnostiziert werden kann. Die Prognose für eine erfolgreiche Behandlung der subjektiv empfundenen Burnout-Erschöpfungssymptomatik ist dann eher verhalten zu stellen, da dann erfahrungsgemäß die Symptomschwere ausgeprägter und der für eine erfolgreiche Burnout-Symptombehandlung notwendige zugrundeliegende Panikstörungbehandlungserfolg geringer ist.

Nach DSM-5 ist zudem davon auszugehen, dass bei länger bestehender, nicht behandelter Panikstörung nachfolgend mit Angststörungen, depressiven Störungen, bipolaren Störungen oder anderen Störungen zusätzlich zu rechnen ist. Eine frühzeitige korrekte Diagnosestellung und adäquate Behandlung einer vorliegenden

Panikstörung im Rahmen einer subjektiv geklagten Burnout-Problematik kann folglich helfen, vorhersagbares weiteres Leid zu verhindern, bevor es eintritt.

2.4.2.2 Agoraphobie

Das Empfinden zu haben und darüber zu kommunizieren, „völlig fertig" zu sein oder „einen Burnout zu haben", ist für viele Betroffene, namentlich Männer, wesentlich einfacher, als sich selbst darüber bewusst zu sein und es vor anderen zugeben zu müssen, dass zwei, drei oder gar mehr Situationen des alltäglichen Lebens innerlich zur nicht mehr betretbaren Lebenszone erklärt wurden und der eigenen freien Bewegungsmöglichkeit nicht mehr zur Verfügung stehen. Das zentrale Charakteristikum der Agoraphobie (F40.0) besteht aber genau darin, dass Situationen gefürchtet und vermieden werden, aus denen ein rasches, unauffälliges Entfernen – auch aus objektiver Sicht – nicht leicht möglich ist und in denen potenziell benötigte Hilfe nicht oder nur mit Verzögerung zu erhalten wäre.

Die dahinterliegende angstauslösende Idee besteht darin, dass ich beispielsweise in einem öffentlichen Verkehrsmittel – Bahn, U-Bahn, S-Bahn, Straßenbahn, Bus, Taxi, Schiff, Fähre oder Flugzeug – eines oder mehrere der Symptome der „wilden Dreizehn" (▶ **Kap. 2.4.2.1**) verspüren könnte, ohne mich sofort aus dieser Situation entfernen zu können. Ich kann dann weder die mir dringend notwendig erscheinende Flucht ins Freie antreten, um dort frische Luft zu atmen und mich nach meinem Gutdünken zu bewegen oder unbemerkt still hinzulegen, noch ist es mir dann möglich, rechtzeitig möglicherweise benötigte ärztliche Hilfe oder anderweitige Hilfe durch eine mir vertraute, nicht anwesende Person zu bekommen. Abstrakt formuliert fehlt den Betroffenen dann die Möglichkeit, schnell an einen ihnen sicheren Ort gelangen zu können. Jede Situation, die das schnelle Aufsuchen eines sicher erscheinenden Ortes unmöglich macht oder behindert, kann zum angstauslösenden Stimulus werden. Auch die Idee, nicht rechtzeitig zur Toilette zu können und sich möglicherweise durch ein entsprechendes Malheur „vor der ganzen Welt zu blamieren", kann das Angstgefühl auslösen, das sich bis zur Panikattacke steigern kann. Selbst der Gedanke daran, es könnte einem schwindelig oder schlecht werden, man könnte fallen oder sich in der Öffentlichkeit übergeben, ist schon beim bloßen Denken daran so peinlich, dass er bereits eine massive Angst auszulösen vermag. Die logische Folge ist dann, so viele dieser Situationen wie möglich zu vermeiden. Gelingt dies nicht, sind Angst und vorhersagbar Panik unvermeidlich.

Zu diesen angstauslösenden Situationen gehören üblicherweise auch offene Plätze, daher der Name Agoraphobie – Agora (gr. *der Marktplatz*) und Phobos (gr. *Furcht*) – eben Marktplätze, große Parkplätze, große Vorplätze vor repräsentativen oder öffentlichen Gebäuden, ebenso große breite Brücken.

Andere häufig aus Angst vermiedene Lebensbereiche sind bei der Agoraphobie Situationen, in denen in öffentlichen geschlossenen Gebäuden ein schnelles „Entkommen" schwer möglich ist: der Besuch von Kaufhäusern, Theatern, Kinos und Orte, an denen Sportveranstaltungen mit großen Menschenansammlungen stattfinden und aus denen sich schnell zurückzuziehen nicht leicht möglich ist. Ob es sich dabei um eine geschlossene Eissporthalle handelt oder ein großes Fußballstadion ist dabei unerheblich. Alle diese Orte unterliegen der gleichen inneren Hochrechnung gefahrvoll zu sein, weil eine Flucht daraus schwierig sein könnte oder im Falle des Eintretens eines subjektiv erlebten Notfalls Hilfe nicht schnell genug erreichbar sein könnte.

Dasselbe gilt für das Schlangestehen oder bei Umzügen, Demonstrationen oder aus anderen Gründen in einer großen Menschenansammlung „festzustecken". Inhaltslogisch ist für viele Betroffene auch die Idee angstauslösend, mit dem eigenen Auto, das z. B. außerhalb der Rushhour innerörtlich oder auf Landstraßen prinzipiell relativ leicht verlassen werden kann, auf eine Autobahn oder Schnellstraße mit Leitplanken aufzufahren. Eine Abfahrt ist hier erst an der nächsten Ausfahrt bzw. Raststätte möglich. Für den Fall eines Staus wird der „Supergau" des Feststeckens und Nicht-fliehen-Könnens imaginativ vorweggenommen und vermag eine innerliche Panikattacke auszulösen. Lebensraumeinschränkendes Vermeidungsverhalten ist die naheliegende Folge.

Generell führt die Furcht vor potenziell angstauslösenden inneren oder äußeren Situationen, die außerhalb des sicheren Ortes die eigene Problembewältigungskapazität zu übersteigen drohen, dazu, dass alle Situationen, die es erfordern, alleine außer Haus zu sein, so oft wie möglich vermieden werden.

Die Ausprägungsgrade der Agoraphobie sind intra- und interindividuell sehr unterschiedlich. Im extremsten Fall kann die Angstdynamik dazu führen, dass Personen nicht mehr in der Lage sind, ihre Wohnung oder ihr Haus zu verlassen und damit völlig auf die Versorgung durch andere angewiesen sind. Im Jahr 2016, mit der Möglichkeit der Onlinebestellungen von nahezu allen Gütern des täglichen Bedarfs, ist dies ein etwas gemindertes Schicksal, im Vergleich zum Leben extrem Betroffener noch vor zehn bis fünfzehn Jahren.

Im Hinblick auf die Behandlung von Menschen, die eine Burnout-Therapie anstreben und insbesondere dann, wenn sie nicht alleine, sondern nur noch in Begleitung in die Praxis oder Therapieeinrichtung zu kommen in der Lage sind, sollten die Kernpunkte der Agoraphobie differenzialdiagnostisch immer mitbedacht werden:

Praxistipp:

Das wesentliche Kriterium der Diagnose Agoraphobie (F40.0) ist die Tatsache der Angst vor und der häufigen Vermeidung von mindestens zwei Situationen, aus denen ein schnelles unbemerktes Entfernen nicht leicht möglich ist. Wird über Burnout-Erschöpfung geklagt, so sollte detailliert erfragt werden, welche beruflich bedingte Situationen, aus denen ein schnelles Entfernen nicht leicht möglich oder Hilfe zu erhalten technisch schwierig ist, besonders belastend, vegetativ erregend und erschöpfend erlebt werden: Besprechungen, Konferenzen, Dienstfahrten, Messen, zeitlich vorhersagbar langdauernde Kundenkontakte, Tätigkeiten mit sozialer Isolation, etwa Überstunden ohne weitere anwesende Kollegen. Wenn bereits die Fahrt an den Arbeitsplatz so erschöpfend ist, dass die normalen, geschweige denn außergewöhnliche Belastungen zu bewältigen nicht mehr möglich sind, so ist ein Zustand völliger Erschöpfung die vorhersagbare Folge.

In Bezug auf eine sicher diagnostizierte Agoraphobie ist speziell bei männlichen Patienten die Komorbidität einer möglicherweise vorliegenden Alkoholkonsumstörung und einer zusätzlichen depressiven Störung ganz besonders genau zu eruieren.

Fallbeispiel:

Herr Kraus, 43 Jahre alt, seit einem Jahr aufgestiegen zum Abteilungsleiter, meldet sich an zum Erstgespräch wegen Burnout. Seit Monaten schon wacht er morgens auf mit schwerem Gefühl auf der Brust. Bei dem Gedanken, gleich wieder zur Arbeit fahren zu müssen bekommt er Atemnot. Tief durchzuatmen fällt ihm schwer. Was früher für ihn nicht einmal mit dem Hauch einer Schwierigkeit verbunden war, ist jetzt die tägliche morgendliche Hölle. Es hatte damit begonnen, dass er in einer Besprechung mit wichtigen Vertretern einer chinesischen Abordnung saß, die wesentlich länger dauerte als geplant, und dringend hätte zur Toilette gehen müssen. Aus Angst, die Geschäftspartner damit womöglich zu der Annahme verleiten zu können, dass sie und die aktuellen Verhandlungen nicht wichtig genug seien, verkniff er es sich. Die Anspannung stieg von Viertelstunde zu Viertelstunde und die Besprechung wollte und wollte zu keinem Ende kommen. Herr Kraus war innerlich schon in Panik bei der Vorstellung, er könnte sich im wahrsten Sinne des Wortes in die Hosen machen, noch bevor die Sitzung zu Ende war. Für ihn war diese Situation ein erster Vorgeschmack auf die Hölle, mit der ihm seine Oma immer gedroht hatte. Obwohl er vollumfänglich seinen Harndrang zu beherrschen vermochte und die Verhandlung erfolgreich endete, hatte er von da an jedes Mal, wenn eine Besprechung anberaumt wurde – auch wenn es sich nur um eine interne Besprechung handelte –, massive Angst und manchmal sogar Panikgefühle, wenn Verhandlungssitzungen mit externen Beteiligten angekündigt waren. Er wurde immer kreativer im Erfinden von Ausflüchten, weshalb seine Anwesenheit gerade bei dieser Sitzung nicht wichtig sei. Und wenn es gar nicht möglich war, um die Besprechung herumzukommen, trank er vorher ein kleines Fläschchen Underberg, natürlich nur wegen der guten Kräuterwirkung auf den Magen, nicht etwa wegen des Alkohols … Zunehmend war, jenseits der Sitzungen, bereits die Fahrt zur Arbeit für ihn zur Tortur geworden. Der Gedanke an die unvermeidlich zähflüssige Verkehrslawine zu Arbeitsbeginn wurde ihm von Tag zu Tag unerträglicher. Auf das Mittagessen in der Kantine hatte er bereits seit einem halben Jahr verzichtet, weil ihn das Anstehen in der Schlange zur Mittagszeit „nervte". In letzter Zeit war er schon oft um 5 Uhr aufgestanden, um vor der morgendlichen Rushhour auf freien Straßen ins Büro fahren zu können. Allein der Gedanke, er könnte in einem Stau für Stunden festsitzen – obwohl ihm das real noch nie passiert war –, ließ ihm die Schweißperlen auf die Stirn treten. Es wurde ihm zunehmend zur Bürde, diese ganze Verantwortung mit dem neuen Posten als Abteilungsleiter. Was da alles dran hing an vermehrten Sitzungen, Verhandlungen, Fortbildungsveranstaltungen, aus denen kein Entkommen war, daran hatte er vorher keinen Gedanken verschwendet. Ja, er würde sich jetzt nach Hilfe umsehen müssen. Ihm war immer mehr klar geworden, es hatte ihn erwischt: „Ich habe Burnout!" …

2.4.2.3   Soziale Phobie

„Ich habe Burnout, ich bin völlig fertig, der Job schafft mich, ich kann nicht mehr", diese initialen Aussagen Betroffener fordern geradezu die differenzialdiagnostische Frage heraus „Was genau belastet Sie so bei Ihrer Arbeit?". Die massive Belastung bis hin zur völligen Erschöpfung durch eine soziale Phobie ist im Gegensatz zur Agoraphobie daran zu erkennen, dass eine beruflich notwendige Besprechung nicht deshalb gefürchtet wird, weil ein daraus Entkommenkönnen beim Auftauchen von Paniksymptomen nicht oder nur schwer möglich ist, sondern weil dort die Befürchtung besteht, von anderen wichtigen Sozialpartnern negativ bewertet zu werden.

Das zentrale Charakteristikum der Sozialen Phobie (F40.10) oder sozialen Angststörung besteht nach DSM-5 (2015) darin, dass eine ausgeprägte Furcht oder Angst vor einer oder mehreren sozialen Situationen besteht, in denen die Person von anderen Personen negativ beurteilt werden könnte.

Im beruflichen Kontext betrifft dies häufig Situationen, in denen Vorgesetzte einen prüfenden Blick auf die Tätigkeit des Mitarbeiters richten, eine Präsentation gehalten werden soll oder ein Gespräch mit Kunden vom Kollegen oder Vorgesetzten mitverfolgt werden kann. Neben dieser sozialen Angststörung, die vor allem in Situationen vorkommt, in denen das Sprechen vor anderen und das Erbringen von Leistungen vor anderen die Angst auslöst, tritt soziale Angst auch häufig ohne spezielle offizielle Leistungssituationen im Berufsalltag auf. Das gleiche gilt für viele außerberufliche soziale Kontakte, in denen die Betroffenen befürchten, von anderen negativ bewertet zu werden. Sie glauben, sich nicht den erwarteten Normen gemäß verhalten zu können oder wegen sichtbarer als beschämend empfundener Angstsymptome wie Erröten von den anderen zurückgewiesen zu werden. Der Teufelskreis ist offensichtlich: Die Angst vor Erröten, sichtbarem Schwitzen oder Zittern, die Angst vor angespannt ungeschicktem Sozialverhalten führt vorhersagbar zu genau dieser befürchteten Anspannung, führt zu Zittern, Schwitzen, Erröten und mangelnd souveränem sozialen Interaktionsverhalten. Die naheliegende Folge ist der Versuch, nach Möglichkeit zu vermeiden, im Zentrum der Aufmerksamkeit zu stehen. Die immer differenzierter ausgestalteten Wege der Vermeidung sind vielfältig: Vermeidung von Orten und sozialen Situationen, bei denen andere überhaupt die Möglichkeit haben könnten, einen prüfenden Blick auf das eigene Ungenügendsein werfen zu können. Die Befürchtungen kreisen um die Angst, andere bewerten die eigene Person als dumm, langweilig, ängstlich, schüchtern, schwach, unattraktiv, unsympathisch und im schlimmsten Falle verrückt. Sind soziale Situationen unvermeidbar, so werden sie unter innerlicher Furcht, Anspannung und Angst ertragen.

Dabei wird, so gut es eben geht, vermieden, unter dem Blick der anderen zu schreiben, zu trinken oder zu essen, damit eventuelles Zittern nicht beobachtet werden kann. Ist das Essen mit anderen, etwa im Rahmen eines obligaten geschäftlichen Anlasses oder bei Feiern im Freundeskreis, nicht zu vermeiden, so gibt es differenzierte innere Listen gefährlicher und weniger gefährlicher Speisen, aus denen dann aus dem vorhandenen Angebot nicht etwa nach Appetit oder Vorliebe ausgewählt wird, sondern nach dem Kriterium der „zitter-resistenten" Wegeführung vom Teller zum Mund: Salat als Vorspeise anstatt Suppe, Pommes frites und Wiener Schnitzel als Hauptspeise statt Rahmgoulasch mit hausgemachten Spätzle und als Nachtisch flambierte Honigbanane statt rote Grütze mit Sahne. Um zu vermeiden, dass andere das ängstliche Schwitzen bemerken könnten, wird überdies vermieden, scharf gewürzte Speisen zu essen oder jemandem zum Gruß die Hand zu reichen. Erröten wird durch sorgfältig aufgetragenes Make-up möglichst überdeckt oder durch ganzjährige Sonnenbankbräune, durch das Wachsen eines Vollbarts oder das Tragen von Rollkragenpullovern oder Halstüchern. Das bewusste Wählen des Sitzplatzes so weit wie möglich entfernt von der nächsten Lichtquelle ist ebenfalls häufig ein bereits automatisiertes Vermeidungsverhaltensmuster sozial ängstlicher Menschen.

Trifft die Diagnose Soziale Phobie in vollem Umfang zu, rufen die meisten sozialen Situationen fast immer Furcht oder Angst hervor. Vielen Betroffenen ist oft intellektuell klar, dass ihre Befürchtungen weit über das Ausmaß des tatsächlichen Risikos einer negativen Bewertung hinausgehen. Sie sind jedoch nur selten imstande, ohne therapeutische Hilfe ihre Angst und ihr ausgeprägtes Vermeidungsverhalten zu verändern. Laut DSM-5 (2015) haben 75 Prozent ein Ersterkrankungsalter von 8 bis 15 Jahren. In der Regel vergehen 15 bis 20 Jahre, bevor professionelle Hilfe aufgesucht wird. Gut 50 Prozent aller Betroffenen suchen nie um Hilfe nach.

Die Selbstdiagnose „Burnout" im Zusammenhang mit zunehmend erlebter Erschöpfung am Arbeitsplatz bietet auch hier für Helfende bei differenzialdiagnostisch eindeutig vorliegender sozialer Phobie eine hervorragende stigmatisierungsfreie Möglichkeit zu wirksamer, leidens- und erschöpfungsreduzierender fachlicher Hilfe.

Praxistipp:

Das wesentliche Kriterium der Diagnose „Soziale Phobie" (F40.10) ist eine ausgeprägte Furcht oder Angst vor sozialen Situationen, in denen die Person von anderen Personen negativ beurteilt werden könnte. Die Angst bezieht sich darauf als ängstlich, schwach, dumm, ungeschickt oder nicht normal gehalten zu werden. Dies trifft für viele Betroffene auch jenseits von Leistungssituationen in den meisten alltäglichen sozialen Situationen zu.

Die Wahrscheinlichkeit ist groß, dass sich im Laufe der Zeit zusätzlich leistungsmindernd und erschöpfungsvertiefend eine Majore Depression entwickelt und Substanzkonsumstörungen komorbid auftreten. Die zusätzliche Diagnose einer vermeidend-selbstunsicheren Persönlichkeitsstörung ist bei vielen Personen mit einer ausgeprägten sozialen Phobie zutreffend. Wenn bereits viele alltägliche soziale Interaktionen am Arbeitsplatz angstbedingt in hohem Maße erschöpfend sind, ist nachvollziehbar, dass die zusätzliche Belastung durch die normalen und unvermeidbar bei jeder beruflichen Tätigkeit auftauchenden außergewöhnlichen Belastungen in zunehmendem Maße immer weniger zu bewältigen sind. Ein Zustand völliger Erschöpfung ist deshalb auch bei der sozialen Phobie eine naheliegende Folge.

Auch in Bezug auf eine sicher diagnostizierte soziale Phobie ist speziell bei männlichen Patienten die Komorbidität einer möglicherweise vorliegenden Alkoholkonsumstörung und einer zusätzlichen depressiven Störung ganz besonders genau zu eruieren.

2.4.2.4 Spezifische Phobien

Angst vor diesem und jenem kennt nahezu jeder Mensch. Führen einzelne Ängste vor spezifischen Situationen oder Objekten jedoch zu einer massiven Beeinträchtigung der Lebensführung, kann von einer behandlungsbedürftigen pathologischen Angst gesprochen werden.

Das zentrale Charakteristikum einer „Spezifischen Phobie" (F40.2) besteht darin, dass engumschriebene Situationen, wie in einem Flugzeug zu sitzen, auf einem Balkon zu stehen, bei Stromausfall im Dunkeln zu sein oder in die Nähe zu bestimmten Tieren zu kommen, unmittelbar Furcht oder Angst auslöst. Diese erlebte Angst geht dabei weit über das Ausmaß der tatsächlichen Gefahr hinaus und wird in der Regel von altersentsprechend vergleichbaren Anderen so weder gesehen noch erlebt. Nach DSM-5 (2015, S. 267ff) werden spezifische Phobien, je nach Auslöser der Angst, in fünf Subtypen aufgeteilt: Tier-Typ, Umwelt-Typ, Blut-Spritzen-Verletzungs-Typ, situativer Typ und anderer Typ.

Im Zusammenhang mit geklagtem Burnout werden spezifische Phobien immer dann eher selten als Hauptgrund für den geklagten Zustand völliger arbeitsbezogener Erschöpfung zu finden sein, wenn erfolgreich Wege gefunden werden können, die individuell spezifischen Auslöser im Berufsalltag zu meiden.

Ganz anders stellt sich die Situation dar, wenn spezifische Phobien zentrale Bereiche der beruflichen Tätigkeit betreffen, die nicht vermieden werden können und somit Furcht und Angst in klinisch bedeutsamer Weise zu berufsbezogenem Leiden führt. So wird ein Postbeamter mit Angst vor Hunden, der personalengpassbedingt vom Innendienst für mehrere Monate als Briefträger in den Außendienst versetzt wird, jeden Tag massive Ängste bis hin zu Panikattacken erleben ob der täglichen Konfrontation wider Willen mit den für ihn spezifischen angstauslösenden Stimuli.

Muschalla und Linden (2013) sprechen in diesem Zusammenhang der speziellen Dynamik der Genese eines angstbasierten Burnouts von arbeitsplatzbezogenen Ängsten und von Arbeitsplatzphobie. Von einer Arbeitsplatzphobie sprechen sie, „wenn bestimmte arbeitsplatzassoziierte Stimuli (wie z. B. Personen, Ereignisse, Objekte, Situationen oder allein der Gedanke an den Arbeitsplatz) zu einer physiologischen und kognitiven Angstreaktion und einem Vermeidungsverhalten bzgl. der Arbeitsstelle oder arbeitssozierter Stimuli führen" (Muschalla & Linden 2013, S. 66). Nach ihren Untersuchungen fanden sie arbeitsplatzphobische Entwicklungen mit dem Endzustand völliger Erschöpfung und Leistungsunfähigkeit nachvollziehbarerweise häufig nach einem als belastend erlebten Ereignis am Arbeitsplatz. Detailliert führen sie aus: „Bei 57 Prozent der Patienten mit einer arbeitsplatzphobischen Symptomatik kam es zu einer Krankschreibung, also Arbeitsunfähigkeit, in weiteren 23 Prozent hatte eine solche Entwicklung bereits geendet mit einem Arbeitsplatzverlust. 72 Prozent der Patienten mit einer ausgeprägten arbeitsplatzphobischen Symptomatik waren arbeitsunfähig vor Aufnahme in eine psychosomatische Rehabilitation. Arbeitsplatzphobie ist insbesondere aufgrund dieser Krankheitsfolgen ein ernstzunehmendes Sonderproblem unter den psychischen Problemen." (Muschalla & Linden 2013, S. 66)

Die Gefahr einer kompensatorischen Alkoholkonsumstörung wäre in diesen Fällen ebenfalls als erhöht einzustufen und differenzialdiagnostisch zusätzlich abzuklären.

2.4.2.5   Generalisierte Angststörung

Es ist naheliegend, dass übermäßiges Sorgen die Fähigkeit einschränkt, Aufgaben schnell und effizient zu erledigen. Das eigene Denken dreht sich dann immer wieder in vielfältiger Sorge um die erfolgreiche Erledigung alltäglicher beruflicher Aufgaben, um die Sicherheit der Kinder und des Lebenspartners auf dem Weg zur Schule oder zur Arbeit, um Geldprobleme oder möglicherweise notwendige Reparaturen an Auto, Haus und Hof oder um die Gefährdung der eigenen Gesundheit durch die vielen Belastungen und Sorgen. Die Folge ist ein ständiges inneres „Auf-dem-Sprung-Sein", ein muskuläres Angespannt-, ja, Verspanntsein. Konzentrationsschwierigkeiten versucht man wettzumachen durch noch mehr innere Anstrengung, sich dennoch zu konzentrieren. Müdigkeit, Kopfschmerzen, Schlaflosigkeit, morgendlich vertieftes Müdesein und damit tatsächliche Leistungsreduktion sind die Folge. Nach Angabe des DSM-5 (2015) beträgt die nachgewiesene Anzahl der auf diagnostizierte generalisierte Angststörung zurückgehenden Arbeitsunfähigkeitstage in der US-amerikanischen Bevölkerung 110 Millionen Tage pro Jahr.

Das zentrale Charakteristikum der **Generalisierten Angststörung (F41.1)** besteht nach DSM-5 (2015) darin, dass für mindestens sechs Monate an der Mehrzahl der Tage eine übermäßige Angst und Sorge, eine konstante furchtsame Erwartung besteht bezüglich mehrerer Ereignisse oder Tätigkeiten. Pathologisch daran ist, dass die Sorgen nur sehr schwer zu kontrollieren sind und im Gegensatz zu Alltagssorgen nicht aufgeschoben werden können, wenn Dringlicheres anliegt. Alltagssorgen sind viel seltener von störenden körperlichen Symptomen begleitet. Genau diese körperlichen Symptome der generalisierten Angststörung sind es aber, die Betroffene bei zusätzlicher beruflich erhöhter Belastung zu dem Urteil kommen lassen: „Ich habe Burnout!" Die vorgebrachten typischen Symptome einer Generalisierten Angststörung sind für sie eindeutige Zeichen eines massiven Burnouts: innere Ruhelosigkeit oder ständiges „Auf-dem-Sprung-Sein"; leichte Ermüdbarkeit; Konzentrationsschwierigkeiten oder Leere im Kopf; Reizbarkeit; Muskelspannung; Schlafstörungen wie Ein- oder Durchschlafschwierigkeiten oder unruhiger, nicht erholsamer Schlaf; Übelkeit oder Magen-Darm-Beschwerden; Schwindelgefühle; Unsicherheit; Benommenheit oder das Gefühl, der Ohnmacht nahe zu sein; Kälteschauer oder Hitzegefühle. All diese Symptome, die charakteristisch sind für eine generalisierte Angststörung, finden Sie im DSM-5 (2015, S. 301–302).

Auch bei der generalisierten Angststörung besteht wieder der Vorteil einer stigmatisierungsfreien Behandlungsmöglichkeit, die vor allem den Patienten (männlich, in Führungsposition) zuteilwerden kann, die nach wie vor psychische Erkrankungen, namentlich Angsterkrankungen, als „unter ihrer Würde" ansehen. Dies wird von den führenden Experten der Behandlung von generalisierten Angststörungen (Becker & Margraf, 2016) aktuell bestätigt. Sie führen aus:

„Vielen ist es peinlich, vor Dingen oder Situationen Angst zu haben, die objektiv wenig gefährlich sind, so dass die wenigsten Betroffenen von ihren Ängsten erzählen. Leider werden psychische Störungen immer noch als ein Makel verstanden, obwohl sie sehr viele Menschen betreffen. Deshalb breitet sich über diese Probleme oft ein Mantel des Schweigens. Häufig befürchten Betroffene, für verrückt, willensschwach oder hypochondrisch gehalten zu werden." (Becker & Margraf 2016, S. 67).

Wird die subjektive Burnout-Symptomatik jedoch hinreichend gewürdigt als nachvollziehbare, in keinster Weise ehrenrührige Überlastung im Zusammenhang mit den Anforderungen des Berufsalltags, kann mehr und mehr im Rahmen einer angemessenen Psychoedukation vermittelt werden, was die Grundlage einer erfolgversprechenden Psychotherapie ist: die Anerkenntnis und Akzeptanz einer vorliegenden Symptomatik ohne Selbstverurteilung und Angst vor Fremdverurteilung als Grundlage für effektive Bearbeitung.

So versichern Becker und Margraf (2016) ihren Patienten bezüglich dieser Stigmatisierungsängste schon zu Beginn der Therapie: „Doch dies sind natürlich Vorurteile: Jeder kann an einer Angststörung erkranken. So litten Johann Wolfgang von Goethe, Bertolt Brecht und Sigmund Freud an Panikanfällen, berühmte Redner wie Demosthenes und Cicero oder Schauspieler wie Sir Laurence Olivier waren von Angst vor öffentlichen Auftritten geplagt. Angststörungen sind nichts, dessen man sich schämen müsste, und man kann ganz sicher sein, dass in der Bekanntschaft noch andere Personen sind, die auch ein Angstproblem haben." (Becker & Margraf 2016, S. 67). Der Transfer der Aufmerksamkeit vom vermeintlich zu beseitigenden Endzustand einer vorliegenden Burnout-Symptomatik auf die auslösenden und aufrechterhaltenden Bedingungen, namentlich dem Umgang mit einer vorliegenden generalisierten Angststörung, ist mit diesen Zusatzinformationen in der Regel ohne nennenswerte Einwände möglich.

2.4.2.6 Krankheitsangststörung (Hypochondrische Störung)

Im DSM-5 wurde das Kapitel „Somatoforme Störungen", wie es im DSM-IV noch genannt wurde, nun völlig neu geordnet. Das Kernmerkmal der neuen Kategorie „Somatische Belastungsstörung und verwandte Störungen" besteht darin, dass körperbezogene Sorgen im Zentrum der Aufmerksamkeit der Betroffenen stehen. Als eigene neue Kategorie besonders ausgeprägter Sorgen und Ängste um den eigenen Gesundheitszustand wurde die „Krankheitsangststörung" definiert. Nach DSM-5 werden Patienten mit einer besonders ausgeprägten hypochondrischen Störung nunmehr angemessener beschrieben als Patienten, die unter einer Krankheitsangst leiden.

Praxistipp:

Bei vorgebrachten Sorgen über als Burnout-Beschwerde geschilderte erhöhte Anspannung und ängstlich bis verzweifelt beobachteter Erschöpfung ist die differenzialdiagnostische Abklärung einer möglicherweise zugrundeliegenden Krankheitsangststörung mit zu bedenken. Dies ist besonders dann indiziert, wenn die Burnout-Belastetheit vor allem in der Angst begründet liegt, an „völligem Burnout" erkrankt zu sein – und genau daraus ein Zustand völliger Erschöpfung resultiert.

Diese ausgeprägten Gesundheitsängste führen häufig zu damit verbundenen Konzentrationsstörungen und erheblichen Relativierungen der Bedeutung der beruflichen Aufgaben angesichts einer potenziellen, als massiv bedrohlich eingestuften, bereits vorhandenen und nur noch auf ärztliche Bestätigung wartende Erkrankung. Dies wiederum wirkt sich negativ auf die beruflich auszuübenden Rollenfunktionen und tatsächlich zu erbringende berufliche Leistungen aus. Daraus resultierende berufliche Konflikte wiederum erhöhen die innere Anspannung mit vorhersagbarer Zunahme an Selbstbeobachtungsintensität bezüglich möglicher weiterer körperlicher Symptome, die ihrerseits wiederum zur Quelle vertiefter Krankheitsängste wird. Manchmal kann die Angst und Sorge, bereits an einer schwerwiegenden Krankheit erkrankt zu sein, so massiv sein, dass dadurch ausgelöst sogar zusätzlich Panikattacken auftreten können.

Krankheitsangst ist im Zusammenhang mit Burnout deshalb differenzialdiagnostisch aus doppelter Perspektive zu bedenken: Führte ein vorliegender Zustand völliger Erschöpfung zur Aktivierung krankheitsbezogener Ängste, die schon mindestens sechs Monate komorbid auftreten, oder ist der subjektiv empfundene Zustand völliger Erschöpfung das Resultat erschöpfender exzessiv ängstlicher und mindestens sechs Monate andauernder krankheitsbezogener Selbstbeobachtung?

2.4.2.7 Zwangsstörung

Menschen mit Zwangsstörungen haben laut DSM-5 (2015) zu 76 Prozent eine zusätzliche, meist vorbestehende Angststörung. Nur 24 Prozent weisen weder eine Panikstörung, eine soziale Angststörung, eine generalisierte Angststörung noch eine spezifische Phobie auf. Depressive oder bipolare Störungen treten dagegen meist erst im Anschluss an das Erstauftreten bei 63 Prozent der Personen mit einer Zwangsstörung auf, wobei die Major Depression mit 41 Prozent die häufigste aller anderen auftretenden depressiven oder bipolaren Störungen darstellt.

Die Zwangsstörung gehört somit zu den psychischen Störungen, die – zusätzlich Kräfte raubend durch die hohe Komorbidität mit Angst und Depression – erheblich zu einem Zustand völliger Erschöpfung beizutragen vermag. Differenzialdiagnostisch ist es deshalb besonders wichtig im Zusammenhang mit einer berichteten Burnout-Trias von völliger Erschöpfung, gereizter Depersonalisation und Leistungsabfall, eine Zwangsstörung ausschließen oder bestätigen zu können.

Zwangsstörungen bestehen sowohl aus Zwangsgedanken als auch aus Zwangshandlungen. Der Kernpunkt einer Zwangsstörung besteht darin, dass – auch bei „reinen" Zwangshandlungen – immer dann, wenn ein unangenehmer, ungewollter Zwangsgedanke im Bewusstsein auftaucht, ein massives Unbehagen und Ängste ausgelöst werden. Die Inhalte der Zwangsgedanken drehen sich dabei um Reinigung, Symmetrie, verbotene oder tabuisierte Gedanken und Schaden, der durch die Betroffenen selbst entstehen könnte oder für deren Eintreten sie verantwortlich wären, wenn sie nicht im wahrsten Sinne des Wortes zwanghaft vorbeugend etwas dagegen tun würden. Das Ziel dieser daraufhin unternommenen Bemühungen ist es, dieses innere massive Unbehagen zu reduzieren und befürchtete Ereignisse zu verhindern. Diese Bemühungen können entweder rein mental verlaufen (bestimmte Gedanken, Sätze, Gebete oder Zahlenreihen wiederholt denken „müssen") oder durch konkrete repetitive zwanghaft und zeitaufwändig auszuführende Verhaltensweisen. Dazu gehören vielfaches Händewaschen, wiederholtes Kontrollieren, exzessives Ordnen sowie das Einhalten gewisser oft mehr als hundertfach zu wiederholender und penibel einzuhaltender Bewegungsabläufe bei unterschiedlichsten Alltagsaktivitäten.

Der Betroffene fühlt sich gezwungen, sich mental und/oder motorisch so zu verhalten, wie er sich eben verhält, um vermeintlich reale, oftmals auch irrational, magisch, animistisch befürchtete negative Konsequenzen zu vermeiden. Viel Zeit und Energie kosten bei der Zwangsstörung auch die Vermeidungsstrategien, um den zwangsauslösenden Stimuli erst gar nicht ausgesetzt zu sein. Sie können zum Teil erheblich den beruflichen und privaten Alltag behindern. Die erschöpfungsauslösende und -aufrechterhaltende Dimension dieser Störung ist dabei offensichtlich.

Vorderholzer und Hohagen (2016) empfehlen zur Diagnostik der Schwere und Ausprägung die Yale Brown Obsessive Compulsive Scale (Y-BOCS, als Fremd- oder Selbstrating) zum Einsatz zu bringen und diese beiden Dimensionen zusätzlich durch Selbstratings mit Hilfe des OCI (Obsessive Compulsive Inventory, Selbstrating) zu erfassen. Zusätzlich empfehlen sie wegen der Verheimlichungstendenz bei Zwangsstörungen bei der Erstuntersuchung folgende hilfreiche Screening-Fragen:

- „Achten Sie bei Ihren persönlichen Dingen auf extreme Sauberkeit und waschen oder reinigen Sie sich sehr häufig?
- Überprüfen/Kontrollieren Sie viel?
- Gibt es Gedanken, die Sie beunruhigen oder die Sie gerne loswerden möchten, aber nicht abschütteln können?
- Benötigen Sie viel Zeit, um Ihre täglichen Verrichtungen auszuführen?
- Beschäftigen Sie sich viel mit Ordnung und Symmetrie?"
(Vorderholzer & Hohagen 2016, S. 263)

Bezüglich des Erfolgs therapeutischer Bemühungen in Bezug auf das Ausgangsbegehren, Burnout kompetent behandelt zu wissen, ist naheliegend, dass mit einer deutlichen Symptomreduktion der Zwangsstörung auch eine deutliche Verbesserung der damit verbundenen Energiebilanz und damit ein deutlicher Rückgang der Erschöpfung beobachtet werden kann. Einschränkend bleibt jedoch mit Vorderholzer und Hohagen (2016) zu konstatieren, dass selbst bei optimaler State-of-the-Art-Therapie bei Zwangsstörungen mit kognitiver Verhaltenstherapie inklusive Exposition mit Reaktionsverhinderung in den seltensten Fällen eine vollständige Remission erwartet werden kann.

2.4.3 Depressive Erkrankungen

Inge Neiser (2016) zeigt die Dringlichkeit und Notwendigkeit deutlich auf, depressiv erkrankten Menschen angemessen Hilfe zuteilwerden zu lassen, auch wenn sie mit dem Arbeitsauftrag an uns Helfende herantreten: „Ich habe Burnout, bitte helfen Sie mir!" Die von ihr vorgelegten Daten ergeben folgendes Bild:

- Depressionen zählen weltweit zu den wichtigsten Volkskrankheiten.
- Jeder achte Erwachsene erkrankt im Laufe des Lebens an einer depressiven Störung.
- Bundesweit sind innerhalb eines Jahres rund 6,2 Millionen Menschen betroffen.
- Die Weltgesundheitsorganisation (WHO) geht davon aus, dass unipolare De-

pressionen bis 2030 vor allen anderen Krankheiten stehen, was Lebensbeeinträchtigung und vorzeitigen Tod angeht.
(nach Neiser 2016, S. 123–124)

Bezüglich der Differenzialdiagnose „Burnout" versus „Depression" formulierte Beck in der Wochenendausgabe der Süddeutschen Zeitung vom 14/15. März 2009: „Burnout ist eine gesellschaftlich anerkannte Edelvariante der Depression und Verzweiflung, die auch im Moment des Scheiterns das Selbstbild unangetastet lässt …" Und er polemisierte kreativ und pointiert weiter: „Nur Verlierer werden depressiv, Burnout dagegen ist eine Diagnose für Gewinner, genauer: für ehemalige Gewinner."
Braumann formulierte es im Newsletter Nr. 37 der Universität Hamburg im April 2012 etwas weniger provozierend so: „Viele Psychiater betrachten ‚Burnout' als Depression, die Diagnose ‚Burnout' ist soziokulturell aber besser ‚vermittelbar'. Gerade für Männer in Führungspositionen scheint es extrem schwierig zu sein, die Diagnose ‚Depression' zu akzeptieren. Da ist es dann unverfänglicher und letztlich auch normal, von ‚Burnout' zu sprechen."
Korczak et al. (2010, S. 39) zitieren eine finnische Studie, wonach

- 7 Prozent der Arbeitnehmer auch ohne Burnout Depressionen haben,
- 20 Prozent der Arbeitnehmer mit mildem Burnout Depressionen haben,
- 53 Prozent der Arbeitnehmer mit schwerem Burnout Depressionen haben

und meinen, dass daraus der generelle Schluss gezogen werden könne, dass mit zunehmendem Schweregrad eines vorliegenden Burnouts die Wahrscheinlichkeit für das gleichzeitige Vorliegen einer Depression ansteige.
Eingedenk der Tatsache, dass keine international oder auch nur national verbindliche Burnout-Definition vorliegt und es damit bis heute keine valide Burnout-Diagnostik gibt, bleibt die Abgrenzung schwierig. Eine hohe Korrelation lässt sich sicher herstellen zwischen der Burnout-Komponente „emotionale Erschöpfung" und den Kriterien einer Depression.
Auf der anderen Seite beziehen sich die dysphorischen Einstellungen einer vorliegenden Depression nicht nur auf berufsbezogene Aspekte, sondern durchdringen alle Lebensbereiche. Burnout bezieht sich jedoch, nach dem Verständnis vieler Burnout-Forscher, im Wesentlichen auf den Beruf bzw. die Haupttätigkeit. Bei Betroffenen mit dem subjektiven Störungsmodell, an Burnout erkrankt zu sein – sich leer, ausgebrannt, erschöpft und beruflich leistungsreduziert zu fühlen –, ist eine sehr genaue Differenzialdiagnostik bezüglich einer potenziell vorliegenden unipolaren Depression, einer Dysthymie oder einer depressiven Episode im Rahmen einer bipolaren Störung hochgradig indiziert.
Der Vorteil der radikalen Akzeptanz der subjektiven Selbstdiagnose „Burnout" für eine hohe Compliance bezüglich einer eventuell notwendigen „klassischen" Depressionstherapie ist offensichtlich, da eine „Burnout-Therapie" das Selbstbild unangetastet lässt.

2.4.3.1 Unipolare Depression

Gedrückte Stimmung, Verminderung von Antrieb und Aktivität, Verminderung von Freude, Interesse und Konzentration, Appetitlosigkeit, ausgeprägte Müdigkeit nach kleinster Anstrengung, Verlangsamung oder Agitiertheit, Beeinträchtigung des Selbstwertgefühls und des Selbstvertrauens, Schuldgefühle, Gedanken über eigene Wertlosigkeit und Wertlosigkeit all dessen, was da ist, bis hin zu Gedanken an den herbeigesehnten Tod, das sind die Hauptsymptome einer **depressiven Episode** nach ICD-10, F32. Deren Besonderheit besteht darin, sich von Tag zu Tag wenig zu ändern und auch nicht auf aktuell positive Lebensumstände zu reagieren – ein Zustand, der über mehr als zwei Wochen besteht und nicht auf einen Missbrauch psychotroper Substanzen oder auf eine organische Störung des Gehirns zurückzuführen ist. Nach DSM-5 (2015) wird äquivalent von der **Major Depression** gesprochen.

In beiden Klassifikationssystemen werden depressive Episoden differenziert nach den drei Schweregraden: leichte, mittelgradige und schwere depressive Episode. Bei den mittelgradigen und schweren Ausprägungen einer Depression wird außerdem unterschieden, ob hierbei zusätzlich deutlich mit der Depression assoziierte somatische Symptome vorhanden sind. Die bekanntesten sind hierbei: Appetitstörungen, Magen-Darm-Beschwerden, Kopfschmerzen, Kreuzschmerzen, Herzrasen, Schwindel, Atemnot oder auch ein Druckgefühl in Hals und Brust. Bei den schweren depressiven Episoden stellt sich differenzierend die zusätzliche Frage nach dem gleichzeitigen Vorliegen oder Fehlen von psychotischen Symptomen wie etwa Halluzinationen, Wahn (häufig Verarmungs- oder Schuldwahn) oder Stupor.

Rezidivierend wird eine Depression genannt, wenn frühestens zwei Monate nach Abklingen der letzten depressiven Episode die Symptomfreiheit endet und eine erneute depressive Episode beginnt. Auch wenn in der Anamnese eine frühere weit zurückliegende mindestens einmalige depressive Episode vorlag, sprechen wir von einer rezidivierenden depressiven Episode.

Chronisch wird eine Depression bezeichnet, wenn sie mehr als zwei Jahre besteht. Hierzu gehört auch die chronisch bestehende Dauerdepression mit leichter ausgeprägter Symptomatik, die auch oft als anhaltende depressive Verstimmung bezeichnet wurde und die in der aktuell noch gültigen ICD-10 als **Dysthymia (F34.1)** bezeichnet wird. Es handelt sich dabei nach ICD-10 um eine chronische, wenigstens mehrere Jahre andauernde depressive Verstimmung, die weder schwer noch umfassend genug ist, um die Diagnose einer leichten, mittelgradigen oder gar schweren rezidivierenden depressiven Störung zu erfüllen. Da diese Störung auch über Jahrzehnte bestehen kann, ist die Nähe zu der Gruppe der Persönlichkeitsstörungen offensichtlich. Frühere Psychiater bezeichneten diese Störung deshalb auch oft als depressive Neurose, neurotische Depression, depressive Persönlichkeit(sstörung) oder anhaltende ängstliche Depression, was die empirisch validierte, häufig zu beobachtende Komorbidität mit Angststörungen widerspiegelte.

Tritt im Rahmen einer chronisch bestehenden Dysthymia zusätzlich aktuell eine mittelgradige oder schwere depressive Episode hinzu, sprechen wir von einer **Double Depression.**

Besteht eine chronische Majore Depression, also vollausgeprägte depressive Symptomatik mit einer Dauer von mehr als zwei Jahren und dabei unvollständiger

Remission zwischen den einzelnen Phasen erneuter mittelgradiger oder schwerer depressiver Episoden, spricht man von einer **Majoren Depressiven Episode mit unvollständiger Remission.**

Das aktuelle DSM-5 hat inzwischen die Kategorien der „Chronischen Major Depression" und der „Dysthymen Störung" zusammengefasst unter der neuen Klassifikation: **Persistierende Depressive Störung F34.1.**

Das Hauptmerkmal der Persistierenden Depressiven Störung ist eine depressive Verstimmung, welche die meiste Zeit des Tages und an mehr als der Hälfte der Tage, für mindestens zwei Jahre bzw. bei Kindern und Jugendlichen mindestens ein Jahr besteht. Eine Major Depression kann einer Persistierenden Depressiven Störung vorausgehen und Episoden einer Major Depression können während einer Persistierenden Depressiven Störung auftreten. Während der Zweijahresperiode darf nicht länger als zwei Monate Symptomfreiheit bestehen.

Die neue Klassifizierung wird nach Schramm (2016) als gerechtfertigt angesehen insbesondere in Bezug auf die Abgrenzung zu nicht chronischen Depressionsformen. Chronische Depressionen sind nicht nur häufige und besonders einschränkende Erkrankungen, sondern gelten aufgrund ihrer Hartnäckigkeit, ausgeprägter Komorbidität mit anderen psychischen und physischen Störungen, dem meist frühen Beginn sowie der hohen Rate an Frühtraumatisierungen als schwierig zu behandeln bzw. therapieresistent.

Kommen Patienten mit Burnout-Behandlungswunsch, werden oftmals viele Einzelsymptome genannt, die den Kriterien einer depressiven Episode entsprechen und die es deshalb besonders sorgfältig zu bewerten gilt. Viele Patienten sprechen davon, immer müde und erschöpft zu sein, klagen über fehlende Erholung am Wochenende oder selbst noch nach dem Urlaub, haben häufig Ein- und Durchschlafstörungen und nicht erholsamen Schlaf, Kopfschmerzen oder Rückenschmerzen und verspüren trotz ständiger, erneuter Anstrengungsbemühen die zunehmende Reduktion ihrer beruflichen Leistungsfähigkeit.

In Anlehnung an Schramm (2016) finden Sie hier zu Ihrer eigenen Veranschaulichung – und als Vorlage für eine entsprechende Psychoedukation Ihrer Patienten im Download – die **Abb. 2.1: Formen chronischer Depression** als grafische Darstellung (s. Hinweis auf S. 10).

Die gegenüber DSM-IV inzwischen erneut überarbeiteten, international anerkannten diagnostischen Kriterien sind für eine klinisch relevante depressive Episode oder eben eine Major Depression F32.- im aktuellen DSM-5 (2015) erneut präzisiert und stellen damit eine ausgezeichnete Grundlage einer State-of-the-Art-Diagnostik zur Verfügung.

Der exakte vierstellige diagnostische Kode für die Major Depression hängt davon ab, ob es sich um eine einzelne oder eine rezidivierende Episode handelt, sowie vom aktuellen Schweregrad, dem Vorhandensein psychotischer Merkmale und dem Status der Remission (siehe: DSM-5 2015, S. 217–219).

Bei vielen Klinikern ist es während der Anamnese immer noch Goldstandard, die Differenzialdiagnostik bezüglich einer vorliegenden depressiven Störung durch die beiden nachfolgenden Kernfragen zu beginnen:

- „Fühlten Sie sich im letzten Monat häufig niedergeschlagen, traurig, bedrückt oder hoffungslos?"
- „Hatten Sie im letzten Monat deutlich weniger Lust und Freude an Dingen, die Sie sonst gerne tun?"

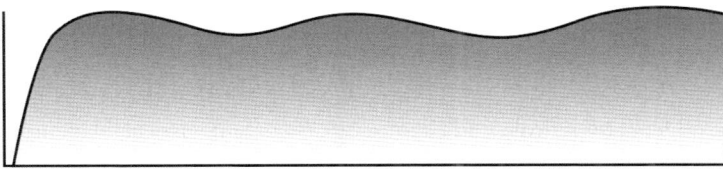

Chronische MDE

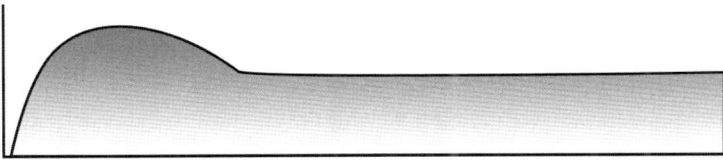

Dysthymie

Double Depression

MDE mit unvollständiger Remission
zwischen den Episoden

Abb. 2.1: Formen chronischer Depression (MDE = major depressive Episode)
nach Elisabeth Schramm (2016, S. 186)

In Anlehnung an die Patienteninformation zu Depression (Patientenleitlinien 2011) befinden sich auf **Arbeitsblatt 3.1 „Fragen nach Depressions-Anzeichen"** dreizehn weitere Kernfragen zum initialen Screening depressiver Symptomatik.

Der Einsatz des Beck-Depressionsinventars (BDI II) als Selbstbeurteilungsdiagnostikum und die Verwendung der Hamilton Depression Scale (HAMD) als eine der am weitesten verbreiteten Fremdbeurteilungsskalen zur Einschätzung des Schweregrades einer diagnostizierten Depression helfen dabei, die depressionsrelevanten Bereiche quantitativ zu erfassen: depressive Stimmung, Schuldgefühle, Suizidalität, Schlafstörungen, Konzentrations- und Arbeitsstörungen sowie depressives Gehemmtsein.

Die HADS-D ist die gleichwertige deutsche Adaptation der englischen HADS (Hospital Anxiety and Depression Scale von Zigmond & Snaith). Dieses Selbstbeurteilungsverfahren wird häufig als Screeningverfahren sowie zur dimensionalen Schweregradbestimmung als auch in der Verlaufsbeurteilung eingesetzt. Dabei wird gezielt nur auf psychische Angst- und Depressionssymptome fokussiert, um eine Konfundierung durch somatische Komorbidität zu vermeiden. Vergleichbar kann auch das Selbstbeurteilungsverfahren Allgemeine Depressionsskala (ADS) von Hautzinger und Bailer zum Einsatz kommen.

In klinischen Studien kam in den letzten Jahren am häufigsten die Hamilton-Depressionsskala (HAMD), die Hospital Anxiety and Depression Scale (HADS-D) und weniger das Beck-Depressionsinventar (BDI II) zum Einsatz, um das jeweilige Ausmaß und die Schwere einer vorliegenden Depression testdiagnostisch zu erfassen.

Vorderholzer, Neumayer und Stieglitz (2016) nennen als weitere bewährte Fremdbeurteilungsverfahren zur Beurteilung des Schweregrades depressiver Zustandsbilder noch die Bech-Rafaelsen-Melancholie-Skala (BRMS) und die Montgomery-Asberg Depression Rating Scale (MADRS).

Praxistipp:

Bei einer gründlichen Burnout-Eingangsuntersuchung sollte auf jeden Fall mindestens eines der vorgegebenen Testverfahren zur Objektivierung der depressiven Symptomatik zur Anwendung kommen, idealerweise ein Selbst- und ein Fremdbeurteilungsverfahren.

2.4.3.2 Bipolare Störungen

Etwa 20 Prozent der Patienten, die an einer rezidivierenden depressiven Störung leiden, erleben nach Schläpfer (2016) dabei hypomanische, manische oder gemischte Episoden, d. h. es entwickelt sich eine bipolare affektive Erkrankung. Bipolare Störungen können darüber hinaus zu jedem Zeitpunkt im Lebenszyklus als Ersterkrankung auftreten. Verwandte ersten Grades von Patienten haben nach Schläpfer (2016) ein zehnfach erhöhtes Risiko, ebenfalls an einer bipolaren Störung zu erkranken. Da bei den dabei auftretenden Komorbiditäten *Angststörungen* mit einer Lebenszeitprävalenz von bis zu 56 Prozent auftreten und *Substanzmissbrauch* bis zu 72 Prozent, sollte im Umkehrschluss auch bei diesen Patientengruppen eine besonders genaue Differenzialdiagnose bezüglich des Vorliegens einer bipolaren Störung erfolgen.

Da unter der Fülle der mit Burnout assoziierten Symptome zwar Gereiztheit und Stimmungsschwankungen immer wieder genannt werden, so gut wie nie aber manischer Energieüberschuss, werden Personen mit einer diagnostizierbaren bipolaren Störung am ehesten während oder am Ende einer depressiven Episode mit Burnout-Behandlungswunsch vorstellig werden oder weil durch ihre zunehmende Gereiztheit Konflikte am Arbeitsplatz progredient sind. Auch bei diesen subjektiv als Burnout kodierten Symptomschilderungen stellt sich die Forderung nach einer angemessenen Differenzialdiagnose.

Gemäß DSM-5 wird unterschieden in „Bipolar-I-Störung" (F31.5) und „Bipolar-II-Störung" (F31.81). Als Mischformen und subsyndromale Varianten dieser beiden Erkrankungen werden diagnostische Kriterien benannt für die „zyklothyme Störung" (F34.0), „substanz-medikamenteninduzierte bipolare und verwandte Störungen" (F**), „bipolare und verwandte Störungen aufgrund eines anderen medizinischen Krankheitsfaktors" (F***), „andere näher bezeichnete bipolare und verwandte Störungen" (F31.89) sowie „nicht näher bezeichnete bipolare und verwandte Störungen" (F31.9). Schläpfer (2016) verweist zusätzlich auf die als „hyperthymes Temperament" bezeichnete extrovertierte, redselige selbstsichere Eigenschaft hyperthymer Menschen, für die, falls durch eine depressive Episode für länger als zwei Wochen erschüttert, die zusätzliche in Diskussion befindliche Kategorie der pseudo-unipolaren Störung oder auch **Bipolar-IV-Störung** vergeben werden kann. Für diese Störungskategorie liegen bislang jedoch noch keine exakten Beurteilungskriterien und damit auch keine speziell zugeordnete F-Kodierung vor. Im DSM-5-Kategorialsystem kann sie jedoch unter „Andere näher bezeichnete bipolare und verwandte Störungen, Bipolar-IV-Störung" mit F31.89 gekennzeichnet werden.

Die Bipolar-I-Störung (F 31.[5]), ist dadurch gekennzeichnet, dass mindestens eine oder auch mehrere manische oder gemischte Episoden von mindestens einer Woche Dauer aufgetreten waren und zusätzlich in einer mindestens vierzehn Tage andauernden depressiven Phase die Kriterien einer Major Depression erfüllt sind. Das Hauptmerkmal einer manischen Episode stellt gemäß DSM-5 eine abgrenzbare Periode dar, während der eine abnorme und anhaltend gehobene, expansive oder reizbare Stimmung und anhaltend gesteigerte zielgerichtete Energie besteht. Manische Episoden werden auch beschrieben mit den Worten: euphorisch, aufgekratzt, in Hochstimmung, überglücklich. Schnelle Stimmungswechsel, die als Affektlabilität bezeichnet werden, können dabei auftreten und innerhalb einer kurzen Zeitspanne findet dann ein Wechsel statt zwischen Euphorie, Dysphorie und Reizbarkeit.

Bei der Bipolar-II-Störung (F 31.81) müssen die Kriterien für mindestens eine hypomane Episode an mindestens vier Tagen und mindestens eine vierzehntägige Episode einer Major Depression erfüllt sein. Das Hauptmerkmal einer hypomanen Episode stellt gemäß DSM-5 (2015) eine abgrenzbare Periode dar, während der ebenfalls eine ab-

---

[5] Die exakte Kodierung nach dem Punkt erfolgt je nachdem, ob die aktuelle letzte Episode manisch, hypoman oder depressiv war, und ist verschieden für leichtgradige, mittelgradige, schwergradige oder Episoden mit psychotischen Symptomen. Ebenso kann mit der Kodierung nach dem Punkt exakt angegeben werden, ob eine teilremittierte, vollremittierte oder nicht näher bezeichnete Bipolar-I-Störung vorliegt (siehe DSM-5 2015, S. 172).

norme und anhaltend gehobene, expansive oder reizbare Stimmung und anhaltend gesteigerte zielgerichtete Energie besteht, diese Episode jedoch nicht schwer genug ist, um deutliche soziale oder berufliche Funktionsbeeinträchtigungen zu verursachen. Im Gegenteil, bei einigen Personen mit bipolaren Störungen lässt sich in den hypomanen Phasen durchaus erhöhte Kreativität feststellen. Ein negativeres Charakteristikum der hypomanischen Phasen ist jedoch die Impulsivität, die zu einem erhöhten Suizidrisiko durch impulsiv ausgeführte Suizidversuche führen kann. Hypomanisch impulshaft kommt es auch oft zu vermehrtem Substanzkonsum und sich daraus entwickelnden nachfolgenden Substanzkonsumstörungen. Hypomane Episoden zu erfassen, stellt differenzialdiagnostisch oft eine Herausforderung dar, bei der unter Umständen Angaben von Personen aus dem persönlichen Umfeld des Betroffenen notwendig sind, da diese selbst ihre hypomanen Episoden als ichsyntones „Gut-drauf-Sein" erleben.

Burnout-Betroffene, die zwar keine voll ausgeprägte Bipolare Störung I oder II, aber eine Zyklothyme Störung (F34.0) aufweisen, sind dadurch gekennzeichnet, dass bei ihnen für die Dauer von mindestens zwei Jahren zahlreiche Perioden mit hypomanen Symptomen bestehen, welche nicht die Kriterien für eine hypomane Episode erfüllen, und zahlreiche Perioden mit depressiven Episoden, die nicht die Kriterien einer Major Depression erfüllen. Häufig haben sie Verwandte mit bipolarer affektiver Störung. Die weitere differenzialdiagnostische Forderung besteht gemäß DSM-5 darin, dass keine Symptomfreiheit für mehr als zwei aufeinanderfolgende Monate bestanden hat und in den zwei Jahren die hypomanen und depressiven Perioden für mindestens die Hälfte der Zeit vorhanden waren und in klinisch bedeutsamer Weise zu Leiden oder Beeinträchtigungen geführt haben in sozialen, beruflichen oder anderen wichtigen Funktionsbereichen. Diese Personen erhalten am Arbeitsplatz zunehmend Rückmeldungen über ihr Reizbar-, Launisch-, Widersprüchlich-, Unbeständig- und Unzuverlässig-Sein. Die „typischen" Burnout-Kriterien sind zunehmende Reizbarkeit bei der Ausführung früher geliebter Tätigkeiten und Leistungsabfall. Eine zunehmende Erschöpfung ist naheliegend. Auch hierbei erweist sich subjektives Burnout wieder als hilfreiche stigmatisierungsfreie Selbstdiagnose, das vielen Betroffenen eine angemessene Therapie einer vorliegenden zyklothymen Störung überhaupt erst ermöglicht. Ohne das weitverbreitete, vor allem im beruflichen Kontext saliente Burnout-Konzept käme es sonst wohl sehr viel seltener dazu, dass Betroffene diesbezüglich um Bewältigungshilfe nachfragen würden.

Praxistipp:

Bei vorliegender Selbstdiagnose "Burnout" mit der Klage über einen Zustand völliger Erschöpfung, Gereiztheit und definierten Symptomen einer depressiver Störung sollte differenzialdiagnostisch immer auch nach dem Vorliegen vorausgegangener manischer oder hypomanischer Symptome gefragt werden, um eine bipolare Störung erkennen oder ausschließen zu können. Die Kennwerte dabei sind Zeiträume von vier Tagen für hypomane Symptome bis mindestens zwei Wochen für manische Symptome, also einer auffälligen und anhaltenden ungewöhnlich gehobenen, expansiven oder reizbaren Stimmung und ungewöhnlich erhöhter Aktivität oder Energie. Die Frage nach bipolar erkrankten Verwandten ersten Grades ist ebenso relevant wie die Frage nach unter Umständen Jahre andauernder zyklothymer Instabilität der Stimmung mit zahlreichen Perioden von Depressionen und leicht gehobener Stimmung. Fragen nach komorbiden Ängsten und Substanzmittelmissbrauch, namentlich Alkohol, sind störungsbildspezifisch indiziert. Zusätzlich können relevante Daten erhoben werden mit den beiden für bipolare Störungen aussagekräftigen Selbstbeurteilungsverfahren: Allgemeine Depressionsskala (ADS) und Hypomania Checklist-32 (HCL-32).

Wichtig ist im Zusammenhang mit einer eindeutigen Diagnose einer oftmals bereits lang anhaltenden unbehandelten affektiven Störung bei initial geklagtem Burnout-Syndrom, sich als Behandelnde darüber bewusst zu sein, dass diese immer mit strukturellen und funktionellen Störungen des Gehirns einhergehen. Deshalb ist es im Sinne einer realistischen Perspektive wichtig, mit dem Betroffenen frühzeitig über die notwendige längere Zeitdauer für die Therapiezielerreichung zu sprechen. Schläpfer (2016) kommt nach einer umfassenden Analyse der aktuell vorliegenden Forschungsergebnisse der Neurobiologie zu den biologischen Auswirkungen affektiver Erkrankungen zu dem Schluss:

„Zusammenfassend kann festgestellt werden, dass langanhaltende unbehandelte affektive Störungen mit strukturellen und funktionellen Störungen des Gehirns einhergehen. Das Ziel einer Behandlung besteht darin, diese Veränderungen rückgängig zu machen. Wie auch die Entwicklung der neurobiologischen Veränderungen, die zur Krankheit führen, dauert dieser Prozess sicher einige Zeit. Die Konsequenz daraus ist eine konsequente und nachhaltige Langzeittherapie" (Schläpfer 2016, S. 218). Ergänzend soll hierzu bemerkt werden, dass diese notwendige und nachhaltige Langzeittherapie auch unter der initialen Auftragsstellung einer kompetenten Burnout-Therapie zu leisten möglich ist.

2.4.3.3 Posttraumatische Belastungsstörungen

Akute Belastungsstörungen (F43.0) werden wohl in den seltensten Fällen zu der Selbstdiagnose „Burnout" führen, da hier definitionsgemäß die unmittelbare Reaktion auf ein katastrophales Ereignis mit drohendem Tod, ernsthafter Verletzung oder sexueller Gewalt erfolgt und mindestens drei Tage, höchstens jedoch einen Monat andauert. Das auslösende Ereignis ist somit überwältigend präsent und wird nicht durch zusätzliche berufliche Anforderungen oder Überforderungen in Vergessenheit geraten oder in seiner belastenden Auswirkung fälschlicherweise der Auswirkung der Belastungen durch die Arbeit zugeschrieben werden.

Anders verhält sich die Situation mit selbstdiagnostizierten Burnout-Symptomen, wenn diese nach einem weiter zurückliegenden Trauma dem aufgesuchten Helfer berichtet werden. Oftmals werden die aktuell vorliegenden und seit längerer Zeit anhaltenden beruflichen Belastungen detailliert berichtet und die darauf bezogenen vielfältigen psychischen und psychovegetativen Symptome als Burnout bezeichnet. Ein zurückliegendes Trauma wird nicht damit in Verbindung gebracht, weil es ja subjektiv schon so lange her ist und unter Umständen die beruflichen Belastungen schon vorab als belastend empfunden worden waren, so dass sie sich als geeignetes Flussbett zur Erklärung der zunehmend stärker werdenden posttraumatischen Symptome eignen. Speziell bei Mitgliedern bestimmter Berufsgruppen wie Berufssoldaten, Objekt- und Personenschützern, Polizisten, Feuerwehrleuten und Rettungskräften sowie medizinischem Personal in Notaufnahmen sollte die Burnout-Selbstdiagnose sehr sorgfältig überprüft werden. Bei diesen Personengruppen stellt sich nämlich ganz besonders eindringlich die differenzialdiagnostische Frage nach einem Trauma oder mehreren Traumata, das/die dem Auftreten der berichteten Burnout-Symptomatik vorausgegangen ist/sind und Grund zu der Annahme gibt/geben, dass es sich hier um die verzögerte Erscheinungsform der zunehmenden multiplen Symptomatik einer **Posttraumatischen Belastungsstörung (F43.1) handelt.**

Nach DSM-5 (2015) können die Symptome einer PTBS, die normalerweise innerhalb der ersten drei Monate nach einem Trauma auftreten, auch erst nach vielen Monaten oder sogar erst nach vielen Jahren die Störungskriterien einer PTBS vollständig erfüllen. In dieser Zeit sind dem Alltagsbewusstsein jedoch die alltäglichen Belastungen in der Regel wesentlich salienter. Maercker (2004, S. 403) führt dazu aus: „Einzelne PTBS-Symptome, die über Jahre hinweg gar nicht oder nur gering ausgeprägt waren, können allerdings durch Änderungen von Lebensumständen stärker werden, so dass sich im Laufe des Lebens nach einem subsyndromalen Intervall ein Vollbild einer posttraumatischen Belastungsstörung herausbildet." Veränderungen der beruflichen Lebensumstände durch neue Mitarbeiter, neue Vorgesetzte oder veränderte Aufgabenprofile mit erhöhter Leistungsanforderung können solche Auslöser darstellen. Diese werden dann als Verursacher der zunehmend intensiver werdenden Symptome gesehen und als Burnout-Symptome kodiert.

Untersucher sollten neben der Bewusstheit über Risikoberufsgruppen sich auch bewusst sein über die Bandbreite möglicher traumatischer Ereignisse, die jenseits spezifischer Berufsgruppenzugehörigkeit Ursache einer PTBS sein können:

Bei den Auslösern einer Posttraumatischen Belastungsstörung wird nach Frommberger und Berger (2016) unterschieden im Hinblick auf die Verursachung zwischen **akzidentellen, zufälligen Traumata** und **interpersonellen, intendierten, „man made"** **Traumata,** im Hinblick auf die Erstreckung zwischen kurz dauerndem einmaligem **Typ-I-Trauma** und lang dauerndem und/oder mehrfachem **Typ-II-Trauma.**

Im Rahmen der Anamnese sollten daher bei PTBS-typischen Burnout-Symptomschilderungen gezielt auf mögliche Traumata bezogene Fragen gestellt werden. **Nach Typ-I-Traumata akzidenteller Art** kann etwa gefragt werden: „Hatten Sie, ein nahes Familienmitglied oder ein enger Freund in den letzten Monaten oder vergangenen Jahren einen schweren Verkehrsunfall, einen Brand, einen Wirbelsturm oder ein anderes außergewöhnliches, plötzliches, unerwartetes Ereignis zu erleiden?"

Um **Typ-I-Traumata interpersoneller Art** zu erfragen eignen sich Fragen wie: „Hatten Sie, ein nahes Familienmitglied oder ein enger Freund in den letzten Monaten oder vergangenen Jahren einen Raubüberfall, einen sexuellen Übergriff, einen tätlichen Angriff, einen Terroranschlag oder eine andere plötzliche, unerwartete Bedrohung durch andere Menschen zu erleiden?"

Fragen nach länger andauernden oder sich wiederholenden Typ-II-Traumata können ebenfalls gestellt werden, getrennt nach akzidenteller, also zufälliger Art und nach vorsätzlich durch andere Menschen herbeigeführter, also interpersoneller Art.

Beispiele für differenzialdiagnostisch sinnvolle Fragen nach **akzidentellen Typ-II-Traumata** können sein: *„Hatten Sie, ein nahes Familienmitglied oder ein enger Freund in den letzten Monaten oder vergangenen Jahren ein Erdbeben mit einer Nachbebenserie, lebensbedrohliches Hochwasser, ein längeres Eingeschlossen- oder Verschüttetsein oder eine andere plötzliche, unerwartete länger andauernde Bedrohung, ausgelöst durch eine Naturkatastrophe oder eine technische Katastrophe, zu erleiden?"*

Beispiele für differenzialdiagnostisch sinnvolle Fragen nach **interpersonellen Typ-II-Traumata** können sein: *„Hatten Sie, ein nahes Familienmitglied oder ein enger Freund in den letzten Monaten oder vergangenen Jahren, vielleicht auch schon sehr lange zurückliegend, ein Kriegserlebnis, eine Geiselhaft, eine Entführung, eine politische Inhaftierung mit Folter, länger andauernden körperlichen oder sexuellen Missbrauch oder eine andere lang anhaltende oder sich wiederholende Bedrohung durch andere Menschen zu erleiden?"*

Als Selbstbeurteilungsverfahren bei PTBS hat sich die Impact of Event Scale bewährt, in ihrer durch Maercker und Schützwohl (1998) revidierten Form IES-R.

Als Fremdbeurteilungsverfahren kann die Differenzialdiagnose gesichert werden mit der als Goldstandard in der PTBS-Bestimmung gehandelten Clinician Administered PTSD Scale (CAPS), die 2002 von Schnyder und Moergeli abschließend zum klinischen Gebrauch freigegeben wurde.

Zeitökonomisch lassen sich bei Bedarf noch berichtete dissoziative Phänomene quantifizieren und einer Veränderungsmessung zugänglich machen mit dem Fragebogen zu dissoziativen Symptomen (FDS) von Spitzer et al., das als Selbstbeurteilungsverfahren in 5 bis maximal 20 Minuten bearbeitet werden kann.

Praxistipp:

Zwar findet nach den meisten erlebten Traumata im Lebensverlauf eine Spontanremission statt. Relevant ist die detaillierte Anamnese bezüglich eines potenziellen Traumas an der Basis der als Burnout-Beschwerden vorgebrachten Symptome jedoch deshalb, weil dies bei zwei definierten Traumaereignissen nicht so ist. Immerhin führt das **statistisch am häufigsten stattfindende Trauma, ein schwerer Verkehrsunfall,** nach Frommberger und Maercker (2016) im Mittel bei jedem 7. Verletzten zu einer Posttraumatischen Belastungsstörung. Bei dem wesentlich selteneren traumatischen Ereignis einer Vergewaltigung (die statistische Problematik der Dunkelziffer sei hier explizit erwähnt!) führt dies nach Frommberger und Maercker (2016) in ca. 50 bis 90 % der Fälle nachfolgend zu einer Posttraumatischen Belastungsstörung. Bei mehr als einem Drittel aller Betroffenen persistieren die Symptome einer PTBS über mehr als 6 Jahre.

Die Hauptsymptome einer PTBS sind neben der völligen Verdrängung des Geschehen, einschließlich retrograder Amnesie ohne Wiedererinnerung der traumatischen Details, typischerweise die wiederholte Intrusion von Erinnerungen oder Wiederinszenierungen des Ereignisses als intensive Gedanken, „Flash-Backs", Tagträume oder Träume sowie deutliche körperliche Reaktionen bei der Konfrontation mit Hinweisreizen. Neben dieser Hauptsymptomatik treten jedoch auch viele Symptome auf, die eben zu der Fehlannahme eines vorliegenden Burnouts führen können: Konzentrationsstörungen, Gefühlsabstumpfung, Gleichgültigkeit gegenüber anderen Menschen, Teilnahmslosigkeit gegenüber der Umgebung, Rückzug aus sozialen Interaktionssituationen, aber auch vegetative Übererregtheit („leicht aus der Haut fahren") sowie übermäßige Schreckhaftigkeit, Schlaflosigkeit, Angstzustände und depressive Verstimmungen bis hin zu Depression mit suizidalen Gedanken. Substanzkonsumstörungen kommen nicht selten als komplizierende Faktoren hinzu, vor allem zunehmendes Entlastungstrinken, unkontrollierte sedierende oder aufputschende Medikamenten- oder illegale Drogeneinnahme. Veränderungen des bisherigen Essverhaltens – zu wenig, zu viel, zu schnell, zu ungesund, zu unregelmäßig – sind weitere Zeichen posttraumatischer, pathologisch mangelnder Selbstfürsorge. Die erhöhte Reizbarkeit, die Konzentrationsstörungen und das mangelnde Interesse an gemeinsamen Unternehmungen führen dabei zu zunehmenden belastungsvertiefenden Konflikten in Partnerschaft, Familie, Freundeskreis und am Arbeitsplatz. Die subjektiv erlebte einem Burnout zugeschriebene Erschöpfung nimmt nachvollziehbar zu. Die Burnout-Trias emotionale Erschöpfung, Depersonalisation und Leistungsrückgang lassen den Wunsch nach einer Burnout-Behandlung verständlich erscheinen.

Abschließend bleibt noch zu bemerken, dass laut DSM-5 bei Personen, bei denen eine PTBS vorliegt, eine um 80 Prozent erhöhte Wahrscheinlichkeit besteht, dass die Kriterien für mindestens eine andere psychische Störung erfüllt sind, z. B. depressive und bipolare Störungen, Angststörungen und/oder Substanzkonsumstörungen. Die weiterführende Differenzialdiagnostik sollte deshalb nach der Diagnose einer vorliegenden PTBS diese vorgenannten Komorbiditäten besonders sorgsam berücksichtigen.

Nicht unerwähnt soll an dieser Stelle der Hinweis von Meichenbaum (2016) bleiben, dass viele professionelle Helfer, die mit traumafokussierten Tätigkeiten betraut sind, selbst diesbezügliche Belastungssymptomatiken aufweisen. Nach Meichenbaum (2016, S. 3) geben 50 Prozent aller professionell mit Traumapatienten Arbeitenden an, sich gestresst zu fühlen. Dreißig Prozent der Psychotherapeuten, die mit Traumapatienten arbeiten, berichten über „extreme distress", also sehr massive Stressbelastung. Die Belastung zusätzlich erhöhend kommt der Vulnerabilitätsfaktor mit hinzu, der darin besteht, dass nach den Meichenbaum vorliegenden wissenschaftlichen Erhebungen von Brady, Figley, Kohlenberg, Pearlman sowie Pope und Feldman-Summers gut 30 Prozent der Psychotherapeuten ihrerseits selbst in ihrer eigenen Kindheit traumatische Ereignisse erlebt haben.

Meichenbaum (2016, S. 4) spricht in diesem Zusammenhang von dem Begriff der **„Vicarious Traumatization"** (VT), also einer stellvertretenden Traumatisierung. Nach Pearlman und Saakvitne (1995) definiert Meichenbaum diese stellvertretende Traumatisierung als „negative Auswirkungen der Fürsorge und des Umsorgens anderer". VT ist die „stetig wachsende Transformation der inneren Erfahrung des Therapeuten, die sich aus seiner Beschäftigung und seiner Empathie mit dem traumatischen Material des Patienten ergibt". Das höchste Gut eines Helfers ist seine Empathie - und darin liegt vielleicht auch seine größte Belastung. VT ist nach Meichenbaum nicht identisch mit Burnout, obwohl Burnout durch VT verschlimmert werden kann. Bei VT liegt nach

Meichenbaum die Betonung auf den Veränderungen bei veränderter Bedeutungsgebung, bei Glaubensveränderungen und Veränderungen eigener Schemata und Anpassungsfähigkeiten. VT wird nach Meichenbaum eher zu „imagery intrusions" und falschen Sinneseindrücken führen. Hatfield, Cacioppo und Rapson beschrieben schon 1994 diese Art „Ansteckung", die sich manche Therapeuten bei ihren Patienten durch deren Emotionen „einfangen". Durch VT wird das Selbstverständnis des Helfers und dessen Welt ständig verändert. VT kann die Gegenübertragung beeinflussen.

Meichenbaum referiert die wichtigsten Bereiche, in denen sich durch die Traumatisierung, der Vicarious Traumatization, bei Helfenden Veränderungen ergeben: Gefühle, Kognitionen, Verhalten und speziell verändertes Verhalten am Arbeitsplatz (siehe Meichenbaum 2016, S. 5–6).

Zusammenfassung: VT geht zu Lasten eines persönlich veränderten Glaubens und Referenzrahmens, hat negative Auswirkungen auf Gefühle und Beziehungen, bewirkt schlechte Entscheidungsprozesse, gesellschaftlichen und professionellen Rückzug, Substanzmissbrauch und klinische Probleme (Pearlman & Saakvitne 1995a, b, c; Rothschild 2006).

Praxistipp:

Bei Angehörigen von Berufsgruppen, die häufig potenziell traumatisierenden Ereignissen ausgesetzt sind und professionell wiederholt mit traumatisierten Menschen zu tun haben, sowie bei Personen, die typische Symptome einer PTBS berichten, sollte besonders sorgfältig auf Hinweise bezüglich erlebter vergangener traumatischer Ereignisse geachtet und explizit nachgefragt werden. Differenzialdiagnostisch ist besonderer Wert zu legen auf eine genaue Abklärung der subjektiv oftmals als berufsbezogene Burnout-Belastungssymptome geschilderten Beschwerden im Hinblick auf eine vorliegende posttraumatische Belastungsstörung bzw. einer stellvertretenden Traumatisierung (VT).

2.4.3.4 Anpassungsstörungen

Wird die zunehmende körperliche und seelische Belastung als Burnout empfunden, so werden meist Veränderungen in der aktuellen Arbeitsplatzsituation ursächlich dafür verantwortlich gemacht: „Die Situation ist subjektiv schlechter geworden im Vergleich zu einem Zeitraum X davor."

Betroffene fühlen sich ausgebrannt, erschöpft, leer, müde, hoffnungslos, gereizt, angespannt, ängstlich-sorgenvoll mit zunehmenden körperlichen Beschwerden und abnehmender Leistungskraft im Hinblick auf berufsbezogene und oftmals hinzukommende private Veränderungen, denen sich anzupassen immer schwerer fällt. Sie empfinden subjektiv eindeutig Burnout, das zunehmend psychisch leidvoll erlebt wird. Jenseits des vor Behandlungsbeginn meist nicht vorliegenden Wissens um das ABC-Modell der Gefühle sind es im persönlichen Erleben diese von außen eintretenden Belastungen, die direkt zum Burnout geführt haben. Die Diagnose „Anpassungsstörungen" könnte für viele um Burnout-Behandlung Bittende wie eine Schuldzuweisung klingen, dass man nicht in der Lage sei, sich veränderten Lebensbedingungen anzupassen. Manchmal ruft diese Diagnose sogar direkt Empörung hervor, wie bei Herrn F., 43 Jahre, Beamter, Mitarbeiter in einer großen deutschen Behörde: Nach einer Zwangsversetzung zu einer ihm bisher fremden Tätigkeit im Zusammenhang mit der Bewältigung der Flüchtlingsströme war er nach subjektivem „Burnout" zum Psychiater gegangen und hatte von seinem Hausarzt nachfolgend die fachärztlich vergebene Diagnose „Anpassungsstörungen" erfahren. Als er sich daraufhin in meiner Praxis vorstellte, um endlich angemessene Hilfe beim „Burnout-Spezialisten" zu erhalten, wetterte er über diese aus seiner Sicht völlig unverständliche Diagnose: „Ich bin doch nicht gestört – die sind gestört, mit dem, was sie da treiben. Dem kann man sich doch gar nicht anpassen wollen, solange man noch einen Funken Intelligenz im Hirn hat. Die machen einen doch völlig fertig mit diesen Arbeitsvorgaben".

Anpassungsstörungen entstehen häufig in Folge von Veränderungen im sozialen Netzwerk durch Umstrukturierungen am Arbeitsplatz. Von langvertrauten Arbeitskollegen getrennt zu werden und sich neuen Mitarbeitern, neuen Vorgesetzten oder sozialer Isolation an einem abgelegenen Arbeitsplatz ausgesetzt zu fühlen, wird als stark belastend empfunden. Auch andere subjektiv belastende Lebensereignisse, ob kurzfristig oder länger andauernd, können Auslöser für eine Anpassungsstörung sein: Ehekrisen, Todesfälle, Geburten, finanzielle Belastungen, Berufspositionsänderungen, Lebensabschnittsänderungen, Rechtsstreitigkeiten mit dem Arbeitgeber, mit Nachbarn, mit (Sozial-)Versicherungen, wegen Unterhaltsklagen, wegen des Vorwurfs von Verstößen gegen das Verkehrsrecht oder Strafrecht, bereits laufende Verfahren, befürchtete oder absehbar real bevorstehende gerichtliche Verfahren. Diese Belastungen überfordern dann die aktuell zur Verfügung stehenden Copingmöglichkeiten des Einzelnen. Die Diagnose **Anpassungsstörungen F43.2x** ist dann vielmals die angemessene, sozialrechtlich relevante und korrekte Differenzialdiagnose der geklagten subjektiven Burnout-Symptome.

Galt im ICD-10 noch das Kriterium A „Identifizierbare psychosoziale Belastung, von einem *nicht außergewöhnlichen oder katastrophalen Ausmaß*; Beginn der Symptome innerhalb eines Monats" (ICD-10, 2008, S. 176), so lautet jetzt im DSM-5 das Kriterium A „Die Entwicklung von emotionalen oder behavioralen Symptomen als Reaktion auf einen identifizierbaren Belastungsfaktor, die innerhalb von drei Monaten nach Beginn der Belastung auftreten." (DSM-5 2015, S. 391)

Mit dieser neuen Definition, die höchstwahrscheinlich so auch in die ICD-11 eingehen wird, ist eine hohe Diskriminationsleistung vom Untersucher gefordert: Eine Anpassungsstörung kann folglich nicht mehr nur nach Ereignissen *nicht*-katastrophalen Ausmaßes gestellt werden, sondern auch nach traumatischen Ereignissen. Im Gegensatz zur posttraumatischen Belastungsstörung, die erst diagnostiziert werden kann, wenn mindestens ein Monat seit dem traumatisierenden Ereignis vergangen ist, kann die Anpassungsstörung auch unmittelbar nach dem Ereignis auftreten und bis zu sechs Monate nach Beendigung des Ereignisses anhalten. Tritt nach mehr als einem Monat deutliches Leiden auf, entscheidet die Intensität der Symptome, ob der Cut-Off-Wert aller notwendigen Kriterien für eine posttraumatische Belastungsstörung erfüllt ist. Sind die Symptome in ihrer Intensität unterhalb dieser diagnostischen Schwelle, wird laut DSM-5 eine Anpassungsstörung zu diagnostizieren sein. Dies gilt ebenso, wenn das volle Symptomprofil einer posttraumatischen Belastungsstörung nach mehr als einem Monat gezeigt wird, aber kein traumatisches Ereignis im Sinne des Kriteriums A einer PTBS vorliegt, also keine Konfrontation mit tatsächlichem oder drohendem Tod, ernsthafter Verletzung oder sexueller Gewalt stattgefunden hat. Dies gilt auch dann, wenn diesbezügliche Ereignisse im Fernsehen detailliert dargestellt wurden, aber weder selbst erlitten noch einer sehr nahestehenden Person widerfahren sind noch beruflich bedingt eine wiederholte Konfrontation stattgefunden hat. Die **akute Belastungsstörung F43.0** wiederum dauert nach DSM-5 definitionsgemäß nur drei Tage bis maximal vier Wochen und übertrifft an Intensität die Anpassungsstörung. Treten aber direkt nach dem Trauma mindestens drei Tage lang, höchstens jedoch vier Wochen, Leidenssymptome auf, für die die definierten Kriterien der akuten Belastungsstörung nicht in vollem Umfang zutreffen, so wird auch in diesem Falle eine Anpassungsstörung zu diagnostizieren sein. Dasselbe gilt, wenn die Symptomkriterien in vollem Umfang den festgelegten Kriterien einer akuten Belastungsstörung entsprechen und mindestens drei Tage, aber nicht länger als einen Monat andauern, jedoch das mit dem Kriterium A der posttraumatischen Belastungsstörung identische Ausmaß des Ausgangsbelastungsfaktors nicht erreicht war. Auch in diesem Falle ist eine Anpassungsstörung zu diagnostizieren. Diese genaue differenzialdiagnostische Unterscheidung kann sozialrechtlich von extrem hoher Bedeutsamkeit sein. Wenn etwa bei um Burnout-Behandlung nachfragenden Mitgliedern der Streitkräfte die relevanten Kriterien für PTBS erfüllt sind und diese Diagnose gestellt wird, würde dies mit hohen Entschädigungsleistungen nach einem vorausgegangenen Kriegseinsatz und der Befreiung von weiteren Kriegseinsätzen einhergehen können. Eine diagnostizierte Anpassungsstörung bliebe ohne diese Konsequenzen.

Jenseits der Notwendigkeit zur differenzialdiagnostischen Exaktheit im Grenzbereich der posttraumatischen Belastungsstörung gilt es bei der Anpassungsstörung zu unterscheiden, ob es sich nach DSM-5 um eine **Anpassungsstörung mit depressiver Stimmung F43.1** handelt, bei der innerhalb von drei Monaten nach dem Ereignis, aber nicht länger als sechs Monate nach dessen Ende gedrückte Stimmung, Weinerlichkeit oder Gefühle der Hoffnungslosigkeit im Vordergrund stehen, oder um eine **Anpassungsstörung mit Angst F43.22**, bei der Nervosität, Sorgen, Überspanntheit oder Trennungsangst im Vordergrund stehen.
Stehen eine Kombination von Depression und Angst im Vordergrund, so trifft die Diagnose zu: **Anpassungsstörung mit Angst und depressiver Stimmung, gemischt F43.23**.

Stehen sowohl emotionale Symptome wie Angst und Depression als auch eine nach dem Ereignis eingetretene Störung des Sozialverhaltens im Vordergrund, handelt es sich nach DSM-5 um eine **Anpassungsstörung mit Störung der Emotionen und des Sozialverhaltens, gemischt F43.25**.

Kommt es zu anderen unangepassten Reaktionen, die sich nicht in eine der spezifischen Subtypen der Anpassungsstörung klassifizieren lassen, gilt die Diagnose: **Anpassungsstörung, nicht näher bezeichnet F43.20**.

Der Zusatz **akut** gibt an, dass das Störungsbild weniger als sechs Monate anhält, der Zusatz **andauernd** (**chronisch**) gibt an, dass das Störungsbild sechs Monate oder länger anhält.

Es ist anzunehmen, dass die Diagnosekriterien der in Vorbereitung befindlichen ICD-11 sich diesen neueren Einteilungskriterien der DSM-5 anpassen werden. Aktuell, im Juli 2016, gelten jedoch noch die Anpassungsstörungskriterien der ICD-10.

Praxistipp:

Bei sehr vielen Rat- und Behandlungssuchenden werden die vorgebrachten Burnout-Symptome nach gründlicher Differenzialdiagnose als eine der definierten Formen der Anpassungsstörung zu diagnostizieren sein. Zusätzlich ist es auch hier hilfreich, nach ICD-10 die Diagnose „Z 73.0 Burnout, Zustand der totalen Erschöpfung" zur Validierung der subjektiven Burnout-Belastung bei vorliegender Erschöpfung zu vergeben, die in den meisten Fällen den Aufbau einer tragfähigen therapeutischen Allianz unterstützt.

2.4.4 Neurasthenie

Wohl keine andere Differenzialdiagnose liegt neben CFS so nah am Konzept der Burnout-Symptomatik wie die Diagnose Neurasthenie. Wurde über Ermüdung, Ängstlichkeit, Kopf- und andere Schmerzen, Schlaf- und Konzentrationsstörungen geklagt, war die Diagnose im letzten Jahrhundert schnell gestellt: Neurasthenie. Nach Seidel (2011) galt sie schon vor 100 Jahren als typische Lehrerkrankheit. Allerdings ohne die der Burnout-Diagnose eigenen dem Betroffenen zu Teil werdende Achtung, weil man die schwierigen Umstände so lange auszuhalten in der Lage war, bis eben das Burnout weiteres Kämpfen verunmöglichte.

In den letzten zwanzig Jahren konsultierte mich kein einziger Patient mit Erschöpfungssymptomatik, der von seinem Hausarzt oder von ambulant oder stationär vorbehandelnden Fachärzten die Diagnose ICD-10 F48.0 Neurasthenie erhalten hatte. Die Verwendung dieser Diagnose scheint tatsächlich im Aussterben begriffen zu sein. Das DSM-5 jedenfalls enthält diese Diagnose nicht mehr. Ob sie in der ICD-11 noch enthalten sein wird, bleibt abzuwarten. Formal könnte sie, solange die ICD-10 noch Grundlage sozialrechtlich anerkannter Diagnosen ist, weiterhin vergeben werden.

In Bezug auf die den Kriterien der Neurasthenie sicher in vielen Fällen entsprechenden Burnout-Symptomschilderungen besteht die differenzialdiagnostische Herausforderung darin, sich für diejenige Diagnose zu entscheiden, die für den Betroffenen emotional am akzeptabelsten ist: CFS, depressive Störung, Angst und depressive Störung gemischt, generalisierte Angststörung, somatoforme Störung, oder eben – immer noch möglich – Neurasthenie.

> **Praxistipp:**
>
> Lässt sich keine angemessene andere sozialrechtlich relevante Kategorie für die als subjektives Burnout geklagten Symptome finden, so kann in den meisten Fällen die vorgebrachte Beschwerdeschilderung mit den vorliegenden und aktuell noch gültigen Kriterien der ICD-10 diagnostiziert werden als „F48.0 Neurasthenie". In diesem Fall verbietet es sich jedoch, die Zusatzdiagnose „Z73.0 Burnout-Syndrom" zu vergeben, da diese Diagnose ein Ausschlusskriterium für die Vergabe der Diagnose Neurasthenie darstellt. Wo immer es möglich ist, sollte jedoch im Hinblick auf eine optimale therapeutische Allianz mit Patienten, die uns um Hilfe bei ihrem Burnout aufsuchen, auf die Vergabe der Diagnose „Neurasthenie" verzichtet werden.

2.4.5 Chronisches Erschöpfungssyndrom (Chronic Fatigue Syndrome: CFS/ME) – Systemic Exertion Intolerance Disease (SEID)

CFS bedeutet, nach Fukuda (1994), dass Betroffene seit mindestens sechs Monaten unter einer andauernden, nicht durch andere Krankheiten erklärbaren Erschöpfung leiden. Diese Erschöpfung verbessert sich nicht durch Ruhe und schränkt die Aktivitäten der Betroffenen deutlich ein. Zudem müssen mindestens vier von acht Begleitsymptomen auftreten, zu denen Schlafstörungen, Gelenk-, Kopf-, Muskel- oder Halsschmerzen, geschwollene Lymphknoten am Hals und in den Achseln, Konzentrationsstörungen sowie ein deutlich beeinträchtigtes Kurzzeitgedächtnis zählen.

Aus psychologischer Sicht entspricht das CFS in vielen Kriterien der Neurasthenie. Auch hierbei liegt die Betonung auf dem Aspekt der Erschöpfung, ebenso wie er in vielen Definitionsversuchen von Burnout wiederzufinden ist. Die Ursachen chronischer Erschöpfungszustände bleiben jedoch undeutlich, die Abgrenzung zur Alltagserschöpfung bzw. zu allgemeinen Erschöpfungszuständen, zur Erschöpfungsdepression oder zu Burnout ist schwer vorzunehmen. Man nimmt an, dass das Zusammenwirken von Immun-, Nerven- und Hormonsystem gestört ist. Die Behandlung der Betroffenen gestaltet sich schwierig – auch wegen unklarer Zuständigkeit einzelner Fachgruppen und der Präferenz der Betroffenen für rein somatische Behandlungsansätze. Es existieren bei allen intensiven Forschungsbemühungen immer noch keine diagnostischen Labortests oder objektivierende Untersuchungen, trotz zeitweilig vermeintlich eindeutiger Festlegung auf das Auftreten des XMRV-Virus als Kriteriumsvariable für „richtiges" CFS. Diese zum Teil euphorisch verbreitete Erkenntnis mit der entsprechenden Aktivität der Pharmaindustrie, kurzfristig diesbezüglich wirksame Medikamente auf den Markt zu bringen, entpuppte sich jedoch zwischenzeitlich als nicht haltbar. Ein Messfehler, verursacht durch verunreinigtes Untersuchungsmaterial, führte dazu, dass der vermeintliche Forschungserfolg widerrufen werden musste (Switzer et al. 2010). Auch zwischenzeitliche Überlegungen, Menschen mit CFS von der Blutspende auszuschließen, wurden in einem Gutachten des RKI von 2012 als wissenschaftlich grundlos eingestuft (RKI 2012).

Aufgrund des 2016 eindeutig populäreren Laienkonzepts, bei Erschöpfung, vor allem bei entsprechender beruflicher Belastung, eher an Burnout zu denken, werden viele Betroffene, die 1994 bei Erschöpfung noch eher an CFS erkrankt zu sein geglaubt hätten, heute eher die Selbstdiagnose „Burnout" stellen. In beiden Fällen sind jedoch Ärzte und Psychotherapeuten gleichermaßen vor die Aufgabe gestellt, ausgehend von der individuellen Symptompräsentation eine exakte Differenzialdiagnostik durchzuführen, deren Aufgabe darin besteht, andere für die Erschöpfung und Müdigkeit infrage kommende Erkrankungen auszuschließen. Sowohl für die Diagnose des CFS als auch für die Diagnose eines vorliegenden Burnouts gilt es, die nahezu gleichen somatischen und psychischen Alternativerkrankungen differenzialdiagnostisch genauestens in Erwägung zu ziehen. Auch das CFS lässt sich nicht eindeutig in DSM und ICD einordnen. Zurzeit ist es in der ICD-10 noch verortet unter: „Sonstige Krankheiten des Nervensystems" und wird dort unter **ICD-10 G 93.3** als „**Chronisches Müdigkeitssyndrom**" bezeichnet, mit den Zusatzbezeichnungen: **Benigne myalgische Enzephalomyelitis,** chronisches Müdigkeitssyndrom bei Immundysfunktion, postvirales Müdigkeitssyndrom.

Kaum eine Krankheit im Zusammenhang mit Zuständen völliger Erschöpfung wurde so emotional, leidenschaftlich und kontrovers diskutiert wie das chronische Müdigkeitssyndrom. Betroffene wehren sich vehement dagegen, in die „Psychoschiene" geschoben zu werden, und hoffen nach wie vor sehnsüchtig auf die Erforschung der „wirklichen" somatischen Ursache. In vielen Ländern gibt es bereits sehr viele aktive Selbsthilfegruppen, die fast militant gegen jede Bagatellisierung oder gar „Psychiatrisierung" „ihrer" Krankheit zu Felde ziehen.

Das chronische Müdigkeitssyndrom wird üblicherweise als CFS/ME abgekürzt. CFS steht dabei als Abkürzung für Chronic Fatigue Syndrome, ME als Abkürzung für myalgische Enzephalomyelitis. Die schwerpunktmäßige Verwendung des ersten oder zweiten Bestandteils der Abkürzung erklärt die emotionale Dynamik: Chronisch müde zu sein scheint eher eine Alltagsstörung darzustellen, ohne dabei eine hohe ernstzunehmende Krankheitsrelevanz zu besitzen, wenn nicht gar den Hauch von Bequemlichkeit, Trägheit oder gar Faulheit zu implizieren. Myalgische Enzephalomyelitis oder die synonyme Bezeichnung myalgische Enzephalopathie scheint dagegen eine ernstzunehmende Krankheit zu bezeichnen. In Feldexperimenten konnte gezeigt werden, dass dies tatsächlich so ist. Medizinisches Personal nimmt Patienten mit der Diagnose CFS weniger ernst und behandelt sie weniger fürsorglich als Patienten mit der Diagnose ME (Jason et al. 2002).

Das Institute of Medicine hat nicht zuletzt deshalb im Februar 2015 vorgeschlagen, die Bezeichnung zu ändern und stattdessen nunmehr besser von **Systemic Exertion Intolerance Disease (SEID)** zu sprechen, also von einer Krankheit systemisch bedingter Belastungsintoleranz oder kurz: systemische Belastungsintoleranzerkrankung (http://iom.nationalacademies.org/Reports/2015/ME-CFS.aspx, Stand 08.06.2016). Inwieweit sich dieser Vorschlag zur Neutralisierung von Abwertung und zur erhöhten Validierung des Leids der Betroffenen durchzusetzen vermag, bleibt abzuwarten.

Von Hausärzten oder Internisten, an die sich Betroffene in der Regel zuerst wenden, werden zur Diagnose der chronischen Müdigkeit am häufigsten die bereits anfangs erwähnten Kriterien herangezogen, die Keiji Fukuda, Mitglied des amerikanischen Centers for Disease Control and Prevention (CDC), 1994 veröffentlichte.

Das Robert-Koch-Institut (RKI) legte im Januar 2015 auf Bitten des Bundesministeriums für Gesundheit (BMG) einen Bericht vor, der die Erkenntnisse aus den wichtigsten Übersichtsarbeiten in der Literatur der letzten fünf Jahre bezüglich des Chronic Fatigue Syndroms (CFS) aufbereitet hatte (http://www.rki.de/DE/Content /Gesundheitsmonitoring/Gesundheitsberichterstattung/GesundAZ/Content/C/Chron _Fatigue_Syndrom/Inhalt/CFS_Erkenntnisstand_2015.pdf?__blob=publicationFile, Stand 08.06.2016).

Das wissenschaftliche Fazit des Berichts des Robert-Koch-Instituts zum Erkenntnisstand zum Chronic Fatigue Syndrom (CFS, 2015) nach der genauen Analyse „eines heterogenen Krankheitsbildes mit ungeklärter Ätiologie, uneinheitlichen Fallkriterien sowie unsicherer Differenzialdiagnostik und divergenten Therapieansätzen" (RKI 2015, S. 3) ist bescheiden. Nachdem 6285 Titel und Abstracts mit dem Suchkriterium „Chronic fatigue syndrome myalgic encephalomyelitis" gefunden waren, blieb am Ende keine wesentlich neue Erkenntnis.

Praxistipp:

Wenn nach Ausschluss anderer Erkrankungen chronische Erschöpfung das Leitsymptom der initial geklagten subjektiven Burnout-Beschwerden darstellt, erhebt sich die Frage, unter welcher „offiziellen Diagnose" sich der Betroffene individuell in seinem subjektiven Leid am meisten validiert fühlt: unter der Diagnose „Zustand völliger (berufsbezogener) Erschöpfung Z73.0" oder unter der Diagnose „G93.3 Chronisches Müdigkeitssyndrom". Die therapeutische Herausforderung besteht in beiden Fällen darin, ein angemessenes Coping-Verhalten gegenüber und mit der vorliegenden ausgeprägten Erschöpfung zu vermitteln. Aufgrund der nicht genügend validierten Diagnosekriterien beider Störungsbilder, sowohl des CFS als auch des Burnout-Syndroms, besteht die therapeutische Freiheit der Utilisation beider Diagnosemöglichkeiten. Das Entscheidungskriterium dabei ist: Welche der beiden Diagnosen hat den für den weiteren Therapieverlauf höchsten Motivationsimpact für den individuell Betroffenen? Sollte die Diagnose Burnout gewählt werden, bedarf es dann allerdings noch einer sozialrechtlich relevanten zweiten Diagnose.

2.4.6 Somatoforme Störungen – Somatische Belastungsstörungen

War in DSM-IV und ist in der noch aktuellen ICD-10 die somatoforme Störung bzw. Somatisierungsstörung (ICD-10 F45.0) noch als Störungskategorie beschrieben, so wurde im DSM-5 diese Kategorie reorganisiert und beschreibt nunmehr all die Störungen, bei denen körperliche Symptome im Vordergrund stehen, die mit ausgeprägtem subjektiven Leiden und Beeinträchtigungen einhergehen. Betont wird nicht mehr das oft als wenig validierend, ja oft entwürdigend empfundene Fehlen einer körperlich nachweisbaren Ursache, sondern das subjektive Erleben, Denken, Fühlen und Handeln in Bezug auf wahrgenommene somatische Symptome.

Das Kernmerkmal ist nunmehr die körperbezogene subjektive Belastetheit. Diese neue Kategorie in DSM-5 ist meines Erachtens von hoher therapeutischer Relevanz, da sie eindeutig stigmatisierungsfreier ist.

Im Zusammenhang mit vorgebrachten Burnout-Beschwerden wird der oftmals frustranen Suche nach „wirklichen" Ursachen der erlebten Müdigkeit, der empfundenen Schmerzen, dem schnellen Erschöpftsein, mit der Gefahr als „eingebildeter Kranker" abgestempelt zu werden, vorauseilend die Selbstdiagnose „Burnout" vorangestellt. Damit erscheinen subjektiv all diese Symptome hinreichend erklärt. Dies schließt bei den Betroffenen jedoch nicht immer aus, sich dennoch erhebliche Sorgen zu machen über den weiteren Verlauf der Entwicklung der aktuell bestehenden körperlichen Beschwerden. Differenzialdiagnostisch bleibt deshalb ungeachtet der subjektiv eindeutigen Zuordnung ihrer Beschwerden zum Burnout-Syndrom dennoch die Herausforderung, eine vorliegende Somatisierungsstörung nicht zu übersehen. Liegt F45.0 nach ICD-10 oder angemessener und aktueller im Hinblick auf die DSM-5-Definition eine **Somatische Belastungsstörung F45.1** vor, dann bedarf es des Nachweises der Voraussetzung hierfür, dass eines oder mehrere somatische Symptome länger als sechs Monate als sehr belastend erlebt werden oder zu erheblichen Einschränkungen in der alltäglichen Lebensführung führten.

Das entscheidende Kriterium ist, ob die Person authentisch leidet – unabhängig davon, ob dieses Leiden medizinisch erklärt werden kann oder nicht. **Nach DSM-5 schließen sich die Diagnose einer Somatischen Belastungsstörung F45.1 und eine parallel bestehende körperliche Erkrankung nicht aus und treten oftmals gleichzeitig auf.**

Ist die Diagnose „Somatische Belastungsstörung" gestellt, sollte zusätzlich genau eruiert werden, welche der statistisch häufigsten komorbiden psychischen Störungen differenzialdiagnostisch noch zu diagnostizieren sind: Panikstörung, Angststörungen, Major Depression oder eine Persistierende Depressive Störung (Dysthymie). Histrionische Persönlichkeitsakzenturierungen, bis hin zum Vollbild histrionischer Persönlichkeitsstörung, gilt es in diesem Fall ebenfalls in die Differenzialdiagnostik miteinzubeziehen.

Praxistipp:

Bitten Patienten um Hilfe bei der Bewältigung ihrer Burnout-Symptome, gilt es differenzialdiagnostisch genau zu unterscheiden: **Leiden die Betroffenen unter der beruflichen Belastung** und berichteten die daraus ihrer Meinung nach entstandene Vielfalt körperlicher Symptome oder berichten die Betroffenen von dem Leiden und den **Beeinträchtigungen durch ihre Symptome,** die sie als Auswirkung ihrer beruflichen Überlastung entwickelt haben.

Fühlen sie sich überwiegend **durch ihre Symptome belastet** und besteht ihre Beeinträchtigung im Wesentlichen durch das Kreisen der Aufmerksamkeit um die als belastend erlebten Symptome, ist die indizierte Diagnose nach DSM-5: **Somatische Belastungsstörung F45.1.**

Parallel bestehende körperliche Erkrankungen und andere psychische Störungen treten oftmals gleichzeitig auf und sollten zusätzlich kodiert werden. Bei vorliegender ausgeprägter Erschöpfung besteht keine Kontraindikation zu der Zusatzdiagnose Burnout ICD-10 Z73.0.

2.4.7 Persönlichkeitsstörungen

Burnout und empfundene Überlastung – durch Beruf, Haushalt, Schule, Ausbildung, Studium, häusliche Pflege Angehöriger sowie Zeiten der Arbeitslosigkeit/Arbeitssuche – und die Besonderheiten der persönlichen Interaktionsstile sind in sehr engem Zusammenhang zu sehen. Diese erschöpfende Überlastung kann resultieren aus der mangelnden Fähigkeit nein zu sagen, sich abzugrenzen, Position zu beziehen, eigene Interessen zu vertreten, Dissonanzen aushalten zu können oder aus überwiegend konflikthaft verlaufenden Interaktionen mit Vorgesetzten, Mitarbeitern, Schülern, Kunden oder Klienten auf der Basis von extremem Misstrauen, Kritikempfindlichkeit, mangelnder Empathie, Geltungssucht, selbstschädigender Impulsivität oder prinzipieller Widerständigkeit gegenüber allen Anliegen der sozialen Umwelt.

Haben sich persönliche ungünstige, dysfunktionale soziale Interaktionsstile repetitiv verfestigt und bestehen immer weniger Möglichkeiten zu situationsangemessenem, flexiblem Verhalten, dann sprechen wir vom Vorliegen einer Persönlichkeitsstörung. Diese tiefsitzenden, meist in der frühen Biographie erworbenen und persistierenden Störungen des Beziehungsverhaltens gilt es ebenfalls im Blick zu haben, wenn der Wunsch nach Burnout-Therapie an den Behandelnden herangetragen wird. Nicht zuletzt sind es diese, den Personen meist ich-syntonen, also zu ihnen gehörig erscheinenden Denk- und Verhaltenseigenarten, die sowohl auslösende als auch aufrechterhaltende Bedingungen für das subjektiv erlebte Burnout darstellen. Fiedler (2007) beschreibt in der Darstellung einer Metaanalyse mehrerer Studien beeindruckend die psychisch und physisch erhöhte (und damit Erschöpfung mitbedingende) Vulnerabilität, die bei nahezu allen Betroffenen vorliegt, die nach den Kriterien der ICD-10 bzw. DSM-5 eine diagnostizierte Persönlichkeitsstörung aufweisen:

„Eines der bemerkenswertesten Ergebnisse dieser Studien ist, dass ein Mensch, auf den die Diagnose ‚Persönlichkeitsstörung‘ zutrifft (d. h., wenn man über die Persönlichkeitsstörungen hinweg generalisiert), offensichtlich ‚neurotische‘ Eigenarten besitzt. Im Sinne der ‚Big-Five‘-Konstruktionen meint dies, dass er

- sehr verletzbar ist,
- überempfindlich auf Anforderungen und Stress reagiert,
- in sozialen Kontexten Angst empfindet
- und sich schnell hilflos fühlt" (Fiedler 2007, S. 104).

Ferner führt Fiedler (2007) aus, dass das individuelle interaktionelle problematische zu zunehmender Erschöpfung führende Verhalten dieser für Stress deutlich anfälligeren Mitmenschen je nach zutreffendem Störungsbild natürlich sehr unterschiedlich ausfällt. Introvertierte Menschen wie schizoide, selbstunsichere und zwanghafte Personen werden sich eher belastet fühlen bei Kontaktreizüberflutung, extravertiert histrionische Menschen eher bei mangelnder sozialer Beachtung. Auch in der beruflichen Interaktion werden vorhersagbar soziale Konflikte auftreten bei Menschen mit antisozialer, paranoider, schizotypischer, passiv-aggressiver, zwanghafter und Borderline-Persönlichkeitsstörung.

Wichtig in Bezug auf die kompetente Behandlung von Burnout ist, sich als Behandelnder der Tatsache bewusst zu sein, dass der Therapieauftrag eines um Burnout-Therapie Bittenden nicht darin besteht, die vorliegende, meist ich-syntone Persönlichkeitsstörung zu behandeln, sondern Hilfe zu leisten bei dem geklagten Zustand völliger Erschöpfung und der dazugehörigen individuell unterschiedlichsten Palette an Burnout-Symptomen. Es geht also nicht um die Behandlung der Persönlichkeitsstörung, sondern um die Burnout-Behandlung bei vorliegender Persönlichkeitsstörung.

Dies bedeutet oftmals einen herausfordernden Balanceakt auf Seiten des Behandelnden: Um die vorliegenden Belastungen dauerhaft zu senken, wird eine Flexibilisierung des sozialen Interaktionsverhaltens des Betroffenen unabdingbar sein. Dies wiederum setzt voraus, dass der unter Burnout Leidende zu der Erkenntnis und zu der Erfahrung geführt wird, dass er nicht nur belastenden sozialen Einflüssen passiv ausgesetzt ist, sondern einen aktiven Beitrag zur positiven Veränderung dieser negativen Interaktionsdynamiken zu leisten vermag. Die Erkenntnis bedarf der geduldigen wiederholten gemeinsamen Analyse vorliegender belastender sozialer Konfliktsituationen in Bezug auf den eigenen Beitrag.

Praxistipp:

Das Burnout-Behandlungsziel bei vorliegender Persönlichkeitsstörung besteht primär darin, folgende Erkenntnis mit dem daraus resultierenden neuen Verhalten zu vermitteln: **„Ich erlebe nicht nur passiv Belastungen, sondern ich bin durch mein eigenes Verhalten Mitverursacher dieser sozialen Interaktionsbelastungen. Und ich habe die Wahl, neues, belastungsfreieres interaktionelles Verhalten – mit Hilfe des Behandelnden – zu erlernen und anzuwenden.“**

Dieses Ziel zu erreichen setzt voraus, die jeweils vorliegende Persönlichkeitsstörung und damit die individuell besonders ungünstige Interaktionsdynamik des Klienten differenzialdiagnostisch exakt zu erfassen. Zusätzlich ist es notwendig, die typischen Interaktionsmuster und die dazugehörigen „Beziehungstests" zu kennen. Nur so besteht eine realistische Chance, eine Burnout-Behandlung auch bei komorbider Persönlichkeitsstörung therapeutisch kompetent, souverän und erfolgreich durchführen zu können.

Betrachten wir deshalb die wichtigsten Persönlichkeitsstörungen im Einzelnen:

2.4.7.1   Paranoide Persönlichkeitsstörung

Fiedler fasst die Essenz der Interaktionsmuster paranoid denkender und handelnder Menschen folgendermaßen zusammen:

„**Fanatisch, querulatorisch, rechthaberisch.** Es finden sich eine Überempfindlichkeit gegenüber Kritik der Normorientierung eigenen Handelns sowie ein tiefgreifendes Misstrauen und Argwohn gegenüber anderen, so dass Motive dieser anderen als böswillig ausgelegt werden. Paranoide Persönlichkeiten fühlen sich von anderen extrem ausgenutzt oder benachteiligt. Einige neigen zum Querulantentum und zum Fanatismus und sie liegen häufig im (Rechts-)Streit mit anderen Menschen. In beruflich superiorer oder gleichrangiger Position kommt hinzu, dass die Loyalität anderer in Zweifel gezogen wird." (Fiedler 2007, S. 134)

Nach Sachse (2003, 2006b, c, 2007, 2011, 2012) werden Therapeuten, selbst wenn die Betroffenen aktiv und selbständig den Kontakt gesucht haben, um Hilfe bei ihrer Burnout-Bewältigung zu erhalten, massiv getestet. Da Menschen mit paranoiden Persönlichkeitsstörungen, wie oben ausgeführt, annehmen, dass der Therapeut genau so ist wie jeder andere und nur deshalb so freundlich und zugewandt ist, weil er sich hinterhältig Vertrauen erschmeicheln möchte, um dann früher oder später sein wahres negatives Gesicht zu zeigen und den Klienten massiv zu schädigen, sucht er sich zu schützen. Der eigentlich auf Hilfe angewiesene Patient – Sachse spricht konsequent vom Klienten – versucht deshalb, den Therapeuten zu provozieren, damit er möglichst schnell sein „wahres Gesicht" zeigt und ungehalten, aggressiv, abwertend, bevormundend, restriktiv und einschränkend reagiert. Tut dies der Therapeut tatsächlich, wird keine therapeutische Allianz zustande kommen. Die Therapie wird in einem solchen Fall abgebrochen werden, bevor sie beginnen konnte.

Praxistipp:

Wichtig ist, dass Sie als Helfender sich bewusst sind – sowohl hier, bei den Beziehungstests eines Menschen, dessen dysfunktionales Denk- und Beziehungsmuster in massivem paranoiden Argwohn liegt, als auch bei all den folgenden spezifischen Denk- und Beziehungsmustern der Klienten mit anderen Persönlichkeitsstörungen –, **dass der Klient sich nicht so verhält, um Sie zu ärgern, sondern weil sein Verhalten ein Teil seiner Störung ist.**

Es wäre in etwa so, als ob ein Hausarzt zu einem Patienten, der wegen Husten und Schnupfen zu ihm kommt, sagen würde: „Ich behandle Sie aber nur, wenn Sie hier in der Sprechstunde weder husten noch sich schnäuzen!" Das eben genau ist ja sein Problem, dass er Husten hat und ihm ständig die Nase läuft. Bleiben Sie deshalb bei den für Persönlichkeitsstörungen typischen anfänglich unvermeidlichen Beziehungstests stets weiterhin gelassen und zugewandt.

Wichtig ist, bei der paranoiden Persönlichkeitsstörung wie bei allen anderen Persönlichkeitsstörungen davon auszugehen, dass durch die Stereotypie und Repetitivität des Verhaltens in Bezug auf „normale" Interaktionsstrategien immer Defizite bestehen, die es psychoedukativ zu berücksichtigen gilt.

Angemessenes, flexibleres soziales Interaktionsverhalten zu erlernen, ist bei allen Burnout-Therapien bei Klienten mit Persönlichkeitsstörungen ein indizierter wesentlicher Baustein zur Reduktion von durch Interaktionsstress verursachter Erschöpfung.

2.4.7.2 Schizoide Persönlichkeitsstörung

Fiedler (2007) fasst die Essenz der Interaktionsmuster schizoid denkender und handelnder Menschen folgendermaßen zusammen:

„**Soziale Isolation, Einsamkeit.** Zentral ist eine Distanziertheit in sozialen Beziehungen und eine eingeschränkte Bandbreite des Gefühlsausdrucks im zwischenmenschlichen Erleben. Die Betroffenen haben keine engen Freunde und Bekannten, erscheinen scheu und verschlossen und persönliches Feedback durch andere ist ihnen egal. Werden sie in ihrer Neigung zur Zurückgezogenheit heftig kritisiert oder angegriffen, kann es gelegentlich zu Zornesausbrüchen und Gegenangriffen kommen." (Fiedler 2007, S. 142)

Die Herausforderung in der Burnout-Behandlung von Menschen mit schizoidem Interaktionsstil liegt folglich darin, die distanzierte Grundhaltung als Teil der Störung anzuerkennen und nicht als persönliche Ablehnung zu werten. In Bezug auf bewusste Beziehungstests und dem damit erfolgreichen Umgang ist nach Sachse (2004) wichtig, sich darüber bewusst zu sein, dass das gesamte distanzierte Interaktionsverhalten des Klienten darauf abzielt, in Erfahrung zu bringen, ob der Therapeut sich in ihr Denken hineinversetzen kann, ob er die Beweggründe des eigenen Handelns zu verstehen vermag, ob er trotz eigenen distanzierten Verhaltens weiterhin interessiert, zugewandt und freundlich zu bleiben vermag.

Erinnern Sie sich der Grundregel: Ihr Gegenüber verhält sich nicht so, um Sie zu ärgern oder die Therapie zu sabotieren, er verhält sich so, weil es ein Teil seines Problems, seiner Störung ist.

Praxistipp:

Wichtig ist es deshalb zugewandt zu bleiben, dem Gegenüber Interesse und Respekt zu bekunden und entspannt zu vermitteln, dass man sich nicht abschrecken lässt oder zurückzieht. Dies ist die Grundlage für eine tragfähige therapeutische Allianz in der Bearbeitung der initial geklagten Burnout-Symptome im Falle einer komorbid diagnostizierten schizoiden Persönlichkeitsstörung.

2.4.7.3 Schizotype Persönlichkeitsstörung

Fiedler (2007) fasst die Essenz der Interaktionsmuster schizotypisch denkender und handelnder Menschen folgendermaßen zusammen:

„**Soziales Unbehagen, Verzerrungen im Wahrnehmen und Denken.** Im Vordergrund stehen soziale Defizite, die durch akutes Unbehagen in und durch mangelnde Fähigkeit zu engen Beziehungen gekennzeichnet sind. Es treten Verzerrungen der Wahrnehmung und des Denkens sowie eigentümliches Verhalten auf. Familienuntersuchungen haben die genetische Verwandtschaft zur sogenannten Kernschizophrenie aufgezeigt. Und bei einigen (wenigen) Betroffenen besteht das Risiko, unter extremer Belastung eine manifeste Schizophrenie zu entwickeln. Wenn schizotype Persönlichkeiten sich in Behandlung begeben, dann zumeist wegen sozialer Angst oder wegen depressiver Verstimmung." (Fiedler 2007, S. 152)

Der Beobachtung von Fiedler sei die Erfahrung hinzugefügt, dass durch die Popularisierung des Burnout-Konzepts in den letzten Jahren auch immer mehr Personen mit schizotypischer Persönlichkeitsstörung Burnout-Behandlung gesucht haben. Ihnen ermöglicht der Burnout-Begriff nunmehr ihre erlebte Angst in sozialen Kontexten und ihre depressiven Befindlichkeitszustände für sich stimmig zu erklären. Sie sind jetzt in der Lage, aktiv und selbstwerterhaltend um Hilfe zu bitten mit der Selbstdiagnose: „Ich habe Burnout, weil mich die (Berufs-)Umwelt überfordert."

Die Herausforderungen für die Interaktion mit diesen unter ihrer Burnout-Symptomatik leidenden Personen besteht darin, dass ihre prinzipielle Ängstlichkeit in sozialen Situationen im Laufe einer Sitzung eher nicht habituiert, sondern sie – auch innerhalb der therapeutischen Sitzung – eher bisweilen angespannter und misstrauischer werden.

Bewusst durchgeführte Tests gegenüber den Interaktionspartnern, denen gegenüber man sich sowieso grundlegend verschieden fühlt, sind nicht zu bestehen. Schwierig kann es therapeutisch interaktiv immer dann werden, wenn durch die erhöhte Aktivierung von positiven oder negativen Affekten innerhalb der Sitzung der Zugriff auf sachliches Nachdenken und Problemlösen für den Betroffenen kognitiv nicht mehr zu leisten ist. Häufig werden ungewöhnliche oder gar irrational anmutende Gedanken geäußert, die einer klärenden Bearbeitung durch die sonst üblichen Techniken der kognitiven Umstrukturierung dann nicht mehr zugänglich sind. Exzentrik und Merkwürdigkeit als Teil der vorliegenden Störung akzeptieren zu können, bedeutet qualifiziert zu sein, gemeinsam nach gangbaren Wegen der Burnout-Reduktion Ausschau halten zu können. Im gemeinsamen Diskurs vermögen diese Patienten dann oft, „esoterische" Lösungen zu finden, die sich fernab vom verhaltenstherapeutischen Standardrepertoire der Problemlösungsstrategien befinden, für die Betroffenen jedoch deutliche Erleichterung zu verschaffen vermögen. Eigene persönliche und therapeutische Grenzen gilt es hierbei in der Supervision zu klären und anzuerkennen.

2.4.7.4 Antisoziale Persönlichkeitsstörung

Fiedler (2007) fasst die Essenz der Interaktionsmuster antisozial denkender und handelnder Menschen folgendermaßen zusammen: „**Fehlende Schuldgefühle, Störungen der Impulskontrolle.** Hauptaspekte sind rücksichtsloses Durchsetzen eigener Ziele, Mitgerissen-werden von momentanen Eindrücken sowie spontanes Verhalten, durch das andere sich verletzt und erniedrigt fühlen. Mangel an Introspektionsfähigkeit führt zu fehlenden Schuldgefühlen, und Normverletzungen gehen im Extrem so weit, dass die Betroffenen nicht in der Lage scheinen, vorausschauend zu planen und zu handeln. Eine hohe Risikobereitschaft korrespondiert mit einem Mangel an Angst. Ferner finden sich Unzuverlässigkeit, Bindungsschwäche und ein Mangel an Empathie: Häufig sind zusätzlich gesundheitliche und soziale Probleme durch Missbrauch von Alkohol und Drogen vorhanden. Es kann zu schweren Gewaltdelikten und Rechtsverletzungen kommen. Auch depressive Störungen können auftreten, zumeist weil innere Leere und Langeweile schwer ertragen werden. Das Suizidrisiko ist deutlich erhöht." (Fiedler 2007, S. 169)

Angesichts des dargestellten Störungsbildes ist deutlich, dass die Wahrscheinlichkeit, dass eine Person mit Antisozialer Persönlichkeitsstörung sich wegen „so etwas Lächerlichem wie Burnout" (Zitat eines Patienten mit Antisozialer PS-Diagnose, der wegen Bewährungsauflage bei mir in Behandlung war) in Behandlung begibt, äußerst gering ist. Gleichwohl wird im Kommentar zur DSM-5 Diagnose darauf hingewiesen wird, dass dieser Personenkreis komorbid nicht selten unter behandlungsbedürftiger Dysphorie leidet, ebenso wie unter depressiven Verstimmungen, Substanzkonsumstörungen, somatischen Belastungsstörungen, Störungen durch Glücksspiel und anderen Störungen der Impulskontrolle. Von der Symptomfülle her würden viele andere Betroffene daraus durchaus die Selbstdiagnose Burnout zu stellen wissen. In meiner eigenen psychotherapeutischen Tätigkeit der letzten 35 Jahre ist es noch nicht vorgekommen, dass eine Person mit zweifelsfrei gestellter Diagnose „Antisoziale Persönlichkeit" mit der Bitte um Behandlung wegen Burnout zu mir gekommen ist.

2.4.7.5 Borderline-Persönlichkeitsstörung

Fiedler (2007) fasst die Essenz der Interaktionsmuster emotional instabiler, im Borderline-Modus denkender und handelnder Menschen folgendermaßen zusammen: „**Identitätsstörungen, Störungen der Affektkontrolle.** Besonders auffällig sind eine tiefgreifende Instabilität in zwischenmenschlichen Beziehungen, im Selbstbild und in den Affekten sowie deutliche Impulsivität. Dominant ist häufig eine grundlegende Störung in der Modulation des Affekterlebens. Viele Betroffene zeigen zugleich ein verzweifeltes Bemühen, tatsächliches oder vermutetes Verlassenwerden zu vermeiden. An typischen Verhaltensmerkmalen sind neben unangemessener Wut und aggressiven Durchbrüchen unter emotionaler Belastung auch autoaggressive Impulse und Handlungen bis hin zu teils drastischen Selbstverletzungen oder parasuizidale Gesten zu nennen. Im extremen Störungsbild können affektive Störungen koexistieren und unter psychischer Belastung werden nicht selten dissoziative Störungen beobachtet." (Fiedler 2007, S. 189)

Stellt sich eine wegen Burnout um Hilfe bittende Person – zu einem sehr hohen Prozentsatz sind es Frauen – mit ihrem Anliegen vor, so sind Sätze nicht selten zu hören wie: „Ich bin völlig fertig – ich bin so froh, dass ich jetzt endlich einen Termin bei Ihnen bekommen habe. Ich kann einfach nicht mehr, ich hab völligen Burnout – Sie müssen mir unbedingt helfen, ich weiß nicht, was sonst passiert ...". Meist wird der Behandlungswunsch überemotionalisiert und mit borderline-typisch histrionischen Kommunikationsanteilen vorgetragen. Beklagt werden zumeist gestörte Beziehungen zu Kollegen, Vorgesetzten, Kunden, Patienten, Klienten, Schülern, Freunden, Partner und Verwandten sowie völlige Erschöpfung mit Leistungseinschränkungen. Eine Behandlung des „auch" vorliegenden Zustands völliger Erschöpfung ist „auch" indiziert. Das „Auch" der Burnout-Symptomatik kann hier die Eingangsmotivation sein zu einer sinnvollen und notwendigen Behandlung der

mangelnden Steuerung eigener Impulse und des notwendigen Aufbaus emotional erhöhter Stabilität.

Bei der Behandlung von Menschen mit Borderline-Störungen kommt jedoch der
therapeutischen Beziehung mehr Gewicht zu als bei der Behandlung der meisten anderen psychischen Erkrankungen. Fiedler (2003) betont deshalb, dass die wesentliche Voraussetzung der Therapie in diesem Fall in der Herstellung eines grundlegenden Gefühls von zwischenmenschlicher Sicherheit besteht und es zuvorderst
darum geht eine tragfähige therapeutische Beziehung aufzubauen.

In der Bitte um Burnout-Behandlung liegt letztendlich, wenn auch unwissentlich,
die Bitte um ein Skills-Training, wie es Marsha Linehan 1993 vorgelegt hat und wie
es inzwischen in hervorragend aufbereiteter Form durch Bohus und Wolf seit 2012
für den alltagspraktischen Einsatz auch in der ambulanten Praxis zur Verfügung
steht. Bei klar vorliegender Borderline-Persönlichkeitsstörung kann der Erstauftrag
der Patientin, gemeinsam nach Wegen zur besseren Burnout-Bewältigung zu suchen,
ethisch jederzeit voll vertretbar angenommen werden. In weiten Teilen decken sich
Burnout-reduzierende Therapiebausteine mit den von Marsha Linehan konzipier-
ten Skills zur Bewältigung emotionaler Instabilität: Stressbewältigung, psycho-
physische Stabilisierung, Achtsamkeitsübungen, soziales und kommunikatives Kompetenztraining, Diskrimination von Spannungs- und Überforderungsauslösern,
Problemlösungsstrategien sowie das Erlernen rationalerer Bewertungen.

Die Herausforderung für Behandelnde besteht nunmehr darin, bei der Vermittlung von Burnout-reduzierenden Skills sich der verschiedenen Interaktionsmodi, die
bei der Behandlung von Menschen mit Borderline-Störung auftauchen, bewusst zu
sein und sich schemakongruent verhalten zu können. Arntz und van Genderen (2010)
haben mit ihren Ausführungen über die fünf Borderline-Hauptschemata und den
kompetenten Umgang damit innerhalb der therapeutischen Interaktion für viele Behandelnde eine für diese Aufgabe hilfreiche Landkarte vermittelt.

2.4.7.6   Histrionische Persönlichkeitsstörung

Fiedler (2007) fasst die Essenz der Interaktionsmuster histrionisch denkender und
handelnder Menschen folgendermaßen zusammen: „**oberflächlich und emotionali-
sierend.** Sehr häufig finden sich eine übertriebene Emotionalität und ein übermäßiges Verlangen nach Aufmerksamkeit. Personen mit dieser Persönlichkeitsstörung fordern ständig Bestätigung, Anerkennung und Lob. Die Betroffenen fühlen sich
unwohl, wenn sie nicht im Mittelpunkt der Aufmerksamkeit stehen, erscheinen als
übertrieben attraktiv oder verführerisch und drücken sich sprachlich vage aus."
(Fiedler 2007, S. 198)

Die Beschreibungen der vorliegenden somatischen und psychischen Symptome des
geklagten subjektiven Burnouts werden vor dem Hintergrund der vorliegenden
Charakteristika einer histrionischen Persönlichkeit immer dramatisch ausfallen.
Von dem aufgesuchten „Burnout-Experten" wird neben voller Aufmerksamkeit, Gelassenheit und Geduld eine störungsimmanente, gleichsam wundersame Befreiung
von allen „unerträglichen" Burnout-Beschwerden Kraft seines Expertentums erwartet. Es darf auch nicht überraschen, wenn beim nächsten Besuch die Symptomatik
noch schillernder und durchaus andere Bereiche betreffend vorgebracht wird. Dass
dabei einige besonders „unerträgliche" Beschwerden des letzten Besuches nicht

mehr erwähnt werden, sollte dabei nicht verwundern. Komorbid sind nicht selten zu beobachten: narzisstische, borderline, antisoziale und paranoide Persönlichkeitsakzenturierungen bis hin zu den kriteriumsverifizierten diesbezüglichen Persönlichkeitsstörungen. Angst, Panik, innere Leere und depressive Erschöpfung, geboren aus der ständigen Getriebenheit, äußere Anerkennung und Bestätigung zu suchen, sind dabei die häufigsten Gründe, aktiv um Hilfe zu bitten. Die Diagnose „Burnout" ermöglicht es Betroffenen, sich sogar in ihrer Hilfsbedürftigkeit bei vorliegenden körperlichen und psychischen Problemen gesellschaftlich positiv in den Mittelpunkt zu stellen. Sie sind ja nicht krank oder schwach, sie haben das auf berufliche oder innerfamiliär übernommene (Pflege-)Tätigkeiten verweisende, ihrem persönlichen hohen Einsatzniveau geschuldete, anerkennungswürdige und persönliche Zuwendung verdienende Burnout. Nach Sachse (2004) muss der aufgesuchte Helfer dabei mehr als einmal den Beziehungstest der Verlässlichkeit, der Wertschätzung und Zugewandtheit bestehen, bevor eine tragfähige therapeutische Allianz aufgebaut werden kann. Nach Sachse (2004) besteht ein beliebter Test von Personen mit histrionischer Persönlichkeit darin, den Therapeuten provozierend zu kritisieren, manchmal sogar heftig:

- „Sie handeln unverantwortlich!"
- „Sie haben mich einfach weggeschickt!"
- „Ihre Fragen bringen alles wieder in mir hoch!"
- „Nach der letzten Stunde hatte ich einen furchtbaren Migräneanfall!"

„Der Therapeut wird im Gegensatz zu Provokationen durch Borderline-Patienten immer auf der Ebene als Therapeut angegriffen, niemals als Person. Nach drei bis vier ‚bestandenen' Tests hören diese Provokationen in der Regel wieder auf." (Sachse 2004, S. 57)

Sachse (2004) weist darauf hin, dass der eigentliche Test darin besteht, durch diese Kritik herauszufinden, ob der Therapeut den Klienten *genau dadurch* bzw. *immer noch* ernst nimmt, ihm weiterhin zugewandt bleibt, ob er wirklich auf der Seite des Klienten ist und natürlich am wichtigsten: ob die Beziehung trotz der Provokation weiterhin verlässlich ist. Den Klienten für die Kritik zu loben, deutlich zu machen, dass ich genau verstehen will, wie es dem Klienten geht, deutlich zu machen, dass ich genau verstehen will, was ich in ihm ausgelöst habe, mit dem Klienten herauszuarbeiten, warum er so reagiert und warum er sich so verhält: Das sind nach Sachse (2004) die sinnvollsten therapeutischen Reaktionen auf solche Tests. Das damit verfolgte Hauptziel besteht darin, sich komplementär zu verhalten zur Motivebene des Klienten: „Ich will wichtig sein für dich, ich will zuverlässige Beziehungen, ich will unterstützende Beziehungen." Bei solchen Beziehungstests geht es also darum, deutlich sichtbar zu machen: Ich bleibe zugewandt, ich bleibe innerhalb der therapeutischen Allianz als zuverlässiger Partner erhalten, ich stelle die therapeutische Beziehung nicht in Frage, trotz aller Provokationen.

Warnend weist Sachse jedoch darauf hin, dass Komplementarität immer begrenzt wird durch die therapeutischen Regeln. Diese Regeln sollten auf gar keinen Fall aufgeweicht werden.

Praxistipp:

Bei histrionischer Persönlichkeitsstörung wird die belastende Burnout-Symptomatik vor allem dann reduziert werden können, wenn es gelingt, die persönlichkeitsspezifische Hauptvariable der vorliegenden Erschöpfung positiv zu beeinflussen, also die Getriebenheit, durch äußere Anerkennung Zufriedenheit zu erlangen, zu ersetzen durch die neue Kompetenz, sich selbst direkt Zufriedenheitserlebnisse zu ermöglichen, jenseits der Anerkennung und Aufmerksamkeitsfokussierung durch andere.

Um eigene Zufriedenheitserlebnisse zu realisieren gilt es jedoch zuvorderst, die in den meisten Fällen ausgeprägt vorliegende Alienation zu überwinden, das „Sich-selbst-fremd-Gewordensein". Dies wiederum setzt voraus, angeleitet zu werden zu einer Forschungsreise durch den eigenen Alltag: Durch Achtsamkeit kann in Erfahrung gebracht werden, was dem Betreffenden gut tut – jenseits der Aufmerksamkeitszuwendung anderer ihm gegenüber. Wobei fühlt er sich wohl? Was sind *eigene* intrinsische Zufriedenheitserlebnisse, die bei alltäglichen, unaufgeregten, ganz gewöhnlichen Handlungen bemerkt werden können? Kleine Momente der Stille, Hinwenden der Aufmerksamkeit auf die Lücke zwischen den äußeren Ereignissen, dies sind dabei unter Umständen die sich eröffnenden völlig neuen Erfahrungsdimensionen. Dimensionen, die ganz sicher nicht nur Menschen mit histrionischer Persönlichkeit aus der inneren Gereiztheit, Leere und Erschöpfung zu bringen vermögen.

2.4.7.7 Narzisstische Persönlichkeitsstörung

Fiedler (2007) fasst die Essenz der Interaktionsmuster narzisstisch denkender und handelnder Menschen folgendermaßen zusammen: **„Mangel an Empathie und überempfindlich bei Kritik.** Die Persönlichkeitsstörung ist gekennzeichnet durch ein Muster von Großartigkeit in der Fantasie oder im Verhalten, einem Mangel an Einfühlungsvermögen und einer Überempfindlichkeit gegenüber Kritik und Einschätzung durch andere. Narzisstische Persönlichkeiten sind in übertriebenem Maße von ihrer Bedeutung überzeugt. Sie übertreiben eigene Fähigkeiten, auch wenn keine besonderen Leistungen beobachtbar sind. Häufig stehen diese Störungseigenarten mit einem brüchigen Selbstwertgefühl in einem engen Zusammenhang. Eine ausgeprägte Kränkbarkeit trägt zu einem erhöhten Suizidrisiko bei und kann zu depressiven Krisen führen, die das Ausmaß einer Episode mit Major Depression erreichen können." (Fiedler 2007, S. 207)

Aus den vorgenannten Kriterien ergibt sich eine sehr hohe Wahrscheinlichkeit für den Arbeitsauftrag: „Behandeln Sie bitte mein Burnout – was selbstverständlich nicht implizieren kann, dass ich etwas an mir zu verändern habe. Geben Sie mir brauchbares Handwerkszeug, wie ich die anderen dazu bringen kann, mich nicht mit so viel unnötigem Kleinkram zu belästigen." Selbstwerterhaltend kann unter der Selbstdiagnose Burnout an depressivem Erleben gearbeitet werden, ohne sich als psychisch krank bezeichnen (lassen) zu müssen.

Die Neigung zur Kränkung einschließlich depressiver Krisen ist bei den meisten Menschen mit narzisstischer Persönlichkeitsstruktur die „Sollbruchstelle", die „Achillesferse", die vorhersagbare Quelle persönlich erlebten Burnouts: depressive Erschöpfung, Distanzierung und Leistungseinbuße. Der oft offensichtliche Mangel an Empathie und das nicht selten fordernde und überhebliche Auftreten dieser Menschen wird von vielen Helfenden als schwierig erlebt. Der Auftrag zur Burnout-Behandlung bedarf einer besonders hohen Achtsamkeit seitens der um Hilfe Gebetenen, nicht selbst in eine unempathische, abwertende Haltung den Betroffenen gegenüber zu verfallen. Gerade in der Möglichkeit, eine „Burnout-Behandlung" bei einem „Burnout-Spezialisten" zu erhalten, liegt für viele Personen mit narzisstischer Persönlichkeitsproblematik eine große Chance, sich die oftmals dringend notwendige Hilfe zu holen. Diese Hilfe zu erhalten kann gerade im Moment des als zutiefst kränkend erlebten Scheiterns an gesteckten Leistungszielen von suizidverhindernder Bedeutsamkeit sein. Vor diesem Erkenntnishintergrund ist es doppelt leicht, souverän mit den spezifischen Interaktionsbesonderheiten narzisstischer Patienten umzugehen.

Sachse beschreibt (2004, 2006, 2011), mit welchen vorhersagbaren Interaktionstests sich jeder Behandelnde konfrontiert sehen wird: Tests, ob der Therapeut den Klienten ernst nimmt, respektiert, ihn als „Peer" behandelt. Tests, ob selbst bei Kritik und Abwertung des Therapeuten dieser ihn noch wertschätzend behandelt. Erinnern Sie sich in solchen Momenten der Grundregel, dass der Klient diesen Test nicht macht, um Sie zu ärgern oder die Therapie zu sabotieren, sondern deshalb, weil es ein Teil seines Problems, seiner Störung ist. Komplementäres Verhalten bedeutet hierbei, weiterhin zugewandt zu bleiben und nicht ärgerlich zu reagieren, sondern respekt- und verständnisvoll. Aus dem Störungsbildwissen heraus wird es Ihnen möglich sein, souverän zu bleiben und sich nicht von dem abbringen zu lassen, was Ihnen wichtig ist. Bemühen Sie sich dabei, dem Klienten so weit wie möglich entgegenzukommen und wenn möglich seine Vorschläge in Ihr Vorgehen zu integrieren.

Das wichtigste Wissen, das Ihnen dabei hilft, souverän zu bleiben, ist das Wissen darum, dass bei aller an den Tag gelegten interaktionellen Großspurigkeit diese Störungseigenarten in den meisten Fällen in einem engen Zusammenhang mit einem brüchigen Selbstwertgefühl stehen. Die Topics der Therapieziele der individualisierten Burnout-Behandlung von Menschen mit narzisstischer Persönlichkeitsstörung ergeben sich somit in Anlehnung an Lammers (2014) aus diesem Störungsbild selbst: Selbstanerkennung jenseits erbrachter Leistungen; die Entwicklung einer realistischen Selbsteinschätzung hinsichtlich eigener Begabungen, Fähigkeiten, Fertigkeiten und Grenzen; Selbstakzeptanz – sich selbst so annehmen, wie man ist; angemessen mit Feedback und Kritik umgehen lernen; Kränkbarkeit abbauen. Weitere Therapieziele sind: lernen, sich in andere Menschen einzufühlen, und letztendlich die Bereitschaft und Fähigkeit entwickeln, auch andere Menschen in ihrer Individualität anzuerkennen und anzunehmen; lernen, welch ein Unterschied in den Erfahrungen bei den Begegnungen mit anderen möglich ist, wenn Austausch statt Ausbeutung das eigene Handeln bestimmt, wenn Beziehungen in einer Weise gestaltet werden, die durch Respekt und gegenseitiges Geben und Nehmen gekennzeichnet sind; narzisstische Selbstisolation überwinden; Nähe zulassen und sich auf Bindungen vertrauensvoll einlassen können – dies alles sind Lerninhalte, die ganz sicher nicht nur bei Menschen mit narzisstischer Persönlichkeitsstörung vielschichtige Burnout-Symptome zu heilen vermögen.

2.4.7.8 Vermeidend-selbstunsichere Persönlichkeitsstörung

Fiedler (2007) fasst die Essenz der Interaktionsmuster vermeidend-selbstunsicher denkender und handelnder Menschen folgendermaßen zusammen: „**Schüchternheit und fehlende soziale Kompetenz.** Die ängstlich-vermeidende Persönlichkeitsstörung ist durch grundlegende Ängste vor negativer Beurteilung, durch Schüchternheit und ein durchgängiges soziales Unbehagen bestimmt, was sich in Verlegenheit, leichtem Erröten und dem Vermeiden sozialer und beruflicher Herausforderungen zeigt. Ausgeprägte Minderwertigkeitsgefühle und Vermeidung im sozialen Kontakt führen über längere Zeit zu gravierenden Einschränkungen der sozialen Kompetenz. Diagnostisch bestehen Schwierigkeiten in der Abgrenzung zur sozialen Phobie, die zumeist Folge sozialer Versagenssituationen ist, während die persönlichkeitsbedingte soziale Angst bereits seit der Kindheit als Schüchternheit auffällig ist. Diese differenzialdiagnostische Schwierigkeit ist mit Blick auf die Behandlung nicht sehr bedeutsam, da sich das therapeutische Vorgehen in beiden Fällen kaum unterscheidet." (Fiedler 2007, S. 216–217)

In Bezug auf die vorliegende Burnout-Thematik ist der Hinweis von Fiedler (2003) von hoher Relevanz, dass Personen mit stark ausgeprägten sozialen Ängsten ihre eigenen interpersonellen Fähigkeiten unterschätzen und in der abschließenden Betrachtung von Tagesereignissen sich eher an negative soziale Interaktionen erinnern und in Stress-Situationen häufig ungünstige selbstbezogene Gedanken haben. Hier sei deshalb schon vorab ein wichtiger Behandlungshinweis gegeben, auf eine einfache und wirkungsvolle Intervention: **Empfehlen Sie diesen Klienten, jeden Abend drei, vier oder gar fünf Erinnerungen über Alltagssituationen, über die sie sich gefreut haben, auf die sie stolz oder für die sie dankbar waren, schriftlich(!) festzuhalten.**

Naheliegend ist auch die Tatsache, dass bei Personen mit selbstunsicherer Persönlichkeitsstörung das allgemeine physiologische Erregungsniveau in sozialen Interaktionssituationen besonders stark erhöht ist. Ist z. B. durch innerbetriebliche Umstrukturierung oder Stellenwechsel eine neue Arbeitsplatzsituation entstanden, die mit mehr sozialen Interaktionen einhergeht, ist es leicht nachvollziehbar, dass eine permanent erhöhte physiologische Erregung zu zunehmender Erschöpfung führt, zu Widerwillen gegenüber der Arbeit und den diesbezüglichen Interaktionspartnern sowie zu Konzentrationsstörungen und damit zunehmendem Leistungsabfall. Das Vollbild eines „klassischen" Burnouts ist das Endergebnis. Die wichtigsten differenziellen Burnout-Behandlungsziele bei selbstunsicher-ängstlich-vermeidenden Hilfesuchenden liegen damit auf der Hand: Reduzierung des körperlichen Anspannungsniveaus, Erhöhung der psycho-vegetativen Stabilität, Einübung sozial kompetenten Verhaltens, Training sozialer Fertigkeiten und die kognitive Umstrukturierung bezüglich selektiv negativer Tages-, Wochen-, Monats- und Jahresrückblicke. Besondere Interaktionstests, die Behandelnde zu bestehen haben, sind nach Sachse (2004, 2006, 2011, 2012) dabei nicht zu erwarten, allenfalls schemakonformes Infragestellen der positiven Wertschätzung und der positiven Rückmeldungen des Therapeuten.

Praxistipp:

Wichtig ist bei der Anamnese der geschilderten Burnout-Symptome, immer auch eine differenzialdiagnostische Einschätzung der komorbiden Achse-II-Störungen im Blick zu haben, da die nachfolgende Burnout-symptomspezifische Therapie ganz wesentlich von den entsprechenden differenzialtherapeutischen Anforderungen der einzelnen Persönlichkeitsstörungsbilder geprägt sein wird. Im Falle einer vorliegenden vermeidend-selbstunsicheren Persönlichkeitsstörung z.b. sollte das Training sozialer Kompetenzen und des Selbstwirksamkeitserlebens ganz besonders im Zentrum der therapeutischen Interventionen liegen.

2.4.7.9 Dependente Persönlichkeitsstörung

Fiedler (2007) fasst die Essenz der Interaktionsmuster dependent denkender und handelnder Menschen folgendermaßen zusammen: **unterwürfig und entscheidungsunfähig.** „In der Persönlichkeitsstörung mündet eine anhänglich-loyale und zumeist aufopfernde Haltung nicht selten in ein extrem unterwürfiges Verhalten ein. Im Bereich der Störung findet sich schließlich die völlige Unfähigkeit, eigene Entscheidungen zu treffen und umzusetzen. Kennzeichnend sind unterschiedliche Ängste, die mit dem Verlust von Einbindung, Angst vor Versagen in Leistungssituationen und der Möglichkeit negativer Bewertung zusammenhängen. Sind die Betreffenden sozial oder ökonomisch von anderen abhängig, findet sich häufig eine geringe Selbstsicherheit, die dazu führt, dass sie schamlos ausgenutzt werden können. Das Risiko für die Entwicklung einer Depression oder einer somatoformen Störung ist beachtenswert. Abhängige Personen – das kennzeichnet den Übergang zur Persönlichkeitsstörung – haben häufig und zunehmend Angst verlassen zu werden." (Fiedler 2007, S. 224–225)
Bezüglich der differenzialdiagnostischen Überlegung einer komorbiden dependenten Persönlichkeitsstörung gilt es mit Fiedler (2007) zu bedenken, dass – wann immer im Rahmen einer tiefen Erschöpfung die Erfahrung gemacht wird, dass die sonst üblichen Regenerationsmechanismen nicht mehr greifen und die als Burnout erlebte Leistungsreduktion mit noch so viel Willensanstrengung nicht mehr aufzuhalten ist – ein ausgeprägtes depressiogenes Erleben von Hilflosigkeit entstehen kann. Dies wiederum löst als Nebeneffekt nicht selten ein dependentes Verhalten aus. Ist bei vorliegender Depression eine beobachtbare Dependenz vorhanden, so bleibt abzuwarten, ob diese mit erfolgreicher Therapie der Depression gleichermaßen remittiert. Eine dependente Persönlichkeitsstörung zu diagnostizieren wäre dann nicht indiziert.
Laut Sachse (2004) ist die Tendenz zu interaktionellen Tests von Interaktionspartnern und Therapeuten eher gering. Das störungsspezifische Verhalten bestehe eher darin, dass die Klienten dem Helfenden Verantwortung übergeben und sehen, wie er damit umgeht.

Praxistipp:

Sind bei der Klage über Burnout deutlich dependente Denk- und Verhaltensweisen beobachtbar, sollte erst dann, wenn diese nach einer sichtbaren Besserung der Burnout-Symptomatik immer noch fortbestehen, an eine komorbide
dependente Persönlichkeitsstörung gedacht werden.

2.4.7.10 Zwanghafte Persönlichkeitsstörung

Fiedler (2007) fasst die Essenz der Interaktionsmuster von Menschen mit zwanghafter Persönlichkeitsstörung folgendermaßen zusammen: **Rigidität und starrer
Perfektionismus.** „Die dieser Persönlichkeitsstruktur zugrundeliegende Sorgfalt ist
durch Gründlichkeit und Genauigkeit in der Ausführung aller Tätigkeiten gekennzeichnet. Ein solcher Stil wäre erst im Übergang zum rigiden Bemühen um Perfektionismus bis zur Erstarrung als Persönlichkeitsstörung zu kennzeichnen, wenn
beides dazu führt, dass z. B. berufliche Vorhaben nicht mehr realisiert werden. Arbeit wird dann zwanghaft jedem Vergnügen bzw. zwischenmenschlichen Kontakten
übergeordnet, so dass persönliche Beziehungen häufig darunter leiden. Die eigenen
starren, moralisch anspruchsvollen und prinzipientreuen Verhaltensmuster werden
eigensinnig vertreten und vor allem untergebenen Personen aufgenötigt. In Abhän-
gigkeitsbeziehungen findet sich eher ein Aspekt übergründlicher Pflichterfüllung."
(Fiedler 2007, S. 223)

Die Gefahr, in einen Zustand völliger Erschöpfung zu geraten, ist für Betroffene
gering, solange die gepflegten Strukturen und Ordnungsprinzipien aufrechterhalten
werden können. In den allenthalben üblichen massiven Veränderungsprozessen be-
trieblicher Umstrukturierungen, Fusionierungen, gesetzlicher Vorgaben, Qualitäts-
sicherungsauflagen, Anforderungen an flexiblere Arbeitszeiten und wechselnde Ar-
beitsabläufe liegt jedoch ein beachtliches Überforderungspotenzial für zwanghaft
Denkende und Handelnde. Burnout ist dann nahezu unvermeidbar. Als einer der besten Kenner der differenziellen Auslöser persönlichkeitsimmanenter negativer Regelkreise für massive Stresserfahrungen schrieb Fiedler schon 2007: „Persönliche Probleme ergeben sich meist in Phasen der Veränderung und Umstrukturierung oder
wenn man von Kollegen wegen seiner Eigenarten immer mehr ausgegrenzt wird. Angesichts zunehmender Anforderungen verlieren die Betreffenden häufig den Überblick, können kaum mehr Entscheidungen treffen und Wichtiges nicht mehr von Un-
wichtigem unterscheiden, wodurch ihre zögerliche Gewissenhaftigkeit zum wahren
Verhängnis werden kann. In solchen Situationen wird deutlich, wie sehr viele Betroffene vom anerkennenden Urteil anderer abhängig sind: Tiefe narzisstische Krän-
kungen können die Folge sein bei gleichzeitig gegebenem Risiko einer Depression
und gelegentlich steigender Suizidneigung." (Fiedler 2007, S. 232)

Finden sich zwanghafte Klienten mit der Bitte um Behandlung ihres Burnouts ein,
so weist Sachse (2004) auf die besondere Bedeutung der radikalen Akzeptanz
gegenüber den Grenzen und Autonomieansprüchen des Klienten hin. Er formuliert:
„Das Erste, was ein Therapeut dem Klienten entgegenbringen sollte, ist Respekt: Re-

spekt für die Person des Klienten, Respekt für seine Lösungen, seine Ansichten, seine Verhaltensweisen." (Sachse 2004, S. 133)

Bei Menschen, deren tiefer Erschöpfungszustand aus der gewissenhaften Befolgung von Regeln entstanden ist, sollten sich Helfende darüber bewusst sein, dass jede Hilfestellung mit dem Ziel, sich inneren oder äußeren Normen gegenüber entspannter zu verhalten, mit einer massiven Zunahme an Angst verbunden sein wird. Genau diese Angst ist es ja, die die zwanghafte Persönlichkeitsstörung ausmacht – die Angst, Normen nicht zu erfüllen und deshalb negativen Konsequenzen ausgesetzt zu sein; die Angst, ohne zwanghaftes Verhalten und Denken die Kontrolle zu verlieren und die innerhalb der Zwanghaftigkeit liegende Sicherheit aufs Spiel zu setzen.

Burnout-Therapie bedeutet im Falle einer vorliegenden zwanghaften Persönlichkeitsstörung zu erarbeiten, dass 98-prozentige Normerfüllung und zunehmende Selbstfürsorge noch nicht bedeuten muss, im Chaos zu versinken oder völlig die Kontrolle über sein Leben zu verlieren.

Praxistipp:

Bei der Arbeit mit Menschen mit einer zwanghaften Persönlichkeitsstörung achten Sie darauf, dass Ihr Gegenüber die maximale Kontrolle über den Prozess der therapeutischen Interaktion hat. Erklären Sie immer wieder in kurzen Metastatements, was Sie tun, weshalb Sie es tun und achten Sie dabei auf eine konsequente und widerspruchsermöglichende Haltung. Lösungsorientierte Fragen, die darauf abzielen, was der Betreffende selbst tun kann, was er selbst ändern kann, was ihm aus seiner Sicht helfen könnte, sind dabei sehr hilfreich. Darüber hinaus sollte das lösungsorientierte Vorgehen immer auch psychosoziale Lösungsmöglichkeiten mit bedenken.

Als Modell kann dabei das inzwischen legendäre und immer wieder gerne zitierte Lehrbeispiel dienen, wie die Konfliktlösung eines von der Entlassung bedrohten zwanghaften Bankangestellten durch eine innerbetriebliche Umsetzung erreicht werden konnte. Anstatt direkt an der Zwanghaftigkeit zu arbeiten, die immer wieder zu konflikthafter Interaktion bei alltäglichen Bankaufgaben mit seinen Kollegen führte, konnte mit dem Direktorium eine Versetzung in die Revisionsabteilung vereinbart werden, wo seine überausgeprägte Sorgfalt für alle Beteiligten von höchstem Nutzen ist und entsprechende Anerkennung findet.

2.4.7.11 Persönlichkeitsveränderung aufgrund eines anderen medizinischen Krankheitsfaktors, andere näher bezeichnete Persönlichkeitsstörungen, nicht näher bezeichnete Persönlichkeitsstörungen

Bei der initialen Differenzialdiagnostik vorgebrachter Burnout-Beschwerden ist der Sorgfaltspflicht in vollem Umfang Genüge getan, wenn auch Persönlichkeitsveränderungen aufgrund eines anderen medizinischen Krankheitsfaktors, andere näher bezeichnete Persönlichkeitsstörungen sowie nicht näher bezeichnete Persönlichkeitsstörungen mitbedacht werden.

Bei differenzialdiagnostisch eruierbarer **Persönlichkeitsveränderung aufgrund eines anderen medizinischen Krankheitsfaktors (DSM-5 F07.0)** kann es durchaus sein, dass dauerhaft persönlichkeitsverändernde Auswirkungen medizinischer Erkrankungen von den Betreffenden subjektiv als Burnout-Symptomatik präsentiert werden. Die genaue und differenzierte Nachfrage nach körperlichen Erkrankungen ist deshalb, wie bereits in Kapitel 2.3. erläutert, ein unabdingbarer Bestandteil einer kompetenten Burnout-Behandlung. Ergeben sich in der Anamnese vorliegender bekannter Erkrankungen Hinweise auf ZNS-Tumore, Schädel-Hirn-Traumen, zerebrovaskuläre Erkrankungen, Chorea Huntington, Epilepsie oder Infektionskrankheiten mit zentralnervöser Beteiligung, wie etwa bei HIV, so ist hier ebenso an dauerhaft persönlichkeitsverändernde Auswirkungen zu denken, die subjektiv als Burnout-Symptomatik präsentiert werden können, wie bei endokrinen Störungen, z.B. Hypothyreose oder einer Über- bzw. Unterfunktion der Nebennierenrinde. Besondere Beachtung sollte diesbezüglich auch Autoimmunerkrankungen mit zentralnervöser Beteiligung geschenkt werden, wie etwa systemischem Lupus erythematodes.

Andere näher bezeichnete Persönlichkeitsstörungen (DSM-5 F60.89) beziehen sich definitionsgemäß auf „Erscheinungsbilder, bei denen charakteristische Symptome einer Persönlichkeitsstörung vorherrschen, die in klinisch bedeutsamer Weise Leiden oder Beeinträchtigung in sozialen, beruflichen oder anderen wichtigen Funktionsbereichen verursachen, bei denen die Kriterien für eine der Persönlichkeitsstörungen aber nicht vollständig erfüllt sind." (DSM-5 2013; dt. Version 2015, S. 939)

Nicht näher bezeichnete Persönlichkeitsstörungen (DSM-5 F60.9): „Die Kategorie „Nicht näher bezeichnete Persönlichkeitsstörungen" wird in Situationen vergeben, in denen der Kliniker nicht angeben möchte, warum die Kriterien für eine bestimmte Persönlichkeitsstörung nicht erfüllt sind. Sie beinhaltet auch Beschwerdebilder, für die nicht genügend Informationen vorliegen, um eine genaue Diagnose stellen zu können." (DSM-5 2013; dt. Version 2015, S. 940). Dies gilt nach DSM-5 auch für den Sonderfall: „Das gegebene Persönlichkeitsmuster erfüllt die allgemeinen Kriterien einer Persönlichkeitsstörung, die infrage kommende spezifische Form ist jedoch nicht in der DSM-5-Klassifikation enthalten (z. B. die passiv-aggressive Persönlichkeitsstörung)." (DSM-5, 2013; dt. Version 2015, S. 884)

Praxistipp:

In Bezug auf eine sozialrechtlich anerkannte Grundlage für eine indizierte und notwendige Burnout-Behandlung sollten auch diese drei zuletzt genannten Diagnosekategorien im Rahmen einer angemessenen Differenzialdiagnose vorgebrachter subjektiver Burnout-Beschwerden mit bedacht werden.

2.4.8 Substanzkonsumstörungen

Wird von einem Zustand völliger Erschöpfung gesprochen, stellt sich immer auch die Frage, inwieweit zur Kompensation vorliegender beruflicher und privater Belastungssituationen nicht nur übermäßiger Alkoholkonsum als dysfunktionale Bewältigungsstrategie vorliegt, sondern möglicherweise auch der übermäßige Konsum von Drogen, Medikamenten, Kaffee, Tee, Kakao, Tabak und/oder anderen bekannten oder unbekannten Substanzen. Auch hierbei gilt es zu Beginn einer Burnout-Behandlung differenzialdiagnostisch zu klären, ob die Leistungsminderung, die zunehmende Gereiztheit und Depersonalisation nicht umgekehrt bereits die Folge einer schon seit längerem bestehenden Substanzkonsumstörung oder die Folge eines Entzugs darstellen. Substanzkonsumstörungen haben nach DSM-5 als wichtiges Merkmal immer eine zugrundeliegende funktionelle Veränderung neuronaler Netzwerke, die auch nach dem Entzug weiter bestehen kann. Kommen Menschen mit der Bitte um eine Burnout-Behandlung, ist eine genaue Differenzialdiagnostik bezüglich aktuell noch bestehender oder kürzlich beendeter Substanzkonsumstörungen immer indiziert.

Nach Kiefer et al. (2016) ist Heroin das am häufigsten illegal konsumierte Opiat. Die geschätzte Gesamtzahl Heroinabhängiger in Deutschland liegt seit Jahren geschätzt konstant bei etwa 180 000 Menschen. In Bezug auf das Thema „Burnout" ist dies jedoch von sehr geringer Relevanz, da erfahrungsgemäß aus dieser Konsumentengruppe so gut wie keine Bitte um Burnout-Behandlung zu erwarten ist.

Anders stellt sich die Situation in Bezug auf Konsumenten von Kokain, Amphetaminen, Ecstasy, Cannabis oder Halluzinogene wie LSD dar. Als „Alltagsausgleichsdrogen" sind diese Substanzen in der Partyszene und im Modebereich spezieller, oft elitärer, durchaus als Leistungsträger bekannter Subgruppen nicht selten verbreitet. Sie werden häufig benutzt mit dem Ziel, Müdigkeit zu überwinden und in der Freizeit „gut drauf" zu sein oder über das Alltagsbewusstsein hinausgehende Erfahrungen zu machen. Die mit dem Konsum dieser Drogen in direkter Verbindung stehenden psychischen Belastungen durch Angst und depressive Störungen sowie nachfolgende Phasen tiefer Erschöpfung können dann bei gleichzeitig vorliegender erhöhter beruflicher Anforderung in Fortführung der subjektiven Verharmlosung des praktizierten Drogenkonsums durchaus bisweilen als Burnout-Symptome geklagt werden. Inwieweit zu einem diesbezüglichen Konsum anamnestisch von Seiten der unter einem Zustand völliger Erschöpfung Klagenden valide Angaben zu erhalten sind, bleibt erfahrungsgemäß zweifelhaft. In sehr viel höherem Maße muss jedoch damit gerechnet werden, dass subjektiv unter Burnout Leidende eine Benzodiazepin-Konsumstörung entwickelt haben. Diese als „Bewältigungsstrategie" gedachte Psychopharmaka-Einnahme führt dann ihrerseits zu einem Zustand vertiefter Erschöpfung, Gereiztheit und zu Leistungsabfall. Das Bedenkliche hierbei ist, dass diese Burnout-Bewältigungsstrategie oft auf Vorschlag des wohlmeinenden Hausarztes eingeleitet wurde. Bei der Anamnese erschöpfungsbedingter Beschwerden sollte mehr als möglicherweise sonst üblich und detaillierter nach Selbstmedikation, Bedarfsmedikation und verordneten Medikamente nachgefragt werden.

Nach Soyka und Batra (2016) gehören Psychopharmaka zu den in Deutschland am häufigsten verordneten Substanzgruppen. Nach ihren Angaben wurden 2013 immerhin noch 23 Millionen DDD (defined daily doses; definierte Tagesdosen) von Benzodiazepin-Hypnotika verordnet und gekauft. 2003 war es die unglaubliche Menge von 81 Millionen DDD. Der Rückgang des Verordnungsverhaltens ist zwar offensichtlich, dennoch sind schätzungsweise 1,2 bis 1,5 Millionen Menschen davon in Deutschland abhängig. Nimmt man die nach Soyka und Batra (2016) nach wie vor bestehende Empfehlung ernst, dass jede Verordnung von Benzodiazepinen, die über sechs Wochen hinausgeht, mit einem Psychiater konsiliarisch abgeklärt werden sollte, um Therapiealternativen zu erörtern, so wird die große Diskrepanz zwischen Verordnungswirklichkeit und Verordnungsideal mehr als deutlich. Ein Blick auf die Liste der international erfassten Benzodiazepine (www.emcdda.europa.eu/publications/drug-profiles/benzodiazepine) ergibt zum Stand März 2016 insgesamt 35 auf dem Markt befindliche, regelmäßig von Ärzten verschriebene Präparate!

Schon vor mehr als 50 Jahren klagten die Rolling Stones den ubiquitären Gebrauch von Benzodiazepinen in ihrem Lied „Mother's Little Helper" an, das sie im Januar 1966 auf ihrem Album „Aftermath" veröffentlichten mit dem bezeichnenden Refrain: „... She goes running for the shelter of a mother's little helper..." – Ja ohne den Schutz der kleinen blauen Pille, die den Alltag anfänglich vermeintlich nebenwirkungsfrei zu glätten verstand, war für viele – und nicht nur Mütter (!) – bereits vor mehr als einem halben Jahrhundert ein zunehmend belastungsreicheres Leben nicht mehr vorstellbar.

Nachdem zwischen 1969 und 1982 der Pharmakonzern La Roche jährlich nahezu 600 Millionen US-Dollar nur alleine mit dem Verkauf von Valium erwirtschaftete, brachte der US-amerikanische Schauspieler, Entertainer und Komiker Milton Berle den legendären Valium-Joke in Umlauf: „Wie definiert man einen Valium-Süchtigen? – Ein Valium-Süchtiger ist ein Patient, der mehr Valium zu sich nimmt als sein Arzt ...".

Die Tatsache, dass es für kaum eine andere ärztlich verschriebene Medikamentengruppe neben der Bezeichnung „Mother's little helpers" so viele Spitznamen gibt, spricht eine eigene Sprache: Benzos, Blues, Blu-eys, Tranx, Roche's, Duck Eggs, Roofies, V's und viele weitere Bezeichnungen.

Der Cartoonist Mester hat die Problematik der „little Burnout-helper" auf seine eigene Weise treffend dargestellt (▶ S. 128).

In Bezug auf das Thema „Burnout" mit dem Kernsymptom der subjektiven Erfahrung völliger Erschöpfung, einer Wesens- und Interaktionsstilveränderung sowie tatsächlich objektiv beobachtbarem Leistungsrückgang spielen dabei die biochemischen Auswirkungen des Benzodiazepin-Missbrauchs eine ganz besondere Rolle. Bei zu hoher Dosierung treten nach Soyka und Batra (2016) vorhersagbar unter anderem die typischen Symptome von ausgeprägter Sedation, Müdigkeit, motorischer Schwächung und Verlangsamung auf.

Der damit einhergehende Leistungsabfall ist offensichtlich. Das, was helfen sollte, angesichts erhöhter Leistungsanforderungen, die Leistungsfähigkeit aufrechtzuerhalten, beschleunigt mit zunehmender Nutzungsdauer den Abbau derselben.

Wie bereits bei der vertieften Betrachtung der Hintergründe für ausgeprägten Nährstoffmangel in Kapitel 2.3.4 erörtert, führen zusätzlich zu den unmittelbaren leistungsreduzierenden Konsequenzen auch Benzodiazepine zu negativen Auswirkungen im Hinblick auf die Verfügbarkeit dieser für körperliche und psychische Sta-

Abb. 2.2: … hab ich im Griff!

Abb. 2.3: Burnout? – das haben wir gleich wieder …

bilität essenziellen Mikronährstoffe. Die Burnout-Symptom-Trias wird damit durch Benzodiazepine zusätzlich ungünstig beeinflusst.

Praxistipp:

Bei differenzialdiagnostisch vorgefundener Benzodiazepin-Konsumstörung sollte im weiteren therapeutischen Verlauf unbedingt darauf geachtet werden, dass kein abruptes Absetzen und keine zu schnelle und zu starke Reduktion der Benzodiazepine erfolgt. Die Gefahr ausgesprochen vielgestaltiger Entzugserscheinungen ist sonst nach Soyka und Batra (2016) zu hoch: „Ein abruptes Absetzen ist zu vermeiden. In der Regel sollte dies über Wochen erfolgen, manchmal sogar über Monate. Erfahrungsgemäß können die ersten 50 Prozent einer Benzodiazepin-Dosis relativ rasch, die nächsten 25 Prozent eher langsam und die letzten 25 Prozent sehr langsam abgesetzt werden." (Soyka u. Batra 2016, S. 59)

Bezüglich der Koffein-Substanzkonsumstörung im Zusammenhang mit Burnout gilt es einige wichtige Aspekte zu berücksichtigen. Koffein ist die weltweit am weitesten verbreitete verhaltensaktive Substanz. Neben Kaffee und Tee befindet sie sich auch in vielen verschiedenen Getränken, Medikamenten und Nahrungsmitteln. Da der Koffeinkonsum im Alltag allgegenwärtig ist, bleibt die physische Abhängigkeit von Koffein meist unbewusst. Wird die Alltagsroutine täglichen Kaffeekonsums durch besondere äußere Umstände unterbrochen, treten häufig Symptome eines Koffeinentzugs auf, die aber aus der eigenen Abhängigkeitsunkenntnis heraus anderen Gründen zugeschrieben werden.

Im Zusammenhang mit den problematischen Auswirkungen von exzessiver Koffeinzufuhr auf den Organismus gibt es inzwischen eine Fülle von Untersuchungen, zusammenfassend dargestellt von Cherniske (1998). Interessant sind hierzu auch die Ausführungen bezüglich Burnout präventiver Selbstfürsorge aus ayurvedischer Sicht in Kapitel 4.15.3.

Bei geklagtem Leistungsabfall, Gereiztheit und übermäßiger Erschöpfung ist die differenzierte Analyse von Verhaltensänderungen in Bezug auf möglicherweise stark reduzierten oder eingestellten Koffeinkonsum von daher immer mit zu bedenken. Es empfiehlt sich deshalb nicht nur direkt nach einem bewusstem Verzicht auf Koffein zu fragen, sondern auch nach veränderten Tages- und/oder Wochenroutinen mit dem Wegfall bisher üblicher Kaffeepausen oder anderweitiger Koffeinzufuhrgewohnheiten. **Die nicht selten als Burnout-Symptome missverstandenen typischen Koffeinentzugssymptome sollten deshalb jedem Diagnostiker salient sein: Kopfschmerzen, Müdigkeit, dysphorisch-depressive Stimmung, erhöhte Reizbarkeit und Konzentrationsschwierigkeiten.**

2.4.9 Essstörungen

Bei einer ausgeprägten Essstörung ist es naheliegend, dass die zur psychischen und physischen Vitalität und Leistungsfähigkeit notwendigen „Betriebsstoffe" des Körpers nicht in ausreichendem Maße vorliegen. Ob nun dieser Mangelzustand im Rahmen einer **Anorexie** mit minimalster Nahrungszufuhr entsteht oder zurückzuführen ist auf eine **Bulimie** mit zeitweiliger Zufuhr von Unmengen an Lebensmitteln, die jedoch nachfolgend wieder erbrochen werden, oder aber durch massive Nahrungsmittelmengenaufnahme ohne nachfolgende gegensteuernde Maßnahmen bei vorliegender **Binge-Eating-Störung**, ist in Bezug auf den vorhersagbaren mittelfristigen Leistungsabbau genauso unerheblich wie für die zunehmende Erschöpfung, Irritierbarkeit und depressive Stimmung.

2.4.9.1 Anorexie

Die Bitte um Burnout-Behandlung wird jedoch selten aus der Gruppe von Personen, die an **Anorexia Nervosa (DSM-5: F50.01 Restriktiver Typ; F50.02 Purging Typ)** erkrankt sind, an Helfende herangetragen werden, da Magersucht nach Keetman (2006) überwiegend, d. h. zu ca. 90 Prozent bei jungen Frauen auftritt, die sich noch in der Ausbildung oder in den ersten Berufsjahren befinden. Die Erkrankung beginnt in den meisten Fällen bereits in der Pubertät mit dem Kernmerkmal der Angst vor einer Gewichtszunahme bzw. der Angst dick zu werden. Im Rahmen der störungsspezifischen Körperschemastörung kann auch bereits die Überzeugung vorliegen, trotz objektiven Untergewichts an einigen Stellen des Körpers unerträglich dick zu sein, typischerweise an Bauch, Oberschenkeln, Hüften und Po.

Sollte sich dennoch, vom Ehrgeiz getrieben, eine junge Frau in Ausbildung bzw. in ihren ersten Berufsjahren zu einer „Burnout-Beratung" entschließen, weil sie den Leistungsabbau und die zunehmende Stimmungsverschlechterung wahrnimmt und zu ändern wünscht, so ist nicht davon auszugehen, dass gleichzeitig Krankheitseinsicht bezüglich der ursächlich vorliegenden Essstörung besteht.

In diesem seltenen Fall bestünde unter der konsequenten Nutzung der Grundlagen der motivierenden Gesprächsführung bei der Behandlung psychischer Störungen nach Arkowitz, Westra, Miller und Rollnick (2010) eine wahrzunehmende Chance einer Behandlung der vorliegenden Anorexie unter der initialen Annahme des Behandlungsauftrages „Burnout-Beratung". Die Sorgen um den eigenen beruflichen Leistungsverlust bzw. die Konzentrationsstörungen und das schnelle Erschöpftsein werden dabei initial der Hauptfokus der gemeinsamen Analyse sein müssen, wenn eine Burnout-Behandlung bei objektiv vorliegender und subjektiv verleugneter Anorexie erfolgreich sein soll.

2.4.9.2 Bulimie

Ähnlich verhält es sich bei der Bitte um Burnout-Behandlung bei vorliegender **Bulimia Nervosa (DSM-5 F50.2)**. Im Gegensatz zu der meist offensichtlichen Untergewichtigkeit bei vorliegender Anorexie – die die Betroffenen durch geschickt gewählte weite Kleidung gern zu verdecken versuchen – haben viele an Bulimie Erkrankte eher ein „schlankes Normalgewicht". Auch bei vorliegender Bulimie handelt es sich nach Keetman (2006) zu 90 Prozent um jüngere Frauen. Ihr Erkrankungsalter liegt mit 20 bis 30 Jahren allerdings deutlich später als die meist in der Pubertät beginnende Ersterkrankung bei Anorexie. Nicht selten lässt sich anamnestisch eine pubertär abgelaufene Anorexie in der Biografie von Frauen mit Bulimie finden. Die Hintergrunddynamik ist hier jedoch eine etwas andere. Die Betroffenen sind sich der Unnormalität ihres eigenen Essverhaltens sehr wohl bewusst und verleugnen es nicht vor sich selbst, sehr wohl aus Scham aber vor anderen, einschließlich des bei der Burnout-Bewältigung um Hilfe Gebetenen. Gezügeltes Essverhalten, ständiges inneres gedankliches Beschäftigtsein mit Essen, strengste selbstauferlegte Diätvorgaben, die dann immer wieder zum Dammbruch der Heißhungerattacke führen, bestimmen die spannungsvolle, erschöpfende innere Erlebenswelt dieser Hilfesuchenden. Diese in Geschwindigkeit und Menge jegliches normale Essverhalten weit übertreffende „Unbeherrschtheit" wird nachfolgend immer wieder versucht durch Erbrechen ungeschehen zu machen. Dies führt jedoch nur zu einer kurzfristigen Erleichterung. Trotz des inneren Selbstversprechens, ab jetzt das kontrollierte Essverhalten noch strenger zu überwachen, lassen sich nachfolgend aufkommende tiefe Schamgefühle meist nicht vermeiden.

Differenzialdiagnostisch ist es daher bedeutsam, bei der Bitte um Burnout-Behandlung von untergewichtigen bzw. schlank-normalgewichtigen jüngeren Frauen immer auch ein besonderes Augenmerk auf die genaue Analyse des Essverhaltens zu legen.

2.4.9.3 Binge-Eating-Störung

Betroffene mit einer **Binge-Eating-Störung** (DSM-5 F50.8) sind in der Regel älter als Patienten mit Anorexia nervosa bzw. Bulimia nervosa. Auch das Geschlechterverhältnis ist nach Angabe des DSM-5 (2015) wesentlich ausgeglichener als bei den beiden anderen Essstörungen. Es liegt hier nicht bei 10:1 (Verhältnis von Frauen zu Männern), sondern bei etwa 1:2.

Das Charakteristikum dieser Essstörung sind wiederholte Episoden von Essanfällen, die mindestens einmal pro Woche über einen Zeitraum von mindestens drei Monaten anhalten. Das Spektrum der Störung kann dabei von ein bis drei Essanfällen pro Woche in seiner leichten Ausprägung, bis zu 14 oder mehr Essanfällen pro Woche in seinem extremsten Schweregrad reichen. Wie bei der Bulimia nervosa werden hier in einem relativ kurzen Zeitraum erhebliche Mengen an Nahrung verzehrt. Dieser Verzehr geschieht oftmals wesentlich schneller als normal und in der Regel bis weit über das eigene Sättigungs- und Wohlgefühl hinaus. Trotz danach häufig auftretender Schuld- und Schamgefühle sowie einer zunehmenden selbstbeschuldigenden Deprimiertheit finden im Gegensatz zur Bulimie keinerlei nachfolgende kompensatorische Maßnahmen statt. Die Binge-Eating-Störung findet sich sowohl bei Normalgewichtigen, Übergewichtigen sowie bei Menschen mit ausgeprägter Adipositas. Auf Dauer führt das Verhalten üblicherweise zu Übergewicht und nachfolgend zu Adipositas.

Bei jeder Bitte um Burnout-Behandlung sollte, wie eingangs schon erwähnt, generell eine gründliche und umfassende, biopsychosozial-environmentale Anamnese erhoben werden. Die besondere Exploration des Essverhaltens in Bezug auf eine Binge-Eating-Störung bietet sich jedoch besonders an bei übergewichtigen Hilfesuchenden. Letztendlich geht es bei der Individualisierten Burnout-Therapie (IBT) immer darum, die Einflussfaktoren mit der höchsten Varianzaufklärung bezüglich der geklagten tiefen Erschöpfung einzukreisen und optimal konstruktiv zu verändern. Bei einer hohen inneren Spannung und Selbstverurteilung wegen Binge-Eating-Verhaltensweisen ist es nachvollziehbar, dass für zusätzliche berufliche Herausforderungen nur noch wenige Energiereserven zur Verfügung stehen, wenn die meiste Kraft bereits in innerpsychischen Kämpfen verbraucht worden ist.

2.4.10 Negativsymptomatik der Schizophrenie

Kommen Personen zum Therapeuten, bei denen eine Schizophrenie noch nicht offiziell diagnostiziert wurde, so geschieht dies nicht selten in Begleitung von Angehörigen, die sich in guter Fürsorge eine Unterstützung bei der offensichtlich progredienten Burnout-Symptomatik ihres Familienangehörigen wünschen. Der Wunsch erscheint berechtigt, wenn entsprechende innerbetriebliche Veränderungen berichtet werden mit Zunahme an Leistungsdruck, Personalrochaden und Erosion bisheriger sozialer Eingebettetheit am Arbeitsplatz.

Berichtet wird dann häufig von einer progredienten Abnahme der Konzentration und Aufmerksamkeit bei der Arbeit, oder dass es den Betreffenden scheinbar inzwischen fast völlig die Sprache verschlagen habe angesichts der unguten, zunehmend belastend empfundenen beruflichen Veränderungen, dass immer mehr innere Freudlosigkeit, Gleichgültigkeit und Unbeteiligtheit sich breitmache, man inzwischen das Interesse an der Arbeit und überhaupt langsam an allem verloren habe, der Schwung fehle, weder Energie noch Ausdauer in der früher gewohnten Weise zur Verfügung stünden und vor allem eine schwindende willentliche Entschlusskraft bis hin zur lähmenden Willenlosigkeit sich breit gemacht habe. Nach Feierabend ziehe man sich mehr und mehr zurück und pflege aktiv nahezu keine sozialen Kontakte mehr. Kurzum – man sei eben völlig ausgebrannt und erhoffe sich nun Hilfe.

Diese vorstehend beschriebene Ausgangssituation enthält prototypisch alle sechs Negativsymptome einer Schizophrenie, die differenzialdiagnostisch erkannt werden sollten, um frühzeitig die viel subjektives Leid verhindernde medikamentöse Behandlung mit atypischen Neuroleptika durch einen Facharzt initiieren zu können.

Diese in dem Beispiel enthaltenen klassischen sechs Negativsymptome einer Schizophrenie – Alogie, Affektverflachung, Avolition, Anhedonie, Asozialität und Aufmerksamkeitsstörungen – werden hervorragend beschrieben von Faust (Stand 15.03.2016) in seinem online-Handbuch zur seelischen Gesundheit unter http://www.psychosoziale-gesundheit.net/psychiatrie/schizophrenie.html.
Die Negativsymptomatik der Schizophrenie geht in den meisten Fällen der Positivsymptomatik voraus und wird mit ihren eher unspektakulären Phänomenen oft längere Zeit übersehen, ignoriert, geduldet oder eben als Burnout-Symptomatik missinterpretiert.

Der Film „A Beautiful Mind – Genie und Wahnsinn" ist eine hervorragende Auffrischung des Basiswissens um die schizophrene Erkrankung. Ebenso empfehlenswert ist die Patientenvorstellung eines reflektierten schizophrenen Patienten durch Prof. Gerhard Gründer im Universitätsklinikum Aachen am 21. Oktober 2013, die sich findet unter: http://www.mind-and-brain-blog.de/fuer-studierende/ (Stand 23.03.2016).

> **Praxistipp:**
>
> Die **Negativsymptomatik** tritt vor allem bei schizophrenen Erkrankten auf. Die negativen Symptome sind aber auch zu beobachten bei schizoaffektiven Erkrankungen und im Zusammenhang mit Depressionen und Angststörungen. Ebenso treten sie auf infolge von Zwangsstörungen, bei Anorexie, somatoformen Störungen, bei organischen Psychosyndromen und einzelnen Persönlichkeitsstörungen. Sie sind aber auch ein nicht eben seltener Bestandteil der Schilderungen von Personen, die im Zuge beruflicher Verausgabung mit einem Zustand völliger Erschöpfung Hilfe bei der Burnout-Bewältigung benötigen: **Alogie, Affektverflachung, Avolition, Anhedonie, Asozialität und Aufmerksamkeitsstörungen.**

2.5 Arbeitsplatzbedingte Ursachen

Im weiteren Verlauf der Eingangsdiagnostik ist nun darauf zu achten, dass die konkreten Arbeitsplatzbedingungen so detailliert wie möglich erfragt werden, um ihre individuelle Valenz bei der Genese der geklagten Burnout-Symptomatik zu erfassen und sie im weiteren Behandlungsplan angemessen berücksichtigen zu können.

Die Unterscheidung der vorgebrachten Klagen über aktuelle Arbeitsplatzsituationen in Auslöser von Burnout, Begleiterscheinungen von Burnout oder Folgen von Burnout ist auch hier oft schwierig. Notwendig ist in jedem Fall die differenzialdiagnostische Abklärung vorliegender veränderungsbedürftiger Arbeitsplatzbedingungen. Auch halte ich eine Erweiterung des Begriffs „Arbeitsplatzbedingungen" in „tätigkeitsbezogene Bedingungen", für die Mathesius und Scholz (2014) Position ergriffen haben, für dringend geboten: Für viele Menschen ist ihr Arbeitsplatz in der Familie, bei der Kindererziehung, der Pflege von Angehörigen u.a.m. Diese Tätigkeiten nicht als Arbeit zu bezeichnen wäre schlichtweg frevelhaft.

Die besondere Herausforderung in der Anamnese und Differenzialdiagnostik extrapsychischer Faktoren liegt darin, **validierend** die Zahlen, Daten und Fakten bezüglich der Arbeitsbedingungen als Auslöser für erlebtes Burnout zu sichten. Gleichzeitig gilt es sowohl das Fördern einer Opferhaltung zu vermeiden als auch frühzeitig eine lösungsorientierte Haltung aufzubauen. Im Sinne von Milton Erickson und Frederick Kanfer ist deshalb darauf zu achten, rechtzeitig die Technik des *Seedings* zum Einsatz zu bringen, um später im Therapieprozess zu vermittelnde Burnout-reduzierende proaktive Verhaltensweisen bereits in der Anamnese vorzubereiten. Kanfer formulierte es treffend so: „Während der Anfangssitzungen ist es auch Aufgabe des Therapeuten, den Klienten auf Inhalte und Prozesse späterer Phasen vorzubereiten. Dies kann er unter anderem durch eine Technik bewerkstelligen, die wir *Seeding* nennen. Die Bezeichnung haben wir deshalb gewählt, weil der Therapeut sozusagen gezielt Langzeiteffekte ‚sät', deren ‚Ernte' er dann in späteren Phasen ein-bringen kann." (Kanfer et al. 2006, S. 138)

Dass diese potenziellen Problemlösemöglichkeiten auch ihre objektiven Grenzen haben, soll nicht verschwiegen werden. Das Motto: „Change it, love it or leave it", kommt immer da an seine Grenzen, wo Veränderungen nicht individuell erreichbar sind und kollektives Ändern nicht stattfindet, innere Wertmaßstäbe ein „Lieben" der Situation erschweren und wegen vielerlei sozialer Verflechtungen das Verlassen der

© Gerhard Mester

Abb. 2.4: Ohne Burnout können Sie kein Leistungsträger sein

Abb. 2.5: Unser wertvollster Mitarbeiter

Abb. 2.6: Mitarbeiterwertschätzung

© Gerhard Mester

Abb. 2.7: Zumutbare[6] Pendelzeiten

Arbeitsplatzsituation schwierig ist. Die therapeutische Aufgabe ist dann die Unterstützung beim Finden einer angemessenen Burnout reduzierenden Balance zwischen *verändern* und *akzeptieren*. (► **Kap. 4.7**)

Mester hat in Bezug auf ungute Arbeitsplatzbedingungen auch wieder einige zutreffende Cartoons gestaltet (► **S. 134-136**).

Halten wir Ausschau nach den arbeitsplatzbedingten Ursachen für Berufsstress, respektive Burnout, so findet sich immer wieder eine sehr ähnliche Schnittmenge der Ergebnisse der verschiedensten Forschungsgruppen mit unterschiedlichsten Forschungsmethoden. Diese Schnittmenge beinhaltet in den meisten Fällen die Faktoren:

- Arbeitsüberlastung
- Über- oder Unterforderung
- mangelnde Anerkennung (auch finanzieller Art)
- Mangel an Selbstbestimmung
- Mangel an Gemeinschaft
- fehlende Perspektiven
- der Zwang zu ständiger Verfügbarkeit

---

[6] Die Unzumutbarkeit der Entfernung ist in § 121 Abs.4 SGB III geregelt. Danach ist eine Beschäftigung nur dann nicht zumutbar, wenn die täglichen Pendelzeiten zwischen Wohnung und der Arbeitsstätte im Vergleich zur Arbeitszeit unverhältnismäßig lang sind. Als unverhältnismäßig lang sind im Regelfall **Pendelzeiten von insgesamt mehr als zweieinhalb Stunden** bei einer Arbeitszeit von mehr als sechs Stunden und Pendelzeiten von mehr als zwei Stunden bei einer Arbeitszeit von sechs Stunden und weniger anzusehen. Das bedeutet: **Zwei Stunden tägliche Pendelzeit sind in jedem Fall als normal und zumutbar anzusehen ...**

- erzwungene Mobilität
- Konflikte mit Vorgesetzten
- Mobbing
- Angst um den Arbeitsplatz
- Wertekonflikte
- Sinnkrisen
- gerichtliche Auseinandersetzungen mit Vorgesetzten, Mitarbeitern, Kunden, Lieferanten

In einem aktuellen Forum für die Fachkollegen einer Facharztgruppe spiegeln sich exemplarisch viele dieser postulierten Faktoren wieder. Dort wird derzeit die Frage diskutiert, wie es denn eigentlich mit der eigenen Gesundheit, Stand 2016, bestellt sei. Stimmen die düsteren Comics von Mester (S. 137-138)? Bleibt einem das Lachen dabei im Hals stecken, weil sie zu nah an der Wirklichkeit liegen?

Im Forum wird zu einer ehrlichen Selbsteinschätzung aufgerufen, wie sich denn aktuell die körperliche und seelische Gesundheit niedergelassener Ärzte in verschiedenen Altersabschnitten und beruflichen Situationen darstelle. Und in Übereinstimmung mit den von Maslach und Leiter (2001) postulierten negativen Einflussfaktoren der Arbeitsbedingungen auf persönliches Burnout wurde von einer Teilnehmerin dieses Forums fragend konstatiert:

„Viele Kolleg(inn)en klagen über den schmerzhaften Spagat zwischen ethischem und eigenem Anspruch und den ökonomischen Zwängen im ärztlichen Alltag. In vielen Facharztkreisen und Regionen müssen aus Gründen der Existenzsicherung wirtschaftliche Erwägungen im Vordergrund stehen vor dem inneren Anspruch an den

© Gerhard Mester

Abb. 2.8: Der ausgebrannte Apotheker

Abb. 2.9: Der ausgebrannte Arzt

Abb. 2.10: Der ausgebrannte Psychiater

Arztberuf. Deshalb würden uns die Rückmeldungen der Kolleg(inn)en interessieren, z. B.: Wie viele Wochenarbeitsstunden leisten Sie, wie viele davon im Patientenkontakt, wie viele ‚Overhead'-Tätigkeiten – größtenteils ohne Bezahlung, wie viel Zeit wird in Fortbildung investiert? Wie schätzen Sie Ihre Work-Life-Balance ein? Haben Sie genügend Zeit für die eigene Gesundheit, für die Familie, für Hobbys? Halten Sie sich für gesund? Seelisch und körperlich? In den Medien wird uns Ärzten immer häufiger eine schlechte, unempathische Kommunikation vorgeworfen; könnte es eventuell nicht nur an einer unzureichend gelernten Kommunikation liegen, sondern könnte es nicht eventuell auch eine Reaktion auf Erschöpfung sein? Sind viele von uns verbittert? Geht uns die Empathie im System verloren? Wie gehen wir mit den vielen traumatischen Erlebnissen unserer Patienten um, mit denen wir täglich konfrontiert werden? Uns geht es nicht um Studien und Statistiken (z. B. die erhöhte Suizidrate bei Ärzten), sondern um die eigene persönliche Schilderung als spontanes Feedback der Kolleg(inn)en, ihre Situation im Kontext von Beruf, Alter und dem Ort ihrer Tätigkeit. Gibt es konstruktive Vorschläge, wie die äußeren und inneren Bedingungen verbessert werden könnten?"

Die eruierte Schnittmenge vieler Studien bezüglich der **Schutzfaktoren** vor tätigkeitsbezogenem Stress liest sich in etwa so:

- Freude an der Arbeit
- sinnvolle Tätigkeit
- den Fähigkeiten angemessene Tätigkeit
- angemessene Bezahlung
- ausreichender Handlungsspielraum bzw. Selbstbestimmung
- guter Teamgeist
- Arbeitsplatzsicherheit
- Perspektiven
- gute Kommunikationsstrukturen, gerade auch für problematische Situationen
- soziale Absicherung

Muschalla und Linden (2013) weisen darauf hin, dass extern-situative und internpersönliche Ressourcen immer in Wechselwirkung stehen. Sie vertreten damit den Standpunkt, dass es keine für alle Menschen gleich gültigen belastenden bzw. optimalen Arbeitsbedingungen geben kann. Bei ihrem Versuch, die Faktoren für „gute Arbeitsplätze" zu finden, die die geringste interindividuelle Varianz aufweisen, ermittelten sie folgende Faktoren:

- **soziale Unterstützung,** die in der Lage ist, die psychische Belastung durch Arbeitsplatzunsicherheit und hohe Arbeitsintensität zu verringern;
- **Kontroll- und Einflussmöglichkeit,** z. B. durch Tätigkeits- und Zeitspielräume, die eine Verteilung der Arbeitsaufgaben über den Tag hinweg entsprechend der eigenen Leistungskurve ermöglicht;
- **angemessene Bezahlung;**
- **Unternehmenspolitik,** die der eigenen Anschauung entspricht;
- **Fürsorge des Unternehmens** für die Sicherstellung der körperlichen Sicherheit am Arbeitsplatz;

- Angebote zur **Gesundheitsförderung** am Arbeitsplatz;
- Förderung der **Work-Life-Balance** durch die Möglichkeit, wenn nötig, sich Zeit für persönliche Termine frei zu nehmen;
- zusätzliche freiwillige **soziale Leistungen** des Unternehmens.

Betriebsorganisatorisch erweisen sich nach Muschalla und Linden (2013) folgende Maßnahmen als am meisten förderlich für psychisches Wohlbefinden:

- „**Personalintegration:** Es gibt einen festen Ansprechpartner auch für nicht fachliche Fragen (z. B. Pate, Mentor).
- **Arbeitszeit:** Es besteht eine Vertrauensarbeitszeitregelung.
- **Zusammenarbeit und Kommunikation:** Es gibt feste Regeln, Verfahren und systematische Unterstützung zum Umgang mit Konflikten.“
(Muschalla u. Linden 2013, S. 23)

Mit der Realisierung dieser beschriebenen Idealfaktoren würde sich jede weitere Ausführung über die Bedeutung der Burnout mitbedingenden Auswirkung von Mobbing am Arbeitsplatz erübrigen. Leider ist Mobbing jedoch in fast keinem Unternehmen auszuschließen. Die IG Metall berichtet in ihrer hervorragenden, kostenlos downloadbaren Broschüre für Arbeitnehmer (http://library.fes.de/pdf-files/netzquelle/igm /mobbing.pdf – Stand 21.03.2016) bereits 2006 davon, dass etwa jede neunte Person im erwerbsfähigen Alter mindestens einmal im Verlauf des Arbeitslebens gemobbt wird.

Mobbing wird nach Leymann definiert als „negative kommunikative Handlungen, die gegen eine Person gerichtet sind (von einer oder mehreren anderen) und die sehr oft und über einen längeren Zeitraum hinaus vorkommen und damit die Beziehung zwischen Täter und Opfer kennzeichnen." (Leymann 1993, S. 21) Das Wesentliche der Destruktivität von Mobbingprozessen ist darin zu sehen, dass es dabei weniger um die offene sachliche Auseinandersetzung unterschiedlicher Sichtweisen oder Positionen geht, sondern um ein vorwiegend irrational geleitetes, durch Gerüchte und soziale Ausgrenzung gekennzeichnetes „Heckenschützenkampfgeschehen" handelt.

Mobbing ist eine stets in die initiale Differenzialdiagnostik mit einzubeziehende Einflussgröße, die es zu eruieren bzw. auszuschließen gilt. Mobbing stellt in vielen Fällen eine innerbetriebliche solidaritätsspaltende Dynamik mit hohen gesundheitlichen Kosten dar, die bereits 1993 von Leyman beschrieben wurden: depressive Reaktionen bis hin zu suizidalen Gedanken, gastrointestinale Störungen, Herz-Kreislauf-Beschwerden, Schlafprobleme, Muskelschmerzen und weitere psychovegetative Reaktionen, oftmals begleitet von massivem sozialem Rückzug, Leistungsrückgang und Erschöpfung bis hin zur Arbeitsunfähigkeit. **Die Überlappung mit den für Burnout beschriebenen Symptomen ist offensichtlich.**

Belastend kann auch ein bevorstehender Verlust des Arbeitsplatzes durch anstehende alters- oder krankheitsbedingte Berentung sein. Dies wird in den Monaten davor – manchmal schon einige Jahre zuvor – zu einer von Woche zu Woche mehr und mehr ansteigenden inneren Belastung werden, je mehr der Beruf das „Ein und Alles" war, das jetzt absehbar wegzubrechen droht.

Hilfreich bei der Betrachtung der belastenden Arbeitsplatzfaktoren ist immer wieder auch die Frage nach dem internen und externen Locus of control (Rotter 1966). Liegt das Belastungsmoment in meinem Einflussbereich? Verfüge *ich* über die realistische Selbstwirksamkeitsüberzeugung, es ändern zu können? Sind es äußere Umstände oder eigene unrealistisch hohe Leistungsambitionen, die zu dem Problem geführt haben? Also die Frage nach „Wear-out" oder „Burn-out", zerschlissen werden durch zu hohe Anforderungen von außen oder sich selbst verbrennen durch zu hohe Ansprüche von innen an sich selbst?

Auch an dieser Stelle lohnt es sich, neben der rational sprachlich linkshemisphärischen Ebene zusätzlich die visuell analoge rechtshemisphärische Ebene mit einzubeziehen, wenn es um die Analyse der durch den Arbeitsplatz bedingten Burnout auslösenden Einflussfaktoren geht. Werfen Sie deshalb auch an dieser Stelle noch einmal einen Blick auf die einleitenden Comics von Mester mit der Frage:

Das vorliegende Burnout: Der Persönlichkeit oder den Verhältnissen geschuldet?

- Abb. 1.1: **Individuelles** Versagen oder zu schneller Taktschlag?
- Abb. 1.2: Dreht das Rad zu schnell oder grübelst **du** zu viel?
- Abb. 1.3: Sind die Anforderungen zu hoch oder bist **du** zu schwach?
- Abb. 1.4: Sind die Vorgaben zu hoch oder bist **du** zu langsam und zu geschwätzig?

(s. S. 18-20)

Sinnvolle weiterführende Fragen, die wesentlich zu einer umfassenden Klärung der Arbeitsplatz- bzw. Tätigkeitsumstände beitragen und die sich anamnestisch bewährt haben, sind aufgeführt in **Arbeitsblatt 4 „Checkliste sozialer Ursachen für Erschöpfung"** und **Arbeitsblatt 4a „Fragen nach Arbeitsplatzfaktoren".**

Diesen Fragenkatalog gemeinsam mit den Betroffenen im Rahmen der IBT zu bearbeiten, eröffnet erfahrungsgemäß den Blick auf viele sinnvolle individualisierte Interventionen zur Reduktion der Belastungen durch die Tätigkeit oder den Arbeitsplatz.

2.6 Soziale Ursachen

Die Selbstdiagnose „Burnout" legt es nahe, in jedem Fall immer auch eine genaue Analyse der aktuellen sozialen Faktoren vorzunehmen, die subjektiv als belastend erlebt werden. Auch hier ist eine exakte Unterscheidung zwischen Auslösern von Burnout, Begleiterscheinungen von Burnout oder Folgen von Burnout im Einzelfall schwierig. **Als Helfende haben wir hierbei ebenfalls erneut die Herausforderung, einerseits sehr validierend die persönliche Sicht auf soziale Konflikte des Betroffenen als von ihm oder ihr geortete Auslöser für erlebtes Burnout zu sichten und gleichzeitig sowohl das Einnehmen einer Opferhaltung zu vermeiden als auch frühzeitig eine lösungsorientierte Haltung aufzubauen.**

Einer der Kernpunkte der Individualisierten Burnout-Therapie (IBT) ist darin zu sehen, dass der Betroffene so frühzeitig wie irgend möglich dazu angeleitet wird, nach konstruktiven Problemlösungsmöglichkeiten Ausblick zu halten. Der Selbstmanagement-Therapie-Ansatz nach Kanfer (2006), der lösungsorientierte Therapie-Ansatz von Steve de Shazer (2015), die zu „Change Talk" motivierende Gesprächsführung nach Miller und Rollnick (2015) und der Ansatz der Rational- Emotiven-Verhaltensherapie (RET) nach Ellis (2015) sind hierbei wertvolle Orientierungslandkarten.

Im beruflichen Umfeld kann es als belastend empfunden werden, wenn z.B. vertraute und angenehme Kollegen/Vorgesetze ausscheiden und im ungünstigen Fall auch noch durch Nachfolger ersetzt werden, die für den Betroffenen unangenehm sind.

Im privaten Umfeld können es Veränderungen im Freundeskreis durch Wohnortwechsel, durch dauerhafte Zerwürfnisse oder durch Tod sein. Auch Veränderungen im Wohnumfeld, wenn z.B. liebgewordene vertraute Nachbarn wegziehen, können einen Belastungsfaktor darstellen.

Weiter ist zu fragen: Gibt es Partnerschaftskonflikte durch Beziehungspolaritäten oder Untreue? Besteht Sorge um die schulische Entwicklung oder den problematischen Lebenswandel der eigenen Kinder bzw. anderer nahestehender Personen?

Ist der tägliche Blick in den Briefkasten oder das E-Mail-Postfach begleitet von innerer Anspannung, da ein schwelender Rechtsstreit die Unbefangenheit alltäglichen Lebens dauerhaft überschattet?

Nicht zuletzt stellt sich die Frage nach bestehenden oder erwarteten tiefgreifenden finanziellen Belastungen, die die Gefahr des Verlustes des aktuellen sozialen Status beinhalten.

Diese Fragen finden Sie, wie schon in Kapitel 2.5 erwähnt, ebenfalls auf dem **Arbeitsblatt 4 „Checkliste sozialer Ursachen für Erschöpfung"** (s. Hinweis auf S. 10), auf dem Betroffene ihre beruflichen und sonstigen sozialen Einflussfaktoren auf ihren derzeitigen Zustand tiefer Energielosigkeit schriftlich reflektieren können.

Gesamtgesellschaftlich bleibt zu ergänzen, dass wir uns zwischen 1989 und 2017 in einer weltweiten Veränderungsdynamik befinden, die alles andere als Burnout reduzierend zu bezeichnen ist: Erosion sozialer Werte und traditioneller sozialer Verbände, Überflutung mit Informationen, zunehmend digitale „Freundschaften" statt realer zwischenmenschlicher Begegnungen, Verflachung der Tiefe und Reduzierung der Häufigkeit realer sozialer Kontakte durch beruflich erzwungene Ortswechsel und Anfahrtszeiten in früher unbekannter Länge, zunehmende Einsamkeit nicht zuletzt auch durch die Überhäufung des „normalen", alltäglichen Lebens mit Kommunikations- und Konsumgütern. Und dies nicht nur durch die Zeit, die es erfordert, das Geld für den Erwerb dieser Konsumgüter zu erarbeiten, sondern auch durch die Zeit, die wir dann – meist alleine – mit diesen Konsumgütern verbringen. Sie wollen installiert sein, Gebrauchsanweisungen vor Gebrauch gelesen sein, sie fordern von uns „Updates" oder so einfache Dinge zu tun, wie die elf Anweisungen auszuführen, die mir mein Espresso-/Kaffee-Vollautomat regelmäßig auf seinem Display „befiehlt": Schale leeren! Wassertank füllen! Kaffeesatz leeren! Schale fehlt! Bohnen füllen! Reinigen! Entkalken! Filter! Zu wenig Pulver! Zu heiß! Deckel schließen!

2.7 Umweltbedingte Ursachen

Im Rahmen der Eingangsdiagnostik gilt es nun noch abschließend differenzial-diagnostisch zu erfassen, welche environmentalen Einflussgrößen an der Entstehung, Aufrechterhaltung und Verschlimmerung der vorgebrachten Beschwerden beteiligt sein könnten. Erschwerend ist hierbei, dass bewährte standardisierte Diagnostik-strategien bislang fehlen und dass in Bezug auf elektro-physikalisch-chemische Ein-flussfaktoren im wissenschaftlichen Diskurs zum Teil mehr emotional-philoso-phisch-theologisch-weltanschaulich als rational argumentiert wird.

Bezüglich eines Zustandes tiefer Erschöpfung liefert die Metaanalyse vorliegen-der Veröffentlichungen zu environmentalen Einflüssen folgende prinzipiell gut be-legten environmentalen Faktoren: Muschalla und Linden (2013) zeigen auf, dass Hörprobleme, Bluthochdruck, Kopfschmerzen, Schlafstörungen und allgemeine Ir-ritierbarkeit in direktem Zusammenhang stehen mit physikalischen Stressoren wie „Lärm, Vibrationen, Hitze, Kälte, Feuchtigkeit, Zugluft, Beleuchtung, Hygiene und Klima sowie Exposition mit verschiedenen chemischen Stoffen" (Muschalla & Lin-den 2013, S. 24). Jenseits aller emotional geführten Debatten um environmentale Einflüsse auf erschöpfende körperliche Erkrankungen besteht die juristische Tatsache gesetzlich anerkannter Berufskrankheiten. Zu ihnen zählen Lärmschwer-hörigkeit, Asbestose, asbestbedingte Bindegewebstumore (Mesotheliom), asbestbe-dingter Lungenkrebs und Kehlkopfkrebs, Silikose, luftverunreinigungsbedingte chronische obstruktive Bronchitis/Emphysem, Hauterkrankungen durch Allergene sowie beruflich bedingte Infektionserkrankungen, übertragen durch Materialien, Menschen oder Tiere.

Längere Expositionen mit flüchtigen Lösungsmitteln, die durch Inhalation auf-genommen werden, z. B. Kohlenwasserstoffe, wie sie sich u. a. in Benzin befinden, führen nach Köhler (2005) zu sehr variablen Effekten: „Sowohl Sedierung wie Antriebssteigerung, dabei zuweilen extreme Aggressivität werden beschrieben; hin-zutreten können euphorisierende und halluzinogene Effekte" (Köhler 2005, S. 99). Ferner beschreibt Köhler (2005) neurologische Störungen, Atemlähmungen, kardio-vaskuläre Komplikationen, pulmonale Komplikationen, Leber-, Nieren- und Kno-chenschädigungen sowie Läsionen im Nervensystem bei langandauernder und/oder hochdosierter Exposition. Beruflich bedingt trifft dies zu für Personen, die Flugzeug-kabinengasen chronisch ausgesetzt sind wie Flugpersonal und Vielflieger, Flugha-fenbodenpersonal außerhalb der geschlossenen Flughafengebäude, Tanklast-wagenfahrer, Tankstellen- und Raffineriemitarbeiter.

Bei geklagter Erschöpfung ist deshalb differenzialdiagnostisch auch immer das elektro-physikalisch-chemische Arbeits- und Lebensumfeld mit zu berücksichtigen.

Fallbeispiel:

Die 43-jährige Pressereferentin eines großen Unternehmens meldet sich in der Pra-xis mit der Bitte um Behandlung ihres Burnouts. Die Anamnese erscheint ein-deutig: Durch innerbetriebliche Umstrukturierungen ist ihre Arbeitsbelastung in der letzten Zeit deutlich angestiegen. Trotz Freude an ihrer Arbeit und trotz der

Anerkennung, die sie erfährt, leidet sie seit einigen Monaten unter Kopfschmerzen, Abgespanntheit und Leistungsminderung.

Die medizinisch-somatischen Untersuchungen sowie die psychologische Differenzialdiagnostik bleiben ohne Befund, was die Eingangshypothese bestärkt: Arbeitsüberlastung. Doch trotz hoher Compliance, regelmäßiger Anwendung der vermittelten Tiefenmuskelentspannung nach Jacobson, konstruktiven, arbeitsflussregulierenden Gesprächen mit ihren Vorgesetzten und einem optimierten Zeitmanagement mit vermehrtem euthymen und selbstfürsorglichen Verhalten besserten sich weder die Kopfschmerzen noch die zunehmende Erschöpfung. Erst als die zunächst vernachlässigte Differenzialdiagnostik bezüglich environmentaler Aspekte (▶ Arbeitsblatt 5 „Checkliste environmentaler Ursachen", s. Hinweis auf S. 10) nachgeholt wurde, ergab sich die überraschende Wendung. Im Zuge der Sanierung der Entlüftungsanlage der Spritzerei, zwei Stockwerke unter ihrem Büro, war es zu einem Fehlanschluss gekommen, der dazu geführt hatte, dass flüchtige Lösungsmittel aus der Spritzerei unmerklich, aber konstant in ihr Büro gelangt waren. Als sie den Verantwortlichen ihre Vermutung mitteilt, dass ihre Beschwerden nachfolgend der Entlüftungssanierung eingetreten sind, werden bestätigende Messungen durchgeführt und eine Sanierung der Sanierung durchgeführt. Für die Vorgesetzten ist der Fall damit erledigt – nicht jedoch für die Pressereferentin. Trotz nunmehr sanierter Entlüftung halten die Kopfschmerzen und die Müdigkeit an. Auf eigene Kosten lässt sie eine erneute Messung in ihrem Büro vornehmen, die ergibt, dass durch die monatelange Abgaseinwirkung der Teppichboden kontaminiert ist. Eine Verlegung ihres Büros bringt dann in wenigen Wochen die Wendung. Kopfschmerz und Erschöpfung lösen sich im wahrsten Sinne des Wortes in Abwesenheit der Lösungsmittel in (guter Atem-)Luft auf.

Eine größere Varianz bezüglich der Anerkennung des Auswirkungsimpacts als bei den vorgenannten juristisch anerkannten environmentalen Einflüssen auf die Gesundheit und das Wohlbefinden liegt jedoch bei der Frage nach den Auswirkungen folgender environmentaler Faktoren auf depressive Erschöpfung, Gereiztheit und Leistungsabfall vor:

- chemisch belastete, erdölhaltige und genveränderte Lebensmittel;
- chemisch belastete, erdölhaltige Körperpflegemittel wie Shampoo, Zahnpasta, Deos, Parfüms, Kosmetika, insbesondere Lippenstifte;
- Weichmacher wie Phthalate in Haushaltsgegenständen und Lebensmittelverpackungen;
- Elektrosmog: WLAN, „Dirty Electricity";
- neuartige Bau-und Dämmstoffe, Farben und Bodenbeläge;
- baubiologische Emissionen inklusive Emissionen von Möbeln und Alltagsgegenständen;
- Abgase an Verkehrsbrennpunkten;
- ubiquitärer Einsatz des Unkrautvernichtungsmittels Glyphosat;
- chronischer Lärm in der Nähe von Industrieanlagen, Straßen und Flughäfen;
- Landschaftsveränderungen durch Rodungen, Windparks, Solarmodulfelder;
- Stadtbildveränderungen;

- Klimaveränderungen.

Stichworte wie SBRI (Building Related Illness) oder SBS (Sick Building Syndrom) oder MCS (Multiple Chemical Sensitivity) oder Aerotoxisches Syndrom (neurologische Erkrankungen bei Flugpersonal durch Kabineninnengase) oder Wettermodifikationsprogramme vermittels Chemtrail (Flugbenzinmischungen) sorgen zusammen mit den vorgenannten Einflussfaktoren auch im Jahr 2016 noch immer für oft leidenschaftliche wissenschaftliche und unwissenschaftliche, gerichtliche und außergerichtliche Streitigkeiten.

Die relevanten Fragen im Zusammenhang mit subjektiv erlebter Burnout-Symptomatik in Bezug auf environmentale Einflüsse sind erfahrungsgemäß folgende:

- **in Bezug auf den Arbeitsplatz:** Welche äußeren physikalisch-chemischen Bedingungen der Arbeitsplatzsituation haben sich kürzlich oder einige Zeit vor Auftreten der Burnout-Symptome verändert?
- **in Bezug auf das eigene Zuhause:** Welche äußeren physikalisch-chemischen Bedingungen der häuslichen Lebenssituation haben sich kürzlich oder einige Zeit vor Auftreten der Burnout-Symptome verändert?
- **Leiden Sie nach Ihrem objektiven Wissen oder Ihrer eigenen Einschätzung unter Ihnen bekannten Umweltfaktoren?**

Auf **Arbeitsblatt 5 „Checkliste environmentaler Ursachen"** (s. Hinweis auf S. 10) finden Sie einen differenzierten Fragenkatalog nach Veränderung environmentaler Einzelaspekte, mit dem Betroffene die environmentalen Einflussfaktoren auf ihre Beschwerden schriftlich reflektieren können. In einem Widerspruch ermöglichenden Diskurs kann dann eine vorläufige Hypothesenbildung erarbeitet werden bezüglich zu verändernder, potenziell (zusätzlich) auslösender, verschärfender oder aufrechterhaltender environmentaler Faktoren der geklagten Burnout-Symptomatik.

Ergänzend möchte ich an dieser Stelle noch die Bedeutung des persönlichen environmentalen Wohlbehagens hinzufügen, das hinter der Diskussion um Umweltaspekte und deren objektiv mehr oder weniger schädliche Auswirkungen oftmals aus dem Blickfeld gerät. Dazu können Sie Ihren Patienten in Anlehnung an Fenglers Übung zur „Wohnraumanalyse" (Fengler 2013, S. 115–116) folgende Anregung geben:

„Nehmen Sie sich einmal die Zeit, in Ruhe Ihre Wohnung (jeden Raum einzeln), Ihren Arbeitsplatz, Ihr Büro auf sich wirken zu lassen. Betrachten Sie den Raum aus verschiedenen Perspektiven, gehend, stehend, sitzend, evtl. auch liegend. Freuen Sie sich, diesen Raum zu betreten? Freuen Sie sich, sich darin umzusehen? Fühlen Sie sich wohl? Gibt es vernachlässigte, unaufgeräumte Räume oder Ecken? Hat sich irgendwo Überflüssiges angesammelt? Können Sie und wollen Sie diesen Bereich entrümpeln? Verschönern? Wie? Oft kann eine Kleinigkeit schon nachhaltig positive Wirkung haben."

Gleichgültigkeit gegenüber einer Umgebung, in der man viel Zeit verbringt, geht oft Hand in Hand mit Nachlässigkeit gegenüber der eigenen seelischen Gesundheit. Im Umkehrschluss ist es im Sinne von Selbstfürsorge lohnend, sich eine angenehme Wohn-, Tätigkeits- und Arbeitsumgebung zu schaffen. Als bibliotherapeutischer Geheimtipp gilt diesbezüglich Karen Kingston, führende Expertin in Sachen „Space Clearing" – der Feng-Shui-Kunst der Raumharmonisierung. Ihr Buch „Feng Shui gegen das Gerümpel des Alltags", 1998 erstmals erschienen, wurde zu einem internationalen Bestseller, der inzwischen in alle führenden Sprachen übersetzt wurde. Das Buch „Magic Cleaning" von Marie Kondo eroberte im Sommer 2016 Platz 1 der Bestsellerliste der „New York Times" als derzeit beste Praxis-Anleitung zum konsequenten „Ausmisten".

3 Individuelle Behandlungsplanung

3.1 Das individuelle Burnout-Verständnis erfassen

„Ich bin zu Ihnen gekommen, weil ich Burnout habe …". Wie bereits in Kapitel 1.1 erläutert, besteht unsere initiale Aufgabe als Behandelnde in jedem Einzelfall darin, zu klären, ob und welche sozialrechtlich relevante(n) Diagnose(n) in der vorgebrachten Beschwerdenschilderung vorliegt bzw. vorliegen, wenn eine Abrechnung über gesetzliche oder private Versicherungen erfolgen soll. Von unserer Seite bedarf es somit einer exakten Differenzialdiagnose, um diese gemäß den Kriterien der ICD-10 (demnächst ICD-11) bzw. DSM-5 angemessen vergeben zu können.

Dessen ungeachtet geht es jedoch immer primär darum, das *individuelle* Burnout-Verständnis zu erfassen. Was hat den Betreffenden zu uns gebracht? Worunter leidet sie oder er? Was versteht der Betreffende unter *seinem* Burnout? Je offener, je langsamer, je empathischer, akzeptierender und wertschätzender wir in dieser initialen Phase des Entwickelns eines Arbeitsauftrags dem Betroffenen gegenübertreten, desto kompetenter wird die daraus partizipativ abgeleitete Burnout-Behandlung konzipiert und durchgeführt werden können.

Und genau hier sollte sich jeder Behandelnde die ehrliche Frage stellen: Bin ich wirklich bereit, das vorgebrachte Burnout-Anliegen ernst zu nehmen, oder arbeitet mein Gehirn bereits an dem „wirklichen" Therapieauftrag, die geortete ICD-/DSM-kodierbare Krankheit leitliniengetreu zu behandeln?

Praxistipp:

Die wichtigste Frage ist: Fühlt sich der um Hilfe Bittende bei uns ernst genommen mit seinem Anliegen einer Burnout-Behandlung? Die Wahrscheinlichkeit dafür ist hoch, wenn unsere erste Frage lautet: **„Können Sie mir mehr darüber sagen?", „Erzählen Sie mir mehr von Ihrem Burnout."**

Sie schauen den Patienten offen, interessiert fragend an – laden ihn mit Ihrem zugewandten Schweigen ein, mehr von sich und seinem Burnout zu erzählen. Dreißig Sekunden Schweigen sind dabei nicht zu lang. Lassen Sie dem Betreffenden Zeit, lassen Sie ihm viel Zeit zum Antworten. Dreißig Sekunden offen sein für die Antwort kann Ihnen sehr, sehr lange vorkommen.

Praxistipp:

Üben Sie mit einem Freund, dem Sie eine Frage stellen und der anstatt zu antworten auf die Uhr schaut und Ihnen dann sagt: „Jetzt sind 30 Sekunden um".

> Dies ist eine einfache und wirksame Übung, um das Zeitgefühl für eine halbe Minute entspanntes Warten und Offensein für eine Antwort zu entwickeln.

Erst dann, wenn sich der Gefragte schwer tut, Worte zu finden, und die 30 Sekunden ohne Antwort verstrichen sind, können Sie mit offenen Fragen Ihre Einladung vertiefen, mehr über ihr bzw. sein Verständnis des eigenen Burnouts zu berichten. Sie haben Ihre eigenen bewährten Formulierungen, um von der Oberflächenstruktur auf die Tiefenstruktur des vorgebrachten Anliegens zu kommen: „Welche Veränderungen sind Ihnen besonders aufgefallen? Seit wann spüren Sie, dass es nicht mehr so wie früher ist? Was daran belastet Sie am meisten?" – Wie auch immer Sie Ihre Formulierungen wählen, achten Sie darauf, so ergebnisoffen wie möglich zu fragen. Die „Minimax-Interventionen" von Manfred Prior (2015) mit ihren vielen kleinen wertvollen Hinweisen zur bewussten Sprachgestaltung im therapeutischen Dialog möchte ich Ihnen an dieser Stelle noch einmal zu lesen ans Herz legen.

3.2 Die individuellen Einflussfaktoren gewichten – Sinnvolle Diagnostik

Nach dem von Burisch (2009) vertretenen Zwiebelmodell können die intrapsychischen Einflussfaktoren als Kern der Zwiebel gesehen werden, mit den daran anschließenden den Kern umlagernden sozialen Einflussfaktoren, Chef oder Kollegin, Partner etc., welche wiederum eingebettet sind in die Einflüsse, die auf sie durch das Team und die Organisation wirken, welche wiederum den gesamtgesellschaftlichen Einflüssen ausgesetzt sind. Und mit zunehmender Globalisierung unterliegen diese lokal vorliegenden gesellschaftlichen Einflüsse wiederum den Wechselwirkungen mit der globalen Schale. All dies ist eingebettet in die elektrophysikalisch-chemisch-materiellen Raum-Zeit-Schale. Die relative Bedeutung der Zwiebelschalen unterliegt dabei einer hohen inter- und intraindividuellen Varianz. Sie wird vorhersagbar bei jedem einzelnen Betroffenen zum Zeitpunkt des Hilfeersuchens anders gewichtet sein. In den Worten von Burisch: „Dass die intrapsychische Komponente gar keine Rolle spielt, ist selten; dass sie die einzig beteiligte ist, auch." (Burisch 2009, S.256)

Zuerst geht es also darum, die Störbereiche des individuellen Burnout-Erlebens zu erfassen. Im weiteren Verlauf der individuellen Behandlungsplanung besteht die Aufgabe dann darin, die für die im Einzelfall vorliegenden Störbereiche verantwortlichen Einflussfaktoren differenzialdiagnostisch zu erfassen und in ihrer Bedeutung für die Entstehung und Aufrechterhaltung der vorliegenden Beschwerden zu gewichten. Objektiver Ausprägungsgrad und subjektive Bedeutung müssen dabei nicht zwangsläufig übereinstimmen. Die meisten Patienten sind einer genauen, tiefgehenden und gründlichen Differenzialdiagnostik gegenüber in den meisten Fällen sehr aufgeschlossen. Was die Dimensionen der potenziellen somatischen Einflussfaktoren betrifft, so sei an dieser Stelle noch einmal darauf hingewiesen, dass der gemeinsame umfassende Blick von Klienten und Psychologischen Psychotherapeuten auf die Liste der möglichen körperlichen Einflussfaktoren im Zusammenhang mit geklagtem Burnout von den meisten Betroffenen als sehr validierend erlebt wird (siehe **Arbeitsblatt 2 „A_Z Checkliste medizinischer Untersuchungen"** und **Memoblatt M4 „Somatische Untersuchungen"**). Hilfreich für die Motivierung zu einer wirklich umfassenden Abklärung aller in Frage kommenden biologischen Einflussfaktoren ist wie bereits in Kapitel 2.3 angesprochen der frühzeitige aufklärende Hinweis, dass sie bei dem Arzt ihres Vertrauens sowohl als gesetzlich Versicherte als auch als Privatversicherte mit einem nicht geringen Eigenanteil in Höhe von etwa 500 Euro für eine umfassende Labordiagnostik zu rechnen haben, wenn diese die Statuserhebung aller für Erschöpfung in Frage kommenden Mikronährstoffe beinhalten soll.

Das Screening und eine erste Gewichtung der psychosozial-environmentalen Einflussfaktoren lässt sich am besten partizipativ im ausführlichen Reflektieren der in **Arbeitsblatt 3 „Checkliste psychologischer Ursachen für Burnout"**, 4 „**Checkliste sozialer Ursachen für Burnout"**, 4a „**Fragen nach Arbeitsplatzfaktoren für Burnout"** und 5 „**Checkliste environmentaler Ursachen für Burnout"** erhobenen Problembereiche vornehmen.

Bei vielen Personen, die eine Burnout-Behandlung für sich für angemessen halten, besteht der Wunsch nach objektiver Validierung *ihres* Burnouts, der Wunsch nach einem Burnout-Test, der ihnen *ihr* Burnout bestätigt. „Können Sie bitte mein Burnout messen?", oder nicht selten noch direkter gefragt: „Können *Sie* bitte mein Burnout messen, damit man mir glaubt, dass ich wirklich Burnout habe?", sind aus Sicht der Betroffenen legitime Anliegen an den aufgesuchten Spezialisten für Burnout. Dies eröffnet die Frage nach sinnvoller, ethisch und wissenschaftlich vertretbarer weiterführender Differenzialdiagnostik, die diesem Wunsch gerecht wird und dienlich ist zur Gewichtung der Haupteinflussfaktoren der subjektiv vorgebrachten Burnout-Symptomatik.

Ganz sicher ist ein abgestuftes, individualisiertes psychodiagnostisches Vorgehen sinnvoll. Ausgehend von der berichteten Symptomatik gilt es, differenzialdiagnostisch jene bewährten Testverfahren zur Erfassung psychischer Störungen auszuwählen und zum Einsatz zu bringen, die die höchste Varianzaufklärung der vorliegenden geklagten Burnout-Beschwerden zu leisten in der Lage sind. Dies werden im Einzelfall die jeweils störungsspezifischen Standardtests am besten erfüllen können.

Was nun das direkte Messen des Ausmaßes eines vorliegenden „generellen" Burnouts betrifft, bedarf es einer besonderen Sensitivität bezüglich der individuell (nicht) einzusetzenden Tests und ihrer wissenschaftlich mehr als heiklen Interpretation.

3.2.1 Burnout-Testverfahren

Wie kann Burnout gemessen werden? Welche Verfahren, welche Tests sind State-of-the-Art? Die 2010 vom Gesundheitsministerium eingesetzte Forschungsgruppe des DIMDI, des Deutschen Instituts für Medizinische Dokumentation und Information, zur Sichtung des aktuellen Standes des Wissens um Burnout unter der Leitung von Korczak kam zu einem ernüchternden Ergebnis in Bezug auf die Frage nach dem besten Burnout-Testverfahren:

Cave:

„Zentrales Ergebnis des HTA-Berichts ist, dass es bisher kein standardisiertes, allgemein und international gültiges Vorgehen gibt, um eine Burnout-Diagnose zu stellen. Derzeit liegt es im ärztlichen Ermessen, Burnout zu diagnostizieren. Die Schwierigkeit besteht darin, etwas zu messen, das nicht eindeutig definiert ist. Die bisher diskutierten Burnout-Messinstrumente erfassen größtenteils verlässlich ein dreidimensionales Burnout-Konstrukt. Die bisher gelieferten Cut-off-Punkte erfüllen jedoch nicht den Anspruch der diagnostischen Gültigkeit, da die Generierung dieser Werte nicht der wissenschaftlichen Testkonstruktion entspricht. Die verwendeten Burnout-Messinstrumente sind nicht differenzialdiagnostisch validiert." (Korczak et al. 2010, S. 1)

Und jetzt??? – „Tja, ähm, also, räusper, verlegen schau ..." würde jetzt als Unterschrift unter einem Wissenschaftscomic stehen, auf dem ein verdutzter Psychotherapeut zu sehen ist, dem gerade dieses vorangehende Zitat als Antwort auf seine Frage nach dem besten aller besten Burnout-Tests so mitgeteilt worden wäre. Wird doch, wie jeder weiß, wenn von Burnout-Diagnostik gesprochen wird, im gleichen Atemzug immer auch das MBI, das Maslach Burnout Inventory, als *das* Instrument der Wahl genannt. Und sind nicht inzwischen auch die drei Hauptkomponenten von Burnout ziemlich eindeutig eingekreist: zum Ersten die emotionale und körperliche Erschöpfung, zum Zweiten die Depersonalisation, also entfremdete Beziehungen zu Patienten, Schülern, Klienten, Kunden – eben Menschen, mit denen man von Berufs wegen aufmerksam, empathisch und wertschätzend umgehen sollte – und wenn keine Menschen unser berufliches Gegenüber darstellen, die zynisch distanzierte Einstellung dem Beruf, der beruflichen Tätigkeit als solcher gegenüber, und zum Dritten die eigene negative Bewertung in Bezug auf die berufliche Leistung bzw. meist auch die real beobachtbare Leistungsreduktion bis hin zum völligen Leistungseinbruch? Ausgebrannt zu sein, Burnout zu haben, wird sich doch wohl objektiv messen lassen! Liest man nicht immer wieder, dass mit dem Maslach Burnout-Messinventar viele Studien zu Burnout durchgeführt wurden? Ja, das ist richtig. Die meisten Veröffentlichungen über Fragestellungen zu Burnout wurden und werden mit diesem Inventar erhoben. Die oben zitierte eindeutige, klare und berechtigte wissenschaftliche Kritik wird dabei in den meisten Fällen in einem relativierenden Nebensatz abgetan. Jürgen Glaser vom Institut für Psychologie der Universität Innsbruck ist seit nunmehr über drei Jahren damit beschäftigt, eine den wissenschaftlichen Ansprüchen genügende europäische Version des Maslach Burnout-Inventars zu entwickeln und diesbezügliche Referenznormen zu erheben. Alle großen deutschen und österreichischen Testverlage würden nach meiner eigenen telefonischen Recherche nur allzu gerne lieber heute als morgen das Maslach Burnout-Inventar in einer wissenschaftlich soliden Ausführung auf den Markt bringen wollen. Bis heute (Stand 04.10.2016) liegt jedoch noch keine den strengen testdiagnostischen Kriterien entsprechende Version des MBI oder gar eine bessere Alternative dazu vor.

Dessen ungeachtet ist und bleibt das MBI das weltweit bekannteste Testinstrument. Es würde jeden unserer uns um Hilfe Bittenden mehr als erstaunen, wenn wir als von ihm aufgesuchte „Burnout-Experten" keinen direkten Burnout-Test zur Verfügung und über den MBI keine klaren Kenntnisse hätten. Deshalb hier im Folgenden: Was man weiß, was man wissen sollte über das Maslach Burnout-Inventar und einige andere in der Öffentlichkeit bekannt gewordene Burnout-Testinstrumente, die in der klinischen Praxis und der Burnout-Forschung zum Einsatz kamen und auch nach wie vor – trotz aller Mängel! – im Einsatz sind:

- **MBI** (Maslach Burnout-Inventar)
- **Tedium Measure** (Überdruss-Skala, Tedium Scale)
- **Freudenberger-Test** (Burnout-Test nach Freudenberger)
- **Canaff-Test** (Burnout-Test nach Canaff)
- **BOSS** (Burnout-Screening-Skalen)
- **Possnigg-Test** (Fragebogen zum Burnout-Zustand nach Possnigg)
- **HBI** (Hamburger Burnout-Inventar)

3.2.1.1   MBI – Maslach Burnout-Inventar

Das Maslach Burnout-Inventar liegt in zwei grundlegenden Versionen vor: Als MBI-Human Services Survey (MBI-HSS) und als MBI-General Survey (MBI-GS). Das Maslach Burnout-Inventar für die sozialen Dienste wurde von Christina Maslach und Susan E. Jackson (MBI-HSS) entwickelt und ist seit 1981 in Forschung und Praxis im Einsatz. 1986 wurde es in einer zweiten Version noch einmal überarbeitet. Das Maslach Burnout-Inventar – Generelle Erhebung für alle Berufe von Maslach und Kollegen der Berkeley Group (MBI-GS) wurde den Erfordernissen nach Erhebung der Burnout-Belastung von Personen anderer Berufe angepasst und existiert seit 1996.

Beim Maslach Burnout-Inventar für die sozialen Dienste werden mithilfe von 22 Fragen drei Dimensionen des Burnout-Syndroms erfasst:

- Emotionale Erschöpfung (EE),
- Depersonalisation (DP),
- Personal Accomplishment (PA),
  definiert als die Überzeugung, eine wichtige Arbeit gut oder schlecht zu verrichten, also die persönliche Zufriedenheit bzw. Unzufriedenheit über die eigene erzielte berufliche Leistung, auch bezeichnet als subjektive Leistungs(un)zufriedenheit oder Leistungsmangel (LM) bzw. als Grad der „Selbstverwirklichung", basierend auf der Überzeugung des Individuums, eine wichtige Arbeit gut zu verrichten.

Beim Maslach Burnout-Inventar – der generellen Erhebung für alle Berufe – werden mithilfe von 16 Fragen drei Dimensionen des Burnout-Syndroms erfasst: Erschöpfung, Zynismus bzw. Distanziertheit gegenüber der Arbeit und berufliche Leistungsfähigkeit.

In der Konstruktion des Maslach Burnout-Inventars für die sozialen Dienste, mit dem bisher die meisten Studien durchgeführt wurden, sind insgesamt neun Items vorgesehen für die Erfassung der Kategorie **EE – Emotionale Erschöpfung**: das Gefühl von Individuen, dass die Stressfaktoren, denen sie ausgesetzt sind, die Grenze des Erträglichen erreicht oder sogar überschritten haben, z.B. „Ich fühle mich am Ende des Arbeitstages verbraucht."

Fünf Items sind vorgesehen für die Erfassung der Kategorie **DP – Depersonalisation**/Zynismus: der Prozess, in dem das Individuum dazu neigt, sich von sich selbst und von anderen zu distanzieren und Menschen als Objekte anzusehen, z.B. „Ich befürchte, dass mich meine Arbeit emotional verhärtet."

Acht Items sind vorgesehen für die Erfassung der Kategorie **LM – subjektiver Leistungsmangel**/verminderte Leistungsfähigkeit bzw. Selbstverwirklichung: die Überzeugung des Individuums, eine wichtige Arbeit gut zu verrichten, z. B. „Ich habe das Gefühl, dass ich das Leben anderer Menschen durch meine Arbeit positiv beeinflusse."

Die Auswertung dieser beantworteten Items erfolgt für jede erfasste Dimension sowohl als Summenwert der Häufigkeitsangaben bei den jeweils zu einer Dimension gehörigen Fragen als auch als Quotient dieses Summenwertes geteilt durch die jeweilige Anzahl der dazugehörigen Items. Der Summenwert wird als „Grad" der emotionalen Erschöpfung, als „Grad" der Depersonalisation, als „Grad" des subjektiven Leistungsmangels bezeichnet. Der jeweilige Quotient wird als „Wert" der emotionalen Erschöpfung, als „Wert" der Depersonalisation, als „Wert" des subjektiven Leistungsmangels bezeichnet. Für alle „Grade" und „Werte" werden Referenzwerte angegeben, nach denen das errechnete Ergebnis nach der Überzeugung von Maslach und Jackson als hohes, moderates oder niedriges Burnout bezeichnet werden kann. Und genau hier fehlen bis heute (11.06.2016) die klinisch validen Cut-off-Werte. An die wissenschaftskritische Bewertung der gesamten Testkonstruktion zu Beginn dieser Ausführungen sei hier noch einmal explizit erinnert.

3.2.1.2 Tedium Measure – Die Überdruss-Skala (Tedium Scale)

Wissenschaftsgeschichtlich interessant ist die Tatsache, dass Christina Maslach und Alaya Pines anfänglich als Kolleginnen zusammengearbeitet hatten. Alaya Pines entwickelte jedoch mit ihren beiden Kollegen Aronson und Kafry ein neues Verständnis von Burnout-Messung. Nach Schmid (2003) trennte Pines zwischen Ausbrennen (burnout) und Überdruss (tedium). Überdruss sah Pines an als das Ergebnis aus chronischem Stress, wohingegen sie Burnout nur aus der Arbeit mit anderen Menschen resultierend verstanden wissen wollte. Interessanterweise benannte Pines später ihr Messinstrument um von Tedium Measure (TM) in Burnout-Measure (BM), konnte damit aber bei weitem nicht an den Popularitätserfolg des MBI anknüpfen. Dennoch war und ist die Überdruss-Skala ein weiteres bekanntes Messinstrument zur Erfassung von Burnout. Die Überdruss-Skala, die von Pines, Aronson und Kafry (1981) entwickelt wurde, ist bemüht, mit 21 Fragen das Ausmaß einer vorliegenden Erschöpfung zu erfragen in den drei Bereichen: „Physische Erschöpfung", „Emotionale Erschöpfung" und „Mentale Erschöpfung". Auf einer siebenstufigen Skala sind Selbsteinschätzungen vorzunehmen wie z.B „ich bin müde, ich bin emotional erschöpft und verzweifelt oder ich fühle mich hoffnungslos".

Auch hier waren die Konstrukteure des Fragebogens – Pines, Aronson und Kafry – zur Selbstbeurteilung eines vorliegenden Burnouts genau wie Maslach und Jackson bei ihrem MBI davon überzeugt, denjenigen, die diese Selbstreflektionen aufrichtig durchführten, eine exakte Rückmeldung geben zu können, wie es um ihren Burnout-Zustand bestellt sei. Relevante wissenschaftlich erfasste Cut-Off-Werte fehlen jedoch auch für diesen Test.

3.2.1.3 Freudenberger-Test (Burnout-Test nach Freudenberger)

Neben dem MBI von Maslach und ihrer Kollegin Jackson und dem eben beschriebenen Burnout-Test von Pines und ihren Kollegen hat natürlich auch Herbert Freudenberger, der Vater des Burnout-Begriffs, einen Burnout-Test veröffentlicht.

In seinem Buch „Die Krise der Erfolgreichen. Gefahren erkennen und vermeiden", das er zusammen mit Richelson 1980 auf Englisch und 1981 auf Deutsch veröffentlichte, bat er seine Leser 15 Fragen zu beantworten im Hinblick darauf, inwieweit ihnen in letzter Zeit bei sich selbst Veränderungen aufgefallen seien und diese auf einer Skala von 1 bis 5 zu bewerten. Der Summenwert dieser 15 Angaben wird am Ende als harmlos bezeichnet oder als „Ihr Zustand ist bedenklich, Ihre physische und emotionale Gesundheit sind in Gefahr."

Auch hier entsteht für den betroffenen Laien die Vorstellung eines objektiven, validen und reliablen Test-Ergebnisses *seines real vorliegenden Burnouts*, was jedoch leider im Sinne der einleitenden Ausführungen bezüglich eines streng wissenschaftlichen Test-Standards nicht der Fall ist. Auch wenn dieser Test oftmals als „Freudenberger Burnout-Test" bezeichnet wurde und von vielen Anwendern auch heute noch so bezeichnet wird, so ist er doch kein objektives Maß der real vorliegenden Höhe eines subjektiv erlebten Burnout-Zustandes.

3.2.1.4 Canaff-Test (Burnout-Test nach Canaff)

Audrey L. Canaff, Professorin für klinische Psychologie an der Universität von Tennessee in Chattanooga, versuchte ein „Frühwarnsystem" für Burnout populär zu machen, indem sie 2005 ganz unspektakulär zehn Fragen als „Instrument zur Selbstdiagnose" veröffentlichte, um Burnout rechtzeitig erkennen zu können. „Wenn Sie auf fünf oder mehr Fragen dabei mit ‚ja' geantwortet haben, leiden Sie wahrscheinlich unter Burnout", lautet dabei das lapidare Testergebnis.

2016 aktualisierte und reduzierte Canaff die Fragen auf neun Items, die, falls mit „ja" beantwortet, weiterhin den Hinweis auf ein vorliegendes Burnout anzeigen sollen. Selbstredend sind wir auch hierbei weit entfernt von einem validen, reliablen und objektiven Test, obwohl auch hier wieder eine Expertin der Burnout-Forschung ein Psychodiagnostikum zum Burnout-Screening von subjektiv orientierendem Wert vorgelegt hat.

3.2.1.5 BOSS – Burnout-Screening-Skalen

Hagemann und Geuenich veröffentlichten 2009 im Hogrefe Verlag ihre Burnout-Screening-Skalen, mit denen sie den Versuch der Erfassung von physischen und psychischen Beschwerden unternehmen, wie sie typischerweise im Rahmen eines Burnout-Syndroms auftreten. Mit Hilfe von zwei unabhängigen Fragebögen mit jeweils 30 Items werden im ersten Fragebogen, bezeichnet als „BOSS I", belastende Einflussgrößen erfasst, die in den letzten drei Wochen wirksam gewesen sind und die sich auf den Beruf, die eigene Person und Familie und Freunde beziehen. Im zweiten Fragebogen, bezeichnet als „BOSS II", werden körperliche, kognitive und emotionale Beschwerden erfragt, von denen die Person in den letzten sieben Tagen erfasst war.

Weimer und Poll (2015) berichten darüber, dass sie im klinischen Setting die Burnout-Screening-Skalen seit 2011 zur Indikation der Teilnahme an einer in ihrer Klinik angebotenen Burnout-Gruppe verwenden. In ihrer wie sie betonen geringen Fallzahl von N=134 Patienten konnten sie beobachten, dass der BOSS den klinischen Eindruck testdiagnostisch zu bestätigen in der Lage ist, dass mit zunehmender beruflicher Belastung die körperlichen Beschwerden steigen. Da die Normstichprobe des gesamten Testverfahrens sich jedoch auf nur insgesamt 300 angegebene Personen bezieht, kann auch hierbei nicht gerade von einem hochwertigen Testinstrument gesprochen werden. Gleichwohl soll die Veränderungssensitivität dabei gewürdigt werden, die in der klinischen Praxis von nicht unerheblicher Bedeutung ist für die Motivation zur vertieften Verhaltensänderung bei wahrgenommener positiver Entwicklung. Nach Swift et al. (2012) ist die Strategie, den Therapiefortschritt kontinuierlich zu messen und mit den Patienten zu besprechen, eine der sechs wichtigsten Strategien, um einen vorzeitigen Therapieabbruch zu verhindern. Immerhin, so geben sie als Ergebnis ihrer Forschungsstudie an, werden etwa 20 Prozent aller Psychotherapien durch die Patienten vorzeitig beendet, sofern diese sechs in der Therapieverlaufsforschung gefundenen positiven Strategien nicht zum Einsatz kommen.

3.2.1.6 Possnigg-Test (Fragebogen zum Burnout-Zustand nach Possnigg)

Einen ganz den Betroffenen gewidmeten Weg der Burnout-Diagnostik beschreitet derzeit der in Wien praktizierende Neurologe, Psychiater und Psychotherapeut Günther Possnigg. Unter http://www.burn-out.at/pages/fragebogen.pdf (Stand: 26.10.2016) hat er für Interessierte, die ihren Burnout-Zustand selbst messen wollen, eine PDF-Version seines Burnout-Selbsttests zum Ausdruck, zur Offlinebearbeitung und zum persönlichen Gebrauch bereitgestellt.

In 21 Fragen werden die drei Hauptbereiche des Burnout-Erlebens – Erschöpfung, Distanzierung und Leistungsabfall – auf einer Skala von 1 bis 5 (nie, selten, manchmal, häufig, sehr) subjektiv eingestuft. Als Auswertungsorientierung gibt Possnigg dabei an:

- Bis 30 Punkte und/oder maximal zwei Fragen mit 5 beantwortet:
  geringes Burnout-Risiko.
- 31 bis 60 Punkte und/oder drei bis fünf Fragen mit 5 beantwortet:
  beginnende Burnout-Situation.
- Über 60 Punkte und/oder mehr als fünf Fragen mit fünf beantwortet:
  Es ist dringend Zeit, etwas zu tun!

Natürlich handelt es sich auch bei diesen Cut-off-Werten um keine wissenschaftlich gesicherten Normwerte.

Wenn man der Aussage der joto GmbH vertrauen will, dass alle Daten nach elektronischer Auswertung wieder gelöscht werden, kann man unter http://www.

hilfe-bei-burnout.de/burnout-test-kurz/ (Stand 26.10.2016) diesen Test mit Genehmigung von Possnigg auch als Online-Version mit Sofortauswertung ausführen.

In einer Langversion unter: http://www.hilfe-bei-burnout.de/burnout-test-lang/ (Stand 26.10.2016, etwa 20 Minuten beanspruchend) werden noch zusätzlich Daten nach Ernährung, Bewegung und Erkrankungen abgefragt und es wird ebenfalls eine Sofortauswertung bereitgestellt.

Sie finden den Test auch mit freundlicher Genehmigung vom Autor hier im Download auf dem **Arbeitsblatt 3.2 „Possnigg-Test"** (s. Hinweis auf S. 10).

An die wissenschaftskritische Bewertung aller vorgestellten Testkonstruktionen zu Beginn dieser Ausführungen sei hier noch einmal explizit erinnert.

Die Bedeutung der Nutzung dieses (oder eines anderen) Burnout-Tests im Rahmen der Eingangsdiagnostik liegt für viele Behandelnde in der Möglichkeit einer angemessenen Beantwortung der immer wieder erlebten dringlichen Frage vieler Hilfesuchenden nach Testung ihres Burnout. Der eigentliche Nutzen der gemeinsamen Bearbeitung der beantworteten Items und der beantworteten Items aller anderen vorgenannten Tests liegt aus der klinisch-praktischen Erfahrung jedoch vor allem in der Möglichkeit der gemeinsamen Reflektion der Bereiche, die als problematisch bewertet werden und der Reaktionen, die der Betroffene beim Ausfüllen bei sich selbst zu spüren vermag. Diese Gewichtung der persönlichen Burnout-Erlebensebenen und Einflussfaktoren führt in den meisten Fällen direkt zum individuellen Störungsmodell, zu den individuellen Therapiezielen und daraus abgeleitet zu der jeweils stimmigen individuellen Therapieplanung. Sie ermöglichen damit Ihren um Hilfe Bittenden somit **Individualisierte Burnout-Therapie** im wahrsten Sinne des Wortes.

Fengler formulierte es treffend so: „In Seminaren lade ich manchmal zu einem Selbstversuch ein. Ich weise allerdings darauf hin, dass letztendlich nicht die Zahl der bejahten Items ausschlaggebend für eine Selbsteinschätzung des persönlichen Burnout-Risikos sein sollte, sondern die persönliche Beunruhigung über einzelne Antworten, die der Betreffende selbst an sich wahrnimmt". (Fengler 2013, S. 23)

Burisch (2015), als einer der ersten deutschen Autoren zum Thema Burnout, beginnt sein neuestes Buch über Burnout für Betroffene mit dem netten Titel: „Dr. Burischs Burnout-Kur – für alle Fälle. Anleitungen für ein gesundes Leben" mit genau der gleichen Haltung. Er verblüfft seine Leser nach den ersten 15 Items seines „Ein Check auf die Schnelle" mit der Information, dass sie dieses Mal nicht ihre Kreuzchen zu zählen hätten, sondern bereits ein einziges bei sich selbst erkanntes Symptom aus der Liste als ein erstes Alarmzeichen werten sollten, über das nachzudenken sich lohne.

Er hat seine Leser eingeladen, über folgende Aussagen zu reflektieren:

Praxistipp:

Diese 15 Fragen von Ihren Klienten auf **Arbeitsblatt 18 „Burisch Burnout-Fragebogen"** reflektieren zu lassen hat sich in der Praxis sehr bewährt, um ein aktualisiertes differenzielles Bild der individuellen Belastungssituation zu erhalten.

„Lassen Sie doch bitte die folgenden Aussagen einmal auf sich wirken. Vielleicht machen Sie ein Kreuzchen oder Pünktchen bei denjenigen, zu denen Sie ehrlicherweise ‚ja' sagen müssen:

1. Mir fällt es heute schwerer, nach der Arbeit abzuschalten.
2. Ich habe seit einer Weile Hobbys eingeschränkt, weil mir die Zeit und Kraft dafür fehlen.
3. Ich arbeite neuerdings deutlich mehr als mir lieb ist.
4. Mein privater Bekanntenkreis hat sich verkleinert.
5. Ich bin deutlich reizbarer geworden als früher.
6. Ich hatte in letzter Zeit häufiger als früher das Gefühl, dass mir alles über den Kopf wächst.
7. Ich schlafe mittlerweile schlechter ein und/oder wache auch öfter in der Nacht auf.
8. Ich spüre häufiger als früher ein Gefühl der Erschöpfung, ohne körperlich gearbeitet zu haben.
9. Ich fühle mich, anders als früher, nicht mehr allen beruflichen Anforderungen gewachsen.
10. Meine Arbeit kommt mir zunehmend sinnlos vor.
11. Ich habe immer mehr das Gefühl, mit der Arbeit nie fertig zu sein.
12. Ich fühle mich zunehmend gehetzt.
13. Ich empfinde einen steigenden Widerwillen gegen meine Arbeit.
14. Mehr und mehr habe ich das Gefühl, für meine Anstrengungen zu wenig zurück zu bekommen.
15. Neuerdings können mir Kleinigkeiten den ganzen Tag verderben."
(Burisch 2015, S. 6).

Hiermit wären wir auch schon ganz in der Nähe des Hamburger-Burnout-Inventars angelangt, das unter der Regie von Burisch in den 1990er-Jahren aus vielen unveröffentlichten Diplomarbeiten hervorgegangen ist.

3.2.1.7 HBI – Hamburger Burnout-Inventar

Das Hamburger Burnout-Inventar besteht nach Burisch (2010) aus 39 Items und einem Zusatz-Item. Mit drei bis fünf Items pro Skala werden dabei insgesamt zehn Skalen zu erfassen versucht:

1. Emotionale Erschöpfung,
2. Leistungsunzufriedenheit,
3. Distanziertheit,
4. depressive Reaktion auf emotionale Belastungen,
5. Hilflosigkeit,
6. innere Leere,
7. Arbeitsüberdruss,
8. Unfähigkeit zur Entspannung,
9. Selbstüberforderung,
10. aggressive Reaktion auf emotionale Belastung.

„Das 40. Item, das in keiner der Skalen verrechnet wird, sondern sozusagen ein 1-Item-Maß für Burnout darstellt, lautet ‚**Ich stecke in einer Krise, aus der ich momentan keinen Ausweg finde**‘." (Burisch 2010, S. 37) Online im Einsatz zwischen 2006 und 2007 wurde es von mehr als 40 000 (!) Probanden ausgefüllt und digital ausgewertet. Reliabilität und Validität gibt Burisch (2016) in einer kritischen Analyse als hinreichend befriedigend an.

Die Anweisung besteht darin, die einzelnen Items auf einer siebenstufigen Skala zu beurteilen, inwieweit sie als zutreffend empfunden werden.

Inzwischen ist die problemlose Anwendung und schnelle Auswertung des HBI von Burisch kommerzialisiert worden. Sein privatwirtschaftlich geführtes „Burnout-Institut Norddeutschland" (bind) bietet unter http://www.burnout-institut.eu/ Burnout-Test.8.0.html (Stand 26.10.2016) an, für 24,50 € ein individuelles Burnout-Profil zu erstellen und detaillierte Erläuterungen zu den zehn Dimensionen zu geben. Zusätzlich erhält der Selbsttestneugierige noch auf über 50 Seiten ausführliche Tipps zur Selbsthilfe.

In seinem letzten oben erwähnten Selbsthilfe-Burnout-Buch für Betroffene verweist Burisch (2015) jedoch daneben auch auf eine kostenlose Onlineversion: „Eine Kurzform dieses Tests mit sparsamerer Rückmeldung finden Sie gratis auf http://www.cconsult.info/selbsttest/burnout-test.html" (Burisch 2015, S. 8).

3.2.2 Erweiterte Burnout-Syndrom-Diagnostik

Die Anwendung von „Burnout-Testverfahren" für von Burnout Betroffene und um Hilfe Bittende hat meines Erachtens ihre Hauptbedeutung darin – und hier stimme ich mit Fengler (2013) völlig überein –, diejenigen individuellen Burnout-Themenbereiche ins Blickfeld zu bringen, bei deren Item-Beantwortung Betreffende spüren können, dass hier besonders wichtige Aspekte angesprochen sind. Meist treten hierbei auch emotionale Resonanzen auf. Diese subjektiv besonders bedeutsam erlebten Fragen führen in den meisten Fällen auch direkt zu den individuell therapierelevanten Feldern.

Abschließend soll noch aufgezeigt werden, welche erweiterte Diagnostik sinnvoll ist, um das Burnout-Syndrom psychodiagnostisch angemessen zu erfassen. Dies hilft nicht zuletzt dabei, auf der Basis objektivierter Aussagen über vorliegende Felder geklagter Störungen die Änderungsmotivation zu einer dauerhaften Lebensstiländerung leichter aufzubauen und einer Veränderungsmessung zugänglich machen zu können.

3.2.2.1 Das Stressverstärker-Profil nach Kaluza

Kaluza (2015) hat im Rahmen der Stressbewältigung in seinem Trainingsmanual zur psychologischen Gesundheitsförderung eine sehr beeindruckende und zeitlich ökonomische Möglichkeit eröffnet, Hilfesuchenden ihr persönliches Stressverstärker-Profil aufzuzeigen. Dazu hat Kaluza eine Checkliste stressverschärfender Gedanken erstellt. Mit 25 Fragen leitet er dazu an, sich selbst und seine Einstellungen zu reflektieren. Je fünf Aussagen beziehen sich auf eine der von Kaluza beschriebenen fünf stressverschärfenden Grundeinstellungen. Der Proband kreuzt zu jeder Aussage – bspw. Item 1: „Am liebsten mache ich alles selbst" – an, wie sehr sie auf ihn zutrifft: trifft voll zu (3 Punkte), trifft ziemlich zu (2 Punkte), trifft etwas zu (1 Punkt) oder aber trifft nicht zu (0 Punkte). Die Auswertung besteht nun darin, für die auf dem Auswertungsblatt (Kaluza 2015, S. 232) benannten fünf Aussagen, die jeweils zu einer der fünf Stress verschärfenden Kategorien gehören (sei perfekt, sei beliebt, sei unabhängig, behalte Kontrolle, halte durch), den Punktwert zu dokumentieren. Addiert ergeben sich bei maximal drei Punkten pro Frage, somit pro Kategorie maximal 15 Punkte, minimal 0. Diese Punktzahl kann dann in ein visuelles Profilbild eingetragen werden, das beeindruckend zeigt, auf welcher der fünf stressverschärfenden Grundeinstellungen der Betreffende seine höchste „Ladung" hat. Dieses Profilbild öffnet direkt die Türe zu der notwendigen diesbezüglichen Arbeit der kognitiven Umstrukturierung. Das Ausfüllen des Fragebogens ist erfahrungsgemäß in wenigen (drei bis sieben) Minuten erfolgt. Die Auswertung kann vom Patienten selbständig zu Hause erfolgen und das Ergebnis in der nächsten Stunde gemeinsam besprochen werden. Es kann aber auch in der Stunde gemeinsam ausgewertet werden, wenn der Patient seine Antworten benennt und der Untersucher die entsprechende Zahl auf dem Auswertungsbogen dokumentiert. Was entsteht, ist auf jeden Fall ein beeindruckendes Bild eigener unguter, stressverstärkender Grundüberzeugungen, das selten so klar vor Augen geführt wird wie durch diese Art der Darstellung von Kaluza. Ich persönlich setze die Checkliste Stress verschärfender Gedanken in den allermeisten Burnout bezogenen Therapien gewinnbringend mit ein – bisher allerdings immer noch mit den fehlerfreien Arbeitsmaterialien aus der zweiten Auflage (Kaluza 2011).

3.2.2.2 AVEM – Arbeitsbezogenes Verhaltens- und Erlebensmuster

Der 1997 von Schaarschmidt und Fischer entwickelte und seit 2008 in der dritten verbesserten Version von der Hogrefe Testzentrale in Göttingen zu beziehende Fragebogen war ursprünglich nicht unmittelbar als Burnout-Diagnostik-Instrument konzipiert. Wie der Name schon sagt, geht es dem AVEM darum, das arbeitsbezogene Verhaltens- und Erlebensmuster einer Person zu erfassen - natürlich mit der Hintergrundüberlegung, Transparenz zu schaffen und gezielte Hilfestellungen zu ermöglichen bezüglich potenzieller gesundheitsschädlicher Einflussgrößen im Zusammenhang mit der beruflichen Tätigkeit.

66 Items erfragen beim AVEM folgende 11 Dimensionen:

1. subjektive Bedeutsamkeit der Arbeit,
2. beruflicher Ehrgeiz,
3. Verausgabungsbereitschaft,
4. Perfektionsstreben,
5. Distanzierungsfähigkeit,
6. Resignationstendenz bei Misserfolg,
7. offensive Problembewältigung,
8. innere Ruhe und Ausgeglichenheit,
9. Erfolgserleben im Beruf,
10. Lebenszufriedenheit,
11. Erleben sozialer Unterstützung.

Das Zueinander dieser Dimensionen wird im Weiteren in vier arbeitsbezogene Verhaltens- und Erlebensmuster eingeteilt:

1. G (Gesundheit)
2. S (Schonung)
3. A (Risiko im Sinne der Selbstüberforderung) und
4. B (Risiko im Sinne von Resignation)

Der getesteten Person kann differenziert aufgezeigt werden, welche eigenen beruflichen Verhaltens- und Erlebensmuster sich negativ auf die persönliche Gesundheit auswirken. Darüber hinaus kann der eigene grundlegende Schemamodus in Bezug auf die berufliche Tätigkeit erkannt und benannt werden. Es kann am Testergebnis erkannt werden, ob der Betreffende am ehesten dem Typ G, S, A oder B entspricht.

Ergeben die Werte eine Zugehörigkeit zum Typ G, so finden sich hohe Testwerte bei allen positiven und niedrige bei allen belastenden und negativen Dimensionen. Der Betreffende hat kurz gesagt ein gesundheitsgerechtes Erleben und Verhalten in Bezug auf seine Arbeit. Mit großer Wahrscheinlichkeit wird dies auf die allerwenigsten Menschen zutreffen, die sich subjektiv im Zustand von Burnout befinden.

Ergeben die Werte eine Zugehörigkeit zu Typ S, so haben wir hier eher einen freizeitorientierten, in beruflicher Schonhaltung sich befindenden Probanden, der auch nicht zum typischen Klientel von Burnout-Gefährdeten zu zählen sein wird.

Ergeben die Werte eine Zugehörigkeit zu Typ A – die Assoziation zu dem in den 1960ern durch Rosenman und Friedman bekannt gewordenen Typ A, gekennzeichnet durch Leistungsorientiertheit, Aggressivität, Ungeduld, Hetze und Daueranspannung ist hier ganz sicher nicht ungewollt –, so hat uns eine Person aufgesucht, die mit überhöhtem Engagement beruflich zu Werke geht, wenig Abstand zu beruflichen Verwicklungen aufzubringen vermag, bereits an verminderter Widerstandsfähigkeit leidet und nur noch über sehr wenig Ausgeglichenheit und Lebenszufriedenheit verfügt. Es sind bereits wahrnehmbare Resignationstendenzen zu verzeichnen. Der Einsatz des AVEM bei vorgebrachten Burnout-Beschwerden ist auch deshalb zu empfehlen, weil die Darstellung der Ergebnisse – sofern man zusätzlich zur Papier- und Bleistiftversion das PC-Auswertungsprogramm erwirbt – beeindruckend deutlich, übersichtlich, nachvollziehbar und somit veränderungsmotivierend aufbereitet ist.

Ergeben die Werte eine Zugehörigkeit zu Typ B, so ist die eigene Resignation schon weit fortgeschritten, die Motivation auf ein Minimum gesunken, Belastungen kann kaum noch Widerstandskraft entgegengesetzt werden und eine persönliche und berufliche Unzufriedenheit bestimmt das Grundgefühl dieser Person.

Praxistipp:

Bei vorgebrachten Burnout-Beschwerden sollte der AVEM einen unabdingbaren Bestandteil der Basisdiagnostik darstellen, da er veränderungsnotwendige Interventionsbereiche direkt aufzuzeigen vermag.

3.2.2.3   BDI-II – Beck Depressions-Inventar

Im Zusammenhang mit geklagter Burnout-Symptomatik werden depressive Symptome häufig bereits im Erstgespräch geäußert. Hier lohnt es sich, den aktuellen Ausprägungsgrad zu erfassen und bei einer gemeinsam vereinbarten Behandlung im weiteren Verlauf immer wieder zu messen.

> **Praxistipp:**
>
> Ein bewährtes und veränderungssensitives Depressionsmessinstrument ist als Basis-Bestandteil einer Burnout-Basisdiagnostik unverzichtbar.

Seit 1961 ist das von Aaron T. Beck entwickelte Beck-Depressions-Inventar weltweit im Einsatz. Seit 2006 steht auch die deutsche Version des BDI-II, die an das DSM-IV angepasst wurde, für die praktische klinische Anwendung zur Verfügung. Mit 21 Fragen ist der aktuell vorliegende Grad der Depression messbar. Das BDI-II ist einsetzbar von 18 bis 80 Jahren. Das Beck Depressions-Inventar eignet sich im Rahmen der Eingangsdiagnostik eines subjektiv geklagten Burnouts als ökonomisches Selbstbeurteilungsinstrument zur Erfassung der Schwere der berichteten depressiven Symptomatik. Zu 21 Symptomen der Depression werden jeweils vier Aussagen vorgegeben, von denen diejenige auszuwählen ist, die am besten beschreibt, wie sich der Beurteilende in den vergangenen beiden Wochen gefühlt hat. Das BDI gilt als ein zuverlässiges, valides, sensibles, änderungssensitives und damit in der klinischen Praxis höchst wertvolles Instrument zur Messung der Schwere depressiver Symptomatik. Durch seine Veränderungssensitivität leistet es wertvolle Dienste zur Verlaufskontrolle im Rahmen einer vereinbarten mehrmonatigen Therapie.

3.2.2.4   Arbeitsblatt 1 und SCL-90

Angesichts der Vielzahl der im Zusammenhang mit Burnout beschriebenen und berichteten Symptome ist ein Screening-Verfahren zur Eingangsdiagnostik möglichst vieler psychischer und körperlicher Symptome ganz sicher sinnvoll. Das **Arbeitsblatt 1 „Meine Burnout-Beschwerden"** (s. Hinweis auf S. 10) fordert auf zu einer ersten Klärung der wichtigsten Bereiche, in denen sich das Burnout-Erleben manifestiert. Mittels offen formulierter Fragen werden erste Aussagen zu negativen Veränderungen beim Arbeitsverhalten, in der Partnerschaft, zum Antrieb und des euthymen Interesses sowie eine eventuell verringerte gesundheitliche Selbstfürsorge erfasst. Beispiel-Items sind dabei: Seitdem ich Burnout habe, kann ich nicht mehr: …; Seitdem ich Burnout habe, sind an meinem Arbeitsplatz folgende Probleme aufgetreten: …; Seitdem ich Burnout habe, sind in meiner Partnerschaft folgende Probleme aufgetreten: …

Die Symptom-Check-List 90 (SCL-90) von Franke mit ihren 90 Items misst die subjektiv empfundene Beeinträchtigung durch körperliche und psychische Symptome einer Person innerhalb eines Zeitraumes von sieben Tagen. Damit ergänzt sie in idealer Weise Verfahren zur Messung der zeitlich extrem variablen Befindlichkeit und der zeitlich überdauernden Persönlichkeitsstruktur. Auch die SCL-90 eignet sich ideal zur Messwiederholung und damit zum Einsatz für die Verlaufsuntersuchung. Die 90

Items der neun Skalen beschreiben die Bereiche „Aggressivität/Feindseligkeit", „Ängstlichkeit", „Depressivität", „Paranoides Denken", „Phobische Angst", „Psychotizismus", „Somatisierung", „Unsicherheit im Sozialkontakt" und „Zwanghaftigkeit". Drei globale Kennwerte geben Auskunft über das Antwortverhalten bei allen Items. Der GSI misst die grundsätzliche psychische Belastung, der PSDI misst die Intensität der Antworten und der PST gibt Auskunft über die Anzahl der Symptome, bei denen eine Belastung vorliegt.

Die Hogrefe Computerversion des SCL-90 ermöglicht die Darstellung mehrerer Messungen in einer Verlaufskurve, was die direkte Rückmeldung über bereits erreichte oder noch vertieft zu bearbeitende Bereiche wesentlich erleichtert.

Praxistipp:

Auch das **Arbeitsblatt 1 „Meine Burnout-Beschwerden"** und die SCL-90 sollte ein Bestandteil der Standardinstrumente zur Eingangsdiagnostik für eine umfassende Differenzialdiagnostik geklagter Burnout-Beschwerden sein.

3.2.2.5 Störungsspezifische Diagnostik

Je nach den vorgebrachten spezifischen Beschwerden und Burnout bezogenen Symptomen sollten im Einzelfall die spezifischen bewährten psychodiagnostischen Verfahren zum Einsatz kommen, die sich auf die in Kapitel 2.4 beschriebenen psychischen Störungen beziehen.

Die Kataloge der großen Testverlage Hogrefe, Pearson und Schuhfried bieten hier, nach Störungsbildern aufgeschlüsselt, den jeweils aktuellen und für die klinisch-praktische Diagnostik verfügbaren Fundus anzuwendender Verfahren.

Einen aktuellen Überblick über die wichtigsten 52 Beurteilungsverfahren für die Erfassung der häufigsten psychischen Erkrankungen der ICD-10 geben Vorderholzer, Neumayer und Stieglitz (2016). Auf 18 Seiten stellen sie die wichtigsten Aspekte für eine sinnvolle Auswahl dar, aufgeteilt nach Selbstbeurteilungsverfahren, Fremdbeurteilungsverfahren und strukturierten Interviews. Hinweise zur Indikation, zur Dauer, zu den Auswertungskriterien und zu den Anwendungsgebieten sind in übersichtlicher tabellarischer Form benutzerfreundlich dargestellt.

Praxistipp:

Zu folgenden störungsspezifischen Bereichen finden Sie im Download (s. Hinweis auf S. 10) zum Ausdruck entsprechende Fragebögen:
- Angst (**Arbeitsblatt 13 „4 Ebenen der Angst"**)
- Depression (**Arbeitsblatt 3.1 „Fragen nach Depressions-Anzeichen"**)
- Partnerschaft (**Arbeitsblatt 11, 11a „Partnerschaftsklärung – Matrix"**)
- Selbstsicherheit-Soziale Kompetenz (**Arbeitsblatt 8 „Selbstsicheres Verhalten"**)
- Störungen der Achtsamkeit und Akzeptanz (**Arbeitsblatt 10 „ACT-Hexaflex"**)

3.3　Den Arbeitsauftrag erarbeiten

Nachdem nun alle Eingangsinformationen gemäß dem biopsychosozial-environmentalen Modell erfasst und dokumentiert sind, ein ärztliches Konsil mit den dazugehörigen Labordaten vorliegt, die Burnout relevanten Fragebögen, Arbeitsblätter und spezifischen Testergebnisse ausgewertet sind, sollte man davon ausgehen können, dass nun bereits eine therapeutische Allianz besteht und die gemeinsame Arbeit beginnen kann. Nicht selten bedarf es jedoch spätestens jetzt noch einmal der Überprüfung, ob denn überhaupt ein entsprechender Arbeitsauftrag zur Behandlung durch den Betreffenden selbst an uns formuliert wurde.

Spätestens jetzt – besser schon gleich in den ersten Minuten des Kontaktes sollte die entscheidende Frage gestellt werden: „Wie kam es, dass Sie Ihren Weg zu mir gefunden haben?" Es gilt zu klären: „Hat Ihr Arzt, Ihre Partnerin oder Ihr Partner Ihnen empfohlen, eine Beratungsstelle oder einen Psychotherapeuten aufzusuchen, oder haben Sie selbst darum gebeten, dass Ihnen Adressen zur kompetenten psychologischen Unterstützung genannt werden oder haben Sie sich ganz in Eigeninitiative Ihren Weg hierher gesucht?"

Handelt es sich um einen selbständig die Beratungs-/Therapiesituation Aufsuchenden, kann es nunmehr sofort mit der Werte- und Zielklärung weitergehen. Handelt es sich dagegen um einen „geschickten" Patienten, so ist es von größter Wichtigkeit sicherzustellen, dass wir direkt von ihm oder ihr einen Arbeitsauftrag erhalten.

Praxistipp:

Bewährt haben sich folgende Formulierungen, um einen individuellen Arbeitsauftrag zu erhalten:

„Gut – ich verstehe, dass Sie dem Rat Ihres Arztes (oder der entsprechenden anderen bedeutsamen Person) gefolgt sind und sich hierher begeben haben. Wichtig für mich ist es nun zu erfahren, was Sie selbst darüber denken. Wie wichtig ist es Ihnen persönlich, auf psychologischer Ebene an Ihren vorliegenden Beschwerden zu arbeiten? Welche Aspekte Ihrer Beschwerden möchten Sie gerne mit mir bearbeiten?"

Bei den Patienten, Klienten, Ratsuchenden, die fremdmotiviert zu uns kamen, gilt es das „ob" dem „was genau" voranzustellen. Die Erfahrung zeigt, dass allein das explizite Ansprechen der Ausgangssituation, das direkte Nachfragen, ob der Betreffende aus eigenem Anliegen oder „unter falscher Flagge" und eigentlich nur als gehorsam „geschickter" Patient hier ist, schnell zu einer Klärung führen kann. In den meisten Fällen wird sich ein *eigenes* Anliegen finden und ausformulieren lassen. Die nachfolgende Zielklärung durchzuführen ist der Weg dazu.

3.4   Individuelle Therapieziele festlegen

Wer kein Ziel hat, dem weht kein Wind günstig.

Wenn dem Patienten aktive Beteiligung und Einflussnahme bei der Auswahl und dem Erstellen von Zielen zugestanden wird, verbessern sich das Engagement und die Mitarbeit deutlich, um diese Ziele zu erreichen. Widerstand kann somit weitgehend vermieden werden, bevor er entsteht. Bei der gemeinsamen Sichtung sinnvoller Ziele sollte sich jeder Behandelnde bewusst sein, welche Ziele **geeignet** und welche eher **ungeeignet** sind.

Ungeeignet sind in Anlehnung an Kanfer, Reinecker und Schmelzer (2006) z.B.: Änderungsziele bezüglich Sachverhalten, die nicht (mehr) veränderbar sind, weder durch Therapie noch durch sonstige Maßnahmen. Ein sinnvolles Therapieziel ist hierbei jedoch, die aktuelle mit Leid verbundene Einstellung dazu zu überprüfen und zu ändern. Weitere ungeeignete Ansätze sind utopische Ziele wie z.B. immerwährendes Glück; weniger gravierende Beschwerden, mit denen der Klient seiner Ansicht nach leben kann; Probleme, die sich absehbar von selbst lösen werden; Themen, für deren Bewältigung erst Vorarbeit geleistet werden muss; Probleme, bei denen andere besser helfen können (Arzt, Pfarrer, Polizei, Sozialamt ...) und ethisch fragwürdige Ziele.

Geeignete therapeutische Ansatzpunkte hingegen sind: Probleme mit besonders hohem Belastungsfaktor; Probleme, für deren Besserung eine hohe Erfolgswahrscheinlichkeit besteht; Kernbeschwerden, deren Besserung weitere positive Änderungen mit sich bringen wird; Verhaltensweisen, die für den Klienten oder andere eine Gefahr darstellen; Themen, die mit übergeordneten Zielen des Klienten im Einklang stehen.

Die Erfahrung zeigt, dass initial ausgewählte Therapieziele im Verlauf der gemeinsamen Bearbeitung immer wieder modifiziert oder durch relevantere Ziele ersetzt werden können und dürfen.

Bei der gemeinsamen Suche nach sinnvollen Therapiezielen ist die Klärung der folgenden Fragen auch bei Burnout hilfreich: Wie soll die Situation statt des momentan belastenden Ist-Zustandes künftig sein oder werden? Welche Ziele genau möchte ich durch die Therapie erreichen? Stehen meine Therapieziele mit meinen Lebenszielen im Einklang? Wenn ich mehr innere gesunde Distanz zu meinem eigenen überzogenen Leistungsstreben erarbeiten möchte, komme ich dann nicht vorhersagbar in Konflikt mit meinen tiefsitzenden, nie in Frage gestellten Lebensidealen, meinen Werten, meinen inneren Überzeugungen: „Müßiggang ist aller Laster Anfang", „Ohne Fleiß kein Preis"? Bin ich bereit zu einer Lebensstiländerung – oder wie es Patienten oftmals formulieren: bereit mein Leben umzukrempeln – um Burnout dauerhaft bewältigen zu können (am Anfang der gemeinsamen therapeutischen Arbeit sind es viele Klienten meistens nicht ...)? Welche Ziele möchte ich durch die Therapie wirklich erreichen? Was ist mir wirklich wichtig, was nicht, worauf kann ich verzichten? Will ich den Aspekt X überhaupt ändern? Wie will ich mit Thema Y umgehen? Passen meine Ziele und mein derzeitiges Verhalten zusammen?

Die Therapieziele sind dann besonders motivierend für den weiteren therapeutischen Prozess, wenn sie selbst ausgewählt, persönlich relevant und spezifisch sind. Darüber hinaus sollten sie besonders relevant sein in Bezug auf die vier interaktionellen Grundbedürfnisse, die nach Grawe (1994) jeder Person zu eigen sind. Diese vier interaktionellen Grundbedürfnisse sind das Bedürfnis nach:

- Selbstwerterhöhung, positiver Definition durch andere,
- Orientierung und Kontrolle,
- Bindung und sozialen Beziehungen,
- Lustgewinn und Unlustvermeidung.

Probleme entstehen vorprogrammiert dann, wenn diese Grundbedürfnisse bedroht sind oder als bedroht wahrgenommen werden; Ziele sind dann besonders attraktiv, wenn sie diese Grundbedürfnisse zu erfüllen geeignet sind.

Auf praktischer Ebene haben sich viele der Therapiestrategien von Kanfer, Reinecker und Schmelzer (2006) zu therapeutischen Standards auch in der Zielklärung für Fragen der Individualisierten Burnout-Therapie (IBT) entwickelt:

Bei der klärenden „Rucksack-Metapher" werden Klienten angeleitet, sich gedanklich auf eine Bergtour zu begeben, bei der sie einen Rucksack mit den fünf sie derzeit am meisten belastenden Arbeits- und Lebensproblemen zu tragen haben. In der Imagination werden dann nach und nach diese fünf im wahrsten Sinne des Wortes schwerwiegenden Probleme aus dem imaginären Rucksack entnommen und am Wegesrand abgelegt. Das (meistens auch erreichte) Ziel dieser Imaginationsübung ist es, sich der Gewichtung der subjektiven Probleme und damit der Prioritäten der Dringlichkeit, diese zu bearbeiten, bildhaft und „gefühlt" bewusst zu werden.

Nicht selten kommt es aber auch zu deutlichen und unerwarteten Prioritätsverschiebungen und zuerst als unbedeutend angesehene Probleme oder Lebensbereiche erscheinen doch wesentlich gewichtiger, während andere sich in der Imagination als „Leichtgewichte" erweisen. Nicht selten kommt dabei der Faktor der durch die beruflichen Belastungen entstandenen Partnerschaftsprobleme viel mehr in den Vordergrund des Problembewusstseins als bei der „rein rational kognitiven" Problemfeld- und Therapiezielsichtung.

Es empfiehlt sich, nach einer solchen *problem*fokussierten Übung mit einer *ziel*fokussierten Übung fortzufahren. Ein Klassiker in dieser Hinsicht ist die **Wunderfrage**. Der Klient wird gebeten, sich zunächst drei der vorher genannten Probleme auszuwählen, am besten die drei am schwersten wiegenden. Anschließend soll er sich vorstellen, dass eine gute Fee bereit ist, diese drei Problembereiche so hinzuzaubern, dass sie kein Problem mehr sind. Die einzige Bedingung dabei ist, dass der Klient der Fee eine exakte Beschreibung des Zustands geben muss, wie er idealerweise sein sollte. Damit wird er veranlasst, klare positive Ziele auszuformulieren statt einer diffusen Aussage wie „Ich will nicht mehr unglücklich sein". Häufig kommt es hierbei durch die differenzierte Abschätzung von Bedeutsamkeit auch zu neuen Zielprioritäten.

Eine weitere bewährte Zielklärungsfrage ist die ganz simple Kanfer'sche: „**Was wäre, wenn Sie dieses Problem nicht mehr hätten?**". Durch diese Frage kommen die Dimension sekundärer Gewinne ins Blickfeld und darüber hinaus die Bereiche, vor denen das Individuum durch die derzeit bestehende Problematik sozusagen geschützt wird. Von Milton Erickson ist die Aussage überliefert: „Jedes bestehende Problem ist die intelligenteste Lösung Ihres Unbewussten, Ihnen ein noch größeres Problem zu ersparen ...".

Mit der Übung: **„Wenn ich einmal reich wär ..."** lassen sich ebenfalls positive Zieldimensionen eruieren. Die Übung besteht darin, einen bestimmten hohen Geldbetrag, der individuell variiert werden kann, innerhalb eines Monats für sich persönlich ausgeben zu müssen. Nicht ausgegebenes Geld verfällt unübertragbar am Ende des Monats. Wie würde jemand mit dieser Summe umgehen, was würde er damit unternehmen? Auch diese Übung zielt darauf ab, Ressourcen zu aktivieren, den Blick über das aktuelle Problemerleben hinauszuführen und positive Zielperspektiven zu eröffnen. Wird z.B. die Idee einer Weltreise geäußert, dann lohnt es sich, nach dem dahinterliegenden Bedürfnis (z. B. „Tapetenwechsel") Ausschau zu halten. Meist lassen sich Teilziele formulieren, wie dieses wahrgenommene Defizit in viel höherem Ausmaß ausgeglichen werden kann, als es im verengten Blickwinkel des vorliegenden Problemtunnels derzeit möglich scheint.

Mit der Visualisierungstechnik **„Lebenskuchen (pie of life)"** werden Klienten gebeten, bedeutsame Bereiche ihres Lebens in Form einer Kuchen- oder Tortengrafik optisch zu veranschaulichen. Sie sollen sich dabei die Gesamtheit ihrer Lebensziele und Interessen als eine Art „Kuchen" vorstellen, bei dem die Größe der einzelnen Stücke die Bedeutung und Größe relevanter Lebensbereiche repräsentiert. Dies lässt sich dann in Form einer Grafik darstellen und in verschiedener Hinsicht modifizieren: So kann z. B. sowohl ein Modell des aktuellen Lebenskuchens, also der „Problemkuchen", dargestellt werden, als auch ein Modell des idealen Lebenskuchens, bei der die einzelnen Kuchenstücke die Größe haben, die der idealen Zielvorstellung entspricht. Diese Ist-Soll-Analyse kann direkt therapeutisch genutzt und in – den Zielvorstellungen entsprechenden – Zielaufgaben umgesetzt werden. Der „Lebenskuchen" eignet sich auch hervorragend, um im weiteren Verlauf auf Diskrepanzen aufmerksam zu machen zwischen eigenen angestrebten Zielen und einem Problem aufrechterhaltenden Verhalten.

Das Stichwort „gestörte Work-Life-Balance" kommt hierbei ins Blickfeld, wobei ich hier zugleich dazu auffordern möchte, auch und vor allem Klienten gegenüber achtsam zu sein in Bezug auf den eigenen Sprachegebrauch. Wörtlich genommen würde „Work-Life-Balance" bedeuten, dass auf der einen Seite die Arbeit als nicht zum eigenen Leben Gehörendes stünde und auf der anderen Seite das Leben an und für sich. Offensichtlich hat es mehr Sinn, von einer Balance zwischen dem Teil unseres Lebens, den wir mit Arbeit verbringen (oftmals aktiv und bewusst und mit Freude und Erfüllung), und dem anderen Teil unseres Lebens, den wir außerhalb unseres beruflichen Lebens verbringen, zu sprechen. Sie können hierbei gerne Ihre Klienten einladen zu einem kreativen Wortneuschöpfungsspiel. Alle Kombinationen sind erlaubt, um einer Work-Life-Non-Work-Life-Balance oder einer Multilevel-Life-Balance sprachlich zur Geburt zu verhelfen. Das Ziel dabei ist klar: Wenn dem Lebensbereich Arbeit alle anderen Lebensbereiche geopfert werden, entsteht ein Ungleichgewicht, das es wieder auszugleichen gilt.

Die **„3-Jahres- oder 5-Jahres-Frage"** ist eine ähnlich positiv-zielorientierte Frage. Hier wird der Klient aufgefordert, sich den inneren Bildern zuzuwenden, die spontan auftauchen bei der Frage: „Wenn ich Sie in drei (bzw. fünf) Jahren besuchen würde – wo würde ich Sie finden, wie/mit wem würden Sie leben, was würden Sie beruflich und privat tun?" Der Klient darf hier durchaus seine kühnsten Hoffnungen und Träume formulieren.

Ganz anders und häufig mit sehr tiefem Impact sind der Suchprozess und die Konfrontation mit der Relevanz des derzeitigen alltäglichen Lebens, wenn die „1/2-Jahres- oder 1-Jahres-Frage" gestellt wird. Hierbei wird der Klient angeleitet, sich vorzustellen, er habe aufgrund einer tödlich verlaufenden Krankheit nur noch ein halbes bis maximal ein Jahr zu leben, allerdings ohne Beeinträchtigungen oder Schmerzen. Wie würde er diese Zeit verbringen? Finanzielle und organisatorische Aspekte sind hierbei außer Acht zu lassen. Die Erfahrung zeigt, dass ein Teil der Klienten an ihrem Leben nicht viel ändern würde. Bei manchen jedoch kommen fundamentale Änderungswünsche zum Vorschein. Hier lohnt sich die weiterführende Frage, warum ein solch gravierendes Ereignis nötig ist, um sein Leben zu ändern.

Das **Arbeitsblatt 14 „Wenn ich nur noch ein Jahr zu leben hätte"** (s. Hinweis auf S. 10), gibt Gelegenheit, auch über den Zeitraum bis zur nächsten Sitzung hinaus – in der Regel eine Woche – sich weitere Gedanken aufzuschreiben, welche Änderungen im derzeitigen Leben dem Einzelnen noch wichtig wären.

Cave: Diese Übung empfiehlt sich in der Regel nicht bei depressiven Menschen, alten Menschen, schwerkranken Menschen und Menschen mit somatoformen Störungen oder Krankheitsängsten.

Praxistipp:

Diese „linkshemisphärische Stoffsammlung" kann noch ergänzt werden durch eine „rechtshemisphärische Stoffsammlung". Dazu werden die Klienten gebeten, sich fünf, sechs Zeitschriften, eine Schere und eine Tapetenrestrolle bereitzulegen. Die Zeitschriften können dann genüsslich durchgesehen werden. Die Worte, Überschriften, Bilder oder Symbole, die beim Durchblättern „Resonanz" auslösen, bei denen eine positive emotionale Reaktion bemerkt wird, bei denen die „somatischen Marker" vermehrte Lebensintensität und Freude signalisieren, werden ausgeschnitten und zur Seite gelegt. Nachdem aus allen Zeitschriften die entsprechenden Ausschnitte und Bilder herausgeschnitten sind, werden sie auf die Rückseite der Tapetenrolle geklebt. Diese wird so weit aufgerollt, dass alle Ausschnitte aufgeklebt werden können, bevor das entsprechende Stück abgeschnitten wird. Die so entstandene Collage kann dann eingerollt und zur nächsten Stunde mitgebracht werden. Auf ihr befinden sich in der Regel all die relevanten Themen, die den Kerninteressen des Klienten entsprechen. Damit können dann in offenen Fragen die Bedeutung und die entsprechenden Assoziationen zu den einzelnen Bestandteilen der Collage klar herausgearbeitet werden. Das Ergebnis: Linke und rechte Gehirnhälfte, Herz und Verstand, verbale und nonverbale Anteile liefern dem Burnout-Betroffenen relevante Informationen über seine Bedürfnisse, Wünsche und seine potenziellen neuen und ganz sicher auf jeden Fall ihm persönlich sehr relevanten Lebensziele. Die Anleitung für die Collage kann auf dem **Arbeitsblatt 15 „Collage-Anleitung"** (s. Hinweis auf S. 10) ausgedruckt werden.

Letztendlich sei zur individuellen Therapiezielfindung und gemeinsamen Therapie-
zielvereinbarung auf den Einsatz des Berner Inventars für Therapieziele (BIT) hingewiesen. Hierbei handelt es sich um das Ergebnis empirischer Therapiezielforschung
der Universität Bern mit dem Ergebnis, dass der Patient aus den 64 häufigsten Therapiezielen seine individuellen Therapieziele vorab auswählen kann. Diese sind in fünf
Hauptkategorien aufgeteilt:

- Ziele zur Bewältigung bestimmter Probleme und Symptome,
- Ziele im zwischenmenschlichen Bereich,
- Ziele in Bezug auf die Verbesserung des Wohlbefindens,
- Ziele zur Orientierung im Leben,
- Ziele in Bezug auf die eigene Person (selbstbezogene Ziele).

Zu finden ist eine revidierte Fassung dieser Therapiezielfragen unter http://www.
unibe.ch/unibe/portal/fak_humanwis/philhum_institute/inst_psych/psy_kpp/content
/e48214/e48240/e48256/e135997/pane136002/e136011/files136013/BIT_CP_D.pdf
(Zugriff 26.10.2016).

3.5 Therapiestrategien auswählen

Praxistipp:

Von den in Kapitel 4 beschriebenen Therapiemodulen sollten vor dem Hintergrund der Ausführungen in Kapitel 3 von daher diejenigen Therapiestrategien
und Techniken zum Einsatz kommen, die den wichtigsten Zielen des um Hilfe
Bittenden entsprechen. Zu Beginn der Therapie sollten diejenigen Interventionen bevorzugt werden, mit denen der Patient vorhersagbar erfolgreich
erste ihm wichtige Veränderungen zu erzielen vermag und die – auch für ihn
selbst wahrnehmbar – auf direkt durch ihn selbst verursachte positive Veränderungen zurückgeführt werden können. Diese ersten positiven Erfahrungen
von Selbstwirksamkeit erhöhen die Motivation, um auch in späteren, mühe-
volleren, schwierigeren Phasen der Therapie weiterzumachen.

Sinnvoll sind hierbei auch immer wieder kurze Metastatements darüber, in welchem
Zusammenhang die einzelnen kleinen konkreten Schritte mit eventuell weiter entfernt liegenden großen Zielen stehen. Die Haltung von Milton Erickson „gangbare
Wege gehen" und die Haltung von Fiedler „widerspruchsermöglichende Interventionen" zum Einsatz zu bringen, sind hierbei der Goldstandard. Das „Wie" des Vorgehens anstelle des „Was" oder „Womit genau" steht gerade bei Burnout-Patienten
im Vordergrund. Selbst- und Fremdüberforderung sind wesentliche psychologische
Einflussfaktoren bei der Burnout-Genese. Bei der Auswahl der Therapiestrategien

ist deshalb besonders darauf zu achten, dass das Kosten-Nutzenverhältnis zwischen Änderungsbemühungen und verbessertem Befinden eine ganz besonders günstige Bilanz aufweist. Der um Hilfe Bittende steht unter erhöhter Belastung und verspricht sich auf nachvollziehbare Art und Weise direkte Hilfe und Entlastung.

Dem Einbeziehen der individuellen Ressourcen des Betreffenden kommt hierbei eine besonders große Bedeutung zu, beispielsweise den bestehenden sozialen Stützsystemen oder der Partizipation an sozialen, religiösen oder kulturellen Angeboten, die dem eigenen Zielgebiet der Veränderungswünsche entsprechen.

3.6 Die therapeutische Allianz sichern durch motivierende Gesprächsführung

Bei der Bearbeitung von Zuständen tiefer Erschöpfung, Distanzierung durch Zynismus und Rückzug sowie subjektivem und objektivem Leistungsrückgang handelt es sich erfahrungsgemäß um Zustände, die sich nicht mehr durch ein paar Tage Erholung, ja selbst nicht durch einen längeren Urlaub oder eine längere Zeit der Arbeitsbefreiung durch ärztlich bescheinigte Arbeitsunfähigkeit beheben lassen. In den meisten Fällen bedarf es eines Lebensstilwandels.

Geht es um dauerhafte Verhaltensänderungen, dann ist mit diesem übergreifenden Therapieziel immer auch das Konzept der motivierenden Gesprächsführung verbunden, das Konzept des „Motivational Interviewing" (MI) nach Miller und Rollnick.

Die motivierende Gesprächsführung basiert auf der Grundüberzeugung, dass jeder Mensch zu *irgendetwas motiviert* ist, und darüber hinaus, dass jeder Mensch der beste Experte für sein Leben ist und über alle Ressourcen verfügt, die zu seiner Gesundung erforderlich sind. Die Wirkung der MI beruht auf der Aktivierung der Veränderungsmotivation und der Behandlungsadhärenz des Patienten, da sich im Laufe einer Konsultation Gespräche über Verhaltensänderung zwangsläufig immer dann ergeben, wenn darüber nachgedacht wird, im Interesse der Gesundheit etwas anders zu machen als bisher. MI versucht, beim Patienten selbst das zu finden und zu aktivieren, was er zu seiner Gesundung braucht, statt ihm von außen etwas überzustülpen. Die meisten Menschen setzen sich zur Wehr, wenn sie sich genötigt fühlen, etwas Bestimmtes zu tun oder zu lassen. So ist MI ein auf Zusammenarbeit ausgelegter Kommunikationsstil, der auch ausdrücklich das Recht des Patienten, sich nicht zu verändern, mit einschließt. Diese Freiheit macht Veränderung oft erst möglich. Die MI hat weiter zum Ziel, außer der Motivation auch die Selbstverpflichtung auf ein bestimmtes Ziel hin zu stärken.

Die **Kernelemente der Motivierenden Gesprächsführung** lassen sich in Anlehnung an Hannöver (2012) am besten beschreiben mit zusätzlichen Originalzitaten aus Miller und Rollnick (2015):

• **Partnerschaftlichkeit, Zusammenarbeit (Collaboration)**
Therapie findet nach Miller und Rollnick somit im Geist der genuin wertschätzenden Zusammenarbeit statt. Patienten werden als das gesehen, was sie tat-

sächlich sind: die Top-Experten für sich selbst, für ihre Reaktionsweisen, Vorlieben, Stärken und Möglichkeiten. Sie haben sich 24 Stunden pro Tag dabei. Keiner vermag mehr für sie zu tun als sie selbst. Mediziner und Berater wiederum sind Experten dafür, was allgemein hilfreich ist, um gesund zu bleiben oder zu werden. Wenn die Patientengesundheit das partizipativ festgelegte Ziel ist, dann besteht die Notwendigkeit, dass der Informationsfluss in beide Richtungen fließt.

- **Akzeptanz (Acceptance)**
  Patienten handeln nicht wahllos, sie haben ihre eigenen Gründe. Diese mögen manchmal objektiv nicht stichhaltig sein, sind aber dennoch für den Patienten zu diesem gegebenen Zeitpunkt offensichtlich genau so subjektiv wichtig. Miller und Rollnick gehen von dem allumfassenden Akzeptanzbegriff aus, wie ihn Rogers 1959 und Maslow schon 1943 verstanden hatten. Sie formulieren: „Wir gehen wie Rogers davon aus, dass Menschen, die sich von anderen nicht angenommen fühlen und damit implizit zur Veränderung angehalten werden, in ihren Entfaltungsmöglichkeiten eingeschränkt sind. Ihre Fähigkeit zur Veränderung ist gemindert oder blockiert. Wenn sie sich dagegen so akzeptiert fühlen, wie sie sind, gibt ihnen das die Freiheit, etwas zu verändern." (Miller & Rollnick 2015, S. 33). Akzeptanz impliziert nach Miller und Rollnick immer auch Empathie, Würdigung, Unterstützung der Autonomie und bedingungsfreie Wertschätzung.
- **Hervorrufen (Evocation)**
  Der Wunsch und der Wille zu gesunder Lebensführung können beim Patienten vorausgesetzt werden. Die Motivation dazu ist im Patienten angelegt und muss nur hervorgerufen werden, wie all das, was er benötigt, um wieder gesund zu werden. Die implizite Botschaft an den Patienten sollte somit nach Miller und Rollnick lauten: „Sie haben das, was Sie brauchen, und wir werden gemeinsam danach suchen." (Miller & Rollnick 2015, S. 37)
- **Mitgefühl (Compassion)**
  Das Wohlergehen und die Veränderung der Patienten sind handlungsleitend, nicht eigene Interessen. Motivierende Gesprächsführung ist keine Strategie zur Manipulation. Mitgefühl zeigt sich nach Miller und Rollnick darin, „dass wir das Wohlbefinden des anderen aktiv fördern und seinen Bedürfnissen Priorität einräumen". (Miller & Rollnick 2015, S. 36)

Soweit die grundlegenden Sichtweisen der Motivierenden Gesprächsführung nach Miller und Rollnick.

In Bezug auf die individuelle Bearbeitung von Burnout relevanten Einflussgrößen ist das Konzept von „**Sustain Talk**" und „**Change Talk**" von besonders großer Bedeutung. Liegen ungünstige, Erschöpfung und „Ausbrennen" bedingende und aufrechterhaltende Alltagsgewohnheiten vor, so ist es wichtig, sich folgender Tatsache bewusst zu sein: „**Wir neigen dazu, das für wahr zu halten, was wir uns selbst erzählen.**"

Dies hat in doppelter Weise Auswirkungen in Bezug auf Veränderungsarbeit: Hört sich der Patient selbst darüber reden, wie schwer eine Veränderung sein wird und wie wenig schlimm sein jetziges gesundheitsschädliches Verhalten eigentlich ist, so praktiziert er „**Sustain Talk**". Er plädiert für das Aufrechterhalten dessen, was er schon die ganze Zeit tut, er plädiert für das Beibehalten des Status Quo. Hört sich der Patient selbst für Veränderung argumentieren, so praktiziert er „**Change Talk**", er macht selbstmotivierende Aussagen, formuliert selbst Gründe, weshalb er Veränderung möchte und spricht über diese als für ihn persönlich durchaus erreichbar.

In Bezug auf die vom Patienten gewählten Veränderungsziele sind noch einige weitere Aspekte von Bedeutung:

- „Mess-Skalen erfüllen einen doppelten Zweck. Sie geben nicht nur Aufschluss über die Motivation des Patienten, sondern können auch Change Talk hervorrufen." (Rollnick, Miller & Butler 2012, S. 84)
- „Zwei der produktivsten Fragen überhaupt beziehen sich auf die *Wichtigkeit* einer Veränderung für den Patienten und auf seine *Zuversicht*, dass der angestrebte Erfolg für ihn tatsächlich erreichbar ist. In dieser Hinsicht kann eine Mess-Skala sehr nützlich sein." (Rollnick, Miller & Butler 2012, S. 86)
- „Wenn Sie nach den Gründen forschen, die für und gegen eine Veränderung sprechen, erschließen Sie sich einige wichtige geleitende Fragen, die besonders nützlich sind, wenn jemand sich noch unsicher ist, ob er eine Veränderung, die er erwogen hat, wirklich vollziehen soll." (Rollnick, Miller & Butler 2012, S. 84)

Die praktische Konsequenz aus all diesen Statements: Ziele können systematisch gesichtet, gewichtet und aufbereitet werden. Persönlich gewählte Ziele lassen sich durch systematische Analysen auf ihre individuelle Umsetzbarkeit hin überprüfen, und der Patient kann sich selbst für Veränderung plädieren hören und sich somit gemäß eines populären Werbeslogans selbst den Weg „freisprechen": „Skalen und Change Talk – wir machen den Weg frei …".

Mit Hilfe der systematischen MI-Klärungsfragen auf **Arbeitsblatt 7 „Motivationsklärung"** besteht die Möglichkeit, gemeinsam in der Stunde ein Ziel detailliert zu erarbeiten und die anderen Ziele in Eigenregie zu Hause für die nächste Sitzung vorzubereiten. Das schriftliche Ausformulieren bedeutet eine zusätzlich vertiefende und motivierende Handlung.

(Das Thema „Smarte Ziele" wird in Modul 11 noch vertieft bearbeitet werden. Auf **Memoblatt M29 „Smarte Ziele"** finden Sie eine Zusammenfassung der wichtigsten Punkte, die bei der Zielformulierung hilfreich sind, um von vorneherein mit smarten Zielen zu arbeiten.)

Die **systematischen Klärungsschritte**, zu denen auf **Arbeitsblatt 7 „Motivationsklärung"** angeleitet wird, sind dabei folgende:

1. Ein Ziel wird formuliert (z.B. „Ich lebe rauchfrei").
2. Anschließend wird zunächst die Wichtigkeit dieses Ziels erfragt auf einer Skala von 0 (gar nicht wichtig) bis 10 (sehr wichtig).
3. Falls, was anzunehmen ist, ein Wert höher als 0 angekreuzt wurde, kann jetzt mit einer vertiefenden Frage *Change Talk* aktiviert werden. Die Frage lautet: **„Weshalb dieser Wert, weshalb nicht weniger?"** Von der Formallogik her kann der Klient gar nicht anders, als seine – vielleicht nur wenigen oder schwachen – Gründe anzuführen, weshalb er zwei, drei oder vier angekreuzt hat und nicht eins oder null. Er hört sich somit selbst für Veränderung plädieren.
Achtung: Die Frage „Weshalb dieser (über null liegende!) Wert, weshalb nicht *weniger?*" wird von vielen Klienten missverstanden, weil sie nichts anderes er-

warten als die Frage: „Weshalb dieser (nur so geringe!) Wert, weshalb nicht *mehr?*“, was dann natürlich zu einer *Sustain Talk*-Antwort führt. Sie antworten dann z.B.: „Ja, ich weiß schon, es sollte mir wichtiger sein. Aber meine Mutter hat, während sie mit mir schwanger war, auch geraucht, und es hat mir wirklich nicht geschadet.“ An solchen oder ähnlichen Aussagen erkennen Sie, dass der Klient Ihre tatsächliche Frage nicht verstanden hat. Wenn Sie also bemerken, dass Ihr Klient eine *Sustain Talk*-Antwort gibt, unterbrechen Sie ihn, wiederholen und präzisieren Sie Ihre Frage etwa in der Form: „Vielleicht habe ich mich etwas undeutlich ausgedrückt, meine Frage war: ‚Weshalb so viel und nicht weniger? Weshalb drei und nicht nur zwei oder eins?‘“ Jetzt ist der Weg wieder frei für einen veränderungsorientierten Blick und eine veränderungsorientierte *Change Talk*-Antwort.

Diese könnte nun beispielsweise lauten: **„Ich habe diesen Wert gewählt, weil…** (z.B. meine Frau schwanger ist und ich sie unterstützen möchte bei ihrem Vorsatz, ab jetzt rauchfrei zu leben.)

4. Die *Change Talk* stimulierende Reflexion bezüglich der Wichtigkeit des Veränderungszieles wird nunmehr fortgesetzt mit der Erweiterungsfrage: „Was könnte bewirken, dass es mir noch wichtiger wird, mein Ziel zu erreichen?“ Auch diese Frage stimuliert mit großer Wahrscheinlichkeit weitere *Change Talk* produzierende Gedanken (z. B. „Wenn meine Frau mich aktiv darum bitten würde aufzuhören, anstatt mir zu sagen, dass es ihr nichts ausmacht, wenn ich weiterhin rauche.“).

5. Nach dieser Detailanalyse, nach diesen *Change-Talk*-Äußerungen macht es Sinn, noch einmal erneut die Eingangsskalierung zu überprüfen. Ist diese gleich geblieben oder hat sie sich verändert? Die Frage dazu lautet: **„Unter diesen veränderten Bedingungen würde ich die Wichtigkeit, mein Ziel zu erreichen, so einschätzen:** (0 bedeutet überhaupt nicht wichtig – 10 bedeutet sehr wichtig).

6. Für die Parameter **Zuversicht** und **Dringlichkeit** gilt das gleiche Vorgehen wie oben unter Punkt 2 bis 5 beschrieben. Die Frage nach der **Zuversicht,** das gewählte Ziel mit den zur Verfügung stehenden Mitteln, Fähigkeiten, Unterstützungen und in der dafür veranschlagten Zeit erreichen zu können, hat eine außerordentlich hohe Bedeutung für die tatsächliche Handlungsbereitschaft und spätere Handlungsausführung. Wenn die Zuversicht gering ist, wird man einen Versuch, das Ziel dennoch zu erreichen, wohl eher nicht in Erwägung ziehen.

7. Auf **Arbeitsblatt 7 „Motivationsklärung“** ist jetzt Platz vorgesehen, sich sein eigenes aktuelles und reflektiertes Motivationsprofil noch einmal vor Augen zu führen. Unter der Überschrift: „Mein Motivationsprofil – Zusammenfassung“, kann dann noch einmal das Ziel ausformuliert und gegebenenfalls weiter spezifiziert werden und nachfolgend der aktuelle, reflektierte Wert der Wichtigkeit, Zuversicht und Dringlichkeit eingetragen werden.

Diese systematische Analyse mit Hilfe des **Arbeitsblattes 7** zur Motivationsklärung und Motivationssteigerung kann mit großem Nutzen bei allen relevanten Veränderungszielen zum Einsatz kommen.

4 Therapiebausteine zur kompetenten Burnout-Behandlung – Die Behandlungsmodule

4.1 Die Grundlagen der Burnout-Behandlung

Die offensichtlich wichtigste Frage, die es nun zu klären gilt ist: *Welche* Burnout-Behandlung ist für *wen* die passende? Wer stellt sich bei uns wann, zu welchem Zeitpunkt seines Burnout mit welchen Symptomen und welchem Ursachenhintergrund vor? Hat sich im Idealfall bei uns jemand gemeldet, der frühzeitig spürt, dass „etwas im Busch ist"? Oder ist der Betroffene bereits seit längerer Zeit überlastet, ausgebrannt, von körperlichen Beschwerden geplagt und in sozialer Isolation? Das Symptombild der Burnout-Beschwerden ist, wie wir inzwischen wissen, sehr vielfältig.

Die gute Nachricht ist: Was immer die Differenzialdiagnostik ergeben mag – die allermeisten mit diesen Symptomen assoziierten Krankheiten sind behandelbar. Burnout kompetent behandeln bedeutet immer, den konkret hier und jetzt bei uns um Hilfe bittenden *Menschen* zu behandeln und ihn dabei zu unterstützen, sich seiner Ressourcen und Möglichkeiten wieder bewusst zu werden, diejenigen Quellen in sich wieder zu erschließen, aus denen neue Lebenskraft und Lebensfreude in den Alltag kommen kann. Burnout-Behandlung wird notwendigerweise eine individuelle, zumindest eine individualisierte modulare Struktur haben müssen, um den vielschichtigen Unterschieden der einzelnen Hilfesuchenden gerecht zu werden.

Die Grundlage der **Individualisierten Burnout-Therapie (IBT)** besteht darin, es für jeden Einzelnen zu ermöglichen, gemäß seiner Burnout-Symptomatik seine individualisierte Burnout-Behandlung zu erhalten, bestehend aus für ihn individuell zusammengestellten bewährten Burnout-Kompetenz-Modulen. Yalom (2002) formuliert es noch polarisierender: „Wir sollten sogar noch weiter gehen: Der Therapeut muss danach streben, für jeden Patienten eine neue Therapie zu kreieren." (Yalom 2002, S. 48)

4.2 Modul 1: Das individuelle Burnout verstehen – Psychoedukation

Das erste Modul zur Erlangung einer Burnout-Bewältigungs-Kompetenz besteht darin, eine individualisierte Psychoedukation über das beim Betreffenden vorliegende Burnout durchzuführen. Der Patient hat uns berichtet, was ihn zu uns geführt hat, die Differenzialdiagnostik ist abgeschlossen, wir haben eine fachlich fundierte Hypothese über die auslösenden und aufrechterhaltenden Bedingungen seiner vorgebrachten Symptomatik. Jetzt geht es darum, ihm *sein* Burnout verstehbar und messbar zu machen, ihm zu helfen, seine eigenen (auch Körper-)Gefühle und (auch Körper-)Empfindungen zu erkunden und nach Möglichkeit zu benennen. Das Benennen und Messen von Gefühlen ist bedeutsam, weil dadurch eine kognitive Repräsentation von ansonsten diffus und oft unbewusst ablaufenden Vorgängen geschaffen wird. Über diese kognitive Repräsentation ist es möglich, Einfluss auf unser Gefühl zu nehmen. Wenn ich erkennen kann, dass das Engegefühl in der Brust Angst ist, kann ich mir überlegen, ob diese Angst gerechtfertigt ist und wie ich damit umgehen möchte. Zusätzlich kann es insbesondere bei starken Empfindungen hilfreich sein, die Intensität auf einer Skala von 0 bis 10 einzuschätzen, zum Beispiel, um ein An- oder Abschwellen der Empfindung bewusst wahrzunehmen.

Das nächste Lernziel besteht nun darin, diese Symptome auch in funktionellen Zusammenhang bringen zu können mit antezedenten und konsekutiven Bedingungen. Seien dies – gemäß des biopsychosozial-environmentalen Modells – biologische Ereignisse wie Infektionen, psychologische Ereignisse wie deprimierende, wütende oder ängstliche Gedanken, soziale Ereignisse wie Trennung oder Arbeitsplatzverlust, oder lassen sich environmentale – elektro-physikalisch-chemische –Veränderungen eruieren, die den Symptomen vorausgingen oder sie verstärken? Dem Patienten soll bewusst werden, welche Faktoren Einfluss auf seine Burnout-Symptomatik haben, sei es auslösend, verstärkend oder mildernd. Dies schließt explizit nicht aus, über diagnostizierte Erkrankungen zu informieren und die diesbezügliche spezielle Psychoedukation leitlinienorientiert durchzuführen. Die parallele medikamentöse und fachärztliche Mitbehandlung von schweren depressiven Episoden und von schwerpunktmäßig biologisch-somatischen Ursachen der Erschöpfung ist unabdingbar zu gewährleisten bzw. einzuleiten und wird bei allen hier beschriebenen Interventionen vorausgesetzt. Gleichermaßen gilt es, notwendige Veränderungsmaßnahmen in Bezug auf environmental bedingte Erschöpfungsursachen zu thematisieren.

Für viele Betroffene, selbst wenn sie den Schritt zu einer Erstkonsultation geschafft haben, ist es nicht einfach, sich einzugestehen, dass sie sich nicht mehr im alten Betriebszustand des „Unkaputtbar-Seins" befinden. Das Einüben von Benennen und Messen, das Einüben des „nicht bewertenden Wahrnehmens" ist als Basiskompetenz zur Burnout-Bewältigung hierbei von unschätzbarem Wert. Hier gilt es ganz besonders, der Ambivalenz genügend Raum zu geben. Einer meiner Patienten formulierte es so: „Auf der einen Seite wehrt sich alles in mir, einzugestehen, dass ich Hilfe benötige und dass meine bisherigen Strategien der Leistungserbringung an ihre Grenzen gekommen sind, aber andererseits erhoffe ich mir natürlich wertvolle Hinweise und Informationen darüber, wie ich dieses Tief überwinden kann."

Hier kommt dem Verständnis des Begriffs der „radikalen Akzeptanz" bezüglich der eigenen Burnout-Symptomatik eine besondere Bedeutung zu. Es ist eine Konfrontation mit einem vermeintlichen Paradox. Solange alles im Leben nach unseren Wünschen und Vorstellungen verläuft, sind wir glücklich. Läuft es anders, so leiden wir. Schmerzen lassen sich im Leben nicht vermeiden, wir müssen aber nicht zwangsläufig darunter leiden. Es ist unser Widerstand dagegen, der uns Seelenqualen bereitet. Eine von sehr vielen ACT-Therapeuten in der Psychoedukation zur Anwendung gebrachte Formel lautet: **Leiden = Schmerz x Widerstand.** Die radikale Akzeptanz der Tatsache, dass das Leben manchmal Schmerzen mit sich bringt, begünstigt nicht etwa eine fatalistische Lebenseinstellung, sondern ist ein Schritt in Richtung weniger Leid und Qual in Situationen, die sich nicht ändern lassen.

Diese Gleichung können auch Sie Ihren Patienten als motivierende Memoposter-vorlage auf DIN A4 aus dem Download (s. Hinweis auf S. 10) ausdrucken. Sie finden Sie als **Memoblatt M2 „Leiden = Schmerz x Widerstand".**

4.3 Modul 2: Motivierung

Unmittelbar im Anschluss an die individualisierte Psychoedukation bezüglich der vorliegenden Ursachen der geklagten Burnout-Symptomatik bedarf es in vielen Fällen der Motivierung zur aktiven Mitarbeit und gegebenenfalls der weiteren Motivierung:

- zur aktiven Kontaktaufnahme zur Behandlung der körperlichen Grund-erkrankungen,
- zur Änderung des Ernährungsverhaltens incl. Einleitung einer Ernährungs-beratung,
- zur Behandlung der psychischen Grunderkrankungen,
- zum lösungsorientierten Umgang mit sozialen Konflikten,
- zur Veränderung pathoplastischer environmentaler Einflüsse,
- zur Lebensstiländerung.

Spätestens seit Miller und Rollnik die motivierende Gesprächsführung vor nunmehr 30 Jahren zum ersten Mal systematisch beschrieben haben, ist klar geworden, dass es der grundlegenden Bereitschaft jedes Helfenden bedarf, den um Hilfe Bittenden auf Augenhöhe zu begegnen. Neben anderen zur Anwendung gebrachten spezifischen und unspezifischen Wegen zur Motivierung kristallisierte sich in der Anwendung der Prinzipien der motivierenden Gesprächsführung zunehmend *ein* motivationsförderndes Muster heraus:

- **„Change Talk",** das Argumentieren für Veränderung, zu aktivieren und
- **„Sustain Talk",** das Argumentieren für die Beibehaltung des Status quo, zu minimieren.

Motivierung zur Verhaltensänderung findet mit größtmöglicher Wahrscheinlichkeit am effektivsten statt im Geist einer genuin wertschätzenden Zusammenarbeit. Patienten sollten immer als das gesehen werden, was sie tatsächlich sind: die Top-Experten für ihr Leben, für ihre Reaktionsweisen, Vorlieben, Stärken und Möglichkeiten. Keiner vermag mehr für sie zu tun als sie selbst. Wir Helfende wiederum sind Experten dafür, was allgemein hilfreich ist, um gesund zu bleiben oder zu werden. Wir sind Experten des Fachwissens über Störungsbilder und Störeinflüsse der bio-psychosozial-environmentalen Homöostase. Wenn die Patientengesundheit das partizipativ festgelegte Ziel ist, dann besteht die Notwendigkeit, dass der Informationsfluss in beide Richtungen fließt.

Verspüren wir in uns Helfenden den dringenden Wunsch, angesichts vorliegender Diskrepanzen zwischen der Patienteneinschätzung der Dringlichkeit und unserer Expertenmeinung der Notwendigkeit zur Verhaltensänderung Druck auszuüben, sollten wir zuallererst uns unserer eigenen inneren „Antreiber" bewusst werden und im Rahmen einer eigenen Rationalen Selbstanalyse (wie sie im Modul 3 erklärt werden wird) bearbeiten. Hilfreich hierbei ist die Grundüberzeugung, dass der Wunsch und der Wille zu gesunder Lebensführung beim Patienten vorausgesetzt werden können, ebenso wie alle notwendigen Ressourcen, um wieder gesund zu werden.

Praxistipp:

Die implizite Botschaft an den Patienten sollte somit in Anlehnung an Miller und Rollnick 2015, S. 37 lauten:

„Sie haben das, was Sie brauchen, um Ihr Burnout zu bewältigen, und wir werden gemeinsam danach suchen."

Der Blickwinkel und die Lebenserfahrung des Klienten ist eine Ressource, die unbedingt in die Therapie mit einbezogen werden sollte.

Das hilfreichste Tool im systematischen Erarbeiten der persönlich erlebten Notwendigkeit zur Verhaltensänderung auf die vorbenannten Hauptbereiche ist dabei das **Arbeitsblatt 7 „Motivationsklärung"** vermittels der damit möglichen systematischen Klärung der persönlichen Ausgangsmotivation und ihrer Entwicklungsmöglichkeit:

- Wie **wichtig** ist es dem Hilfesuchenden selbst, was wir als Veränderungsnotwendigkeit ansehen?
- Wie **zuversichtlich** ist der Hilfesuchende, das ändern zu können, was wir als Veränderungsnotwendigkeit ansehen?
- Wie **dringend** ist es dem Hilfesuchenden, das zu ändern, was wir als Veränderungsnotwendigkeit ansehen?

4.4 Modul 3: Das ABC-Modell

Im Rahmen jeglicher Hilfestellungen bei psychischen Problemen und bei der Bewältigung von Situationen, die als Belastung erlebt werden, ist die Vermittlung der Kompetenz zur kognitiven Bewertungswahlmöglichkeit von zentraler Bedeutung. Als ein wesentliches Kompetenzmodul zur Burnout-Bewältigung hat sich auch in der IBT das Modul 3, das ABC-Modell, erwiesen.

Jedem kognitiv-behavioral arbeitenden Therapeuten ist das ABC-Modell nach Albert Ellis (1977, 1996, 2003, 2008, 2015) vertraut. Leider wird es dennoch zu selten nutzbringend in der pragmatisch anwendbaren Form vermittelt, in der es seinen vollen Impact zur Burnout-Bewältigung entfalten kann.

4.4.1 Das ABC-Modell vermitteln

- „Es gibt keine Probleme – es gibt nur Tatsachen!"
- „Es gibt keinen Stress – es gibt nur Situationen!"
- „Es gibt keinen Ärger – es gibt nur Ihr Sich-selbst-Ärgern!"
- „Es sind nicht die **Dinge der Welt,** die uns beunruhigen –
  es ist **unsere Haltung** den Dingen der Welt gegenüber." (Epiktet)

Mit solchen oder auch etwas weicher formulierten Aussagen haben Sie zwar psycho-therapeutisch völlig richtige Aussagen getroffen, doch die Wahrscheinlichkeit, dass Sie den unter Stress, Erschöpfung, Distanziertheit und Leistungsunfähigkeit Lei-denden damit konstruktiv erreichen und ihm eine Alternative zu seinem bisherigen Umgang mit Belastungssituationen vermitteln, ist relativ gering.

Später dürfen Sie Ihren Patienten gerne die Memopostervorlage **Memoblatt M1** „**Spruch des Epiktet**" mitgeben. Viele meiner Patienten haben ihn inzwischen als all-tägliche Erinnerung, gerahmt als A0-Poster, an der Wand …

Zunächst ist es jedoch notwendig und hilfreich, den erlebten Gefühlen im Zu-sammenhang mit belastenden Situationen genügend Raum und Würdigung einzu-räumen. Dies stellt die Bedeutung des Wissens um das ABC-Modell jedoch in kein-ster Weise in Frage - im Gegenteil. Gerade weil Emotionen so handlungsleitend sind und so essenziell bei allen motivationalen und volitionalen Prozessen, ist es von ent-scheidender Bedeutung, dieses Wissen um das ABC-Modell und seine Anwendbar-keit so frühzeitig wie möglich in die Burnout-Behandlung mit einzubeziehen.

Die praktische Erfahrung zeigt, dass es sinnvoll ist, das ABC-Modell immer mit einem Alltagsbeispiel einzuführen, das idealerweise abseits der Situationen liegt, die derzeit Anlass bieten für emotional intensive Reaktionen. Eine kleine Filmszene, eine kurze Geschichte, ein einfaches Rollenspiel, ein nachvollziehbares Gedankenexpe-riment sind dabei ein hilfreicher Einstieg.

Ich zeige auch heute noch gerne eine kleine Szene aus Frederic Vesters Film „Phä-nomen Stress", in der ein kaufmännischer Angestellter (damals in den 1970er Jah-ren) ein Fernschreiben erhält. Er liest laut vor: „… nicht termingemäß auf Londo-ner Konto, durch Einschalten von Kenko Ltd. Übernehmen nicht mehr möglich. Wir verlangen vollen Schadenersatz von Ihrem Konzern …" – sein Gesicht wird lang und länger, er verkrampft die Hände ineinander, seine Füße bewegen sich unruhig auf und ab, er wird schlagartig bleich und stammelt: „… da kommen wir nie mehr raus!". An dieser Stelle stoppe ich dann den Film und führe gemeinsam mit dem Burnout-Betroffenen ein Gedankenexperiment durch:

„Sie haben gesehen, dieser Angestellte erhält ein Fernschreiben, heute würde es eher ein Fax oder noch wahrscheinlicher eine E-Mail sein. Er tut uns den Gefallen und spricht laut aus, was er denkt – haben Sie gehört, was er gesagt hat?" Patient: „Ja, er sagt: Da kommen wir nie mehr raus!" Therapeut: „Gut, ja genau, das sind die Gedanken, die ihm in diesem Moment durch den Kopf schießen. Stellen wir uns jetzt einmal vor, dass ein wissenschaftliches Experiment durchgeführt würde. Es wer-den zehn Angestellte in verantwortlicher Stellung ausgesucht, wissenschaftlich exakt ausgewählt nach vielen gleichen Ausgangsparametern: Sie sind gleich alt, haben die gleiche Anzahl von Jahren an Berufserfahrung, haben in etwa das gleiche Gewicht und den gleichen Blutdruck. Jetzt erhalten alle diese Versuchspersonen zur gleichen Zeit am gleichen Tag, bei gleichem Wetter, die gleiche Information per E-Mail zugesandt: ‚... nicht termingemäß auf Londoner Konto, durch Einschalten von Kenko Ltd. Übernehmen nicht mehr möglich. Wir verlangen vollen Schadenersatz von Ihrem Konzern ...'. Würden Sie erwarten, dass alle Personen gleichermaßen erregt reagieren würden, sich auf die gleiche Art und Weise verzweifelt fühlen würden wie unser Angestellter hier im Film?"

Ich habe es in mehr als drei Jahrzehnten therapeutischer Arbeit nie erlebt, dass auch nur ein Einziger geantwortet hätte: „Natürlich reagieren alle gleich, da kann man ja gar nicht anders reagieren ...". Die Antwort lautet natürlicherweise: „Na, ich denke schon, dass es da große Unterschiede gibt." Und damit ist die das ABC-Verständnis eröffnende Frage möglich: „Die spannende Frage ist jetzt: Wenn alle aufs Komma genau die gleiche Nachricht bekommen haben, für alle die Ausgangssituation identisch war, und wir dennoch zu Recht erwarten, dass die Reaktionen darauf unterschiedlich ausfallen, dann stellt sich die Frage: Was genau machen zehn Personen in genau der gleichen Ausgangssituation anders, damit sie sich in der gleichen Situation unterschiedlich fühlen, unterschiedlich körperlich darauf reagieren und sich unterschiedlich in der Situation verhalten?"

In den allermeisten Fällen werden Sie dann Antworten zu hören bekommen wie diese: „Na ja, der eine denkt, das übergebe ich der Rechtsabteilung, die soll das regeln, oder ein anderer könnte denken, jetzt muss ich schnell einen Schuldigen finden, auf den ich das schieben kann, oder es ist jemand, dem sowieso alles egal ist und der sich überhaupt keinen Kopf macht". „Genau, das ist es! Obwohl die Situation die gleiche für alle Beteiligten ist, kommt es zu verschiedenen Reaktionen darauf, weil Menschen unterschiedlich denken, die gleiche Situation unterschiedlich bewerten."

Wenn wir das jetzt etwas reduzieren auf die dahinter liegenden Gesetze, nach denen Ärger, Aufregung, Angst, Verzweiflung oder eben auch Freude, Gelassenheit und Wohlbehagen zustande kommen, dann kann das, auf das Wesentliche reduziert, ein überschaubares ABC ergeben, nach dem wir Gefühle verstehen und Probleme bewältigen können. Dies ist interessanterweise auch genau der Titel eines Buches, das zwei Mannheimer Kollegen geschrieben haben und das ich allen meinen Patienten als begleitende Bibliotherapie zu lesen empfehle: „Gefühle verstehen, Probleme bewältigen" von Wolf und Merkle (2012). Das ABC sieht so aus:

A: Ausgangssituation
In der Welt da draußen gibt es Ereignisse, Begebenheiten, Situationen, Menschen, die Dinge tun oder sagen oder nicht tun oder nicht sagen. Tatsachen eben. Auslöser für das nachfolgende B.

B: Bewertung
Was immer sich ereignet haben mag, die emotionale und körperliche Reaktion darauf entsteht in unserem eigenen Kopf. Wir bewerten die Ereignisse. Wir versuchen einzuschätzen, welche Konsequenzen die Begebenheiten für uns haben mögen. Wir interpretieren das, was andere Menschen tun oder sagen, wir unterstellen oftmals Absichten, die der andere so nie hatte, oder interpretieren Ereignisse ganz anders als es ein anderer tun würde. Kurzum, wir machen uns ständig Gedanken über nahezu

alles, was sich um uns herum ereignet und manchmal auch über das, was sich in uns selbst ereignet. Ereignisse, Situationen, Menschen – wir sind ständig am bewerten, bewerten, bewerten. Dies ist gut, dies ist schlecht, dies darf nicht so sein, dies sollte so sein, das muss so sein, das kann doch überhaupt nicht sein, das geht doch gar nicht …

Diese Bewertungen führen zu Konsequenzen. Konsequenzen, die zuallererst wir selbst zu tragen haben. Würden wir die nächste Rubrik jedoch mit K für Konsequenz bezeichnen, kämen wir nicht zu unserem schönen ABC. Zum Glück ist Englisch ja inzwischen den meisten von uns vertraut, deshalb leihen wir uns hier einfach das C aus dem englischen *consequence* aus.

C: Konsequenz (consequence)

Das, was wir denken, unsere Einschätzungen, Interpretationen, Bewertungen, Be- und Verurteilungen führen zu Konsequenzen auf drei Ebenen:

C1: Gefühl

Wenn ich so denke wie unser Angestellter in obigem Beispiel: „Da kommen wir nie mehr raus!", dann ist die natürliche Konsequenz dieses Gedankens, dass ich mich verzweifelt fühle oder Angst habe. Wenn ich denke: „Na warte, euch werde ich es zeigen!", dann werde ich mich ganz offensichtlich ärgerlich oder gar hasserfüllt fühlen. Wenn ich denke: „Oh, da ist was nicht ganz rund gelaufen, da werde ich mich jetzt drum kümmern, die Sache lässt sich sicherlich klären", dann werde ich mich zuversichtlich, tatkräftig, positiv in die Zukunft schauend erleben.

C2: Körper

Haben meine Gedanken dazu geführt, dass ich mich in einen wütenden Zustand versetzt habe, dann wird mein Herz schneller schlagen, mein Blutdruck nach oben gehen, meine Muskeln werden sich anspannen, meine Kiefer sich aufeinanderpressen und mein Magen im wahrsten Sinne des Wortes sauer werden. Haben meine Gedanken dazu geführt, dass ich mich verzweifelt, entmutigt, niedergeschlagen fühle, wird mein Kopf sinken, mein Blutdruck unter Umständen in den Keller gehen und meine Vitalität und Tatkraft schwinden, ich werde mich körperlich schwer, müde, antriebslos und ganz sicherlich nicht sexuell aktiviert empfinden.

Die ganze Bandbreite alltäglicher Formulierungen wurde inzwischen wissenschaftlich nachgewiesen. Jedes intensive Gefühl ist untrennbar mit messbaren und fühlbaren körperlichen Reaktionen verbunden: Er war auf 180 (Blutdruck!), da ist er ganz schön ins Schwitzen gekommen, da ist mir ganz schwindelig geworden, da ist mir schwarz vor Augen geworden, da ist mir Hören und Sehen vergangen, da hat es mir die Sprache verschlagen, da ist mir das Blut in den Adern geronnen, da habe ich mir vor Angst fast in die Hose gemacht, da habe ich kalte Füße bekommen, da ist mir die Spucke weg geblieben, da ist mir das Herz im Leibe gehüpft vor Freude und, und, und.

C3: Verhalten

Je nachdem, wie ich die Situation bewertet habe, werde ich mich auch verhalten. Der uralte Überlebensmechanismus auf alles, was ich als bedrohlich einstufe, ist bekannt: Kämpfen, fliehen oder erstarren. Ist nach meiner Einschätzung Kämpfen keine Option und Verlassen der Situation nicht möglich, werde ich erstarren und unbeweglich die Situation über mich ergehen lassen, in der Hoffnung, dass es doch nicht so schlimm kommt oder der Säbelzahntiger an mir vorbeiläuft, ohne mich zu bemerken. Meine Gedanken über die Situation, meine Bewertungen, beeinflussen ganz stark mein reales Verhalten.

Damit haben wir das ABC der Gefühle eingeführt. Die Anleitung zur praktischen Selbstanwendung zur eigenständigen Durchführung einer Rationalen Selbstanalyse kann beginnen.

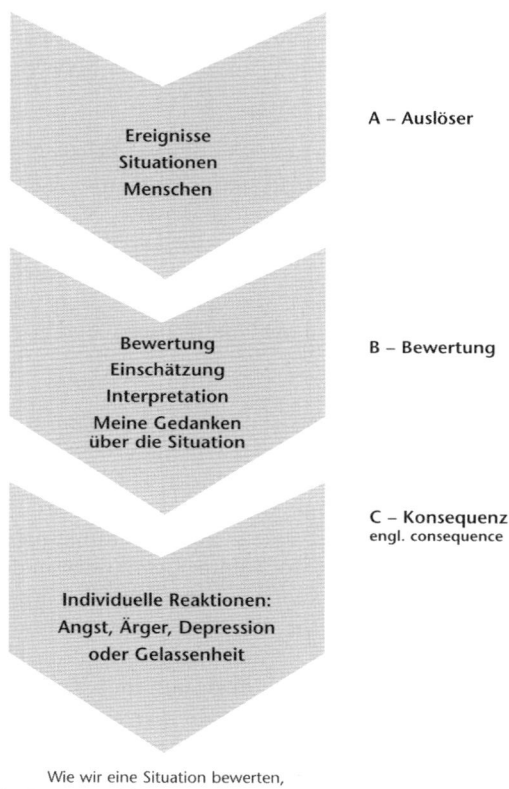

Gedankliche Bewertung und Belastung

Ereignisse
Situationen
Menschen

A – Auslöser

Bewertung
Einschätzung
Interpretation
Meine Gedanken
über die Situation

B – Bewertung

C – Konsequenz
engl. consequence

Individuelle Reaktionen:
Angst, Ärger, Depression
oder Gelassenheit

Wie wir eine Situation bewerten,
bestimmt, in welchem Ausmaß wir gespannt,
ärgerlich, verzweifelt oder gelassen sind.

Hier sehen wir das ABC in seiner grundlegenden Struktur: Jedes Ereignis A – ob nun eine Situation oder die Handlung eines Menschen – führt zu B: Bewertungen dieser Situation. Diese Einschätzungen, diese Gedanken führen zu C, der daraus resultierenden Konsequenz (engl. *consequence*) – also beispielsweise, dass wir uns ängstigen oder ärgern, den Mut verlieren oder gelassen bleiben.

Gedankliche Bewertung und Belastung

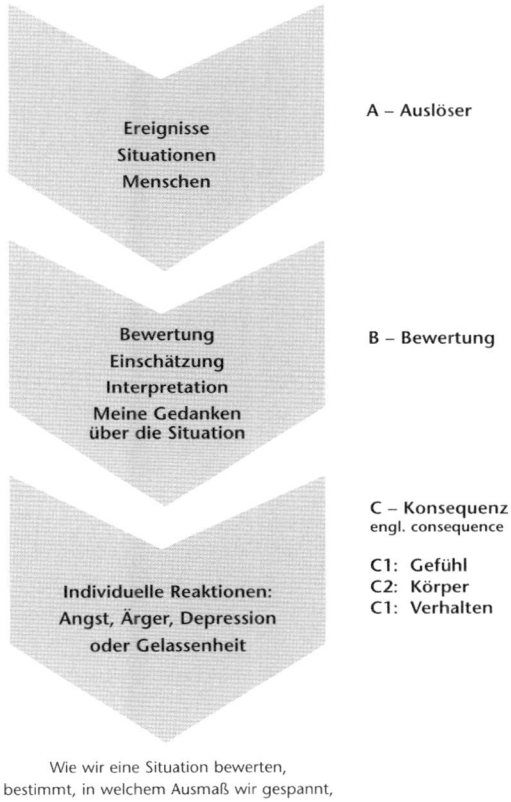

A – Auslöser

Ereignisse
Situationen
Menschen

B – Bewertung

Bewertung
Einschätzung
Interpretation
Meine Gedanken
über die Situation

C – Konsequenz
engl. consequence

C1: Gefühl
C2: Körper
C1: Verhalten

Individuelle Reaktionen:
Angst, Ärger, Depression
oder Gelassenheit

Wie wir eine Situation bewerten,
bestimmt, in welchem Ausmaß wir gespannt,
ärgerlich, verzweifelt oder gelassen sind.

Hier sehen wir das ABC in seiner grundlegenden Struktur, erweitert mit der differenzierten Aufschlüsselung der drei Ebenen der Konsequenz C:

- C1 – **Gefühl:** wie wir uns fühlen als Folge der Bewertung B
- C2 – **Körper:** was dieses Gefühl in unserem Körper auslöst: Veränderungen von Puls, Blutdruck, Speichel, Magen, Darm, Haut, Muskelspannung
- C3 – **Verhalten:** wie wir uns verhalten auf Grund unserer Bewertung

Auf der folgenden Seite sehen wir das ABC in seiner grundlegenden Struktur, zusätzlich erweitert mit der differenzierten Aufschlüsselung der wichtigsten Hintergründe und Entstehungsursachen unserer Bewertungsmuster und oftmals dysfunktionalen Basisüberzeugungen: die Einflüsse von Erziehung, Lebenserfahrung, Religion, Kultur, der aktuellen Wetterlage, dem politischen System, in dem wir gerade leben oder groß geworden sind etc.

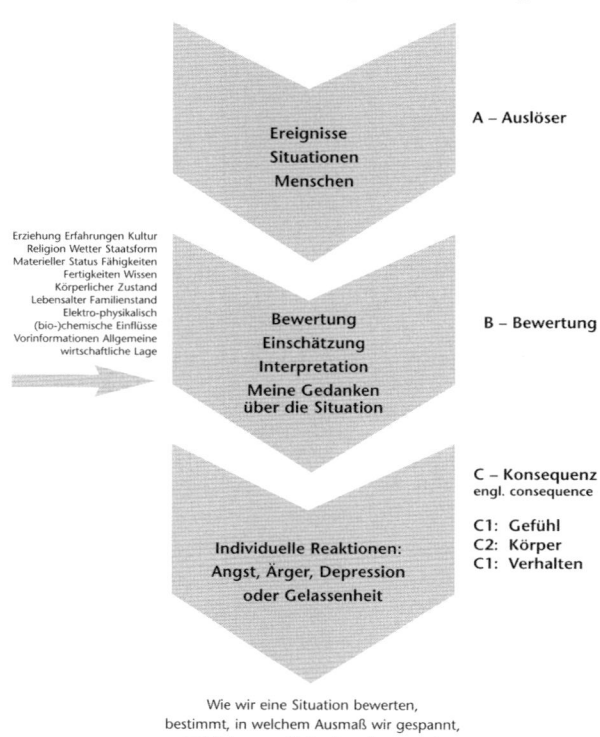

Gedankliche Bewertung und Belastung

Ereignisse
Situationen
Menschen

A – Auslöser

Erziehung Erfahrungen Kultur
Religion Wetter Staatsform
Materieller Status Fähigkeiten
Fertigkeiten Wissen
Körperlicher Zustand
Lebensalter Familienstand
Elektro-physikalisch
(bio-)chemische Einflüsse
Vorinformationen Allgemeine
wirtschaftliche Lage

Bewertung
Einschätzung
Interpretation
Meine Gedanken
über die Situation

B – Bewertung

C – Konsequenz
engl. consequence

C1: Gefühl
C2: Körper
C1: Verhalten

Individuelle Reaktionen:
Angst, Ärger, Depression
oder Gelassenheit

Wie wir eine Situation bewerten,
bestimmt, in welchem Ausmaß wir gespannt,
ärgerlich, verzweifelt oder gelassen sind.

Auch diese drei Schaubilder können Sie zur vertieften Psychoedukation als **Memo-blatt M17-1 „ABC-1"**, **M17-2 „ABC-2"** und **M17-3 „ABC-3"** downloaden (s. Hinweis auf S. 10) und ausgedruckt Ihren Klienten mitgeben – ergänzt mit dem zusätzlichen Hinweis, so vielen Freunden, Bekannten und Verwandten wie möglich diese Schaubilder zu zeigen und ihnen die Bedeutung zu erklären. Zu lehren ist der beste Weg selbst zu lernen.

Je nach der zur Verfügung stehenden Zeit und je nach theoretischem Wissensbedürfnis und intellektuellem Differenzierungsgrad des Betreffenden kann die Psychoedukation über das ABC-Modell jedoch auch noch vorab – oder im weiteren Verlauf – vertieft werden.

4.4.1.1 Das ABC-Modell praktisch anwenden

Das ABC-Modell praktisch anzuwenden, bedeutet im Alltag A, B und C sicher benennen und dokumentieren zu können. Zur Vorbereitung auf die praktische Anwendung des ABC-Modells in Form einer eigenständig durchführbaren Rationalen Selbstanalyse (RSA) ist deshalb eine differenzierte Wissensvermittlung zu den Besonderheiten, die bei der Dokumentation von A, B und C zu beachten sind, sinnvoll.

Praktische Hinweise zu A

A: Ausgangssituation – unterscheide Beschreibung und Bewertung

Bei der Beschreibung und nachfolgenden Dokumentation der Ausgangssituationen von belastenden Reaktionen gibt es einige grundlegende Aspekte zu beachten. Oft werden Bewertungen als Fakten dargestellt. *Gedanken* über die Situation werden als objektive *Beschreibung* der Situation dargestellt, die man sich selbst oft glaubt und die man andere glauben zu machen bestrebt ist. Achten Sie darauf, dass Sie Beschreibungen und Bewertungen getrennt halten, so dass Sie in Ihre Beschreibungen keine Bewertungen hineinmixen oder gar sich selbst Bewertungen als Beschreibungen „verkaufen". Unsere Alltagssprache ist in Bezug auf psychische Gesundheit oft nicht sehr hilfreich. Wir glauben uns, was wir uns sagen hören. Unsere nachfolgenden Reaktionen werden ganz wesentlich durch unsere inneren Selbstgespräche geprägt. Je bewusster wir im Alltag mit unserer Sprache umgehen, umso adäquater werden unsere Reaktionen auf die Alltagsereignisse sein. Das ABC-Modell stellt ein Modul der Psychohygiene auf der Basis von Sprachhygiene dar, es fördert eine Lebensstiländerung auf der Ebene der Selbstgesprächsänderung, des angemessenen, achtsamen Gebrauchs der Sprache. Angemessene statt „flammende" Selbstgesprächsführung ist ein wesentliches Element für eine Burnout freie Lebensführung.

Dazu ist es hilfreich, sich vorzustellen, dass Sie **einen Kameracheck Ihrer Aussagen über die Ausgangssituation A durchführen.** Was genau ist dann auf dieser Aufzeichnung zu sehen? Wer sagt oder tut genau was? „In der Praxis" – so können Sie im Rahmen Ihrer Psychoedukation berichten – „sagen Patienten beispielsweise: ‚Als ich die Türe öffnete, stand da ein *riesengroßer* Hund. Die Frage stellt sich jetzt: Beschreibung oder Bewertung? Was genau stand da vor der Tür? Was ist ein *riesengroßer* Hund für jemanden, der Hunde mag und sich im Umgang mit ihnen auskennt und sicher fühlt, und was ist ein *riesengroßer* Hund für jemanden, der vor Hunden Angst hat, ihre Reaktionen nicht einzuschätzen vermag und sich im angemessenen Umgang mit Hunden nicht auskennt? Eine deutsche Dogge? Ein Schäferhund? Ein Cockerspaniel? Ein Zwergpinscher?" Unter der Flagge der Beschreibung segeln häufig viele Bewertungen. So sollte man besser Zahlen, Daten, Fakten benennen: „Ein ausgewachsener Schäferhund stand vor der Tür, etwa 60 cm Schulterhöhe, etwa 40 kg schwer, mit schwarz-gelbem Fell, der anfing zu bellen, als ich die Tür öffnete."

Auch in einem positiven Kontext kann die Vermischung von Zahlen, Daten, Fakten und Bewertungen Auslöser für Enttäuschungen sein. Wenn etwa ein Bekannter zu Ihnen sagt: „Ich habe ein tolles Restaurant entdeckt, da musst du unbedingt hin, es ist voll gemütlich und das Essen ist super dort." – Wir haben hier eine reinrassige Bewertung, gänzlich ohne objektive Beschreibung. Was genau erwartet Sie in diesem Restaurant? Was versteht Ihr Bekannter unter „gemütlich" und was ist für ihn ein „super Essen"?

Eine Besonderheit bei dem Hinweis auf Objektivität ergibt sich, wenn die Beschreibung sich auf innere gedankliche oder gefühlsmäßige oder körperliche Stimuli bezieht, die die Ausgangssituation für eine nachfolgende emotionale, körperliche oder Verhaltensreaktion darstellen. Hier ist es dann eher sinnvoll, sich vorzustellen, was jetzt ein EKG messen, ein Blutdruckmessgerät anzeigen, eine entsprechende medizinische Messung ergeben würde. Ein markantes Beispiel dafür ist der bekannte Teufelskreis bei Panikreaktionen. Beschreibe ich die Ausgangssituation A mit: „Mein

Herz schlägt im Moment 10 Schläge schneller als noch vor fünf Minuten", oder beschreibe ich die Ausgangssituation A mit „Jetzt geht's wieder los – mein Herz flippt total aus, es rast wie verrückt, das ist nicht zum Aushalten".

Praktische Hinweise zu B

B: Bewertung – Aussagen statt Fragen

Bei der Beschreibung und nachfolgenden Dokumentation der Gedanken und Bewertungen über Ausgangssituationen gibt es ebenfalls einige grundlegende Aspekte zu beachten. Oft werden Bewertungen als Wirklichkeiten, als Fakten, als Wahrheit und nichts als die Wahrheit dargestellt. *Gedanken* über die Situation werden als objektive *Beschreibung* der Situation dargestellt, die man sich selbst natürlich unhinterfragt glaubt und die man andere glauben zu machen bestrebt ist. Ganz selten wird jemand im Alltag sagen: „Ich denke, ich bin der Meinung, ich halte das für …" oder Ähnliches. In den allermeisten Fällen denken und sagen wir: Das *ist* falsch (anstatt ich *halte* es *für* falsch). Das *ist* gefährlich (anstatt ich *halte* es *für* gefährlich).

Diese Information im Zusammenhang mit Bewertungen weiterzugeben ist an sich schon sehr hilfreich. Sie ermöglicht, einen Raum bewertungsfreier Wahrnehmung zu betreten, sogar gegenüber den eigenen Gedanken. Und: Zunächst sind es zum Glück nur Gedanken, und Gedanken sind keine Tatsachen.

Seit Jahren hängt deshalb bei mir im Wartebereich ein Poster mit einer alten englischen Lady, die, ihre große Teetasse in der Hand haltend, aus dem reichen Schatz ihrer Lebenserfahrung den Rat gibt: „Don't believe everything you think". Und das ist es, was in der nachfolgenden RSA erlernt werden kann: sich selbst nicht mehr alles zu glauben, was man denkt.

Die Bearbeitung der B's, der Gedanken in den und über die Ausgangssituationen, wird nachfolgend umso leichter sein, wenn es sich um „reine B's" handelt, Aussagen also, die sichtbar machen, was wir wirklich in diesem Moment denken. Die Gedanken: „Ich frage mich, wie das noch weitergehen soll" oder „Was will der eigentlich von mir?", gehören zu der Rubrik unvollständig ausformulierter Gedanken über die Situation. Zu einer umfassenden Psychoedukation zu den B's gehören Aussagen wie diese: „Falls Sie sich umfassend der Gedanken bewusst werden wollen, die Ihnen in einer gegebenen Situation durch den Kopf gehen, **formulieren Sie jede Frage um in eine Aussage** bzw. formulieren Sie die schlimmstmögliche Antwort auf diese innerlich selbst gestellte Frage aus!" Beispiel: Der Gedanke: „Ich frage mich, wie das noch weitergehen soll" lässt sich fruchtbarer weiterbearbeiten, wenn Sie die darin liegende unausgesprochene Befürchtung ausformulieren, z.B. „Die werden mich noch entlassen!" oder „Wenn das so weitergeht, wird mein Sohn noch im Gefängnis landen!".

Achten Sie bei den B's darauf, kurze Subjekt-Prädikat-Objekt-Sätze zu formulieren. Verzichten Sie auf Nebensätze. Bilden Sie eher einen zweiten Hauptsatz. Die nachfolgende Überprüfung des Realitätsgehaltes und der Angemessenheit einzelner Gedanken ist leichter durchführbar, wenn Gedanke für Gedanke bearbeitet werden kann.

Praktische Hinweise zu C

C: Konsequenz (consequence) – wichtige Hinweise

Das, was wir denken, unsere Einschätzungen, Interpretationen, Bewertungen, Be- und Verurteilungen führen zu Konsequenzen auf den drei Ebenen Gefühle, Körperreaktionen und Verhaltensweisen. Einige Besonderheiten gilt es auch hierbei zu beachten:

Cave: Die A-C-Achse

In der Alltagssprache erscheint es völlig normal, wenn wir andere oder uns selbst sagen hören: *„Es ärgert mich, dass ich meinen Geldbeutel verloren habe"* oder *„Der Kerl regt mich auf."*
Damit tun wir jedoch so, als ob das Ereignis A tatsächlich direkt die Konsequenz C ausgelöst hätte, quasi ganz ohne unser Zutun und ohne Einflussmöglichkeit unsererseits. Aber die zentrale Botschaft, die es im Verlauf der Psychoedukation zu vermitteln gilt, lautet: Es ist ganz wesentlich die Art und Weise, wie ich über Ereignis A denke, die meine Reaktion auf das Geschehen bestimmt. Die Bedeutung der B-C-Achse kann gar nicht oft genug betont werden: Es sind meine Bewertungen, die meine Gefühle auslösen. Scheuen Sie sich nicht, Ihre Patienten wieder und wieder darauf hinzuweisen, sie auch mitten im Satz zu unterbrechen und ihnen dabei zu helfen, die eben gemachte Aussage postwendend neu und psychisch gesünder, weil selbstwirksamer, zu formulieren. Konkret, um auf die beiden Beispiele zurückzukommen, anstatt *„Es ärgert mich, dass ich meinen Geldbeutel verloren habe"* die eigenverantwortlichere Aussage dagegen zu setzen: *„Ich ärgere mich darüber, dass ich meinen Geldbeutel verloren habe"*. Damit wird deutlich, dass nicht der verlorene Geldbeutel den Ärger in mir bewirkt, also nicht Ausgangssituation A mein Gefühl C auslöst, sondern meine ärgerlichen Gedanken darüber zu der Konsequenz führen, dass ich jetzt Ärger empfinde. Wichtig ist, zu vermitteln, dass Gefühle schneller wahrgenommen werden als die die Gefühle auslösenden Gedanken. Dies ist der Grund, weshalb wir im Alltag das subjektive Erleben haben, als ob tatsächlich Ereignisse *direkt* Gefühle auslösen könnten. Deshalb hat es sich bewährt, die kognitive Umstrukturierung durch „Textpillen", Memoblätter, Poster, Comics, Liedtexte und Lieder sowie Kurzvideos zu unterstützen. Ein knackiger Klaus Kinski-Spruch wie *„Ich bestimme, wer mich beleidigt!"* (**Memoblatt M1a „Spruch von Klaus Kinski"**) ist dabei oftmals eine hervorragende „Take Home Message".

C1: Gefühl – unterscheide Gedanken und Gefühle

Ganz häufig werden im Alltag Gefühle und Gedanken miteinander vertauscht bzw. nicht scharf voneinander getrennt. Wir sagen etwa: *„Ich habe das Gefühl, die Kollegen können mich sowieso nicht leiden"* anstatt: *„Ich bewerte die Tatsache, dass mich heute Morgen niemand zurückgegrüßt hat, als ich ins Büro gekommen und ‚Guten Morgen' gesagt habe, als Zeichen dafür, dass die Kollegen mich nicht leiden können. Darüber bin ich traurig."* Das Gefühl in dieser Situation ist Traurigkeit. Das „Gefühl": *„Die Kollegen können mich sowieso nicht leiden"* ist ein Gedanke. Die Tatsache, dass wir viele Aussagen einleiten mit *„Ich habe das Gefühl ..."*, heißt noch lange nicht, dass das daraufhin Gesagte tatsächlich ein Gefühl ist.

Nach Carroll E. Izard (1994), der sein ganzes berufliches Leben der Erforschung der Gefühle gewidmet hat – auch im interkulturellen Vergleich – existieren zehn unterschiedliche Gefühle, die auf der ganzen Welt und in jeder Kultur vorkommen: **Interesse, Leid, Widerwillen, Freude, Zorn, Überraschung, Scham, Furcht, Verachtung** und **Schuldgefühl.** Ich persönlich möchte dazu noch ergänzt wissen den **Gleichmut** und die **Liebe.**

Diese zehn Basisgefühle dürfen Sie gerne Ihren Patienten auf **Memoblatt M18** „**Zehn Basisgefühle**" mitgeben.

Wenn wir also hier von Gefühlen sprechen, meinen wir genau diese vorgenannten Gefühle und keine Gedanken. In der Alltagssprache gibt es zu diesen Basisgefühlen natürlich eine unbegrenzte Anzahl von Synonymen, die von einer Person zur anderen, von Region zu Region, von Dialekt zu Dialekt verschieden sind.

Praxistipp:

Formulieren wir aus alter Gewohnheit beim Erstellen einer Rationalen Selbstanalyse beim Beschreiben von Gefühlen, die in einer gegebenen Situation in uns aufgetaucht sind, anstelle von Gefühlen *Gedanken und Bewertungen,* können wir sie problemlos einfach in die Rubrik B, Bewertungen und Gedanken, übertragen, denn da gehören sie ja auch hin.

Manchmal werden jedoch auch Körperempfindungen als „Gefühle" bezeichnet. „Ich habe so ein blödes Gefühl im Bauch" ist eine Aussage, die bedeuten kann „Ich habe körperliche Bauchschmerzen", dann würden wir sie unter C2 „Wie hat mein Körper darauf reagiert?" kodieren. „Ich habe so ein blödes Gefühl im Bauch", kann aber auch eine andere Bezeichnung sein für „eine Intuition haben". Intuition ist nach Gigerenzer (2010) „ein gefühltes Wissen, das plötzlich ins Bewusstsein gelangt, dessen tiefere Gründe man selbst nicht kennt und das dennoch stark genug ist, uns zum Handeln zu bewegen." (Gigerenzer 2010, S. 7) „Ich habe so ein blödes Gefühl im Bauch", meint dann ein intuitives, unbewusstes, bildhaftes, körperlich wahrnehmbares Einschätzen einer Situation. In diesem Fall beziehen wir uns damit auf sogenannte „somatische Marker". Die somatischen Marker sind nach Damasio (2010) wahrnehmbare Körpersignale, die als Vermeidungsimpulse oder Annäherungsimpulse wahrgenommen werden. Ein Warnimpuls zur Schmerzvermeidung wäre dann ein unangenehmer somatischer Marker, ein ungutes „Bauchgefühl", eine Missempfindung, das Ergebnis der intuitiven Blitzhochrechnung des Gehirns unter Einbeziehung früherer und archaischer Erfahrungen – ein Bewertungsmodus, der zwar blitzschnell und oft angemessen verläuft, aber dennoch kein Garant für hundertprozentig richtige Entscheidungen darstellt. Sie wirken unbewusst als „Alarmglocke" oder als „Startsignal", nehmen uns aber nicht das Denken ab. Aus der Sicht von Damasio (2010) unterstützen uns diese somatischen Marker durch ihre genuin schnellere Verarbeitungsgeschwindigkeit vorliegender Daten beim Denken und beim Entscheiden.

Im Zusammenhang mit der Schwierigkeit, Intuition, unbewusstes Wissen, somatische Marker auf der einen Seite und eigene irrationale Befürchtungen oder irrationale Hoffnungen auf der anderen Seite zu unterscheiden, konnte ich folgende klinische Beobachtung immer wieder machen: Wenn eine reale Intuition vorliegt – bis hin zum parapsychologischen Phänomen der Präkognition –, dann berichten die meisten Patienten, dass es in ihnen eher emotional still war, dass sie sich in einem Zustand des Zeuge-Seins empfanden, eher so, als ob es dabei gar nicht um etwas so Bedeutendes ginge. Eine Patientin berichtete: „Ich saß abends im Wohnzimmer und strickte, es war noch gut eine Stunde vor der Zeit, zu der meine Tochter üblicherweise nach Hause kommt. Und da war in mir ein Empfinden, ein nahezu distanziertes Registrieren eines Wissens, etwa als ob ich gerade im Fernsehen etwas von einer Explosion in einer Fabrik in China gehört hätte, und ich wusste, meine Tochter würde nicht mehr nach Hause kommen. So war es dann auch. Als drei Stunden später der Anruf vom Stationsarzt kam, ich solle kommen, meine Tochter sei sehr schwer verletzt und liege im Sterben, wusste ich es innerlich schon."

Im Gegensatz dazu sind „Intuitionen", „Bauchgefühle", „tiefes inneres Wissen", die besonders intensiv, ja heiß und mit innerer Dringlichkeit daher kommen, in den meisten Fällen eher gespürte starke Emotionen und Körperreaktionen auf intensiv gedachte Gedanken, Befürchtungen, irrationale Ideen oder übermäßige Wunschvorstellungen. Eine hervorragende Textpille für alle Patienten, die besonders überwältigend von der Intensität ihrer eigenen Gedanken betroffen sind, stellt das **Memoblatt M18.1 „Gedanken mit Windstärke über 7"** dar. Es lautet: „Alles was im Kopf auf einer Skala von 0 bis 10 ‚Windstärke' 7 überschreitet, kommt in die Kategorie: ‚Don't believe everything you think'".

Praxistipp:

Alles, was sich aufgewühlt, intensiv, heiß, pulsierend, dringlich, impulsiv anfühlt, was auf einer emotionalen Intensitätsskala von 0 bis 10 höher als der Wert 7 liegt, ist erfahrungsgemäß ganz sicher weder eine Intuition noch ein brauchbares Bauchgefühl im Sinne eines somatischen Markers nach Damasio. Es ist in den allermeisten Fällen einfach die wahrgenommene Stressreaktion auf Stress auslösende Gedanken.

Intuition dagegen, die Wahrnehmung somatischer Marker, fühlt sich in den meisten Fällen eher ruhig, still, unaufgeregt an. Es ist eher eine Erfahrung des Zeuge-Seins, des Modus des nicht bewertenden Wahrnehmens.

C2: Körper – unterscheide Beschreibung und Bewertung

Achten Sie beim Beschreiben Ihrer Körperwahrnehmungen darauf, dass Sie so nüchtern, so wissenschaftlich exakt wie möglich die Daten über Ihre Körperveränderungen an sich selbst weitergeben. Dramatisierende Beschreibungen von Körpersignalen – „Mein Herz rast wie verrückt, ich kann überhaupt nicht mehr atmen" – sind erfahrungsgemäß das Startsignal für eine Panikreaktion. Stellen Sie sich besser vor, Sie wären Ärztin, die diese Informationen so sachlich wie möglich an eine

Kollegin weitergeben würde: „Der Puls ist ungefähr zehn Schläge höher als sonst, die Atmung ist im Moment beschleunigt und etwas unregelmäßig ..."

C3: Verhalten – unterscheide Beschreibung und Bewertung

Auch bei der Beschreibung des in der Situation abgelaufenen Verhaltens macht es auf das eigene Selbsterleben, auf die Selbstbewertung und den weiteren Umgang mit der Situation einen beachtlichen Unterschied, ob ich mir selbst oder gegenüber einem anderen sage: „Ich habe daraufhin gar nichts gesagt, bin einfach nur voll doof als richtiger Trottel dagestanden" oder eben tatsächlich und ausschließlich das Verhalten beschreibe: „Ich habe daraufhin gar nichts gesagt, bin einfach nur so dagestanden."

4.4.1.2   Antworten auf häufig von Patienten gestellte Fragen

Bevor nun die detaillierte Beschreibung zur Anleitung der Durchführung einer eigenen Rationalen Selbstanalyse erfolgt, hier vorab noch Antworten auf die folgenden sieben häufig gestellten Fragen:

Aber gibt es nicht doch Situationen, die direkt Gefühle und Körperreaktionen und Verhalten bewirken, die nichts mit unseren Bewertungen zu tun haben?

Die vorgenannte Frage taucht nicht selten auf im Zusammenhang mit automatisierten, konditionierten und posttraumatischen Reaktionen, und sie gibt uns Gelegenheit, ein noch tieferes Verständnis davon zu vermitteln, was unter dem Begriff „Bewertung" subsumiert wird. Denken Sie an einen Schüler, der einen „blauen Brief" aus der Schule, adressiert an seine Eltern, im Briefkasten vorfindet. Wenn wir ihn jetzt fragen würden: „Hey, du siehst ganz ängstlich und aufgeregt aus. Ich sehe, dass du einen ‚blauen Brief' in der Hand hältst. Nach dem ABC-Schema musst du ganz schön wilde Gedanken denken, dass du jetzt so bleich bist. Erzähle, was hast du gedacht, als du den Brief gesehen hast?" Nicht selten bekommen wir dann wie bei vielen unserer Patienten in etwa Folgendes zu hören:

Schüler: „Ich weiß nicht, was Sie von mir wollen, und ich verstehe auch Ihr ABC nicht. Ich weiß nur, wie es *wirklich* war: Ich habe den Briefkasten geöffnet, habe den ‚blauen Brief' gesehen und *sofort* war mir schlecht. Ich habe ganz sicher nichts gedacht."

„Nein, nein", möchte man als Therapeut jetzt sagen, sagt aber besser nur: „Nach der Theorie des ABC-Modells bedarf es einer Bewertung, bedarf es gedachter Gedanken über die Ausgangssituation A, die die Grundlage sind für die Reaktion C mit ihren Unterabteilungen Gefühlsreaktion, Körperreaktion und Verhaltensreaktion".

Schüler: „Ich kann mich nur wiederholen, ich habe *nichts* gedacht! Ich habe den Briefkasten aufgeschlossen, habe den ‚blauen Brief' gesehen und sofort war mir schlecht!"

Therapeut: „Aber genau das ist eben nie der Fall, dass Ereignisse uns direkt beein-flussen.[7] Schon der alte Epiktet sagte, dass es nicht die Dinge der Welt sind, die uns beeinflussen, sondern unsere Haltung den Dingen der Welt gegenüber."

Schüler: „Ich wiederhole es gerne zum dritten Mal: Ich habe *nichts* gedacht! – Ich habe den Briefkasten geöffnet, habe den ‚blauen Brief' gesehen und sofort war mir schlecht. Kein Gedanke, nix, einfach sofort schlecht. Basta!"

Auch wenn wir jetzt versuchen würden, unserem Gegenüber Löcher in den Bauch zu fragen – wir kämen mit der Frage nach den Bewertungen, den innerlich ablau-fenden Gedanken nicht viel weiter. Also sollten wir diejenigen, die „*nichts*" gedacht haben, nicht weiter quälen mit Fragen nach etwas, was ihnen wahrzunehmen un-ter der Bezeichnung „denken" nur schwer möglich sein wird. Ändern Sie in solchen Fällen Ihre Art zu fragen.

Therapeut: „Gut, du hast also nichts gedacht – aber vielleicht kannst du mir sagen, w*as es für* **dich** *bedeutet*, dass da ein ‚blauer Brief' im Briefkasten liegt, adressiert an deine Eltern?"

Schüler: „Na, das ist doch klar, Ärger mit Mutter, Ärger mit Vater, Rumgeschreie, Hausarrest, die ganze üble Nummer ..."

Offensichtlich ist die Reaktion auf eine Ausgangssituation A manchmal so un-mittelbar und schnell, dass es erscheinen mag, als hätte das Ereignis *direkt* zu der emotionalen, körperlichen oder Verhaltensreaktion geführt (siehe Fußnote 7). Oft ist es tatsächlich leichter, den Weg zu gehen, den wir auch bei der Anleitung zur Ra-tionalen Selbstanalyse gehen werden: von A, der Ausgangssituation, nach C, der er-lebten Reaktion darauf, und dann erst zu fragen, worüber jemand ärgerlich, trau-rig geworden ist oder *wovor* jemand Angst empfindet. Manchmal ist es aber auch sinnvoll, nach der *Bedeutung* zu fragen, die etwas für jemanden hat. Durch diese Frage werden mehr innere Bilder, Szenensequenzen, Bewertungen und damit letzt-endlich Gedanken über die Situation abgerufen. Die emotionalen und die Körper-reaktionen werden oft schneller wahrgenommen als die dazugehörigen Gedanken. Haben wir jedoch die Beschreibung der Ausgangssituation A und die Beschreibung der Emotion oder der Körperreaktion oder der Verhaltensreaktion C, dann haben wir eine ziemlich gute Idee davon, was „dazwischen" liegt, was derjenige wohl ge-dacht hat, sodass es zu dieser emotionalen Reaktion kam. Danie Beaulieu drückte es in einem Workshop auf ihre eigene Impact-kreative Art und Weise so aus: „2 +

---

[7] Hier ist eine Besonderheit zu beachten: Es gibt tatsächlich präkognitive Emotionen, also unmittelbare Reaktionen auf ein (vermeintliches) Gefahrensignal. In ferner Vorzeit war es durchaus sinnvoll, dass sofort, ohne noch so kurzen Umweg über das bewusste Denken, der Alarm von den Wahrnehmungsorganen an die Amygdala, den Mandelkern, weitergegeben wurde. Von dort aus wird alles aktiviert, was den Körper bereit macht zu Flucht, Kampf oder Erstarren (wenn Flucht oder Kampf aussichtslos sind). Aufgabe der kognitiven Funktionen ist es, klar zu bleiben: Wenn keine Gefahr vorliegt, lasse ich mich auch nicht verunsichern durch wahrgenommene Erregung im Körper. Andernfalls kann es zu einer Panikattacke kommen. Ich verhalte mich ruhig, die Amygdala stellt ihre weitere Alarmierung ein, der Körper beruhigt sich nach einigen Minuten wieder.

etwas = 5. Was ist dieses Etwas??? – Wenn ich A kenne und C kenne, habe ich eine gute Idee über B!"

Die Aktivierungs-Schwelle der Amygdala ist von Person zu Person sehr unterschiedlich. Bei Personen mit Angst- und Panikstörungen sowie bei Personen mit Borderline-Persönlichkeitsstörungen und mit Posttraumatischen Belastungsstörungen ist diese Schwelle offensichtlich besonders niedrig. Schon der kleinste vom Gewohnten abweichende äußere Reiz führt dann zu einer psycho-physischen Alarmreaktion, zu einer Reaktion in einer Stärke und Intensität, wie sie bei anderen Personen nur unter extremster realer Bedrohung erfolgen würde. Deshalb ist die Steuerung der Impulskontrolle auch ein ganz wesentliches Element in der Therapie der Borderline-Persönlichkeitsstörung.

Praxistipp:

Personen, die berichten, dass sie besonders schnell und intensiv reagieren, sollten auf jeden Fall folgende wichtige Information von Ihnen erhalten: „Wenn Sie in einer gegebenen Situation ganz plötzlich eine innere Handlungsimpulsivität spüren, die auf einer Skala von 0 bis 10 höher als 7 ist, tun Sie auf jeden Fall erst einmal nichts. Registrieren Sie, dass Sie diese Intensität *jetzt! sofort!* handeln oder antworten zu *müssen* in sich verspüren. Sagen Sie sich beispielsweise: „Ich verspüre auf einer Skala von 0 bis 10 die Intensität 12! (☺), *jetzt! sofort!* etwas tun oder sagen zu *müssen* – ich registriere es, ich akzeptiere, dass es jetzt so in mir ist, und ich weiß: „Ich muss nicht antworten, ich muss nicht handeln – nicht bevor ich noch einmal nachgedacht habe, und nicht bevor ich wieder bei maximal 5 auf der Erregungsskala angekommen bin."

Woher stammen unsere Bewertungen?

Jeder von uns hat seine eigenen tiefsitzenden oftmals unguten Grundüberzeugungen und Standardbewertungen, die, obwohl wir uns mit ihnen immer wieder in emotional schwierige Situationen bringen, ohne therapeutische Hilfestellung selten spontan revidiert werden. Wir werden in Kapitel 4.5 die am meisten mit Burnout in Verbindung stehenden dysfunktionalen Grundüberzeugungen noch vertieft inhaltlich betrachten und nach gesünderen Alternativen Ausschau halten.

Die meisten Autoren in der langen Tradition psychologischer Theorien und psychologischer Forschung von Freud bis Grawe, von Adler über Piaget bis Zimbardo sind sich einig darüber, dass viele unserer Grundüberzeugungen sich von der frühesten Kindheit an als „Überlebensregeln", wie es Sulz (1994) treffend nennt, etablieren. Unsere Eltern geben – als Sozialisationsagenten – dabei nicht nur ihre eigene individuelle Prägung weiter, sondern immer auch die Gedanken, Normen, Werte und Überzeugungen der aktuell gesellschaftlich, religiös und politisch herrschenden Klasse.

Das Muster der Überlebensregeln, wie Sulz (1994) sie beschreibt, lautet in etwa so: „Nur, wenn ich immer ... tue/denke/fühle und niemals ... tue/denke/fühle, bewahre ich mir ... (erwünschte Erfahrung) und verhindere ...(unerwünschte Erfahrung)." Diese tiefen inneren Überzeugungen werden oft ein ganzes Leben beibehalten. Je nach aktueller Psychotherapeutenschule werden sie als „dysfunktionale Oberpläne", „Über-Ich", „Erziehungsintrojekte", „irrationale Grundannahmen", „innere Antreiber", „Schemata" oder „Skripte" bezeichnet.

Die Herausforderung besteht also darin, sich die eigenen dysfunktionalen Oberpläne, Grundüberzeugungen, Erziehungsintrojekte, Überlebensregeln, irrationalen Grundannahmen zunehmend bewusst zu machen, um sie gezielt verändern zu können. Frei nach dem Satz von Francis Picabia (2011): „Der Kopf ist rund, damit die Gedanken ihre Richtung ändern können."

Aber auch situative Faktoren haben Einfluss auf die aktuelle Einschätzung einer gegebenen Situation: Bin ich ausgeschlafen oder übermüdet, gesund oder angeschlagen, gut gelaunt oder angespannt und bedrückt, ist die Situation vertraut oder neu, habe ich mit dieser Situation früher schon positive oder negative Erfahrungen gemacht, fühle ich mich kompetent oder nicht, habe ich aktuell Probleme im Beruf oder in der Partnerschaft oder läuft alles rund ... Ein und dieselbe Person kann auf eine gleichartige Situation heute so und morgen ganz anders reagieren.

Wieso fühle ich nicht anders, auch wenn ich anders denke?

Wenn wir eine Situation neu bewerten, ändert sich auch unser Gefühl, unsere Körperreaktion und unser Verhalten. Die Besonderheit dabei ist jedoch, dass Neubewertungen wesentlich schneller vonstattengehen als die nachfolgenden damit verbundenen Gefühlsreaktionen. Wolf und Merkle (2012) nennen als Lehrbeispiel das beeindruckende Gedankenexperiment, sich nach England zu begeben und dort Auto zu fahren: Dass in England Linksverkehr herrscht, ist Ihnen natürlich bekannt. Sie haben sich auch mental vorbereitet auf die Besonderheiten im Kreisverkehr und bei abbiegender Vorfahrt. So weit, so gut. Doch wenn Sie jetzt in der Vorstellung – und erst recht in der Realität – tatsächlich links fahren, wird Ihr Gefühl samt all Ihrer somatischen Marker Ihnen signalisieren: „Falsch, falsch, falsch! Du fährst auf der falschen Seite!" Sie müssen immer wieder Ihr bewusstes Denken bemühen, das Ihnen sagt: „Links ist richtig!"

In Anlehnung an Festinger (1957), der Dissonanz definierte als ein Gefühl des Unbehagens, das als Ergebnis des Aufeinandertreffens von zwei oder mehr widersprüchlichen selbstwertrelevanten Kognitionen entsteht, sprechen wir hierbei von kognitiv-emotiver Dissonanz. Die Kognition, unser bewusstes Denken und Bewerten sagt: „Ja, es ist richtig, links zu fahren" und ist damit in Dissonanz zu den Meldungen unserer somatischen Marker. Diese nehmen die Abweichung wahr zu unserem durch lange Fahrpraxis automatisierten sonstigen Fahrverhalten und melden die vorliegende Dissonanz als ein „ungutes" Gefühl an.

In der Regel brauchen Gefühle und Verhaltensneubahnungen länger als intellektuelle Erkenntnisse. Es bedarf des wiederholten Trainings, bis auf der Basis neuer Erkenntnisse eingeleitete Verhaltensweisen in „Fleisch und Blut" übergegangen sind. Eine bewusste Entscheidung ist nötig, sich dem neuartigen, zunächst unangenehmen Gefühl zu stellen und, um bei unserem Beispiel zu bleiben, übungshalber täglich auf englischen Straßen 30 Kilometer im Auto zurückzulegen.

Diese kognitiv-emotive Dissonanz kann auch bewusst genutzt werden als zusätzlicher Motivator, um konsequent neues Verhalten einzuüben durch die innere richtige Kodierung: „Gerade weil es sich jetzt komisch und ungewohnt und falsch anfühlt, zeigt es mir, dass ich wirklich dabei bin, mich auf neue Art und Weise zu verhalten."

Geht es auch umgekehrt, können veränderte Verhaltensweisen zu veränderten Gefühlen und veränderten Ausgangssituationen führen?

Ja – die Technik heißt: „Act as if". Im Rahmen von sozialem Kompetenztraining ist dies eine beliebte Technik. Sie geht zurück auf William James, der sie bereits 1884 in seinen Arbeiten über Emotionen beschrieb. Er empfahl, sich so zu verhalten, als wäre man bereits da, wo man gerne hinkommen möchte. Um das erwünschte Verhalten zeigen zu können, so erklärte William James, gehe es einfach darum, sich so zu verhalten, als ob man die Fähigkeit bereits besitzen würde. Spätere Therapeuten der humanistischen Bewegung gaben ihren Klienten „assignments", Anweisungen, ganz in die erwünschte Rolle zu schlüpfen, sich so zu kleiden, so zu sprechen, sich so zu bewegen, den entsprechenden Gesichtsausdruck anzunehmen – kurzum – so zu tun als ob. Die Folge: Gedanken und Gefühle ändern sich. Eine Harvard-Studie, die in den 1970ern durchgeführt wurde, konnte nachweisen, dass 70- bis 80-jährige Menschen, die sich auf Anweisung so verhielten, als wären sie deutlich jünger, objektiv messbare Verbesserungen in Gedächtnisleistung und Reaktionsgeschwindigkeit aufwiesen.

So ist die Antwort eindeutig: Veränderte Verhaltensweisen führen über Rückkopplungsprozesse zu verändertem Denken und Fühlen, was dann wieder das Verhalten in einem idealerweise positiven Regelkreis günstig beeinflusst und damit Veränderungskompetenzen erhöht.

Können veränderte Gefühle zu verändertem Denken und zu veränderten Ausgangssituationen führen?

Auch diese Frage ist mit eindeutigem Ja zu beantworten. „The world is as we are", „Schönheit liegt im Auge des Betrachters" oder Hermann Hesse in Zarathustras Wiederkehr: „Oft ist die Welt schlecht gescholten worden, weil der, der sie schalt, schlecht geschlafen oder zuviel gegessen hatte. Oft ist die Welt selig gepriesen worden, weil der, der sie pries, eben ein Mädchen geküsst hatte." Fühlen wir uns wohl, ist es leicht, hell und zuversichtlich zu denken und sich damit vertieft gut zu fühlen. Haben wir dagegen eine dunkle depressive Stimmung, kommt es leicht und mühelos zur negativ depressiven kognitiven Triade: „Ich bin schlecht, die Welt ist schlecht und die Zukunft wird auch nicht besser werden". Beides führt zu verändertem Handeln und damit veränderter reduzierter Einflussnahmemöglichkeit auf bestehende Ausgangssituationen.

Können veränderte Situationen zu veränderten Gedanken und Gefühlen und Verhaltensweisen führen?

Ja. Je nach den Vorerfahrungen, die wir mit der aktuellen Situation gemacht haben, werden wir eher zuversichtliche, eher ängstliche oder eher bedauernde depressiogene Gedanken denken. Die Herausforderung besteht nun darin, achtsam zu sein. Achtsamkeit im Sinne von Kabat-Zinn ist eine bestimmte Form der Aufmerksamkeit, die

- *absichtsvoll* ist,
- sich auf den *gegenwärtigen Moment* bezieht (statt auf die Vergangenheit oder die Zukunft), und
- *nicht wertend* ist.

Die Frage ist: Was genau ist *jetzt* die Situation? Wir sollten uns bewusst bleiben, dass die bloße Idee einer Konstanz letztendlich eine Illusion ist. Sind wir bereit, diese grundlegende Eigenschaft relativer Existenz zu akzeptieren, dass das einzig Beständige der Wandel ist, dann haben wir damit schon eine wichtige Alternative erarbeitet zu der Burnout auslösenden und aufrechterhaltenden Kognition, dass eine Änderung bestehender mir angenehmer Status-Quo-Bedingungen an sich schon unerträglich sei. Die Anpassung an oder die Veränderung von vorgefundenen Situationen, die sich abweichend von unseren Vorstellungen entwickelt haben, wird damit wesentlich erleichtert. Befreit von der Idee, dass „von mir nicht genehmigte" Veränderungen einen berechtigten Grund zur inneren Empörung darstellen würden, lebt es sich leichter.

Die wohl radikalste Demonstration, auf eine real vorliegende Situation anders zu reagieren, als es wahrscheinlich die meisten Menschen tun würden, ist die „Last Lecture" des amerikanischen Hochschullehrers Randy Pausch. Er spricht hier über seinen eigenen nahe bevorstehenden Tod in einer Art und Weise, die einmal mehr Epiktets Basiserkenntnis belegt: Es sind nicht die Dinge der Welt (unser Bankkonto oder unsere Gesundheit oder unsere Nachbarn oder unser Chef oder …), die uns beunruhigen – es ist unsere Haltung den Dingen der Welt gegenüber. Nehmen Sie sich die 10 Minuten und hören Sie selbst, wie Randy Pausch mit dem Wissen um seinen nahen Tod umgeht: https://www.youtube.com/watch?v=BODHsU3hDo4 (Stand 24.10.2016, in gut verständlichem Englisch).

Die vorstehenden Ausführungen zusammengefasst: Veränderte Situationen sind einfach veränderte Situationen. Inwieweit sie zu minimalen oder maximalen Veränderungen des Denkens, Fühlens, Erlebens und Verhaltens führen, steht und fällt mit den Grundüberzeugungen, die wir ihnen gegenüber in uns tragen. Und dysfunktionale Grundeinstellungen können verändert werden.

Wie genau gehe ich vor, um ungünstige Einstellungen und Überzeugungen zu verändern?

Die Antwort auf diese Frage lautet: Indem ich lerne, auf systematische Art und Weise – zunächst *nachdem* eine ungünstige Reaktion in einer gegebenen Alltagssituation abgelaufen ist – eine Rationale Selbstanalyse (RSA) durchzuführen. Je öfter eine RSA durchgeführt wird, desto mehr neue innere Wahlmöglichkeiten entstehen, die bereits unmittelbar bei Auftreten einer ehemals Spannungsreaktionen auslösenden Situation zu neuen, bewussteren Reaktionen führen.

Soweit die vertieften Ausführungen zu häufig von Patienten gestellten Fragen. Erfüllen wir nun das Versprechen an unsere Patienten, ihnen die Rationale Selbstanalyse zu vermitteln.

4.4.1.3   Die Rationale Selbstanalyse (RSA) vermitteln

Die Anleitung zur Rationalen Selbstanalyse (RSA) erfolgt am besten an Hand eines aktuellen Alltagsbeispiels des Betreffenden selbst, das auf einer Belastungsskala von

0 bis 10 nicht über 6 liegen sollte, um genügend viel emotionale Distanz und intellektuelle Klarheit für die einzelnen systematischen Schritte des Vorgehens aufbringen zu können. Zum Download (s. Hinweis auf S. 10) ausdruckbar finden Sie dazu das **Arbeitsblatt 12 „RSA"**. Für jede einzelne Situation getrennt, kann damit Schritt für Schritt eine systematische Analyse durchgeführt werden:

1. A: Was ist geschehen? (Ausgangssituation)
Tragen Sie unter A ein, was mit einer Tonkamera aufgenommen tatsächlich zu sehen, zu hören, zu beobachten möglich ist. Achten Sie darauf, dass hier ausschließlich objektiv beobachtbare Ereignisse, Daten, Zahlen, Fakten stehen und keine Meinungen oder Bewertungen.

2. C1: Wie habe ich mich daraufhin gefühlt? (wütend, traurig, ärgerlich, ängstlich)
Als Beispiele für C1 sind angeführt: wütend, traurig, ärgerlich, ängstlich. Aus der ganzen Bandbreite menschlicher Gefühle gilt es jetzt zu reflektieren, welches Gefühl in dieser gegebenen Ausgangssituation A in uns stattgefunden hat. Was vermögen wir in uns zu orten? Interesse? Leid? Widerwillen? Freude? Zorn? Überraschung? Scham? Furcht? Verachtung? Schuldgefühle? Gleichmut? oder Liebe?

Wichtig ist hierbei zu bemerken, dass durchaus multiple und zum Teil im Kontrast zueinander stehende oder sich vermeintlich widersprechende Gefühle gleichzeitig, fluktuierend oder nacheinander dabei erfahren werden können.

3. C2: Wie hat mein Körper darauf reagiert?
Typischerweise stehen hier Eintragungen wie: „Mein Magen hat sich verkrampft, ich bin rot geworden, die Spucke ist mir weg geblieben, die Knie wurden mir weich, mir ist ein Stein vom Herzen gefallen, da hab ich aufgeatmet, da strömte wieder augenblicklich Energie in mich ein" und andere Beschreibungen, die die ganze mögliche Bandbreite an psychovegetativen Reaktionen positiver und negativer Art umfassen.

4. C3: Was habe ich daraufhin getan?
Typischerweise stehen hier Eintragungen wie: „Ich habe gar nichts gesagt, bin einfach nur so dagestanden." Hier sei noch einmal der Hinweis wiederholt, auch bei der Dokumentation der Verhaltensweisen wachsam darüber zu sein, möglichst objektiv das tatsächliche Verhalten beschreibend und nicht bewertend zu dokumentieren.

5. B: Worüber war ich ärgerlich, traurig usw.? (Bewertung, Gedanken in Situation A)
Im fünften Schritt wenden wir die Aufmerksamkeit dem Herzstück des ABC zu. Wir betrachten die in der Ausgangssituation A in uns abgelaufenen Bewertungen, Gedanken, Bilder, Vorstellungen, Interpretationen und unausgesprochenen Kommentare. Wie schon eingangs beschrieben, lassen sich nachfolgend die dokumentierten einzelnen Gedanken leichter bearbeiten, wenn Sie kurze Subjekt-Prädikat-Objekt-Sätze ohne Nebensätze bilden. Formulieren Sie eine auftauchende Frage („Wie soll das nur weitergehen?") immer um in die dahinterliegende schlimmste Befürchtung („Mein Sohn wird noch im Gefängnis landen!").

Die Bestandsaufnahme des Geschehens ist damit abgeschlossen. Jetzt geht es um das Erarbeiten einer neuen angemesseneren Sichtweise der Situation und darum, angemessener mit einer gegebenen Situation umgehen zu lernen.

6. Rationale Bewertung der Situation

Im sechsten Schritt richten wir die Aufmerksamkeit nun darauf, wie wir die Situation, wenn sie genauso noch einmal auf uns zukommen sollte, anders zu handhaben wünschen. Hierbei können wir nun unseren eigenen dysfunktionalen Bewertungsmustern auf die Spur kommen. Der Weg dazu besteht darin, sich noch einmal gedanklich in die gleiche Ausgangssituation zu versetzen.

Das ABC-Modell wird nunmehr folgerichtig erweitert auf D und E, wobei D die Diskussion oder Disputation der unter A gedachten Gedanken B bedeutet und E die Erwartung oder das Ziel, das ich anstrebe in Bezug auf neues, spannungsfreieres Bewältigen der Situation A. Der Weg besteht nun darin, jeden spontan und oftmals irrational gedachten Gedanken unter B (meist sind es vier, fünf oder sechs Hauptgedanken) durch den jeweils rationalen, durch die systematische Untersuchung gegangenen, also disputierten Gedanken D1, D2, D3 usw. zu ersetzen und zur Grundlage neuen Handelns und Erlebens werden zu lassen.

E steht für Erwartung. Wie ist meine Erwartung, was ist mein Ziel, wie möchte ich mich gerne fühlen, wie sollte sich mein Körper verhalten, wie möchte ich mich selbst gerne verhalten in genau der gleichen Situation A, falls sie so noch einmal auf mich zukommen sollte. Der inhaltslogische nächste Schritt der Rationalen Selbstanalyse besteht deshalb darin, sich zuerst das Zielbild vor Augen zu führen, um nachfolgend entscheiden zu können, ob ein vorab spontan gedachter Gedanke zielführend ist oder nicht. Danach folgt dann die Überprüfung, die Disputation oder Diskussion jedes einzelnen unter B dokumentierten Gedankens.

7. E1: Wie möchte ich mich gerne fühlen in genau der gleichen Situation A?

Im siebten Schritt reflektieren wir nunmehr, wie genau ich mich gerne fühlen möchte in dieser Situation. Ist es mein Ziel mich neutral und gelassen zu fühlen oder möchte ich stattdessen mir meine Traurigkeit oder meinen Ärger zugestehen? Unter E2 steht dann einfach typischerweise z.B. neutral, gelassen.

8. E2: Wie möchte ich mich gerne körperlich fühlen in genau der gleichen Situation A?

Im achten Schritt geht es um die gewünschten körperlichen Gefühle. Hier könnte typischerweise z.B. stehen: „Ich möchte entspannt bleiben, meine Körperfunktionen sollen normal weiterarbeiten."

9. E3: Wie möchte ich mich gerne verhalten in genau der gleichen Situation A?

Bei Schritt neun geht es nun darum, das gewünschte Verhalten zu reflektieren. Hier könnte beispielsweise stehen: „Ich möchte dem anderen in ruhigem Ton sagen, dass ich seine Schicht nicht übernehmen werde."

Bevor nun die Überprüfung der einzelnen Gedanken stattfindet, wurden auf dem RSA-Arbeitsblatt noch einmal die beiden zentralen rationalen Überprüfungsfragen ausformuliert. Der Text auf Seite zwei des **Arbeitsblatt 12 „RSA"** lautet:

Überprüfung meiner bisherigen Gedanken nach den rationalen Gesichtspunkten: **D1: Ist es wahr, entspricht dieser Gedanke den objektiven Tatsachen? D2: Hilft mir dieser Gedanke dabei, mich so zu fühlen, wie ich mich fühlen möchte, um das zu tun, was ich tun möchte?**
Danach erfolgt noch einmal die Aufforderung dazu die Ausgangssituation zu überprüfen: Mit einer imaginären Tonkamera aufgenommen, ist da tatsächlich das zu sehen, was unter A beschrieben wurde? Fehlt noch etwas oder sind in die Beschreibung bereits Bewertungen mit eingearbeitet? Falls dem so ist, sollten diese bewertenden Gedanken ausformuliert und dann nach B transferiert werden.

Nun kann die Rationale Selbstanalyse der unter B gedachten Gedanken stattfinden. *Rational* wird dabei nach den zuvor benannten Kriterien definiert: **Ein rationaler Gedanke sollte auf objektiven Tatsachen beruhen und gleichzeitig dem Individuum helfen, das von ihm sinnvoll festgelegte Ziel zu erreichen.** Für jeden Gedanken ist ein eigenes DIN-A4-Blatt zur Bearbeitung vorgesehen.

10. Überprüfung meiner Gedanken in Situation A – erster Gedanke B1

Der erste Gedanke, der auf der ersten Seite des RSA-Arbeitsblattes steht, kann jetzt dahingehend überprüft werden: Ist dieser Gedanke wahr? Beruht er auf objektiven Tatsachen? Falls dem so ist, gut. Falls nicht, soll jetzt ausformuliert werden, warum nicht, und anschließend ein alternativer Gedanke gefunden werden, der mehr der Realität entspricht.

Die zweite Frage ist nun, ob dieser Gedanke hilfreich dabei ist, mich so zu fühlen, wie ich mich fühlen möchte, und das zu tun, was ich tun möchte. Falls dem so ist, prima. Falls nicht, soll auch hier ausformuliert werden, warum es nicht hilfreich ist, so zu denken, um anschließend nach einem alternativen, hilfreicheren Gedanken zu suchen. Auch diesen Gedanken *schriftlich* auszuformulieren unterstützt dabei, das eigene Denken zu klären.

Und zu guter Letzt werden jetzt die Teilaspekte der rationalen Überprüfung zusammengefasst und eine rationale Alternative D1 der ursprünglichen Bewertung B1 gegenübergestellt.

Nun wird der Gedanke B2 auf die gleiche Art und Weise bearbeitet, dann der Gedanke B3 und so weiter. Am Ende stehen dann die Rationalen Alternativen, also die Gedanken D1, D2, D3 … als neue Bewertungsmöglichkeit gegenüber der Ausgangssituation zur Verfügung.

Beispiel: Ein Patient mit ausgeprägter Flugangst, der neuerdings beruflich bedingt häufiger Flüge zu absolvieren hat, bittet um Hilfe. Schon Tage, gar Wochen vor dem geplanten Flug kann er kaum noch ruhig schlafen. Sein schlimmster Gedanke: „Beim nächsten Flug werde ich bestimmt abstürzen!"

Seine **RSA** (Kurzfassung) sah somit so aus:

A Was ist geschehen? Ich habe heute wieder eine Abordnung nach China erhalten für nächste Woche Mittwoch.

C1 Wie habe ich mich daraufhin gefühlt? – ängstlich, panisch

C2 Wie hat mein Körper darauf reagiert? – angespannt, feuchte Hände, Kopfschmerz, Übelkeit

C3   Was habe ich daraufhin getan? – bin gleich nach Feierabend in die nächste
Kneipe gegangen, habe sehr viel Alkohol getrunken

B1   Wovor hatte ich Angst und Panik? – „Beim nächsten Flug werde ich bestimmt
abstürzen!"

E1   Wie möchte ich mich gerne fühlen in genau solch einer Situation? – neutral, vielleicht sogar freudig der Reise entgegensehen

E2   Wie möchte ich mich gerne körperlich fühlen in genau solch einer Situation?
– entspannt

E3   Wie möchte ich mich gerne verhalten in genau solch einer Situation? – meine
Reisevorbereitungen entspannt und mit Vorfreude treffen, am Abflugtag al-
koholfrei entspannt fliegen und die Filme an Bord genießen

Überprüfung meiner Gedanken in Situation A

D1: Ist der Gedanke **B1** wahr? – Nein!

Warum ist der Gedanke B1 **nicht wahr**? – „Es ist nicht sicher, dass ich bestimmt
abstürzen werde."

Ist der Gedanke B1 **hilfreich dabei, mich so zu fühlen, wie ich mich fühlen
möchte und zu tun, was ich gerne tun möchte**? – Nein!

Warum ist der Gedanke B1 **nicht hilfreich**? – „Wenn ich diesen Gedanken denke,
mache ich mir selbst Angst."

Welcher Gedanke hilft mehr? – „Die meisten Flugzeuge kommen gut an."

D1: Der irrationale Gedanke B1: „Beim nächsten Flug werde ich bestimmt abstürzen" wird ersetzt durch die **rationale Alternative D1: „Die meisten Flugzeuge kommen gut an."**

Praxistipp:

Wichtig ist, bei der gefundenen rationalen Alternative immer auch noch die
Gegenprobe zu machen. Die rationale Alternative D sollte beide Kriterien
gleichzeitig erfüllen. Sie sollte wahr *und* hilfreich sein.

So gesehen ist „positives Denken" nicht per se identisch mit rationalem Denken. Der
Gedanke: „Ich komme garantiert gut an" wäre zwar in diesem Falle positiv und hilfreich, aber nicht rational, da eine einhundertprozentige Garantie tatsächlich nicht
gegeben werden kann. Umgekehrt ist der Satz: „Flugzeuge können abstürzen" zwar
wahr, aber nicht hilfreich, um entspannt fliegen zu können. Die rationale Alternative: „Die meisten Flugzeuge kommen gut an" ist dagegen wahr und hilfreich, also
eine echte rationale Alternative.

4.5 Modul 4: Burnout verstärkende Kognitionen kennenlernen

Wenn die unter Burnout Leidenden sich vier, fünf oder gar zehn solcher Rationaler Selbstanalysen erarbeitet haben, werden Sie erkennen, dass immer wieder die gleichen „alten Bekannten" auftauchen: dysfunktionale Oberpläne, stressverschärfende Kognitionen, Überlebensregeln, persönliche irrationale Denkmuster, kurzum: Burnout verstärkende Kognitionen. Die Erfahrung zeigt, wie hilfreich es ist, sich dieser Burnout verstärkenden, aufrechterhaltenden und oftmals primär auslösenden Grundüberzeugungen bewusst zu werden, um sie dauerhaft durch gesündere, lebensförderlichere Gedanken ersetzen zu können.

4.5.1 Die Top Ten irrationaler Grundeinstellungen nach Ellis

Die Top Ten sind in Wahrheit eine Top Eleven, streng genommen sogar eine Top Twelve. Albert Ellis (2015) hat bereits 1974 insgesamt 11 irrationale Grundeinstellungen ausformuliert. Er nahm an, dass sie die Grundlage darstellen für die meisten der vielschichtigen Gedanken, die in unserer westlichen Kultur negative Emotionen auslösen. Später fügte er noch eine zwölfte hinzu. Diese zwölf irrationalen Grundideen finden Sie im Folgenden ausformuliert. Auf **Memoblatt M17 „Zwölf irrationale Gedanken und ihre rationalen Alternativen"** sind diese zusätzlich ergänzt durch ihre ausformulierten rationalen Alternativen. Sie stellen somit ein zwölffaches „Breitband-Antiburnoutikum" kognitiver Art dar. Nach einer gemeinsamen Reflexion lautet die Rezeptanweisung für den Patienten: so oft wie möglich lesen, darüber sprechen, mit anderen darüber diskutieren, sie anderen vermitteln, sie im Alltag so oft wie möglich selbst denken.

Zwölf irrationale Einstellungen oder Gedanken

Nr. 1: Ich muss von jeder wichtigen Persönlichkeit in meinem Umfeld geliebt und respektiert werden.

Nr. 2: Ich muss in jeder Hinsicht perfekt, kompetent und erfolgreich sein, damit ich mich selbst akzeptieren kann.

Nr. 3: Es gibt schlechte und niederträchtige Menschen und man muss diese Menschen hart anfassen und bestrafen.

Nr. 4: Es ist entsetzlich oder tragisch, wenn die Dinge nicht so verlaufen, wie ich das gerne möchte.

Nr. 5: Menschliches Leid hat äußere Ursachen, und es gibt kaum Möglichkeiten, sein Schicksal selbst zu steuern.

Nr. 6: Wenn etwas gefährlich oder schädlich ist oder sein könnte, muss man sich darüber schreckliche Sorgen machen und darauf achten, dass man diese Gefühle meidet.

Nr. 7: Es ist einfacher, Schwierigkeiten und Eigenverantwortlichkeit aus dem Weg zu gehen als zu versuchen, mit ihnen umzugehen.

Nr. 8: Ich bin von anderen abhängig und ich brauche jemanden, der stärker ist als ich und dem ich vertrauen kann.

Nr. 9: Die Vergangenheit einer Person beeinflusst deren heutiges Verhalten entscheidend, und wenn etwas jemals einen großen Einfluss auf jemanden gehabt hat, wird dieser Einfluss immer bestehen bleiben.

Nr. 10: Man muss sich über die Sorgen und Probleme anderer Leute aufregen.

Nr. 11: Für jedes menschliche Problem gibt es eine einzige, unveränderliche, richtige und perfekte Lösung und es ist katastrophal, wenn man diese perfekte Lösung nicht findet.

Nr. 12: Es ist nicht möglich, mit Wahrscheinlichkeiten oder Unsicherheiten zu leben. Es muss immer alles geordnet, überschaubar, planbar und sicher sein.

Später fasste Ellis seine von ihm als die zwölf irrationalsten Grundüberzeugungen erkannten und sehr weit verbreiteten Einstellungen noch einmal ganz pragmatisch in drei Oberplan-Kategorien zusammen:

„Zusammengefasst kann man sagen, irrationale Überzeugungen lassen sich in drei wesentliche Kategorien einteilen, nämlich ich selbst, die anderen und die Umstände.

1. Ich muss immer alles gut machen.

2. Die anderen müssen mich immer freundlich und gerecht behandeln.

3. Die Umstände müssen mich immer mit allem versorgen, was ich mir wünsche, und auf die Weise, wie ich es mir wünsche."

(Ellis & Crawford 2003, S. 21)

Bei genauem Hinsehen wird offensichtlich, dass tatsächlich das meiste selbstgemachte Leid sich auf Grundgedanken zurückführen lässt, die sich in eine dieser Kategorien einordnen lassen.

4.5.2 Eine ganz besondere Kognition

Im Grunde ist es die **Grundüberzeugung des absolutistischen Müssens**, die am allermeisten Anspannung, Leid und Erschöpfung verursacht: „Ich muss, aber sie muss doch, aber es muss doch, das darf doch nicht sein, das kann er doch nicht machen usw." Wenn es uns gelingt, die von Burnout Betroffenen zu sensibilisieren, dass sie konsequent das „Muss" ersetzen durch ein alternatives **„Es wäre wünschenswert, dass …"**, dann wird sich in vielen Alltagssituationen eine deutliche Entspannung beobachten lassen.

Nach einer solchen „Muss-Sitzung" kam eine Patientin, die erkannt hatte, wie ganz besonders exzessiv sie bisher in ihrem absolutistischen Muss-Denken verhaftet war, mit einem ausdrucksstarken selbstverfassten Text in die nächste Stunde. Diesen Text dürfen Sie mit ihrer Erlaubnis gerne ausdrucken und Ihren Patienten mitgeben. Sie finden ihn auf **Memoblatt M17a „Wünschenswert vs. Muss".**

4.5.3   Die fünf Stressverstärker nach Kaluza

Gert Kaluza (2015), Leiter des Instituts für Gesundheitspsychologie in Marburg, hat folgende fünf am meisten Stress und Spannung auslösenden Gedanken benannt:

- Sei perfekt!
- Sei beliebt!
- Sei unabhängig!
- Behalte die Kontrolle!
- Halte durch!

Wir haben hier grundsätzlich gesunde Basismotive, die allerdings in ihrer übersteigerten Form Probleme verursachen und zu Burnout und Persönlichkeitsstörungen führen können. Um dem entgegenzuwirken sollte der Betroffene dabei unterstützt werden, in übereinstimmender Anlehnung an die Ausführungen von Kaluza (2015), seine Stressverstärker durch gesündere Grundeinstellungen zu ersetzen:

Wenn ein an sich gesundes Leistungsstreben in alle Lebensbereiche, beruflich wie privat, hineingetragen wird („Ich **muss immer** und **überall** perfekt sein!"), ist Überanstrengung und Scheitern vorprogrammiert. Alternative förderliche Gedanken könnten sein: „Ich darf auch mal Fehler machen. Ich gebe mein Bestes. Ich unterscheide zwischen wichtig und unwichtig."

Im Hintergrund des zweiten Stressverstärkers **„Sei beliebt!"** steht das natürliche Grundbedürfnis nach Zugehörigkeit und Angenommensein. Wenn dieses Motiv übermächtig ist, wird Zurückweisung oder Kritik von anderen schwer ertragen; es fällt schwer, eigene Interessen zu vertreten und Grenzen zu setzen. Im Vordergrund allen Tuns steht das Bemühen, es allen recht zu machen, was auch bei aller Anstrengung auf Dauer nicht gelingen kann. Eine depressiogene Entwicklung bei ständiger Verleugnung eigener Wünsche und Bedürfnisse ist damit vorprogrammiert. Alternative gesündere Gedanken wären z.B.: „ Ich darf ja sagen zu meinen eigenen Wünschen, auch wenn damit verbunden ist, nein zu sagen zu dem, was andere stattdessen von mir zu tun wünschen. Ich darf anecken und andere enttäuschen. Ich achte auf mich und setze Grenzen."

Stressverstärker Nr. 3 **„Sei unabhängig!"** basiert auf dem Streben nach persönlicher Unabhängigkeit und Selbstbestimmung. Wenn dieses Streben zu stark ausgeprägt ist, fällt es den Betroffenen schwer, Schwäche zu zeigen und sich helfen zu lassen. Solche Menschen machen ihre Probleme am liebsten mit sich selbst aus. Dass dies auf lange Sicht in die Selbstüberforderung führen kann, liegt auf der Hand. Vorschläge für eine gesündere Einstellung könnten lauten: „Ich darf Schwäche zeigen. Schwächen sind menschlich. Ich lasse mich unterstützen, ich lasse mir helfen."

Die Nr. 4 der Stressverstärker **„Behalte Kontrolle!"** hat als Hintergrund das Bedürfnis nach Sicherheit. Wenn dies zur absoluten Forderung erhoben wird, sind Betroffene nicht imstande zu delegieren, zu vertrauen, loszulassen, ein kalkuliertes Risiko einzugehen – eben Kontrolle abzugeben. Die Gefahr von Kontrollverlust ist für sie zu riskant und *„muss"* unbedingt vermieden werden. Entscheidungen zu treffen fällt schwer, denn man könnte ja ein Risiko übersehen haben. Vorschläge für eine gesündere Denkweise könnten sein: „Ich darf auch mal spontan entscheiden, Entscheidungen können korrigiert werden. Risiko und Unsicherheit gehören zum Leben. Ich bleibe gelassen, auch in unsicheren Situationen".

Stressverstärker Nr. 5 **„Halte durch!"**, basiert auf der wichtigen und notwendigen Fähigkeit, in gegebenen Situationen kurzfristig Unangenehmes auf sich zu nehmen und die eigene Unlust und Bequemlichkeit zu überwinden, um der langfristigen Erreichung eines Ziels willen. Wenn diese Fähigkeit zum Zwang wird, ist der Mensch zu hart zu sich selbst, ignoriert seine Grenzen und hält stur auch an unerreichbaren Zielen fest. Vorschläge für eine gesündere Einstellung könnten sein: „Ich passe auf mich auf. Ich achte auf meine Grenzen. Ich darf mich auch entspannen und es mir leicht machen."

4.6 Modul 5: Burnout vermeidende Kognitionen einüben

Sind die rationalen Alternativen erarbeitet, liegen die förderlichen Gedanken vor, geht es anschließend darum, diese in „Fleisch und Blut" übergehen zu lassen und im Alltag wieder und wieder zur Anwendung zu bringen. Dazu bedarf es, wie bei jeder anderen Fertigkeit, die wir erlernen wollen, der Übung. Im Sinne des bereits erwähnten „Seedings", der rechtzeitigen Aussaat hilfreicher Informationen, haben sich viele kompetente Behandelnde angewöhnt, schon zu Beginn der gemeinsamen therapeutischen Arbeit darauf hinzuweisen, dass eine erfolgreiche Veränderung tiefsitzender ungünstiger Denk- und Verhaltensmuster des täglichen Trainings bedarf. Um die neuen rationalen Alternativen im eigenen Denken möglichst schnell und tief und abrufbar zu implementieren, ist die Rationale Vorstellungsübung (RVÜ) eine wertvolle Selbsthilfetechnik, die im nachfolgenden Kapitel 4.6.1 deshalb noch genauer erläutert werden soll. Innerhalb der Therapiesitzung kann die kognitive Umstrukturierung unterstützt und durch folgende in der Rational Emotiven Verhaltenstherapie bewährte Strategien vertieft werden, die nach Diekstra und Dassen (1982) wie folgt zusammengefasst werden können:

- Klienten unterbrechen, wenn sie sagen „Ich muss das machen" oder „Du sollst das nicht tun", und Alternativen anbieten wie „Sie meinen bestimmt: ,Mir wäre es lieber, wenn du das tätest'".
- „Ich kann nicht" verändern in „Ich will nicht". Oder „Es ist unmöglich" in „Ich finde es sehr schwierig, aber nicht unmöglich".
- „Ich fühle mich immer mies, wenn ich das nicht richtig mache" verändern in „Ich finde es sehr unangenehm, wenn das geschieht".
- „Ich bin ein schlechter Mensch" verändern in „Was ich getan habe, finde ich gemein und werde versuchen, es nicht wieder zu tun".
- Ständig alle möglichen Arten des Vorurteils bekämpfen.
- Klienten klarmachen, dass sie nicht alles *brauchen*, was sie sich wünschen, und es *ertragen* können, wenn sich etwas ereignet, was ihnen unangenehm ist.
- Klienten zeigen, dass niemand sie ärgerlich, depressiv oder ängstlich macht, sondern dass sie das selbst tun.

Kaluza (2015) wiederum empfiehlt folgende Möglichkeiten, die persönlich wichtigsten Burnout vermeidenden, förderlichen Kognitionen einzuüben:

- Den förderlichen Gedanken laut vor sich hin sagen, mindestens 20-mal am Tag.
- Den förderlichen Gedanken vor dem Einschlafen still für sich wiederholen.
- Den förderlichen Gedanken unter der Dusche vor sich hin singen.
- Den förderlichen Gedanken beim Spazierengehen vor sich hin sagen.
- Den förderlichen Gedanken auf dem PC als Bildschirmschoner verwenden.
- Den förderlichen Gedanken in einem Bilderrahmen aufhängen.
- Den förderlichen Gedanken auf einem Kärtchen im Portemonnaie immer bei sich tragen.
- Den förderlichen Gedanken mit einer Körperhaltung, einer Geste, einem Körpergefühl verbinden.
(Kaluza 2015, S. 138)

Praxistipp:

Im Rahmen der praktischen Vermittlung dieser Trainingsmöglichkeiten sollte der Patient darin unterstützt werden, die für ihn am besten passende, stimmigste Intervention herauszufinden. Hilfreiche therapeutische Interventionen sind dabei Fragen wie: Zu welchem Vorgehen fühlen Sie sich am meisten hingezogen? Welchen Weg haben Sie selbst in der Vergangenheit mit Erfolg begangen, wenn Sie etwas Neues für Sie Wichtiges erlernen wollten? Lassen Sie sich als Therapeut überraschen von der Kreativität und Individualität, manchmal auch von der Radikalität Ihrer Patienten im Finden von Wegen, sich ihre ihnen selbst wichtigsten Kognitionen salient zu machen und bewusst zu halten.

Eine Patientin berichtete mir, dass sie sich nach ihrer schmerzhaften und, wie sie meinte, für sie viel zu späten Trennung vor fünf Jahren an ihren Badezimmerspiegel eine Botschaft an sich selbst gehängt hatte. Sie hatte in einem alternativen Buch über Krebsheilung gelesen, dass, wenn man sich selbst belüge, Krebszellen vermehrtes Wachstum zeigen würden. Ihre Botschaft an sich selbst lautete: „Von diesem heutigen Tag an werde ich nie mehr unfreundlich oder unehrlich zu mir selbst sein!"

Ein anderer Patient erzählte mir, wie er zu seiner persönlichen Technik kam, sich einfach in den entsprechenden Live-Situationen innerlich immer wieder vorzusagen, was ihm für diese spezielle Situation zu verinnerlichen wichtig ist. Er berichtete, dass ihm sein Vater schon als kleiner Junge immer, wenn er mit ihm im Auto unterwegs war, Hinweise auf eine sichere Fahrweise vermittelte. Dies führte dazu, dass er, als er später selbst den Führerschein und ein eigenes Fahrzeug besaß, sich immer dann, wenn er nachts auf Straßen unterwegs war, die entlang von Feldern oder durch Waldabschnitte führten, innerlich wiederholte, was ihm sein Vater schon als Junge beigebracht hatte: „Pass auf: Zwei leuchtende Punkte am Straßenrand, das heißt, da steht ein Tier." Oder er sagte sich innerlich, wenn er durch Alleen oder Waldabschnitte fuhr: „Wenn jetzt ein Reh oder ein Wildschwein über die Straße läuft, geh vom Gas runter, halte das Lenkrad fest, bleibe auf deiner Spur, weiche auf gar keinen Fall aus – ein Baum ist härter als ein Wildschwein." Gut zwanzig Jahre später, auf einer Nachtfahrt auf der Autobahn – seine Begleiterin schlief neben ihm auf dem Beifahrersitz – tauchte plötzlich wie aus dem Nichts ein Rehbock vor ihm auf, mitten auf der Fahrbahn. Und er berichtete mir, über sich selbst erstaunt, Folgendes: „Ich sah diesen Rehbock etwa fünfzig Meter vor mir auftauchen. Mein eben noch schläfriges Gehirn war plötzlich hellwach und eine innere Stimme sagte: ‚Geh vom Gas runter, nimm das Lenkrad fest in die Hand, bleib auf deiner Spur', und dann krachte es auch schon. Der Rehbock war auf der Stelle tot, die Kühlerhaube eingedrückt, der Kühler zerstört. Ich konnte rechts ranfahren auf den Standstreifen, die Warnblinkanlage einschalten, und war richtig stolz auf mich, dass ich so gut reagiert hatte. Nichts von alldem war passiert, was hätte passieren können, wenn ich spontan gehandelt hätte und ausgewichen wäre. Und deshalb ist dies persönlich meine beste Technik: Immer wenn ich etwas für mich Wichtiges einübe, sage ich es mir innerlich vor, in genau den Situationen, für die dieses neue Wissen gebraucht wird. Leid tut es mir nur um das arme Tier, den Rehbock, der mir unter so unglücklichen Umständen begegnet ist."

4.6.1 Die Rationale Vorstellungsübung (RVÜ)

Eine unmittelbar auf die Rationale Selbstanalyse aufbauende Technik, um Burnout vermeidende Kognitionen einzuüben, besteht darin, die neu erarbeiteten rationalen und hilfreichen Gedanken in der Vorstellung bereits zur Anwendung zu bringen. Klienten werden darin angeleitet, sich vorzustellen, die kritische Situation sei hier und jetzt erneut aktualisiert. Anschließend sollen sie sich vorstellen, wie sie in dieser Situation die neuen hilfreichen Gedanken denken und wie auf dieser neuen Basis neues Handeln möglich wird. Die Rationale Vorstellungsübung (RVÜ) ist eine wirksame Technik zur Vorbereitung Burnout reduzierenden Verhaltens. Der Vorteil dabei: Durch die Anwendung der RVÜ können nach Diekstra u. Dassen (1982) neue Denkgewohnheiten **aktiv** und **in eigener Verantwortung** eingeübt werden.
   Die sieben Schritte der Rationalen Vorstellungsübung sind dabei folgende:

1. Rationale Alternativen werden für bisher als belastend empfundene Alltags- und Berufssituationen durch eigene Rationale Selbstanalysen erarbeitet.
2. Die Alternativen, die als besonders richtig und wichtig erkannt, aber besonders schwer zu glauben, zu empfinden, zu denken möglich sind, werden für die Übung ausgewählt.
3. Eine typische Alltagssituation wird ausgewählt, in der auf Grund des früheren ungünstigen Denkens vorprogrammiert immer wieder Anspannung, Angst, Wut oder Hilflosigkeit aufgetreten sind.
4. Die oder der Übende nimmt eine bequeme entspannte Sitzposition ein, schließt die Augen und wendet für sich selbst die auf **Rezeptvorschlag 4 „Kurz-Entspannungstraining"** ausformulierte Kurzentspannungstechnik an. Die Kurzentspannung kann auch darin bestehen, dass jemand einfach ein-, zweimal durchatmet,

um dann für drei, vier Minuten alles loszulassen oder indem er genau das tut, was Jeff Zeig, der Meisterschüler von Milton Erickson, bei Live-Demonstrationen seinen Probanden auf der Bühne zu sagen pflegt: „Geh einfach auf deine dir vertraute Art und Weise in einen Zustand tiefer Stille".

5. Nach dieser kurzen einleitenden Selbstentspannung erfolgt nun die Vorstellung der kritischen Alltagsszene. Die rationalen Gedanken werden ganz bewusst dabei gedacht, entweder nur in Gedanken oder, wenn sich das leichter und besser anfühlt, auch leise vor sich hin gesprochen. Sollten dabei aus alter Gewohnheit irrationale Gedanken oder Bilder auftauchen, kommt die „Stopp-Technik" zum Einsatz, die einfach darin besteht, laut und deutlich „Stopp!" zu sagen und die Augen zu öffnen. Nach einer erneuten kurzen Phase des Loslassens und Entspannens wird dann die Szene wieder als innere Vorstellung aufgenommen und die rationalen Gedanken und das auf dieser Basis mögliche rationale erwünschte Verhalten werden erneut vorgestellt.

6. Dies wird so oft wiederholt, bis es in der Vorstellung möglich ist, in der kritischen Situation entspannt bei den zunehmend vertrauter werdenden rationalen Gedanken und Bewertungen zu bleiben.

7. Die Übung endet mit einem Lob an sich selbst.

Dies ist ein hilfreicher Weg vom *Kennen* der rationalen hilfreichen neuen Bewertungen zum Im-Alltag-anwenden-*Können*. Die Übung sollte zunächst vom Therapeuten angeleitet werden, um dann wiederholt selbständig ausgeführt zu werden.

4.6.2 Konstruktive Kognitionen einüben mit dem Ein-Personen-Rollenspiel

Sachse (2005) hat eine sehr effektive Methode vorgeschlagen, um bereits erarbeitete rationale Kognitionen noch tiefer zu verankern und den inneren Anteilen, die noch ein „Ja, aber ..." in sich tragen, genug Raum zu geben, um zu Wort zu kommen: das Ein-Personen-Rollenspiel (EPR). Nachdem eine solide rationale (Selbst-)Analyse der ungünstigen Kognitionen erarbeitet wurde und dadurch hilfreiche neue Einstellungen entstanden sind, ist dies eine effektive und auch emotional aktivierende zusätzliche Möglichkeit, neue Gedanken „wetterfester" zu machen. „Change Talk" nach Miller und Rollnick wird auf die effektivste Art und Weise dadurch aktiviert und praktiziert.

Der Therapeut definiert zwei Positionen für den Klienten:

- die Klientenposition: der Klient als Klient (KK),
- die Therapeutenposition: der Klient als sein eigener Therapeut (KT).

Um dem Klienten die beiden Positionen augenscheinlich zu machen und es ihm zu erleichtern, von einer Position in die andere zu wechseln, stellt der Therapeut zwei Stühle gegenüber und definiert auf jedem Stuhl eine der Positionen für den Klienten; seinen eigenen Stuhl stellt er in den rechten Winkel zu den beiden Stühlen. Es empfiehlt sich, immer den gleichen Stuhl als Klienten-Position (z.B. immer links vom

Therapeuten) zu definieren. Der Grund dafür liegt darin, dass der Klient bei der Durchführung des EPR, vor allem in der Anfangsphase, nicht sonderlich diszipliniert ist. Er „rutscht" auf dem Therapeutenstuhl schnell wieder in die Klienten-Rolle. Dies kann dann auch den Therapeuten verwirren, und er weiß dann nicht mehr, auf welcher Position der Klient welche Rolle einnehmen sollte.

Die räumliche Trennung der beiden Positionen in zwei Stühle ist vorteilhaft, weil Klienten vor allem zu Beginn oft Schwierigkeiten haben, eine andere Perspektive einzunehmen und aus ihrem gewohnten Bezugssystem herauszutreten. Die räumliche Trennung dieser beiden Positionen erleichtert es dem Klienten, sich von seinem eigenen Überzeugungssystem zu distanzieren und einen geistigen Positionswechsel durchzuführen. Somit dient der Stuhlwechsel dazu, dem Klienten zu helfen, Aspekte auseinanderzuhalten, sich von eigenen Annahmen zu distanzieren, neue Perspektiven sehr konsequent und gründlich einzunehmen, diese neuen Perspektiven zu durchdenken, Gedächtnisbestände dazu zu aktivieren und letztendlich diese Positionen probeweise zu glauben, mit ihnen zu spielen, sie auf sich wirken zu lassen.

Der Klient äußert auf seinem „Klientenstuhl" alles, was in ihm noch an „Ja, aber …" existiert. Dann begibt er sich auf den ihm gegenüber stehenden freien Stuhl, schlüpft in die Rolle des Therapeuten und erklärt sich selbst, weshalb die „Ja, aber …"-Einwände nicht wirklich haltbar sind. Der „richtige" Therapeut sitzt dabei im rechten Winkel zu diesen beiden Stühlen und unterstützt den „Klienten-Therapeuten", quasi als dessen Supervisor, dabei, gute Argumente zu finden gegen die „Ja, aber …"-Einwände. Er hilft ihm aber ebenso dabei, seine Einwände in der Klientenposition so differenziert wie möglich auszuformulieren und nach weiteren Gegenargumenten zur rationalen Version Ausschau zu halten, um sie uneingeschüchtert durch die Autorität seines therapeutischen Gegenübers vorbringen zu können.

Ziel ist es hierbei nicht, den Klienten möglichst schnell „mundtot" zu machen in seinen Gegenargumenten, sondern im Gegenteil sicherzustellen, dass alle Anteile der Person Gelegenheit haben, die Vorbehalte vorzubringen, die sie noch in sich tragen. Der „Klient-Therapeut" wiederum hört sich, ganz im Sinne von Miller und Rollnick (2015), dabei mehr und mehr und mit zunehmender Überzeugung „Change Talk" äußern. Der „Supervisor" – also Sie – kann den „Klient-Therapeuten" dabei anfeuern, noch leidenschaftlicher, noch emotionaler „diese alte Schallplatte", den „Bullshit" seines Gegenübers ein für alle Mal vom Platz zu fegen.

Dem so in Bedrängnis geratenen „Klient-Klienten" gilt es als Therapeut dann wieder aus der Metaposition zu helfen und zu klären, wo er sich nun emotional und kognitiv befindet nach der rationalen „Attacke" seines eigenen Therapeutenanteils. Die Erfahrung zeigt, dass auf diese Art und Weise rationale Alternativen wesentlich aktiver und emotional tiefer verankert und damit im Ernstfall besser abgerufen werden können.

Praxistipp:

Aus meiner eigenen Erfahrung mit dem EPR möchte ich noch hinzufügen: Der Wechsel vom „Klient-Klient"-Stuhl zum „Klient-Therapeuten"-Stuhl kann mit größerer innerer Distanzierung der beiden Ego-States voneinander durchgeführt werden, wenn der Patient gebeten wird, nicht den direkten „kurzen" Weg von einem Stuhl zum nächsten zu beschreiten. Günstiger ist es, wenn der Patient aufsteht, rechts um seinen eben noch von ihm besetzten Stuhl herumläuft, sich auf die andere Seite bewegt und dort ebenfalls erst einmal eine Umkreisung seines neuen Sitzplatzes vornimmt, bevor er sich darauf niederlässt. Der Vorteil: Der Patient ist im wahrsten Sinne des Wortes dabei mehr in Bewegung und die Zeitdauer bis zur Einnahme der entgegengesetzten Rolle verlängert sich etwas. Diese wie auch immer kurze Verlängerungszeit des Wechsels reduziert deutlich die Vermischung der Schemamodi, die den beiden Positionen entsprechen. Der Klient-Klient ist dann leichter und eindeutiger Klient-Klient und der Klient-Therapeut ist dann leichter und eindeutiger Klient-Therapeut. Und der „richtige" Therapeut hat einen Moment mehr, um auch selbst umzuschalten vom Supervisor zum therapeutischen Klärungshelfer.

4.6.3 Eine ganz besondere Art, konstruktive Kognitionen einzuüben

Eine weitere ganz besondere und wirksame Art, neue förderliche Einstellungen zu integrieren, ist der Einsatz von Geschichten und Metaphern zur Vertiefung der kognitiven Umstrukturierung. Dabei wird eine perfekte Kombination der digital-sprachlichen und der analog-bildhaften Verarbeitungsmuster unseres Gehirns gleichzeitig aktiviert.

Ermutigen Sie die dafür aufgeschlossenen Patienten, alle die Geschichten, Gedichte, Textpassagen, Lieder in die Therapiestunden mitzubringen, die ihnen relevant erscheinen für die „heißen" Themen, an denen sie gerade arbeiten. Geschichten und Metaphern, die Beispiele darstellen für neue konstruktive, erwünschte, förderliche Kognitionen. Vielleicht haben Ihre Patienten ein Lieblingsgedicht, ein Lieblingslied, eine Lieblingsgeschichte, die genau das beinhaltet, was eine treffende neue Einstellung darstellt zur Überwindung ihres persönlichen Burnouts oder vermeintlichen Dilemmas – wie z. B. die schöne „Geschichte vom Hasen, der dachte, dass die Welt untergeht", die sich hervorragend eignet, um die Essenz des ABC-Schemas bildhaft analog zu verdeutlichen und die Sie auf **Memoblatt M17.4** finden.

Kindern erzählt man Geschichten zum Einschlafen –
Erwachsenen, damit sie aufwachen

Eine Fundgrube für hilfreiche Metaphern zur kognitiven Umstrukturierung und Geschichten, die helfen aufzuwachen aus dysfunktionalen Grundüberzeugungen, bietet Ihnen die Literaturliste auf **Memoblatt M17.5 „Liste hilfreicher Geschichten"**. Sie enthält Hinweise auf Geschichten für Sie in Ihrer therapeutischen Arbeit zum Weitererzählen und Leseempfehlungen an Ihre Burnout-Patienten. Die Notwendigkeit zur systematischen und konsequenten Veränderung ungünstiger, irrationaler Grundüberzeugungen stellt durch die damit einhergehende, ganz wesentliche Reduktion des dauerbelasteten psychophysiologischen Gesamtzustandes einen zentralen Aspekt in der Überwindung von Burnout dar. Deshalb eröffnen Sie Ihren Patienten so viele gangbare Wege wie möglich. Arbeiten Sie „zu Wasser, zu Lande und zur Luft" – mit Metaphern, Geschichten, Bildern, Comics, Postern, Liedern, YouTube-Videos, Collagen …

Mathesius und Scholz (2014) weisen explizit darauf hin, dass jeder bewertende Gedanke seine biologische Entsprechung im Nervensystem findet und insbesondere über das limbische System unmittelbaren Einfluss auf vegetative muskuläre und hormonelle Prozesse sowie auf das Immunsystem hat. Sie referieren insbesondere die hohe Bedeutung von Gedanken und Einstellungen auf die oft tödlich verlaufenden kardio-vaskulären Erkrankungen: „So wurde in klinischen Studien immer wieder bestätigt, dass vor allem anhaltende negative Gefühlszustände das Entstehen und den Verlauf somatischer Erkrankungen wie zum Beispiel Herz-Kreislauf-Erkrankungen mitbestimmen beziehungsweise fördern können." (Mathesius u. Scholz 2014, S. 151) Deshalb betonen sie ebenfalls die Bedeutung einer konsequenten, dauerhaften Veränderung dysfunktionaler, irrationaler, stressverstärkender Gedanken hin zu rationalen, förderlichen Gedanken. Ihre klare Botschaft lautet: „Stressmindernde Gedanken bringen Ruhe und Ordnung ins Denken und Handeln. Die Person orientiert sich auf positive Aspekte der Situation, kann sich besser auf den Handlungsverlauf konzentrieren und persönliche Ziele konsequenter verfolgen. Emotionale, biopsychische, die Handlungsausführung störende stressbedingte Erregungszustände werden vermieden oder abgeschwächt. Stress verstärkende Gedanken können demgegenüber zu richtigen ‚Killergedanken' werden. Durch ihre negative Ausrichtung verstärken sie vor allem negative emotionale Zustände wie Zweifel an sich selbst, Angst vor der Situation an sich, Angst vor der Nichtbewältigung von Anforderungen, (z.B. Misserfolgs-Angst), Frust und Ärger, sie stören erlernte instrumentelle Voraussetzungen sowie die kognitive Leistungsfähigkeit (z. B. Konzentration, Gedächtnis) und beeinflussen Krankheitsprozesse." (Mathesius u. Scholz 2014, S. 152)

Praxistipp:

In Erweiterung zu den vorstehenden Ausführungen möchte ich hinzufügen: Stressmindernde Gedanken bringen Ruhe und Ordnung ins Denken und Handeln – Lieblingsgedichte, Lieblingslieder und Lieblingsgeschichten bringen stressmindernde Gedanken in unser Bewusstsein.

4.7 Modul 6: Äußere Belastungsfaktoren verringern – Stressbewältigungskompetenz vermitteln

Eine entscheidende Voraussetzung für die Verringerung von Belastungsfaktoren ist die Unterscheidung zwischen veränderbaren und nicht veränderbaren Einflussfaktoren und dies wiederum setzt voraus, eine individuelle Liste der äußeren Faktoren zu erstellen, die der Einzelne für sich als belastend erlebt. Bitten Sie Ihren Patienten deshalb darum, **Arbeitsblatt 16 „Top Ten äußerer Belastungsfaktoren"** für sich selbst und seine individuelle Lebenssituation auszufüllen: Liegen *seine* wesentlichen Belastungsfaktoren im zwischenmenschlichen Bereich oder sind es strukturelle Probleme im Zusammenhang mit der Arbeit? Sind es environmentale Einflüsse bei der Wohn- oder Arbeitssituation? Macht die finanzielle Situation Sorgen? Gibt es körperliche Erkrankungen oder Besonderheiten? Andere subjektiv belastende Lebensumstände?

Die relative Bedeutung der äußeren Einflussfaktoren ist bei jedem Einzelfall anders. Die intrapsychische Komponente spielt fast immer eine Rolle, wenn auch nicht die einzige (► **Kap. 3.2**).

Nun geht es darum, den Hilfesuchenden dabei zu unterstützen, sich selbst bewusst zu machen, was an den *ihn persönlich* am meisten belastenden Faktoren zu ändern möglich ist und was nicht.

Das den unterschiedlichsten Autoren zugeschriebene „Gelassenheitsgebet" bringt es auf den Punkt:

Gott gebe mir die Gelassenheit, Dinge zu akzeptieren,
die ich nicht verändern kann,
den Mut, die Dinge zu verändern, die zu verändern mir möglich sind,
und die Weisheit, zwischen diesen beiden zu unterscheiden.

Folgende Fragen stellen sich also für den Betroffenen: Was kann ich ändern und mit welchem Aufwand? Ist es mir den Aufwand wert? Was von dem, was zu verändern mir möglich ist, möchte ich nun tatsächlich ändern? Wie gehe ich mit den Belastungsfaktoren um, die ich nicht ändern kann oder will (z.B. weil mir der Aufwand zu hoch wäre)? Sie müssen natürlich überhaupt nichts ändern, nur lassen Sie sich vom Burnout-Experten Burisch Folgendes mit auf den Weg geben: „Eine kleine Warnung vorab: Sollten Sie Ihr Leben wie ein Autorennen führen und weiter führen wollen: *Ein* Boxenstopp wird nicht reichen. Wenn Sie das schreckt, ist Ihr Leidensdruck noch nicht hoch genug." (Burisch 2015, S. VII)

Wenn die individuelle Liste der äußeren Belastungsfaktoren vorliegt, geht es darum, dem Patienten Hilfestellung zu geben, damit gewinnbringend systematisch zu arbeiten und einen realisierbaren Änderungsplan zu entwerfen. Hierzu können Sie Ihrem Patienten das in der alltäglichen Beratungspraxis bewährte Vorgehen mit Hilfe des **Arbeitsblattes 16b „Äußere Belastungsfaktoren verringern"** (die Anleitung dazu befindet sich auf Arbeitsblatt 16a) erläutern.

Als Flussdiagramm (Abb. 4.4) wird der Entscheidungsverlauf für jeden einzelnen Belastungsfaktor offensichtlich und leicht nachvollziehbar. Diese Darstellung können Sie ebenfalls auf **Memoblatt M35 „Unangenehme Situation"** als Handout im Download (s. Hinweis auf S. 10) für Ihre Patienten ausdrucken. Besonders Ihre mit Flussdiagrammen vertrauten Patienten, Informatiker und Qualitätssicherungsbeauftragten werden erfahrungsgemäß viel damit anzufangen wissen und Ihnen dankbar dafür sein, ihre innerpsychischen komplexen Prozesse so klar technisch nachvollziehbar präsentiert zu bekommen. Für diejenigen, für die Flussdiagramme weniger vertraut sind, gibt die Erläuterung auf **Memoblatt M36 „Erläuterung zu Me-**

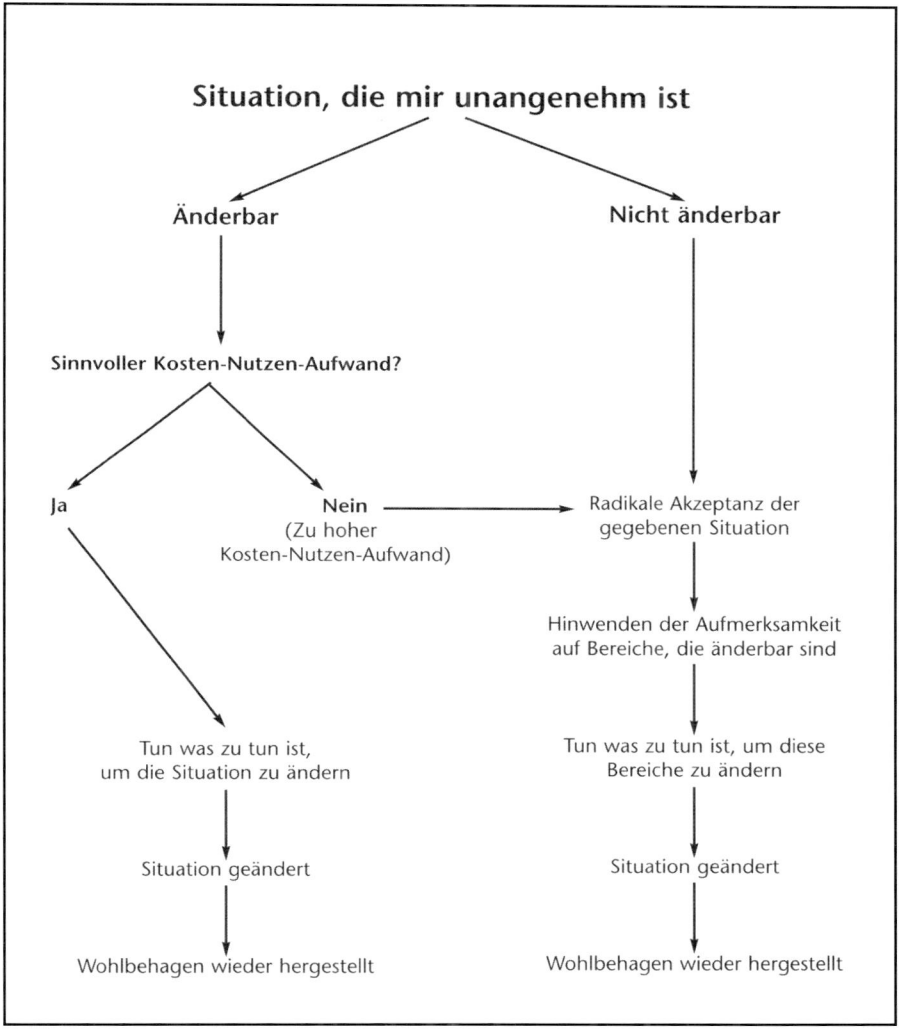

Abb. 4.4: Unangenehme Situation, Entscheidungs-Flussdiagramm

moblatt 35" und auf **Arbeitsblatt 16a „Anleitung zu 16b"** eine wertvolle Hilfestellung, um sich das Flussdiagramm zu erschließen.

Um die nunmehr vorliegenden individuellen Belastungsfaktoren so effektiv wie möglich bearbeiten zu können, bedarf es grundlegender Stressbewältigungskompetenzen.

Wenn wir es ernst meinen damit, dass wir nicht Burnout behandeln oder ein generelles Stressbewältigungstraining vermitteln wollen, sondern dem Hier und Jetzt unserer Hilfe Erbittenden gerecht werden möchten, dann müssen wir in jedem Einzelfall genau erwägen, wer welche Kompetenzentwicklung tatsächlich für seinen

Burnout-Bewältigungsprozess benötigt. Viele Klienten verfügen bereits sehr wohl über hinreichend gute Stressbewältigungskompetenzen. Deshalb bedarf es der Diskrimination: Wo geht es um Ressourcenaktivierung und wo um Kompetenzvermittlung noch nicht vorhandener Fähigkeiten und Fertigkeiten? Und welches sind die wichtigsten zu vermittelnden Kompetenzen?

Alltägliche Belastungssituationen und dauerhaft bestehende pathoplastische Arbeits- und Lebensumstände erfordern multimodale Bewältigungsstrategien. Als Grundlage der meisten Schulungen zur Stressbewältigung (Wagner-Link 1995, Reschke u. Schröder 2010, IFT Gesundheitsförderung 2013, Mathesius u. Wolf 2014, Kaluza 2015 u.a.) kristallisiert sich bei zusammenfassender Betrachtung die Vermittlung folgender Basis-Kompetenzen heraus:
Hilfreiche Stressbewältigungskompetenzen:

1. **Die eigenen Körperreaktionen** unter Belastung **kennenlernen:** die Psychophysiologie der individuellen Reaktionen in kurzfristigen wie auch langfristigen Belastungssituationen wahrnehmen können
2. **Entspannungsübungen selbständig durchführen können** und motiviert sein, sie als selbstverständlichen und natürlichen Teil alltäglicher Körperpflege anzuwenden
3. **ABC-Modell verstehen und anwenden können.** Die Bedeutung der eigenen Bewertungen in Hinblick auf die dadurch ausgelösten Gefühle, Körperreaktionen und Verhaltensweisen erkennen können; eigene belastungsverstärkende Grundüberzeugungen erkennen können
4. **Techniken der kognitiven Umstrukturierung anwenden können.** Wissen, wie man sich selbst auf neue Gedanken bringt und deren zunehmende Anwendung im Alltag einübt, bis sie selbst in kritischen Situationen abrufbar zur Verfügung stehen
5. **Achtsamkeit und Akzeptanz** verstehen und anwenden können
6. **Selbstregulationsfähigkeiten erlernen** und anwenden können; intensive Handlungsimpulse sowie intensive emotionale Prozesse steuern können
7. **Problemlösungsstrategien kennen und anwenden können**
8. **Zeitmanagement** auf individuell sinnvolle Art und Weise durchführen können
9. **Ressourcenaktivierung** verstehen und durchführen können. Sich eigener Stärken und Möglichkeiten bewusst werden. Die persönlich zur Verfügung stehenden Fähigkeiten, Eigenheiten, Fertigkeiten sowie die materiellen und sozialen Quellen für den erwünschten Veränderungsprozess nutzen können
10. **Soziale Netzwerkpflege** als wichtigen Faktor für Belastungsreduktion, Regeneration und Verbesserung der Lebensqualität erkennen können, mögliche Hindernisse dabei beseitigen lernen und motiviert sein, es auch zu tun
11. **Selbstfürsorge** als wichtige Priorität in das eigene Wertsystem mit aufzunehmen ist für viele Personen eine sehr große Herausforderung, die es zu bewältigen gilt

In der Regel werden diese Kompetenzen noch unterteilt: einerseits in Fähigkeiten und Fertigkeiten zur persönlichen „Erste Hilfe", die in kritischen Situationen kurzfristig Erleichterung zu verschaffen vermag, andererseits in Kompetenzen zur dauerhaften Burnout-vermeidenden Lebensstiländerung.

Zu den „Erste Hilfe"-Kompetenzen zählt alles, was kurzfristig Erleichterung verschafft:

Kurzfristige Erleichterung:
1. spontane Entspannung
2. Wahrnehmungsumlenkung
3. positive Selbstgespräche
4. Abreaktion

Zu den Lebensstiländerung-Kompetenzen zählt alles, was langfristig entlastet:

Langfristige Veränderungen:
1. Entspannungsübungen als regelmäßiger Bestandteil der Tagesroutine
2. Zeitmanagement
3. Kontakte/soziale Unterstützung
4. Problemlösung
5. Einstellungsänderung, Achtsamkeit, Akzeptanz
6. Zufriedenheitserlebnisse
7. Erwerb von Fertigkeiten, z. B. Skills der Emotionsregulation, sozial kompetente Verhaltensweisen, Kommunikationsfertigkeiten

Hier in Modul 6 sollen die Kompetenzen 1 bis 4 näher erläutert werden. Achtsamkeit und die weiteren Kompetenzen werden wegen ihrer hohen Bedeutung in einem je eigenen nachfolgenden Modul zur optionalen Vermittlung dargestellt werden.

4.7.1. Die eigenen Körperreaktionen unter Belastung kennenlernen

Was genau passiert in meinem Körper, wenn ich mich gestresst fühle? Viele von Burnout Betroffene haben hier einen großen blinden Fleck. Die Psychophysiologie der individuellen Reaktionen in Belastungssituationen, sowohl kurzfristig als auch langfristig, ist ihnen meist unvertraut. So fragte mich eine leitende Angestellte erst kürzlich: „Glauben Sie wirklich daran, dass man mit der Psyche Einfluss auf den Körper nehmen kann?"

Die Basisreaktionen unter Stress sind inzwischen bekannt: Das Herz schlägt schneller, der Blutdruck steigt an, die Atmung wird flacher, die Blutgerinnungsfähigkeit erhöht sich, Zucker wird ausgeschieden, Fette werden ausgeschieden, der Muskeltonus erhöht sich, der Speichelfluss vermindert sich, die Durchblutung der Genitalien wird vermindert. Die langfristigen Folgen sind logisch daraus ableitbar: Herz-Kreislauf-Erkrankungen, Kopf- und Rückenschmerzen, Magen-Darm-Erkrankungen, Immunsystemschwächung, Stoffwechselstörungen, Impotenz.

Bei YouTube können Sie den Begriff „Stressreaktion" eingeben und Sie erhalten mindestens zehn Links zu teilweise hochwertigen Präsentationen mit Animationen, Schaubildern und weiteren wertvollen Informationen zu einer individuell angemessenen Psychoedukation.

> **Praxistipp:**
>
> Wenn Sie sicherstellen wollen, dass Sie auch ohne WLAN-Anbindung in der Therapiestunde einen Psychoedukationsclip zeigen können, ist es empfehlenswert, von Ihnen als geeignet erachtete YouTube-Exemplifikationen Ihrer Aussagen einfach mit „clipgrab" vorab auf Ihren Rechner herunterzuladen. Mit Stand 26.10.2016 ist das Programm kostenlos downloadbar unter: http://clip grab.de/. In Deutschland ist seine Verwendung legal. Diese Angabe erfolgt ohne Gewähr.

Der entscheidende Punkt ist, dass neben intellektueller Information Beobachtungsaufgaben bezüglich der eigenen Körperreaktionen sowohl in Belastungs- als auch in Entspannungssituationen gegeben werden.

Entscheidender noch als Mikro-Beobachtungen von Puls, Blutdruck und Speichelfluss ist es jedoch, die Tatsache ins Bewusstsein zu bringen, dass in der Welt zu sein immer bedeutet, *mit dem Körper* in der Welt zu sein. Abbildung 4.5 zeigt exemplarisch den „ganz normalen" Menschen, der ganz Kopf und wenig sonstiger Körper ist. Seine Aufmerksamkeit ist völlig bei seinem Smartphone. Wie hoch ist wohl sein Körperbewusstsein auf einer Skala von null bis zehn?

Abb. 4.5: Burnout-Gefahr-Körper

Abb. 4.6: Lebendiger Burnout-Resilienz-Körper

Auch dieses Comic können Sie als Memoposter-Vorlage Ihren Patienten aus dem Download ausdrucken. Sie finden es als **Memoblatt M27a „Bild Burnout-Gefahr-Körper"** (s. Hinweis auf S. 10).

Reflexion zum eigenen Körperbewusstsein
Unser Körper ist unsere Basis. Wir sind definitiv mehr als unser Körper, doch zunächst sind wir Körper. Unseren Körper lieblos zu behandeln heißt, uns selbst lieblos zu behandeln. Mit unserem Körper nicht achtsam umzugehen bedeutet, mit uns selbst nicht achtsam umzugehen. Das **Memoblatt M27 „Körperbewusstsein"** gemeinsam zu reflektieren und diesen darauf differenziert ausgeführten Gedanken ausgedruckt als „Take Home Message", als „Textpille" mitzugeben, hat sich als sehr hilfreiche Intervention erwiesen ebenso wie die Empfehlung des Selbsthilfebuches von Robert Schleip (2015) „Der aufrechte Mensch", das 30 Übungen umfasst, die helfen das Körperbewusstsein zu fördern.

Nach wiederholter Auseinandersetzung mit diesem Text auf Memoblatt M27 und zunehmender Körperbewusstheit durch entsprechende Übungen (► **Kap. 4.15.1 Abschnitt 4: „Den eigenen Körper pflegen und trainieren"**) können wir dann darauf hoffen, dass sich der ehemals vernachlässigte und von Burnout geschädigte Körper mehr und mehr in einen Burnout resilienten Körper verwandelt, der als integrierter Bestandteil der Gesamtpersönlichkeit des Betreffenden wieder so aussieht wie in Abb. 4.6.

Auch dieses Comic können Sie als Memoposter-Vorlage Ihren Patienten aus dem Download ausdrucken. Sie finden es als **Memoblatt M27b „Bild Burnout-Resilienz-Körper"** (s. Hinweis auf S. 10).

4.7.2 Entspannungsübungen selbständig durchführen können

Keine Stressbewältigungskompetenz ohne Entspannungskompetenz!
Soweit sind sich alle Autoren zum Thema Stressbewältigung einig. Die biopsychosozialen negativen Auswirkungen durch erlebte Belastungen lassen sich durch Entspannung nachweisbar reduzieren. Was den Weg dorthin betrifft, die Technik, die Details der Vorgehensweise, um Entspannung in Geist und Körper zu ermöglichen – da eröffnet sich ein weites Feld oft leidenschaftlicher Diskussionen. Autogenes Training, Progressive Relaxation, Meditation in unendlich vielschichtiger Ausführung, Entspannung durch Yoga, Tai Chi, Chi Gong, Achtsamkeitsübungen … Tatsache ist: Die wissenschaftliche Beweislage des Nutzens täglicher Stilleübungen steht seit nunmehr über vier Jahrzehnten außer Frage. Wallace und Benson veröffentlichten bereits im Februar 1972 im *Scientific American* ihren inzwischen legendären Forschungsbericht über die Physiologie der Meditation. Christa Kniffki verglich 1979 Autogenes Training mit den messbaren Auswirkungen der Transzendentalen Meditation. Dann verlegte sich das Forschungsinteresse auf die Progressive Muskelentspannung nach Jacobson (1996). In jüngster Zeit besteht wieder ein erneutes Forschungsinteresse an den Auswirkungen von Meditationsübungen im Rahmen des Achtsamkeitstrainings nach Jon Kabat-Zinn (2013).

Die Bedeutung der Stille

Im ‚Raum dazwischen' passieren die entscheidenden Dinge des Lebens.
Erreiche den Gipfel der Leere, bewahre die Fülle der Ruhe,
und alle Dinge werden gedeihen. (Laotse)

In Anlehnung an einen Text von Bauhofer finden Sie im **Memoblatt M39 „Bedeutung der Stille"** eine weitere „Textpille", die Sie mit motivierendem Nutzen, dem Raum der Stille im eigenen Leben wieder mehr Platz einzuräumen, an Ihre Patienten als „Take Home Message" mitgeben können.

Ein Kollege, der schon viele Jahrzehnte praktiziert, berichtete mir: „In all meinen Einzeltherapien ist es mein Ziel, dass die Patienten in den ersten fünf Sitzungen Tiefenmuskelentspannung erlernen und sich täglich 20 bis 30 Minuten dafür Zeit nehmen. Dies unterstützt die psychophysiologische Stabilisierung ungemein, und, so fuhr er fort, „ich habe es als Quantensprung in meiner Arbeit erlebt, als ich anfing, jede Sitzung mit einer Kurzentspannung, mit fünf Minuten Stille zu beginnen und die Sitzung mit fünf Minuten Stille zu beenden. Ich gebe damit meinen Patienten die bestmögliche Voraussetzung, aus jeder Sitzung den höchsten Nutzen ziehen zu können. Und ich selbst beginne durch diese den Therapiealltag nunmehr durchziehenden Inseln der Stille jede neue Sitzung in höchstmöglicher Präsenz und innerer Zentriertheit."

Spitzer (2002) zeigt auf, dass diejenigen Probanden, die zwischen zwei Lerneinheiten ruhen durften, bessere Lernergebnisse hatten als die Vergleichsgruppe, die in der Zwischenzeit eine weitere Übungseinheit absolvieren musste. Hier zeigt sich der Wahrheitsgehalt des Sprichworts: „Den Seinen gibt's der Herr im Schlaf (bzw. in der Tiefenentspannung)."

Die Ergebnisse der Entspannungs- und Meditationsforschung motivieren zum vertieften Einsatz dieser Verfahren in der Therapie des Burnouts: Atemveränderungen, Hautwiderstandsveränderungen, Muskeltonusveränderungen, Änderungen in der Blutchemie und Puls-/Blutdruckveränderungen bewegen sich dabei in genau der entgegengesetzten Richtung wie während erlebter Stressreaktionen des Körpers.

Wallace u. Benson (1972) weisen darauf hin, dass in der Meditation ein Zustand der Ruhe erfahrbar ist, der tiefer ist als die Ruhe im Tiefschlaf. Während wir eine Meditations- oder Entspannungstechnik ausüben, befinden wir uns in einem Zustand, in dem der Körper messbar zutiefst ruht, während der Geist in voller Bewusstheit verbleibt. Als Indiz für innere Ruhe können Alphawellen gemessen werden, außerdem sind vor allem die Messungen interessant, die aufzeigen, dass sowohl die rechte und die linke Gehirnhälfte als auch die vorderen und die hinteren Gehirnregionen ihre Aktivitäten synchronisieren. Im Rahmen der vergleichenden Beobachtungen der Gehirnaktivitäten von Meditierenden mit den Gehirnaktivitäten von Probanden im Moment des erfolgreichen Problemlösens konnte nachgewiesen werden, dass Meditierende sich in einem Zustand höchst synchroner Gehirnaktivitäten befinden, der dem Muster während der „Aha-Phase" des Problemlösens entspricht. Die mystische Formulierung eines „erleuchtet" arbeitenden Gehirns könnte damit neuropsychologisch nüchterner bezeichnet werden als ein Gehirn, das geordnet, entspannt und synchron arbeitet und sich somit in einem optimalen Modus der Problemlösungsfähigkeit befindet. Das ist das akzentuierte Gegenteil zu der nur allzu vertrauten Erfahrung, gerade dann blockiert zu sein, wenn es besonders darauf ankommt, seine Wissensspeicher abrufen zu können, wie etwa in Prüfungssituationen.

Noch ein Wort zu Müdigkeit während der Entspannung:
In Bezug auf das Phänomen „Müdigkeit bzw. Einschlafen während der Entspannung" gibt es prinzipiell zwei Arten von Kursteilnehmern:
1. „Beinahe wäre ich eingeschlafen, das darf doch gar nicht sein."
2. „Bei uns hat sogar jemand geschlafen, das würde ich nie schaffen."

Beide Sichtweisen gehen an der biologischen Wirklichkeit vorbei. Mehr und mehr Ruhe und Gelöstheit tritt in der Entspannung ein. Übende gelangen zu dem Niveau, auf dem der Sauerstoffverbrauch dem Schlaf sehr ähnlich ist. Wer ein Schlafdefizit hat, wird mit einiger Wahrscheinlichkeit einschlafen. Dagegen anzukämpfen widerspräche dem Sinn der Übung. Deshalb gilt sinnvollerweise: „Schlaf hat immer Vorrang!" Der Körper darf sein Schlafdefizit ausgleichen. Sollte jemand ständig müde sein und in **jeder** Entspannung einschlafen, dann stimmt die „Work-Life-/Non-Work-Life-Balance" nicht und es wäre wünschenswert, den Lebensstil zu überdenken und zu verändern. Bei ausreichendem Schlaf kann dann die neue Erfahrung gemacht werden: Ein Zustand, in dem der Körper zutiefst ruht, während die geistige Aktivität wach bleibt. Ruhe, die tiefer ist als die Ruhe im Tiefschlaf und Wachheit, die wacher ist als im angespannten Tageszustand. Kein Grund also „traurig" zu sein darüber, in der Meditation nicht einzuschlafen.

Eine andere praktische Herausforderung besteht für viele Entspannungssuchende im Umgang mit Geräuschen während der Übungsphase. Hilfreich dafür sind Informationen wie diese:

Störungen durch Geräusche – „Es stört mich ..."
Inzwischen wissen wir: Es gibt kein mystisches „Es". Übungsvorschlag: „Gehen Sie auf Ihr Zimmer und genießen Sie es bequem dazuliegen. Für fünf Minuten gibt es nichts Wichtigeres als den Alltagsgeräuschen zuzuhören. Wenn es Ihnen nach fünf Minuten zuhören langweilig wird, weil die Alltagsgeräusche meist nicht so spannend sind, beginnen Sie mit Ihren Entspannungsübungen. Hören Sie weiter zu, was es zu hören gibt, und machen dabei Ihre Übungen. Die Chance ist hoch, somit eine andere Haltung gegenüber den Geräuschen zu entwickeln."

Zu guter Letzt: Wenn Sie bei Entspannungsübungen etwas falsch machen möchten, dann bemühen Sie sich, sich so *perfekt* wie irgend möglich zu entspannen.

Entspannung ist ein wichtiger Bestandteil der Stressbewältigung. Aus der in der Übung erfahrenen Entspannung resultiert ein entspannteres Denken. Ist das Denken entspannter, gestaltet sich das Handeln entspannter. Die Grundhaltung bei jeder Form angewandter Entspannungstechnik ist idealerweise, sich mitfließen zu lassen „und es dabei so zu nehmen, wie es kommt", anstatt die Übungen „abzuarbeiten".

Das Lernziel ist erreicht, wenn Lehrer und Schüler, Kursleiter und Kursteilnehmer, Therapeut und Patient auf mühelose Art und Weise eine Lebensstiländerung erreicht haben mit dem natürlichen Bestandteil: Ich nehme mir jeden Tag Zeit für meine Entspannungsübungen. Ich nehme es dabei so, wie es kommt und ich nehme es leicht.

Das Burnout reduzierende Ergebnis daraus ist vorhersagbar: Die psychovegetative Stabilität nimmt dauerhaft zu.

Für diejenigen von Ihnen, die bisher noch keine Standardtechnik der Entspannung praktiziert oder gelehrt haben: Auf **Rezeptvorschlag R5 „Entspannungstraining 30 Minuten"** finden Sie eine ca. 30 Minuten dauernde Anleitung zur Tiefenmuskelentspannung in Anlehnung an Jacobson und Lazarus, modifiziert vom Autor, die mit mehr als 1500 Gruppen während meiner klinischen Arbeitszeit erfolgreich durchgeführt wurde. Sie können diese Anleitung dazu benutzen, um eine eigene CD aufzunehmen, die Sie an Ihre Patienten weitergeben können. Sie können diese Anleitung aber auch nach einer ersten Anleitung durch Sie ausgedruckt an Ihre Patienten weitergeben. Eine sinnvolle Arbeitsanleitung dazu könnte lauten:

Diese Anleitung können Sie
• sich selbst als Sprachmemo auf Ihr Smartphone sprechen oder sich
  von einer Ihnen angenehmen Person aufsprechen lassen;
• sich von einer Ihnen angenehmen Person vorsprechen lassen;
• als Übungs-CD beim Autor anfordern.[8]

Wenn Sie möchten, können Sie zur Einstimmung eine sanfte Musik für ca. zwei bis drei Minuten als Vorlauf zu den Übungen von einem Tonträger abspielen oder auf Ihr Aufnahmegerät aufspielen. Während der Übungen selbst ist es günstiger, keine Hintergrundmusik laufen zu haben.

Ist die Routine täglicher halbstündiger Entspannungszeit etabliert, ist es relativ leicht, die „mentale" Form der Tiefenmuskelentspannung *zusätzlich* tagsüber bei Bedarf für drei bis fünf Minuten, sozusagen als Äquivalent zur Zigarettenpause, als regenerierendes Zwischenritual in den Alltag mit aufzunehmen. Den dazu gehörigen Text finden Sie im **Rezeptvorschlag R4 „Kurzentspannung"**. Sie können ihn ausdrucken und z. B. auf das eigene Smartphone sprechen. Eine zweite, leicht modifizierte Kurzanleitungsformulierung finden Sie auf **Rezeptvorschlag R2 „Stille genießen"**. Der **Rezeptvorschlag R3 „Seelenzeit nehmen"** regt zu zusätzlichen kleinen „Seelenzeiten" an, sozusagen für den „kleinen Stillhunger" zwischendurch ...

4.7.3 Das ABC-Modell verstehen und anwenden können

Neben der Fähigkeit sich entspannen zu können ist die Fähigkeit, sich selbst weniger in Erregung und Anspannung zu versetzen, ein weiteres Lernziel der meisten Stressbewältigungsprogramme. Das ABC-Modell verstehen und anwenden zu können ist ein wesentlicher Bestandteil, dieses Ziel zu erreichen. Deshalb wurde die detaillierte Anleitung dazu, diese Fähigkeit zu erwerben, bereits ausführlich dargestellt in ▶ Kapitel 4.4.

---

[8] Die CD kann bei Zusendung eines ausreichend frankierten und beschrifteten, für CDs geeigneten Rückumschlags sowie einer Kopie der Kaufquittung des Buches beim Autor kostenlos angefordert werden.

4.7.4 Techniken der kognitiven Umstrukturierung anwenden können

Wissen, wie man sich selbst auf neue Gedanken bringt, und deren zunehmende Anwendung im Alltag einzuüben, bis sie selbst in kritischen Situationen abrufbar zur Verfügung stehen – auch diesen Grundbaustein zur Vermittlung von Stressbewältigungskompetenz haben wir uns bereits ausreichend erarbeitet unter ► Kapitel 4.5 und 4.6.

4.8 Modul 7: Achtsamkeit und Akzeptanz verstehen und anwenden können

Burnout zu bewältigen, ohne über Achtsamkeit und Akzeptanz als bewusste Wahlmöglichkeit im Umgang mit sich selbst und den Herausforderungen des Alltags zu verfügen, erscheint schwer vorstellbar.

Praxistipp:

Das Konzept „Achtsamkeit und Akzeptanz" sollte so einfach und theoriearm wie möglich vermittelt werden. Experimentieren Sie mit den bisher von Ihnen verwendeten Formulierungen, um Achtsamkeit und das Konzept der Akzeptanz zu erläutern. Sind Sie mit der Rückmeldung zufrieden, die Sie erhalten, wenn Sie Ihre Patienten bitten, in eigenen Worten zusammenzufassen, was sie von dem verstanden haben, was Sie ihnen zu erklären bemüht waren?

Wie kompliziert und abstrakt Achtsamkeit auch immer in entsprechenden Veröffentlichungen formuliert sein mag, letztendlich besteht die Herausforderung darin, dass Sie Ihren Patienten die Essenz deutlich machen können, um die es geht: **genau in diesem Moment zu sein, mit der Aufmerksamkeit genau da zu sein, wo ich mich gerade jetzt befinde. Innerlich und äußerlich. Achtsamkeit beinhaltet natürlicherweise immer auch die Komponente der radikalen Akzeptanz dessen, was gerade ist.**

Cave: Viele Patienten befürchten, die Haltung der Akzeptanz beinhalte eine passiv duldende fatalistische Lebenseinstellung. Wie in Modul 6 jedoch schon erläutert wurde und in **Arbeitsblatt 16b** bearbeitet werden kann, geht es immer vorab um die persönliche Entscheidung für den Betroffenen: Was stuft er als veränderbar, was als unveränderbar ein? Was von dem, was zu verändern ihm möglich ist, möchte er nun tatsächlich ändern? Nicht Änderbares oder als zu ändern zu aufwändig Eingestuftes nicht zu akzeptieren, bedeutet allerdings unvermeidbar – selbstverschuldet durch Nichtakzeptanz – zu leiden.

Kristin Neff hat eine schöne schnörkellose Art, die Essenz der Achtsamkeit zu beschreiben: **„Achtsamkeit hält alle Erfahrungen in einem urteilsfreien Gewahrsein und** erlaubt uns deshalb, die Realität ohne Widerstand hinzunehmen. Sie erlaubt uns, die Tatsache zu akzeptieren, dass etwas Unangenehmes geschieht, auch wenn uns das nicht gefällt. Wenn wir achtsam mit unseren problematischen Emotionen umgehen, können sie ihren natürlichen Lauf nehmen, aufsteigen und schließlich wieder vergehen. Wenn wir den Sturm relativ gleichmütig aussitzen können, machen wir die Angelegenheit nicht schlimmer, als sie schon ist. Schmerz ist unvermeidlich, Leiden ist optional." (Neff 2012, S. 127)

Soweit die Vermittlung der Achtsamkeits-*Theorie* als unabdingbare Voraussetzung für den Burnout reduzierenden Nutzen von Modul 7. Was fehlt, ist das Herzstück jeglicher Achtsamkeits- und Bewusstseinsarbeit: die Vermittlung der Erfahrung der Trennung von mentalem Ereignis und dem Bewusstseinsraum, in dem dieses Ereignis stattfindet. Wer oder was hat den Gedanken, das Gefühl? Wer oder was registriert das Schmerzempfinden? Kristin Neff (2012) gebraucht dafür die schöne Metapher vom Bussard (hier der Repräsentant unserer Gedanken und Gefühle), der vor einem klaren, blauen Himmel (unserem Bewusstsein) fliegt. Der Bussard schwingt sich auf, fliegt einen Looping, geht in den Sturzflug, landet auf einem Ast – der Himmel bleibt davon unberührt. Wenn wir uns eher mit dem Himmel als mit dem Vogel identifizieren, dann können wir ruhig und zentriert bleiben.

Die Praxis, um diese Essenz der Achtsamkeit erfahrbar zu machen, wiederum ist sehr vielschichtig: Stilleübungen, sensorische Achtsamkeitsübungen, achtsame Handlungen, Achtsamkeit im Fluss des Alltags. Kabat-Zinn (2010, 2013) hat eine Fülle an Übungen zur Praxis der Achtsamkeit beschrieben. Meine Erfahrung zeigt, dass Personen, die ihr Burnout bewältigen wollen, für diejenigen Hinweise besonders dankbar sind, die es ihnen erlauben, mit dem geringsten Aufwand den größten Nutzen zu erzielen. Die folgenden zwei Übungen vermitteln einen Eindruck davon, wie einfach das theoretisch schwierig erscheinende Konstrukt „Achtsamkeit" zu einem sinnlich erfahrbaren unmittelbaren Erleben werden kann.

Die „Rosinen-Übung" scheint inzwischen ein Synonym zu sein für „Achtsamkeitsübung". Ja, es hilft sicherlich, womöglich zum ersten Mal so viel Zeit für den Genuss einer einzigen Rosine aufgebracht zu haben, bis alle ihre Qualitäten – Geruch, Geschmack, Farbe, Form, Materialbeschaffenheit, ja sogar die mit ihr in Verbindung stehenden Geräusche ausgelotet, erfahren, eben achtsam erkundet wurden. Übungen des Gewahrwerdens der Erfahrungen der fünf Sinne im Hier und Jetzt sind hilfreiche Übungen, um einen ersten Eindruck innerer Präsenz und Achtsamkeit zu sammeln.

Ein noch tieferes Verständnis ermöglicht die nachfolgende Übung, die dabei hilft, die Trennung zwischen Gedankeninhalten und davon losgelöstem Bewusstsein nicht nur zu verstehen, sondern auch unmittelbar zu erfahren. Sie können diese Übung sowohl als Gruppenübung als auch in der Einzelsitzung durchführen. Die Anweisung dazu kann folgendermaßen gegeben werden:

Praxistipp: Achtsamkeitsübung

„Setzen Sie sich einander direkt gegenüber. Die linke Seite beginnt." (In der Einzelsitzung beginnt immer der Helfende.) „Die andere Seite hört einfach nur zu.

Sie schauen den Gegenübersitzenden aufmerksam und wohlwollend interessiert an und enthalten sich jeglicher verbaler oder nonverbaler Kommentare. Wir beginnen mit diesem Satz und wiederholen ihn unablässig für die nächsten drei Minuten." (Bei Einzelsitzungen: „Ich werde es Ihnen eine Minute demonstrieren, dann werden Sie für drei Minuten diese Übung ausführen.") „Dieser Satz ist unser Angelhaken. Was immer daran hängen bleibt, bringen wir nach außen. Danach wenden wir uns dem nächsten Element zu. Sie werden gleich sehen, was ich meine.

Der Satz lautet: ‚Jetzt im Moment bin ich mir bewusst …' – und dann ergänzen Sie, was in diesem Moment im Fokus Ihrer Aufmerksamkeit ist. – Gut, ich werde jetzt beginnen: ‚Jetzt im Moment bin ich mir bewusst, dass ich hier sitze; jetzt im Moment bin ich mir bewusst, dass mir mein Rücken weh tut; jetzt im Moment bin ich mir bewusst, dass ich das Geräusch des Computers höre; jetzt im Moment bin ich mir bewusst, dass ich mir gerade gar nichts bewusst bin; jetzt im Moment bin ich mir bewusst, dass ich denke, jetzt muss die Minute aber langsam rum sein …' – So ist der Prozess gemeint. Gut, Sie können beginnen."

Nach drei Minuten wird gewechselt. Nachdem jeder Teilnehmer drei mal drei Minuten geübt hat, erfolgt die abschließende Anweisung: „Jetzt schließen wir die Augen, sitzen einfach bequem und lassen alles los." – Nach 30 Sekunden: „Gut, nun öffnen wir die Augen." Danach erfolgt die Besprechung der Erfahrung.

Diese machtvolle Übung ist immer und überall anwendbar – auch ohne Gegenüber. Alles, was im Hier und Jetzt gerade erfahrbar ist, wird einfach als solches benannt. Dies stellt die stärkste Strategie dar, sich außerhalb der inneren Achterbahn der Gefühle auf dem ruhevollen Gelände nahezu wissenschaftlicher Neutralität wiederzufinden. Sie können relativ schnell die Erfahrung machen, innerer Zeuge aller ablaufenden Prozesse zu sein: **„Ich habe Gedanken, aber ich bin nicht meine Gedanken; ich habe Gefühle und ich bin existent jenseits dieser Gefühle; ich habe Körperempfindungen und ich bin bewusster Beobachter dieser Körperempfindungen."**
Achtsamkeitsübungen führen erfahrbar immer wieder dazu, dass sich Gedanken beruhigen. Das allein wirkt enorm entlastend und kann Energie zurückbringen, für jeden Patienten. Unser Verstand erfindet in endloser Langeweile Probleme und deren mögliche oder unmögliche Lösungen. Unser Intellekt kann immer nur Berechnungen aus Erfahrungen der Vergangenheit erstellen. Er betrachtet es als seine vorrangige Aufgabe, uns vor Gefahren zu warnen. Der Raum der Stille verbindet uns wieder mit unserer Intuition, unserem „wahren Selbst", dem „vereinheitlichten Feld" aus der Quantenphysik, unserer inneren Weisheit, die mit allem in Verbindung und außerhalb der Zeit steht. Mit ihrer Hilfe können wir zu einer neuen Präsenz für die Gegebenheiten des Alltags finden und leichter neue, für uns gesündere Wege gehen.
Mit täglicher Achtsamkeitspraxis schwindet vorhersagbar das ständige Sich-selbst-Belügen. Der Therapieauftrag kann sich dann ändern: nicht Coping, nicht das Anpassen an das Gegebene, sondern Change-Management, Unterstützung darin, den notwendigen Lebensstilwandel vollziehen zu können stehen dann möglicherweise in

der Folgezeit im Fokus. Wenn z. B. die Arbeit völlig fremdbestimmt ist, so dass der Kontakt zur eigenen Kreativität verloren geht und die Vitalität schwindet, so lässt sich das für einen Menschen, der sich jeden Tag Zeit nimmt zum Selbstrückbezug, nicht mehr länger vor sich selbst leugnen.

Jenseits der Tatsache, dass die Übung der Achtsamkeit transreligiös ist, kann es einzelnen Burnout-Betroffenen wichtig sein – ihrem persönlichen Wertsystem gemäß – Achtsamkeitsübungen in einen christlichen Kontext eingebettet zu wissen. In vielen Abteien mit Seminarangeboten ist dies möglich. So beschreibt das Kloster Nütschau in Oberfranken ein achtsamkeitsförderndes Seminarangebot wie folgt: „Der Weg nach Franz Jalics führt über mehrere Schritte zu einer bewussten Wahrnehmung und einem einfachen Da-Sein vor Gott. Den Beginn macht ein langer Spaziergang in der Natur. Diese in ihrer Gesamtheit, ihre Farben, Geräusche und Gerüche, einfach nur wahrzunehmen und nicht zu analysieren oder zu bewerten ...“ (http://www. kloster-nuetschau.de/service/kloster-rueckblick/aktuell.178/index.html, Stand 16.04.2016)

Für sehr mentalisierte, intellektuell differenzierte Patienten hat sich der Einsatz einer regelmäßigen Achtsamkeits-Akzeptanz-Diagnostik, die fortlaufend zu Beginn jeder Sitzung durchgeführt wird, sehr bewährt. Vermittels des **Arbeitsblattes 10 „ACT – Hexaflex Diagnostik"** kann der um Hilfe Bittende mit diesem Selbstbeurteilungsinstrument einstufen, wie hoch er die vergangenen Tage zwischen den Sitzungen – und/oder aktuell hier und heute – seine eigene Achtsamkeit und Akzeptanz subjektiv bewertet.

Auf einer Skala von minimal 1 bis maximal 10 werden insgesamt sechs Bereiche beurteilt (deshalb der Name Hexaflex). In Anlehnung an die Ausführungen von Benoy et al. (2015) zur Akzeptanz-Commitment-Therapie (ACT) gibt in Erweiterung dazu das **Arbeitsblatt 10 „ACT – Hexaflex Diagnostik"** in der symbolisierten Form einer Zielscheibe Auskunft darüber, wie sehr sich der Betreffende im Zielgebiet der folgenden achtsamkeitsassoziierten Felder befindet:

- Verlust des Kontaktes zum Hier und Jetzt (Wert 1 – ganz außen) *versus* Mit der Aufmerksamkeit voll im Hier und Jetzt sein (Wert 10 – ganz im Zentrum)
- Erfahrungsvermeidung, Vermeidung bzw. Bekämpfen von Erinnerungen, Gedanken, Gefühlen, Körperempfindungen (Wert 1) *versus* Radikale Akzeptanz (Wert 10)
- Kognitive Fusion, glauben, was ich denke, ist wahr, Verstrickung in eigenen Gedanken (Wert 1) *versus* Ich kann meine Gedanken mit deutlichem Abstand betrachten (Wert 10)
- Gefangensein in der eigenen Selbstbeschreibung, Anhaftung an Ideen und Konzepten über das eigene Selbst, das eigene Image (Wert 1) *versus* Ruhen im Selbst (Wert 10)
- Unwirksames Handeln, Zeitverschwendung, z. B. übermäßiges Schlafen, Alkoholkonsum, Fernsehen, Internetsurfen, sozialer Rückzug (Wert 1) *versus* Engagiertes selbstbestimmtes Handeln (Wert 10)
- Vernachlässigung dessen, was mir wichtig ist, mangelnder Kontakt zu meinen eigenen Werten, Wünschen und Zielen (Wert 1) *versus* Wissen, was ich will (Wert 10)

Praxistipp:

In der Praxis der IBT hat es sich bewährt, das **Arbeitsblatt 10** jeweils mit drei verschiedenen Farben zu drei nacheinander folgenden Bewertungszeitpunkten auszufüllen, bevor ein weiteres Hexaflex-Blatt bearbeitet wird. Dies lässt die bereits eingetretene Zunahme an Achtsamkeit und Akzeptanz besonders beeindruckend sichtbar werden. Bei vorliegender Konstanz oder gar Verlust bereits früher erreichter Achtsamkeitsausprägungen eröffnet sich somit besonders klar die Herausforderung zu vermehrter Anwendung bzw. notwendiger individualisierter Anpassung des bereits Erlernten.

4.9 Modul 8: Selbstwertkonzept verstehen und anwenden können

Begriffe wie „Minderwertigkeitskomplex", „mangelnder Selbstwert", „mangelndes Selbstbewusstsein", „mangelndes Selbstvertrauen" und „Selbstunsicherheit" sind allgegenwärtig und vertraut. Vermeintlich wissen wir alle, was damit gemeint ist. Doch was genau ist damit gemeint?

Wenn es uns gelingt, psychoedukativ ein über das bisherige unreflektierte alltägliche Benutzen der Begriffe „Selbst" und „Selbstwert" hinausgehendes Verständnis dieser beiden Begriffe zu vermitteln, lassen sich viele selbstwertbezogene Ursachen für Burnout von der Basis her beseitigen.

Betrachten wir deshalb zuerst das **Selbstkonzept** und dann darauf aufbauend das Konzept des persönlichen Wertes. Diekstra und Dassen (1982) erörtern dazu Folgendes:

„Viele Störungen und irrationale Gedanken sind die Folge eines negativen Selbstkonzeptes oder hängen eng damit zusammen [...] unter dem ‚Selbst' wird das ‚Wesen' einer Person, ihre ‚wahre Art', das, ‚was man ist', verstanden. Das ‚Verhalten' ist das, was man tut, wie man sich verhält etc. Diese Begriffe werden häufig als Folge nicht zutreffender Generalisation miteinander verwechselt.

Das, was man ist, wird mit dem gleichgesetzt, was man tut. Hat jemand beispielsweise gestohlen – dann ist er jetzt ein Dieb – Stehlen ist schlecht – er ist schlecht.

Ein Individuum kann sich auf unzählige Arten verhalten. Es isst, schläft, arbeitet, fährt Auto, redet, studiert, liest usw. Durch diese unendliche Anzahl von Verhaltensweisen hat es auch eine Unzahl von Erfahrungen und Erinnerungen. Menschen denken über ihre Erfahrungen nach und aus dieser Reflexion heraus bilden sie bestimmte Vorstellungen über sich selbst; dies nennen sie dann ihr ‚Selbst'." (Diekstra & Dassen 1982, S. 58)

Ein Selbstkonzept ist somit immer nur eine Stichprobe aller bisherigen Lebenserfahrungen eines Individuums. Ganz häufig ist diese Stichprobe jedoch nicht repräsentativ und damit ergeben sich bezüglich des Selbstkonzeptes Probleme. Auf praktischer Ebene bedeutet das: Wenn ich heute morgen auf dem Weg vom Kühlschrank zur Bratpfanne das berühmte Ei fallen lasse, mich dann daran erinnere, dass ich letzte Woche beim Auspacken aus der Einkaufstasche eine ganze Packung mit zehn Eiern in Rührei auf dem Küchenboden verwandelt habe und mir just in dem Moment auch noch einfällt, wie ich als Schüler bei meinem ersten Ferienjob in einem Supermarkt eine ganze Palette Eier mit dem Warenstapler zu Fall brachte, dann erscheint es mir selbst meist logisch und angemessen, Dinge über mich zu sagen und zu denken wie: „Ich *bin!* der Eierdepp." Natürlich weigert sich mein Gehirn in diesem Moment, auch nur ein einziges Ei gegenzurechnen, das unversehrt von mir vom Supermarkt in den Kühlschrank und vom Kühlschrank unversehrt in den Topf gelangte, worin es zum gewünschten weichgekochten Ei werden konnte, welches dann noch unversehrt auf dem Frühstückstisch ankam. Nein, all diese im Laufe eines Lebens auf Zahlen im Tausenderbereich sich hochrechnenden Mengen unversehrt verarbeiteter Eier zählen in diesem Moment nicht. „Ich *bin!* ein Eierdepp, basta!"

Und folgerichtig ist es von einem rationalen Standpunkt aus betrachtet günstiger, gar kein Selbstkonzept zu haben, weil jegliches Konzept, das wir über uns selbst erstellen, doch nie ein der Wirklichkeit entsprechendes sein wird. Die psychisch gesündeste Haltung besteht wohl darin, sich – wie jeden anderen Menschen auch – als **fehlbares menschliches Wesen** zu würdigen. Ein zweifellos auf Tatsachen basierendes Konzept. Die Schlussfolgerung ist tiefgreifend: Ihre Patienten können nun aufhören zu versuchen sich über gute und erfolgreiche Handlungen zu einem guten und erfolgreichen Menschen machen zu wollen.

Praxistipp:

Wir können unsere Klienten ganz wesentlich dabei unterstützen, ihre Selbstregulationskompetenz zu erhöhen, indem wir ihnen den Unterschied von *Handeln* und *Sein* salient machen.

   Wenn wir demnach unseren Klienten vermitteln können – und uns dabei am besten auch noch selbst gut zuhören! – streng zu trennen zwischen „Tun" und „Sein", dann kann im Sinne achtsamer Aufrichtigkeit der Satz: „Ich habe die Prüfung nicht bestanden" bedauernd ausgesprochen werden. Das Bedauern hat eine rationale Basis: Die mit dem Bestehen der Prüfung einhergehenden Vorteile zu haben, ist mir nun (erst einmal) verwehrt. Die weitergehende Schlussfolgerung daraus, als Mensch durch und durch in allen Bereichen des Lebens deshalb jetzt bewiesenermaßen „ein Versager zu *sein*", ist dann jedoch nicht mehr möglich.

Im Alltag finden wir jedoch nicht nur die Vermischung von „Handeln" und „Sein". Die allermeisten Personen mit psychischen Problemen gehen üblicherweise sogar noch einen Schritt weiter und kommen zu der Schlussfolgerung: „Nicht nur, dass ich die Prüfung nicht bestanden habe und deshalb ein Versager ‚bin', belastet mich, sondern die Tatsache, dass ich jetzt der ganzen Welt gezeigt habe: ‚**Ich bin wertlos!'**, mein **Wert als Mensch ist jetzt gleich Null!"**

In dem Moment aber, in dem jemand sich durch und durch für wertlos erachtet, sind Rückzug, Hemmungen, Depressionen, im schlimmsten Falle Suizidgedanken, naheliegend und mehr als nachvollziehbar.

Dieser Selbstmisswertschätzung kann dadurch entgegengetreten werden, dass wieder und wieder der Unterschied von „Sein" und „Handlung" aufgezeigt wird. Das Ziel ist zu vermitteln: Ich kann zwar meine einzelnen Eigenschaften und Verhaltensweisen einschätzen, aber es gibt keinen Zaubertrick, wonach aus etwas – nach einem bestimmten Wertmaßstab (!) – Gutes und Wertvolles getan zu haben, ein jetzt gut und wertvoll *Sein* resultieren könnte – genauso wenig wie dies umgekehrt der Fall sein kann.

Nicht akzeptiert und geliebt zu werden, ist definitiv für die meisten Menschen keine positive Erfahrung, und doch erlaubt sie nicht die Schlussfolgerung: Ich bin wertlos, weil niemand mich akzeptiert oder liebt. Akzeptiert und geliebt zu werden, ist definitiv für die meisten Menschen eine positive Erfahrung, und doch erlaubt sie nicht die Schlussfolgerung: Ich bin jetzt wertvoll, weil mich jetzt andere mögen.

Praxistipp:

Die „Zauber-Formel" zur Auflösung der Selbstwertproblematik lautet:

- Radikale Akzeptanz: Ich akzeptiere mich völlig und bedingungslos.
- Ich würdige ab jetzt meine Verhaltensweisen, Eigenschaften und Erfahrungen und verzichte darauf, ein Urteil über mich selbst als Ganzes zu fällen.

Und damit bin ich frei, auf das zu schauen, was ich getan habe und was ich nicht getan habe, was ich das nächste Mal besser zu tun gedenke, was ich so genau noch einmal tun möchte und was ich nicht mehr tun möchte.

Ich stehe mir damit selbst und allen übrigen menschlichen Individuen völlig tolerant gegenüber. Ich höre damit auf, über mich und andere globale Urteile abzugeben.

Diese Erkenntnis stellt für viele Klienten eine große Herausforderung dar. Haben wir doch von Kleinkind an hunderte, ja tausende Male diese Doppelindoktrination über uns ergehen lassen: Wir tun etwas, worüber der andere sich freut (cave: nicht *etwas, was den anderen erfreut*, sondern *etwas, worüber der andere sich freut*) und erhalten dann die Rückmeldung: Du tust nicht nur etwas, worüber ich mich freue, sondern du **bist** (durch und durch) **lieb**.

Wir tun etwas, worüber der andere sich ärgert (cave: nicht etwas, was den anderen ärgert, sondern etwas, *worüber der andere sich ärgert*) und erhalten dann die Rückmeldung: Du tust nicht nur etwas, worüber ich mich ärgere, sondern du **bist** (durch und durch) **böse**.

Wir haben es hier mit einer sehr, sehr tief verankerten, nahezu allen Menschen zu eigenen dysfunktionalen Basiskognition zu tun: „Du bist identisch mit dem, was du tust. Wenn du etwas Schlechtes tust (nach einem von außen angelegten Maßstab!), dann bist du durch und durch schlecht." Neben der Rationalen Selbstanalyse und den im 5. Modul beschriebenen Strategien zur Modifikation dieser dysfunktionalen Grundüberzeugung eigenen Unwerts bei Misserfolg, Fehlschlag, Missgeschick oder mangelnder Anerkennung und Kritik am eigenen Verhalten von außen erweist sich hier ganz besonders der Wert von Achtsamkeitsübungen. Mit ihrer Hilfe kann die vom Verhalten und Denken unabhängige und davon letztlich unberührte Ebene reinen Gewahrseins wieder und wieder erfahren werden. Auf der Basis der Erfahrung des innersten Raumes der Stille, der Erfahrung reinen Bewusstseins, des Selbst, kann der Begriff „Selbstbewusstsein" eine ganz neue Bedeutung erlangen. Wenn aus „Selbstbewusstsein" Bewusstsein des Selbst wird, relativiert sich schlagartig die Bedeutung von Handlungserfolg in Bezug auf das Selbsterleben. Sollte bisher nur die Identifikation mit den Früchten der Handlung als Grundlage des Selbstbildes gedient haben, eröffnet sich nunmehr eine andere Erfahrungsebene. Das Bewusstsein wird sich seiner selbst bewusst. Der Beobachter (das Bewusstsein), das Beobachtete (das Bewusstsein) und der Prozess der Beobachtung (das Bewusstsein beobachtet das Bewusstsein) fließen in der Achtsamkeitsübung zusammen in ein von Stille erfülltes neues *Selbst*-Bewusstsein, das weit entfernt ist vom Anschwellen und Abschwellen des Egos bei Erfolg und Misserfolg, bei sozialer Anerkennung oder Misswertschätzung. Am klarsten und einfachsten drückte es wohl schon im 6. Jahrhundert v. Chr. Laotse aus mit den Worten:

Besser ein Gefäß ungefüllt lassen
Als füllen und mit beiden Händen tragen.
Besser ein Schwert nicht schleifen
Als schleifen und sich der Schärfe rühmen.
Besser das Haus ohne Schätze
Als Schätze und auf der Hut sein müssen.
Fülle und Vorzüge verleiten zu Äußerlichkeit.
Äußerlichkeit leitet ab vom Wesen.
Ist das Werk geäußert – sich ihm entäußern
Also der Erwachte.
Laotse (2010, S. 17)

Am Ende des Therapiemoduls über Selbstwert und Selbstkonzept zeigte mir eine Patientin, bei der das zentrale Thema ihres Burnouts die persönliche Selbstwertproblematik darstellte, ihre schriftliche Aufzeichnung dessen, was sie aus den Sitzungen für sich zu erkennen in der Lage gewesen war. Ich fand ihre Formulierungen so treffend, dass ich sie um die Erlaubnis bat, das Konzept des persönlichen Wertes in ihren Worten auch an andere Patienten weitergeben zu dürfen. Sie willigte ein. Sie können diesen Text unter **Memoblatt M25 „Was ist Selbstbewusstsein?"** im Download (s. Hinweis auf S. 10) für Ihre Patienten als „Textpille" und „Take-Home-Message" gerne ausdrucken.

Ihre Therapie-Erkenntnis-Zusammenfassung gipfelte in dem Satz: „Ich kann ein Selbstbewusstsein entwickeln, von mir als fehlbarem menschlichen Wesen, das manches kann und manches nicht kann, das manches weiß und manches nicht weiß. Mensch eben! Ich bin die, die ich bin und keine andere. Ich brauche mich nicht klein fühlen und ich brauche mich nicht groß fühlen. Ich kann das Leben leben, das mir sinnvoll erscheint. Ich bin, wie ich bin, auch wenn du mich nicht so nimmst. Mein So-Sein hängt nicht von deiner Anerkennung ab. Ich als Mensch bin die Person, die ich bin, mit einem ganzen Bündel von Vorteilen, aber auch mit einem ganzen Bündel von Nachteilen."

Ein weiterer Patient machte mich aufmerksam auf einen Vortrag von Eckart von Hirschhausen, der ihm persönlich geholfen hatte, auf einfache Art und Weise mit sich und seinen speziellen körperlichen Handicaps wesentlich gelassener umgehen zu können. Nach diesem Vortrag – oder treffender formuliert – nach dieser von Eckart von Hirschhausen als selbst erlebte Erfahrung erzählten Geschichte habe er das Konzept von Passung zwischen seinen Besonderheiten und seiner Lebensumwelt tiefer zu erfassen vermocht als je zuvor.

Er meinte – bei allem Verständnis um die Essenz der Selbstakzeptanz und bewertungsfreien Einstellung sich selbst als Mensch gegenüber –, ihm persönlich habe der Aspekt um die Erweiterung eines angemessenen Lebensraums geholfen, stimmig und passend zu den eigenen Besonderheiten die für ihn notwendigen Veränderungen einzuleiten.

Auch mir gefällt diese Geschichte sehr. Deshalb wurde sie zu einem weiteren Mosaikstein im Modul „Selbstwert und Selbstkonzept". Selbst erzählen lassen können Sie sich diese Geschichte von Eckart von Hirschhausen auf YouTube unter: https://www.youtube.com/watch?v=tOxywMaE8GY&list=PLW0302HWWXou GIcjZ17K8IEhEncm0jRdv (Stand 04.10.2016), und mit freundlicher persönlicher Genehmigung von Eckart von Hirschhausen können Sie diese Geschichte als Ausdruck aus dem Download (s. Hinweis auf S. 10) von **Memoblatt M26 „Die Pinguingeschichte"** an Ihre Patienten und Seminarteilnehmer weitergeben.

4.10 Modul 9: Selbstregulationsfähigkeiten erlernen und anwenden können

Ein wichtiger Baustein bei der Bewältigung von Burnout-Symptomen besteht auch darin, seine eigenen Handlungsimpulse, seine intensiven Gefühlsimpulse, kurzum, sich selbst steuern zu können auf dem Weg, selbst gesetzte Ziele zu erreichen. Mathesius und Wolf formulieren im Zusammenhang mit dem Ziel, mehr Stressbewältigungskompetenz zu entwickeln, in Bezug auf Selbstregulation: „Selbstregulation bedeutet hier, dass die Person sich eigenständig Ziele setzen und planen sowie diese gegenüber Widerständen und Abweichungen verfolgen und durchsetzen kann. Im Regulationsprozess orientiert sie sich vorrangig an inneren Sollwerten, ist in der Lage, Rückmeldungen aus dem inneren und äußeren System wahrzunehmen sowie angemessen zu verarbeiten, und verfügt über flexible Handlungsalternativen." (Mathesius & Wolf 2014, S. 98)

Es geht also darum, gemeinsam nach den individuell notwendigen, bisher fehlenden Kompetenzanteilen Ausschau zu halten, um sie zur Anwendung reaktivieren und gegebenenfalls neu erlernen zu können. Was genau sind diese zentralen Anteile der Selbstregulationsfähigkeit? Die wichtigsten Elemente sind:

- Klarheit über die eigenen Ziele,
- die Fähigkeit, eigene Kompetenzen zur Zielerreichung realistisch einschätzen zu können,
- die Fähigkeit, mit inneren und äußeren Störungen auf dem Weg hin zu Zielen kompetent umgehen zu können,
- eine positive Konsequenzerwartung zu haben.

4.10.1 Fehlt es an der Klarheit der Ziele?

Kann ich mir erlauben, *meine* Ziele zu verfolgen? – Es bedarf ganz offensichtlich der Kombination aus beiden Elementen, wenn die Fähigkeit zur Selbstregulation erhöht werden soll. Unter 3.4 finden sich viele nützliche Anleitungen, um die Klärungsarbeit zu unterstützen, falls Ziele ein zentrales Defizit sind - nicht nur in Bezug auf die Therapie, sondern auch und vor allem auf die vielen relevanten Bereiche des individuellen Lebens. Sollte Ziel-Unklarheit und die damit verbundene rastlose Überaktivität an der Basis der individuellen völligen Erschöpfung liegen, empfiehlt sich einmal mehr die Visionssuche mittels Collage (► **Kap. 3.4 und Arbeitsblatt 15 „Collage-Anleitung"**). Der Gewinn dabei ist, dass so die Alienation überwunden werden kann.

Der Begriff der Alienation (Entfremdung), den Sachse (2006) prägte, drückt treffend aus, dass der Betreffende sich selbst ein Alien, ein Außerirdischer geworden ist, der über keinen Zugang mehr verfügt zu seinen eigenen Wünschen, Vorlieben, Abneigungen und persönlichen Zielen. Selbstwirksamkeit setzt aber genau dies voraus: zu wissen, was ich möchte und was nicht. **Hier wird wieder deutlich, dass es sich bei der Überwindung von Burnout nicht um eine beliebige Aneinanderreihung von Modulen und Techniken handelt, sondern um ein ineinander verzahntes Zusammenspiel der je individuell zu verändernden bisher Burnout fördernden Einflussfaktoren.** Mit regelmäßiger Achtsamkeitspraxis wird sich vorhersagbar auch die Alienation verringern; die Klarheit über eigenes Wollen und Nichtwollen, die Klarheit über eigene Ziele wird dadurch natürlicherweise von Woche zu Woche zunehmen.

Genauso verhält es sich mit dem zweiten Aspekt der Zielklarheit, sich selbst zu erlauben, eigene Ziele zu verfolgen. Dies führt zur Abnahme der „Nebel im Kopf" und zur Klarheit im Herzen, wenn das Vor-sich-selbst-Verdrängen durch ein Sich-selbst-Erlauben ersetzt werden kann. Letztlich führt es zu „Courage" (von französisch *coeur*, Herz), also Mut, und Ihr Patient hat damit die ihm verloren gegangene Energie in sich selbst wiedergefunden. Dies ist möglich, wenn zuvor die eigenen Überlebensregeln, die eigenen dysfunktionalen Grundeinstellungen, die einer Zielverfolgung im Wege stehen, geklärt sind. Die im Modul 3, 4 und 5 und enthaltenen Techniken sind der Weg dazu. Eine Memo-Textpille, die sich ein Patient zur Erhöhung seiner Selbsterlaubnis am Computer erstellt und als DIN-A0-Poster in seinem Zimmer im Studentenwohnheim aufgehängt hatte, lautete:

If you are clear about what you want
and if you allow yourself to have it,
then you are powerful,
then you are sexy.

4.10.2 Realistische Einschätzung eigener Kompetenzen

Die Fähigkeit, eigene Kompetenzen zur Zielerreichung realistisch einschätzen zu können, hat wiederum viel damit zu tun, mit welcher Tendenz eine Person ihre Kompetenzen einzuschätzen gelernt hat. Liegt eher die Tendenz vor, eigene Kompetenzen als zu gering oder nicht vorhanden einzustufen? Oder liegt eher die Tendenz vor, eigene Fähigkeiten und Fertigkeiten zu überschätzen und sich damit zu verausgaben? Selbstregulationsfähigkeit wird wesentlich dadurch erhöht, dass die Person lernt, zunehmend angemessener ihre tatsächliche Kompetenz einschätzen zu lernen. Vorher-Nachher-Vergleiche sind dabei sehr hilfreich.

Praxistipp:

Geben Sie diese einfache Beobachtungsaufgabe immer wieder all denjenigen Ihrer Patienten, denen die realistische Einschätzung ihrer eigenen Kompetenzen bisher schwer gefallen ist:
Wie hatte ich meine Fähigkeiten zur Erreichung eines spezifischen Ziels eingeschätzt, wie über- oder unterschätzt war diese Bewertung? Die „Ratingskalen zum Einsatz in der Psychotherapie" von Grässer et al. (2016) sind dabei hervorragende Visualisierungshilfen.

4.10.3 Die Fähigkeit, mit inneren und äußeren Störungen auf dem Weg hin zu Zielen kompetent umgehen zu können

Sind Zielklarheit und die Fähigkeit zu realistischer Selbsteinschätzung entwickelt, so geht es nunmehr darum, die diskriminativen Reize zu erfassen, die als kritische Störfaktoren bei der Selbstregulation innerlich oder äußerlich erfahren werden. Es stellt sich die Frage: Welche Störungen haben in der Vergangenheit verhindert, dass selbst gewählte Ziele erreicht werden konnten? Waren es primär innere Störungen oder in der überwiegenden Anzahl der Fälle äußere Einflussfaktoren? Welche Möglichkeiten bestehen, bei Auftreten der gleichen Einflussfaktoren die Zielerreichung dennoch zu gewährleisten? Oftmals führt bereits das Erkennen und Benennen der Störbereiche zur spontanen Ressourcenaktivierung und damit zu Kompetenzzuwachs, um besser damit umgehen zu können. Ansonsten kann hier das Wissen aus Modul 10 über die Problemlösungsstrategien zum konstruktiven Einsatz kommen.

4.10.4 Positive Konsequenzerwartung

Der vierte zentrale Punkt der Selbstregulationskompetenz besteht nach Bandura (1997) darin, angemessen positive Konsequenzerwartungen zu haben. Halte ich mich zwar für fähig, ein dreigängiges Menü für meine eingeladenen Gäste zuzubereiten, gehe aber nicht davon aus, dass es ihnen schmecken wird und sie es wertschätzen werden, dann ist bei realistischer Einschätzung eigener vorhandener Kompetenz, aber paralleler chronisch negativer Konsequenzerwartung mit sehr geringer Selbstwirksamkeitserwartung zu rechnen.

Praxistipp:

Eine Verbesserung der Selbstregulationsfähigkeiten setzt deshalb immer auch eine Klärung der Fähigkeit voraus, Konsequenzen angemessen vorhersagen zu können.

Neben der prinzipiell diagnostischen Klärung, ob als Ursache möglicherweise eine depressive Episode die realistische Sicht verdunkelt, sind hier Trainingsaufgaben zu konsequenten Vorher-Nachher-Vergleichen indiziert. Leiten Sie Ihre Patienten an, immer wieder ihre Hypothesen (z. B. meine Handlungen werden nicht zum erwünschten Erfolg führen) mit den tatsächlich eingetretenen Konsequenzen zu vergleichen. Somit erhalten sie eine realistische eigene Datenbank. Ermöglichen Sie es Ihren Patienten mit dieser Übung wiederholt selbst feststellen zu können, wie groß die Diskrepanz zwischen den erwarteten oder befürchteten Konsequenzen und ihrem tatsächlichen Eintreten ist. Dies stellt eines der wirksamsten Instrumente der Selbstregulationsverbesserung dar.

4.11 Modul 10: Problemlösungsstrategien kennen und anwenden können

Nächtelang wach liegen, vor sich hin grübeln, mit einem Druck im Magen aufwachen, nicht aus noch ein wissen, zunehmend verzweifelt sein, wie der berühmte Ochs vorm Berg zu stehen, der nicht weiß, wie er seinen schweren Karren da hinaufbringen soll, kurzum, ein Problem zu haben, für das es vermeintlich keine Lösung gibt – was dann? Es gibt kunstvolle Versionen von 3D-Puzzles, die sich Menschen kaufen, weil sie Spaß daran haben, Probleme zu lösen. Diese Personen wären echt enttäuscht, wenn das Problem einfach zu lösen wäre. Das muss schon eine richtig harte „Nuss" sein, die sich nicht so leicht knacken lässt …

Von denen, die gerne nach Lösungen von Problemaufgaben suchen, wurde noch nie berichtet, dass Burnout für sie ein Thema gewesen sei. Was aber, wenn alles Hin- und Herrechnen nichts nützt, die Bilanz nicht stimmt und nächste Woche Finanzrevision angesagt ist? Was, wenn für eine Situation unbedingt eine Lösung benötigt wird und die gewohnten Wege zur Zielerreichung völlig versagen oder nicht ausreichend genug sind?

Müller und Kröger (2013) formulieren wissenschaftlich exakt: „Ein Problem ist ein Hindernis, das überwunden oder umgangen, beseitigt oder verändert werden muss, wenn man von einer unbefriedigenden Ausgangssituation (Ist-Zustand) zur befriedigenden Zielsituation (Soll-Zustand) gelangen möchte." (Müller & Kröger 2013, S. 46)

Und schon aus dieser Definition eines Problems ergeben sich, rein formallogisch, einige Lösungsansätze von selbst. Wir erinnern uns an Epiktet, der aus gutem Grund an der Basis der hilfreichen Memoblätter zur Burnout-Bewältigung auf **Memoblatt M1** nüchtern erklärt: „Es sind nicht die Dinge der Welt, die uns beunruhigen; es ist unsere Haltung den Dingen der Welt gegenüber." Pointiert lässt sich auch hier wieder formulieren: **„Es gibt keine Probleme, es gibt nur Tatsachen."**

Nehmen wir die Definition von Müller und Kröger, die die Nähe zu Kanfer (2006) deutlich erkennen lässt, und konjugieren sie inhaltslogisch durch, um uns einem umfassenden Verständnis von Problemlösungskompetenz zu nähern: „Ein Problem ist ein Hindernis, das überwunden oder umgangen, beseitigt oder verändert werden muss, wenn man von einer unbefriedigenden Ausgangssituation (Ist-Zustand) zur befriedigenden Zielsituation (Soll-Zustand) gelangen möchte."

1. **Etwas befindet sich auf unserem Weg, welches wir als Hindernis bewerten, um ein Ziel zu erreichen.**
   - Wie war das mit den Steinen, die einem in den Weg gelegt wurden, aus denen dann das Haus gebaut wurde?
   - Wie war das mit dem verpassten Flugzeug, das dann abgestürzt ist?
   - Wie war das mit diesem Spruch der Dakota Indianer: *Jedes Unglück kommt mit einem Geschenk in der Hand daher?"*
   - Wie war das mit der Erfahrung, die Brecht im Jahre 1953 machte, als ihm auf der Fahrt zum Ziel ein Reifen platzte:
   „Ich sitze am Straßenhang.
   Der Fahrer wechselt das Rad.
   Ich bin nicht gern, wo ich herkomme.
   Ich bin nicht gern, wo ich hinfahre.
   Warum sehe ich den Radwechsel mit Ungeduld?"

2. **Das, was da auf dem Weg sich befindet, „muss" nur dann überwunden, umgangen, beseitigt oder verändert werden, wenn wir meinen, das Ziel unbedingt erreichen zu wollen.**
   Fragen über Fragen:
   - Ist es da, wo wir sind, wirklich unbefriedigend?
   - Ist es dort, wo wir hinmöchten, wirklich befriedigend?
   Und:
   - Ist Umgehen die beste Lösung?
   - Ist Beseitigen die bessere Lösung?
   - Ist Verändern die Lösung?
   Und:
   - Eher die kleinstmögliche Veränderung?

– Eher die schnellstmögliche Veränderung?
– Eher die dauerhafteste Veränderung?
– Eher eine kurzfristige Veränderung?
Und:
– Eher alleine?
– Eher zusammen mit andern?
– Eher nur durch andere?
Und:
– Eher sofort?
– Eher etwas später?
– Eher sehr viel später?
Und:
– Auf einmal?
– Stück für Stück?
– In Teilen?
– In wie vielen Teilen?

Die Strategie ist klar: Wenn ein Hindernis auftaucht und wir meinen – aus welchen Gründen auch immer –, das einmal festgelegte Ziel weiter verfolgen zu wollen, dann ist **Artenvielfalt bei der Suche nach Lösungen**, die Selbsterlaubnis **neue Wege gehen** zu dürfen, sicherlich sinnvoll. Ja, nicht nur sinnvoll, sondern psychisch gesund. Es sei denn, man meint Einstein widerlegen zu müssen, der geäußert haben soll: „**Wahnsinn ist, immer wieder das Gleiche zu tun und andere Ergebnisse zu erwarten.**"

Und nicht zu vergessen, was uns schon Physiklehrer Bommel vom Niederrhein in der Feuerzangenbowle beigebracht hat: Je komplexer die Ausgangssituation, umso hilfreicher scheint es zu sein, sich erst einmal von allem Wissensqualm zu befreien und sich Schritt für Schritt, aufmerksam und achtsam, den vorliegenden Teilaspekten einer gegebenen Situation zu nähern. Kleine Kostprobe dieses Denkstils gefällig? Bitte sehr, hier der transkribierte Originalmitschnitt seiner Ausführungen im Film: „Also, wat is en Dampfmaschin? Da stelle mehr uns mal janz dumm. Und da sage mer so: En Dampfmaschin, dat is ene jroße schwarze Raum, der hat hinten un vorn e Loch. Dat eine Loch, dat is de Feuerung. Und dat andere Loch, dat krieje mer später."

Um Probleme zu lösen, ergibt es sicherlich Sinn, sich ihnen zu stellen, anzuerkennen, dass es gerade so ist, wie wir es nicht gerne hätten. Das allgegenwärtige „Das darf doch nicht wahr sein!", oder noch irrationaler „Das kann doch gar nicht wahr sein!" hilft wirklich nicht viel weiter.

Hier zeigt sich wieder die im MMSK von Mathesius und Scholz (2014) vertretene Doppelstrategie aus Akzeptieren und Verändern als höchst wirksam. Unter der radikalen Akzeptanz des So-Seins (dass zum Beispiel der Autoreifen platt ist) lassen sich definitiv leichter konstruktive Problemlösungen finden als unter Wutausbrüchen ob der Abweichung vom vorgestellten Ideal. Die Haltung „Störungen sind ein natürlicher Teil jedes Unternehmens und jeder Unternehmung" verhilft uns zu der konstruktiven Gelassenheit, aus der heraus kreativere Problemlösungen möglich sind als unter höchster innerer Anspannung. In Frankreich spricht man vom „esprit d'escalier", dem zündenden Einfall, der auf dem Weg aus dem Besprechungszimmer die

Treppe hinunter manchmal in uns auftaucht, nachdem die Anspannung der Sitzung vorbei ist.

Wir erkennen auch hierbei wieder die Bedeutung einer Lebensstiländerung, hin zur Integration regelmäßiger Phasen der Stille und des Selbstrückbezugs als solide dauerhafte Basis für eine konstruktive Bewältigung von Herausforderungssituationen. Die klassischen Problemlöseschritte sind bekannt, die Formulierungen sind variabel.

1. **Analyse – Was ist genau das Problem, wie ist die Zielvorstellung?**
2. **Brainstorming – Lösungsvorschläge suchen** (mögliche und unmögliche)
3. **Entscheidung für einen Lösungsweg** (der realisierbar erscheint)
4. **Detailplanung – Wie genau soll vorgegangen werden?**
5. **Action – Handeln nach Lösungsplan**
6. **Ergebnisanalyse** (bei Erfolg feiern, das Gefühl der Dankbarkeit dabei zulassen – bei mangelndem Erfolg anderen vorliegenden Lösungsweg wählen bzw. neue zusätzliche Lösungswege generieren)

Systematische Problemlösungskompetenz einzuüben, entzieht vielen Dauerspannungszuständen die Basis. Körperlicher, mentaler und sozialer Erschöpfung wird so der mentale Boden entzogen durch die **konsequente Bereitschaft, sich dem Fluss des Lebens zu stellen und nach Lösungen Ausschau zu halten.** Eine lösungsorientierte Grundhaltung ist hierbei von größtem Nutzen. Konsequent von „Herausforderungen" anstatt von Problemen zu sprechen, ist dabei sicher nicht nur für Manager eines großen Unternehmens sinnvoll. Prokrastination („Aufschieberitis") zu meistern ist von wesentlicher Bedeutung, um zu vermeiden, dass anstehende Herausforderungen zu unbewältigbarer Größe anwachsen. Dies öffnet die Tür zu der nächsten wichtigen Kompetenz um Burnout kompetent zu bewältigen – Zeitmanagement.

4.12 Modul 11: Zeitmanagement individuell anwenden können

Am 14.10.2014 um 14 Uhr war in der online-Oktober-Ausgabe von Report Psychologie Folgendes zu lesen: „**Zeitarmut macht unzufrieden.** Vielen Deutschen fehlt es an Zeit. Und dieser Mangel beeinträchtigt die Lebenszufriedenheit ähnlich wie ein Mangel an Geld. Dies fanden Forscher der Leuphana-Universität Lüneburg heraus. In den westlichen Industrienationen bezeichnet der Begriff ‚Armut' meist einen Mangel an Geld und Wohlstand – obwohl Armut sich tatsächlich nicht auf materielle Güter reduzieren lässt. […] Dabei zeigte sich, dass sich ein Mangel an Zeit ähnlich wie ein Mangel an Geld negativ auf die allgemeine Lebenszufriedenheit auswirkt. […] Auf Grundlage dieser Ergebnisse schlagen die Lüneburger Forscher einen neuen, multidimensionalen Armutsbegriff vor, der auch den Mangel an Freizeit berücksichtigt. Nach dieser Definition würden etwa zwölf Prozent der Deutschen als arm gelten – fast doppelt so viele wie nach der traditionellen Sichtweise. Besonders Alleinerziehende, kinderreiche Familien und Selbstständige sind überproportional häufig von multidimensionaler Armut betroffen." (http://www.report-psychologie.de/Stand 14.10.2014)

Wir alle verfügen zwar über 24 Stunden pro Tag, und doch ist das Verhältnis von Zeit, die uns zur Verfügung steht, und Zeit für persönlich Wichtiges sehr unterschiedlich. Und damit sind wir bereits beim Kernpunkt. Meine Zeitarmut und mein Zeitreichtum haben, ebenso wie meine materielle Armut, viel zu tun mit dem Verhältnis zwischen dem, was mir zur Verfügung steht, und dem, was ich mir wünsche. Lassen wir das Extrem außen vor, dass *keinerlei* Zeit für Aufgaben und *keinerlei* Geld für physisch Überlebensnotwendiges vorliegt, so wird klar, worin die Aufgabe jeglicher Form von Zeitmanagement zu liegen hat: die Entscheidung darüber, *was mir in einer gegebenen Zeit zu tun wichtig ist und was nicht,* mit all den Abstufungen zwischen: überaus wichtig und ganz unwichtig.

Das ist das Herzstück jeglicher Theorie über den bewussten Umgang mit Zeit. Das Wort „Zeitmanagement" ist daher genuin irreführend. Es kann nicht um das Management der Zeit gehen, es kann immer nur um *Selbst*management gehen. Es geht darum, was mir selbst in einer gegebenen Zeit von all den mich umgebenden Anforderungen der Umwelt an mich und meiner eigenen Anforderungen an mich selbst zu tun am wichtigsten ist.

Die Essenz jeglicher differenzierter Modelle zum Zeitmanagement ist für mich in dieser Geschichte enthalten, die schon seit gut zwei Jahrzehnten in meinem „Textpillen"-Fundus enthalten ist. Sie ist in vielen Versionen im Umlauf. Manche sind politisch und (Sucht-)therapeutisch korrekt, manche sind es nicht. Diese hier ist es nicht – kann aber jederzeit von Ihnen modifiziert werden. So wie sie auf **Memoblatt M31** steht, können Sie sie als Download (s. Hinweis auf S. 10) ausdrucken unter **Memoblatt M31 „Golfbälle".** Die Geschichte handelt von Golfbällen und von Bier. Doch lesen Sie sie selbst …

Die Essenz jeglichen „Zeitmanagements" ist offensichtlich: Das Thema heißt: Prioritäten – nicht Termine. Die grundlegende Frage ist die Frage nach *meinem* eigenen Lebenskontext, nach meinen eigenen Lebenszielen und grundlegenden Werten.

Interessant ist hierbei auch die persönliche Entwicklung, die Lothar Seiwert genommen hat, der ja unangefochten als der „Papst des Zeitmanagements" gilt. Nach all seinen Bestsellern zum Zeitmanagement heißt sein 2011 zuletzt veröffentlichtes Buch: „Ausgetickt – Lieber selbstbestimmt als fremdgesteuert. Abschied vom Zeitmanagement". Da es um Prioritäten geht, kommt auch Seiwert (2011) nunmehr konsequent auf genau diese Prioritätsessenzfragen:

- Wo lebe ich?
- Mit wem lebe ich zusammen?
- Was arbeite ich?
- Wo arbeite ich?

Diese Fragen sind definitiv wichtiger als Mikromethoden des Zeitmanagements.

Wer im falschen Job arbeitet, zu dem er innerlich nicht aus vollem Herzen „Ja!" zu sagen vermag, und wer es nicht schafft, „Nein!" zu sagen zu Belastungen, die seiner körperlichen und psychischen Gesundheit schaden und die dazu führen, dass seine sozialen Beziehungen erodieren, dem hilft Zeitmanagement nicht. Keine Methode, keine Technik kann dabei helfen, letztendlich selbst die Verantwortung zu übernehmen für seine eigenen grundlegenden Lebensentscheidungen: alleine leben, in Partnerschaft, dauerhaft, wechselnd, mit oder ohne die Bereitschaft für gemeinsame Kinder, mobil oder dauerhaft sesshaft, Mietwohnung, Eigentumswohnung oder eigenes Haus, Lebensweise, Freizeitgestaltung, Art und Weise der Selbstfürsorge. Diese Entscheidungen setzen – wen wundert es – wiederum Klarheit voraus. Klarheit darüber, was mir gut tut, was meine Ziele sind, was meinen Werten gemäß mir sinnvoll erscheint, wofür ich bereit bin, meine Lebenszeit auszugeben – ohne mich zu „verschulden" an meinem Körper, an meiner Psyche, an meinen mir wichtigsten sozialen Beziehungen. Diese grundlegenden Entscheidungen können nicht von außen kommen. Sie erfordern Selbstrückbezug.

Wer die Erwartung in sich trägt, dass die für einen Menschen wesentlichen Entscheidungen im Außen getroffen werden, durch andere Menschen oder gar Institutionen, wird sich vorhersagbar in einer Zeitarmut wiederfinden, die ihn ins emotionale, körperliche und soziale Elend führt.

Wer von innen heraus zu leben vermag, tägliche Zeiten der Stille als nicht verhandelbare Elemente seines selbstbestimmten Tagesablaufs als sein innerstes Bedürfnis sich zu erfüllen erlaubt, wer sich seines eigenen Wertesystems bewusst ist, der benötigt nicht den „Königsweg", nicht den einen, einzigen, richtigen Weg zum Zeitmanagement. Wählen Sie die Ihnen persönlich stimmigen, für Sie persönlich passenden Tools und Techniken aus, die, die Sie persönlich am meisten ansprechen. Letztendlich haben sie sich alle bewährt und helfen, das *Ihnen Wichtigste* besser zu bewältigen.

Selbstbestimmtes Zeitmanagement richtet somit den ersten Blick nicht nach außen, um zu erfahren, was von mir verlangt wird, was „es zu tun gibt", sondern immer zuerst nach innen.

Ein systematisches selbstbestimmtes Zeitmanagement folgt somit folgenden Schritten:

1. Was ist *mir* wirklich, wirklich wichtig?
2. Was ist *mir* davon heute, diese Woche, diesen Monat, dieses Jahr zu tun wichtig?
3. Was liegt alles zu tun an?
4. Was davon ist wirklich, wirklich wichtig?
5. Handeln (immer wieder ergänzt durch das „Nicht-Handeln" – Zeiten der Stille)
6. Prokrastination überwinden

1. Was ist mir wirklich, wirklich wichtig?

Diese Formulierung des „wirklich, wirklich wichtig" hörte ich von einer begeisterten Teilnehmerin an einem Seminar des Autors und Coaches Veit Lindau. Ich finde, sie trifft hervorragend den Arbeitsauftrag gegenüber Ihren sich unter innerem Druck befindlichen Patienten, die sich an Sie gewandt haben mit der Bitte um Bewältigung ihres vorliegenden Zustandes der Erschöpfung, der Distanzierung, des Leistungsverlustes, des Ausgebranntseins. Ein Zustand, der in vielen Fällen begleitet ist von

Termindruck, einer Überfülle an Aufgaben und Zeitnot. Was in diesem meinem Leben zu leben ist mir persönlich wirklich, wirklich wichtig?

Die tiefste Ebene dieser Frage bezieht sich letztendlich darauf: Wenn ich an meinem letzten Lebenstag zurückschaue auf mein Leben, was werde ich bedauern, nicht gelebt zu haben? Was werde ich bedauern, zu viel gelebt zu haben? Ein befreundeter Pfarrer erzählte mir einmal, dass in seinen Sterbebegleitungsgesprächen die von ihm Betreuten viel intensiver bedauern würden, was sie *nicht* gelebt hatten, als das, was sie getan, aber im Nachhinein nicht so gut fanden, dass sie es getan hatten.

Bronnie Ware, eine Altenpflegerin, die viele Jahre lang hauptberuflich mit im Sterben liegenden Menschen auf der Palliativstation eines Krankenhauses gearbeitet hatte, veröffentlichte ihre Erfahrungen mit der Betreuung todkranker Menschen in einem Internet-Blog. Dort veröffentlichte sie den Artikel „The Top Five Regrets of the Dying". Dieser Artikel wurde im wahrsten Sinne des Wortes millionenfach gelesen. Im Jahr 2011 erschien das Buch über ihre Erfahrungen in einer englischen Erstveröffentlichung. Im Jahre 2013 erschien es auf Deutsch unter dem Titel: „5 Dinge, die Sterbende am meisten bereuen". Es wurde inzwischen in fast alle wichtigen Sprachen dieser Erde übersetzt.

Was sie in bewegenden Details zu berichten vermag, liest sich in der Essenz unspektakulär und hat dennoch eine hohe Implikation für alltägliche Entscheidungen bezüglich des Umgangs mit der eigenen, begrenzten (!) Lebenszeit.

Auf die Frage, was sie bereuten in ihrem Leben oder was sie anders machen würden, bekam Ware von den von ihr betreuten Sterbenden einige Themen immer wieder zu hören:

- Ich wünschte, ich hätte den Mut gehabt, in meinem Leben mir selbst treu zu sein, anstatt die Erwartungen der anderen zu erfüllen.
- Ich wünschte, ich hätte nicht so hart gearbeitet.
- Ich wünschte, ich hätte den Mut gehabt, meine Gefühle auszudrücken.
- Ich wünschte, ich hätte den Kontakt zu meinen Freunden gepflegt.
- Ich wünschte, ich hätte mir mehr Glück gegönnt.
  Quelle: karenstan.net/2013/11/11/nurse-reveals-top-5-regrets-people-make-deathbed/ (Stand 14.06.2016, Übersetzung d. Verf.)

Das **Arbeitsblatt 14 „Wenn ich nur noch ein Jahr zu leben hätte"** zu bearbeiten, kann ein guter Start sein, um seine Prioritäten klar zu erkennen: Was von dem, was ich jetzt tue, würde ich genau so weiter tun, was nicht mehr, was stattdessen unbedingt noch? Wie bereits in Kap. 3.4 beschrieben, kann die Vorstellung, nur noch eine kurze Zeit zu leben und dann unabwendbar sterben zu müssen, hilfreich dabei sein, den Blick zu öffnen für das dem Betreffenden wirklich, wirklich Wichtige. Das **Arbeitsblatt 14a „Lebenszeit"** zeigt anschaulich ein Leben von 90 Jahren in 52 Wochenblöcken und fordert auf, sich wichtige Fragen zu persönlichen Prioritäten zu beantworten: Was nehme ich mir für die mir verbleibende Lebenszeit vor? Wofür will ich meine Lebenszeit nicht mehr verwenden bzw. wofür will ich nicht mehr so viel Lebenszeit opfern? Wofür will ich auch weiterhin wertvolle Lebenszeit verwenden?

Auch die Anleitung zu einer Stoffsammlung relevanter Themen und Lebensfelder vermittels einer eigenen Collage sei an dieser Stelle noch einmal ins Gedächtnis gerufen als wertvolles Handwerkszeug für den Klärungsprozess, sich seine eigenen wichtigsten Lebensziele im wahrsten Sinne vor Augen zu führen (**Arbeitsblatt 15 „Collage-Anleitung"**). Die Pinguingeschichte von Eckart von Hirschhausen auf dem **Memoblatt M26 „Pinguingeschichte"** kann an dieser Stelle (noch einmal) helfen, die Frage nach einem notwendigen Lebens- und Arbeitsfeldwechsel zu aktualisieren. Ein Patient drückte es am Ende einer „Zeitmanagement"-Sitzung humorvoll so aus: „Sie meinen also, ich sollte mir eine ‚artgerechtere' Lebensumwelt erschaffen!" In der nächsten Stunde kam er – inspiriert von den vielen Textpillen, die er im Rahmen seiner Therapie zu Hause in seinem Therapieordner gesammelt hatte, und brachte einen kleinen Bettvorleger mit, den er günstig in einem Kaufhaus erstanden hatte. Darauf stand: **„It's not about finding yourself – It's about creating yourself"** (Es geht nicht darum, dich zu finden, es geht darum, dich zu erschaffen).

2. Was ist mir davon heute, diese Woche, diesen Monat, dieses Jahr zu tun wichtig?
Nachdem nun die prinzipiellen Werte und Lebensziele geklärt sind, geht es darum, in Handlung umsetzbare Ziele zu formulieren, so dass daraus konkrete Jahresziele, Monatsziele, Wochenziele, Tagesziele und letztendlich konkrete Zielerreichungshandlungen werden können.
    Es geht also nunmehr um:

- **kurz**fristige Ziele (z. B. Tagesziel)
- **mittel**fristige Ziele (z. B. Wochenplan)
- **lang**fristige Ziele (z. B. Monats- oder Jahresplan)

Ideal ist es, wenn Ziele SMART formuliert sind:

- **S_pezifisch:** Das Ziel soll konkret, präzise, eindeutig formuliert sein.
- **M_essbar:** Das Ziel soll nach objektiven Kriterien als erreicht, teilweise erreicht oder nicht erreicht gemessen werden können.
- **A_ktionsorientiert:** Das Ziel soll durch eigene Handlungen auch tatsächlich erreichbar sein.
- **R_ealistisch:** Das Ziel soll prinzipiell mit den zur Verfügung stehenden Mitteln in der zur Verfügung stehenden Zeit erreichbar sein.
- **T_erminiert:** Das Ziel soll einen klaren zeitlichen Rahmen und einen konkreten Zeitpunkt der Zielerreichung beinhalten.

(Im englischen Original bedeutet **SMART**: Specific, Measurable, Achievable, Realistic, Time-framed)

Cave: Unterscheiden Sie Wünsche und Ziele!

Wünsche sind, im Gegensatz zu SMARTen Zielen, diffus, nicht messbar, jenseits meiner Handlungsmöglichkeiten liegend und damit nicht willentlich erreichbar, unrealistisch und irgendwann in einer fernen Zukunft zur Verwirklichung angesiedelt.

Zusätzliche hilfreiche Tipps für die Anwendung beim Setzen SMARTer Ziele finden Sie auf **Memoblatt M29 „Smarte Ziele"**.

Der in vielen Coachings für Führungskräfte zu hörende Satz „Sei realistisch – plane ein Wunder!" ist für mich immer dann ein guter Start für zielorientiertes Handeln, wenn die Bereitschaft zu den notwendigen vielen kleinen Taten besteht, um realistisch erreichbare Teilziele zu erreichen. Die Dialektik zwischen religiös-spiritueller Sicht auf die Mechanismen der „Wunscherfüllung" und der materialistischen Sicht der Zielerreichung nur und ausschließlich durch eigenes Tun spiegelt sich wohl sicher in dem Satz wider: „Hilf dir selbst, dann hilft dir Gott!"

Dazu fällt mir noch eine kleine passende, den „Realitäts"-Begriff erweiternde Geschichte ein … Wenn Sie möchten, können Sie die **Geschichte der jungen Möwe Radhé auf Memoblatt M29a** selbst lesen und da, wo Sie es passend finden, diese auch Ihren Klienten als anregende Textpille vermittels Download-Ausdruck (s. Hinweis auf S. 10) mitgeben.

Nachdem nun die prinzipiellen Wert-Ziele geklärt und der Weg in Form von smarten Zielen aufgezeigt ist, geht es jetzt darum, aus der Fülle der Aufgaben des Alltags mit einem klaren Raster zu filtern:

- Was aus all dem, was da auf mich zukommt, ist **wichtig und dringend?**
- Was davon ist **wichtig** ohne aktuelles Zeitlimit?
- Was gebärdet sich **dringend,** ohne wirklich **wichtig** zu sein?
- Was ist **weder wichtig noch dringend?**

Diese systematische Art der vierfachen Rasterung wird das „Eisenhower-Prinzip" genannt. Dem früheren US-Präsidenten Dwight D. Eisenhower, wird nachgesagt, er hätte dieses klärende Ordnungs-Verfahren selbst angewendet und auch seinen Mitarbeitern gelehrt.

Wichtig und dringend ist diejenige Kategorie, in der die den persönlichen Zielen entsprechenden Aktivitäten anliegen, befeuert jedoch durch Abgabetermine – sei es in Bezug auf die Ihnen persönlich wichtigen Projekte oder die berühmt-berüchtigte Steuererklärung, deren Verlängerung der Verlängerung der Abgabefrist abzulaufen droht. Wichtig und schmerzlich dringend ist auch der verschleppte Zahnarztbesuch oder das notwendige Abstellen der Hauptwasserleitung nach einem Rohrbruch. Sich diesen Aktivitäten zuzuwenden, führt immer zu Erleichterung, Druckabbau und der Erfahrung vertiefter Selbstwirksamkeit.

Wichtig ist diejenige Kategorie, in der all die Aktivitäten aufgenommen werden, die das persönliche Leben in seiner gewählten selbstbestimmten Form aufrecht erhalten und fördern und die Ihnen helfen, Ihre wichtigen Ziele zu erreichen. Wichtige Ziele sind idealerweise immer selbstbestimmte Ziele. Dazu gehören:

- Planung
- Bilanzieren
- Vorausschau
- Pflege wichtiger Beziehungen
- Regeneration, Gesundheitspflege
- Inneres Wachstum

- Expertennetzwerk pflegen und erweitern
- Offenheit für neue Gelegenheiten
- Investieren, Sparen, Steuern
- Sich positionieren

Sich primär und dauerhaft um die wichtigsten Bereiche im eigenen Leben zu kümmern, gewährleistet wachsende Lebensqualität, inneren Frieden, Gesundheit, Lebenssinn und die Gewissheit, dass Sie weder sich noch anderen etwas beweisen müssen.

Dringend ist diejenige Kategorie, in der wir – „eben schnell mal" – das tun, was andere von uns wünschen, das tun, wozu uns unsere starke Emotionalität treibt. Dringende Dinge haben fast immer mit den Prioritäten und Terminen anderer zu tun. Es sind oft die Unterbrechungen, die auftreten, während wir dabei sind, Wichtiges zu tun, ohne dass sie das Wichtige betreffen würden. Also nicht der Toner, der leer ist und der erneuert werden will, damit der Ausdruck der wichtigen Unterlagen fertig wird, sondern eine Nachfrage zu einem unwichtigen Nebenprojekt. Viele Anrufe, die dringend, aber eben nicht wichtig sind. Eine Aufgabe ist dringlich, aber nicht wichtig, wenn Sie an einem bestimmten Termin in der nahen Zukunft ihren Sinn verliert. Wenn es letztendlich egal ist, wann Sie die Aufgabe erledigen, ist die Aufgabe definitiv nicht dringend. Dazu gehören manche Post, einige Berichte, einige (die meisten?) Konferenzen, viele „drängende" Angelegenheiten.

Die Verlockung, sich immer wieder von Wichtigem abbringen zu lassen, liegt in der Verlockung, sich durch Selbstüberforderung Beliebtsein „erkaufen" zu wollen, als ein angenehmer Mitmensch gesehen werden zu wollen, sich selbst das Erleben des Gebrauchtwerdens zu geben. Viele Unruhegeister verstecken sich hinter „dringenden" Aktivitäten, um „gute" Gründe zu haben, nicht zur Ruhe und zu sich selbst kommen zu müssen. Wer viel Zeit mit dringenden Dingen verbringt, hat den Pfad selbstbestimmten Handelns bereits verlassen. Je mehr sie also das Gefühl des Gehetzt-und-getrieben-Seins verspüren, um so mehr bedarf es des Selbstrückbezugs, des Innehaltens. Die Besinnung auf die eigenen Werte und Ziele ist in solchen Momenten das wirksamste Anti-Burnoutikum. Dringlichkeit entsteht durch fordernd von außen an uns Herangetragenes und führt zu Fremdsteuerung. Sich der eigenen Prioritäten in solchen Situationen beosnders bewusst zu sein, stellt das notwendige Gegengewicht dar, um wieder eigengesteuert handeln zu können.

Weder dringend noch wichtig ist diejenige Kategorie, in der wir schlichtweg unsere Zeit verplempern. Nicht im Sinne von: „Heut tu ich, was ich will: nichts" – also eine bewusst gewählte erholsame Auszeit, sondern anstatt an dem wichtigen Projekt zu arbeiten, z.B. Werbeprospekte zu lesen. Die meisten Fernsehprogramme, Zeit verschwendende Beschäftigungen und triviale Tätigkeiten bringen uns in den Zombie-Status, in dem wir „Zeit totschlagen". Die Folge ist zwar ein vorübergehendes Vergessen aktueller Unbequemlichkeiten, ein Abtauchen können und die Zeit vergeht einfach, aber alles bleibt, wie es war oder wird eher noch schlimmer durch diese belanglosen Tätigkeiten.

Das Ziel ist klar: **Je mehr Zeit wir mit dem verbringen, was uns wichtig ist, umso weniger werden wir Krisen zu bewältigen haben. Die Gefahr zu vermeiden, bevor sie eintritt, ist das natürliche Ergebnis alltäglicher Achtsamkeit in den wichtigen Bereichen unseres Lebens.**

1. **Was liegt zu tun alles an?**
   Vor jedem Tag, vor jeder Woche, vor jedem Monat, vor jedem Jahr ist es sinnvoll zu sammeln, was alles anliegt.
   In **Arbeitsblatt 9 „Was zu tun anliegt"** können Sie Ihre Patienten bitten, alles einzutragen, was aktuell an Aktivitäten bei ihnen anliegt.
2. **Was davon ist wirklich, wirklich wichtig?**
   Und jetzt können die vier Felder benützt werden, um die Fülle der Aufgaben aus **Arbeitsblatt 9** gemäß den eigenen Werten zu priorisieren. Dies – das soll nicht vergessen sein – auf der Basis der individuellen Klarheit darüber, was jedem Einzelnen wirklich, wirklich wichtig ist. Wählen Sie zuerst auf **Arbeitsblatt 9a** diejenigen Handlungen aus, die Ihnen das **Wichtigste** und **Dringendste** sind.
   In **Arbeitsblatt 9b „Wichtig und dringend"** können Sie die Fülle der Aufgaben sortieren nach „Wichtig", „Wichtig und dringend", „Dringend" und „Weder wichtig noch dringend". Auf **Memoblatt M30 „Wichtig und dringend"** sehen Sie die vier Felder noch einmal graphisch zusammengefasst. Hilfreich bei der Kategorisierung der anstehenden Aufgaben ist die Erkenntnis, dass die wichtigen Dinge selten dringend und die dringenden Dinge selten wichtig sind.
3. **Handeln (immer wieder ergänzt durch das „Nicht-Handeln" – Zeiten der Stille)**
   Und jetzt handeln Sie! Tun Sie, was Ihnen und Ihrem Wertsystem gemäß zu tun richtig und wichtig ist. Denken Sie dabei an den Blumentopf und die Golfbälle **(Memoblatt M31 „Golfbälle")** – das Wichtigste immer zuerst! Handeln Sie in Ihrer eigenen Geschwindigkeit. Handeln Sie konzentriert innerhalb realisierbarer, überschaubarer Etappenziele. Vergessen Sie dabei die Pausen nicht.
4. **Prokrastination überwinden**
   Das einzige, was Ihnen jetzt noch in die Quere zu kommen vermag, ist Prokrastination – die „Aufschieberitis". Und was genau ist Prokrastination?
   „Prokrastination ist ein häufiges oder gewohnheitsmäßiges Verhalten von Menschen, notwendige – von ihnen selbst als prioritär bezeichnete –, aber unangenehme Tätigkeiten (i. e. Aufgabenerledigungen) immer wieder auf zukünftige Termine zu verschieben, statt sie pünktlich und konsequent zu erledigen." (Müller 2012, S.11)

Ilse Martens, die bisher zu Unrecht noch unbekannte oberfränkische Dichterin, hat die immer wieder auftretende Diskrepanz zwischen klarer Planung und nicht ausgeführter Handlung herrlich liebevoll beschrieben in ihrem Gedicht (welches Sie natürlich auch als „Textpille" Ihren Patienten mitgeben können, als Ausdruck des Downloads (s. Hinweis auf S. 10) von **Memoblatt M30a „Prokrastinationsgedicht"**):

Ein schöner Tag (poco a poco)
6:30 Uhr
Die Sonne geht auf.
Heute könnte ich:
- lange frühstücken,
- spazieren gehen,
- ein Buch lesen,
- oder einfach nur abhängen.

Ich könnte auch:
- in die Sauna gehen,
- in Bayreuth shoppen,
- mal wieder Klavier üben,
- oder einen Brief schreiben.
Vielleicht könnte ich:
- Freunde besuchen,
- einen Kuchen backen,
- ins Fitnessstudio gehen,
- oder eine Fahrradtour machen.
Doch dazu müsste ich zuerst:
Aufstehen!
(Ilse Martens)

Die sieben besten Tipps in Bezug auf die Überwindung der Gewohnheit zur Prokrastination lauten in Anlehnung an Müller (2012):

1. **Tagesziele setzen**
   Setze dir täglich Ziele, die deinen Tag vorstrukturieren! Übertreibe es aber nicht: Dein Tag braucht auch Luft für Unterbrechungen und Spontanes.
2. **Kleine Schritte wählen**
   Brich alle Aufgaben auf kleine Handlungsschritte herunter. So wird aus dem schrecklich großen und schwierigen Projekt eine Handvoll kleiner, einfacher Aufgaben.
3. **Zeitvorgaben festlegen**
   Das Parkinsonsche Gesetz besagt, dass Arbeit sich in genau dem Maße ausdehnt, wie Zeit für ihre Erledigung zur Verfügung steht. Setze dir also sportliche Zeitvorgaben, die dich aber nicht überfordern.
4. **Realistisch bleiben**
   An einem normalen Arbeitstag wirst du kaum wirklich acht Stunden arbeiten können. Du machst Pausen, hast Energietiefs, musst kleine Dinge erledigen, hast Termine, wirst unterbrochen. Setze dich also nicht selber unter Druck, sondern bleibe realistisch.
5. **Belohnung nicht vergessen**
   Belohne dich, wenn du gut gearbeitet hast – auch zwischendurch.
6. **Energielevel regulieren**
   Wer müde und schlapp ist, schiebt meistens mehr auf. Mach deshalb regelmäßig Pause – in kürzeren Abständen kleinere Pausen sind wirksamer, als nach einer längeren Zeit ein größere Pause einzulegen –, achte auf genügend Schlaf, Meditation, eine gesunde Ernährung und ausreichend Bewegung.
7. **Behalte dir „nicht erledigen" als Option vor**
   Wenn sich alles gegen eine Aufgabe sträubt, dann hat das einen Grund. Versuche, diesen Grund herauszufinden und fasse auch die Nicht-Erledigung als Option ins Auge – sofern das ohne zu hohe Kosten für dich möglich ist.

> **Praxistipp:**
>
> Die Essenz des bewussten Umgangs mit der Zeit, um Burnout zu reduzieren und dauerhaft zu vermeiden, besteht darin sich bewusst zu bleiben, dass wir nur über eine begrenzte Lebenszeit verfügen, die es bewusst und selbstbestimmt zu nutzen gilt. Selbstverantwortlichkeit im Umgang mit der Zeit schließt deshalb immer wieder „Nein" zu sagen zwangsläufig mit ein.

Verlieren wir diese Bewusstheit über die Realität unserer begrenzten Lebenszeit, dann besteht die Gefahr der Verbitterung im Moment des Sterbens, des entsetzten Akzeptieren-Müssens all des selbstverschuldet Nicht-Gelebten. Selbstverschuldet deshalb, weil wir es uns nicht zugestanden haben, uns unseres eigenen Verstandes zu bedienen und gemäß unserer eigenen Prioritäten unsere Lebenszeit zu verwenden. Vielen ergeht es dann zwangsläufig so, wie es Antoine de Saint-Exupéry schon 1939 in „Sand und Sterne" beschrieb: „Den Ablauf der Zeit empfinden die meisten Menschen für gewöhnlich gar nicht; sie sind von der Vergänglichkeit vorläufig auf freien Fuß gesetzt."

Auch dieser Gedanke von Antoine de Saint-Exupéry hat sich als Memoposter zum bewussten Umgang mit der eigenen Lebenszeit bewährt und ist deshalb als **Memoblatt M32 „Ablauf der Zeit"** ausdruckbar und in jedem Copyshop auf DIN A3, DIN A2, DIN A1 oder gar DIN A0 hochkopierbar.

Gerne und mit großem Nutzen zeige ich auch die beiden kurzen Filme zur Prokrastination: erstens den drei Minuten dauernden Comicstreifen *„Procrastination – Tales of mere existence"* https://www.youtube.com/watch?v=4P785j15Tzk, (Stand 24.10.2016), der schön aufzuzeigen vermag, wie schnell wir im Alltag immer wieder Unwichtiges statt Wichtiges tun und zweitens den 14-minütigen Film von Tim Urban (mit deutschen Untertiteln): *„Inside the mind of a master procrastinator"*, https://www.youtube.com/watch?v=arj7oStGLkU, (Stand 24.10.2016).

Abschließend zum unerschöpflichen Thema des bewussten Umgangs mit der Zeit sei noch hingewiesen auf die klassische Dreiteilung innerhalb der seit Menschen Gedenken betriebenen Zeitforschung:

- **Chronos:** die messbare Zeit, die in gleichbleibenden Einheiten abläuft (Chronometer!)
- **Äon:** der Begriff für eine lange Zeitdauer, etwa ein Menschenalter oder gar die Ewigkeit
- **Kairos:** der richtige, der günstige Augenblick, die Gelegenheit beim Schopf zu packen; in der griechen Mythologie der jüngste Sohn von Zeus mit Haarlocke und kahlem Hinterkopf.

Gemeint ist mit Kairos wohl die alltägliche Erfahrung, dass nicht zu jedem Zeitpunkt alles besprochen oder behandelt werden kann. Manche Dinge brauchen den richtigen Rahmen, den richtigen Ort und eben die richtige Zeit, um in Angriff genommen werden zu können. Die in der Menschheitsgeschichte tief verankerte Sehnsucht, den günstigsten Moment vorhersagen zu können, führte zu den Praktiken der „Vogelschau", der Astrologie und der Einrichtung von Weissagungsstätten im antiken Griechenland – die bekannteste davon ist ganz sicher das Orakel von Delphi. Ja, idealerweise sollte jede Frucht die Gelegenheit haben, um bis zu ihrem optimalen Reifegrad heranzuwachsen, um dann erst zu diesem dem sie Verzehrenden wirklich Glück bringenden Zeitpunkt gepflückt zu werden. Ungeduld oder übereiltes Vorpreschen sind oft mit vielen Nachteilen verbunden, bis hin zum Nichterreichen des Ziels.

Achtsamkeit für den Augenblick, Präsenz, Anwesenheit, Geistesgegenwart, das sind ganz sicher die besten Voraussetzungen, seine eigenen innerlich klaren Ziele immer wieder im Kairos, im besten Moment realisieren zu können. Achtsamkeit erweist sich somit auch wieder hier beim Thema „bewusster Umgang mit der Zeit" als einer der wichtigsten Faktoren, um durch Zeitnot bedingtes Burnout zu bewältigen.

4.13 Modul 12: Ressourcenaktivierung durchführen können

Der Duden versteht unter Ressourcen den natürlich vorhandenen Bestand von etwas, was für einen bestimmten Zweck, besonders zur Ernährung der Menschen und zur wirtschaftlichen Produktion, [ständig] benötigt wird und zusätzlich den Bestand an Geldmitteln, die Geldquelle, auf die jemand zurückgreifen kann. In Bezug auf das Thema „Burnout individuell behandeln" stellt sich somit die Frage, was von dem, was eine Person als zu ihr gehörigem natürlichen Bestand besitzt, ist aus dem eigenen Bewusstsein ausgeblendet? Was ist durch überfordernde Tagesaktivitäten als Quelle der Regeneration, der Problemlösung, der Lebensfreude aktuell nicht verfügbar, obwohl prinzipiell vorhanden?

Praxistipp:

Die therapeutische Aufgabe besteht immer auch darin, von Anfang an hellhörig zu sein, kleine Bemerkungen und Andeutungen zu registrieren, zwischen den Zeilen zu lesen und eine Stoffsammlung an Hypothesen zu erstellen, welche ganz persönlichen Ressourcen des Betroffenen derzeit brach liegen und wieder reaktiviert werden können.

Was genau gibt ihr oder ihm wieder Energie und Lebensfreude? Fragen an den Betroffenen sind dabei hilfreich, selbst erstellte Listen und einmal mehr eine Collage, diesmal mit der Überschrift „Was gibt mir Kraft, was hilft mir mich zu regenerieren?" (siehe Arbeitsblatt 15 „Collage-Anleitung")

Helfen Sie Ihren Patienten dabei herauszufinden, welche Dinge, Tätigkeiten, Orte, Pflanzen, Tiere, Menschen ihnen hilfreich dabei sind, ihre „Batterie" wieder aufzuladen.

Das Konzept der Ressourcen verständlich zu machen und Ihren Patienten dabei zu helfen, ihre Ressourcen zu aktivieren, bedeutet, ihnen dabei zu helfen, sich eigener Stärken und Möglichkeiten mit Hilfen zur Selbstreflexion bewusst zu werden und die persönlich zur Verfügung stehenden Fähigkeiten, Eigenheiten, Fertigkeiten sowie die materiellen und sozialen Quellen für den erwünschten Veränderungsprozess nutzen zu können. Mit der Ressourcencheckliste auf **Arbeitsblatt 17 „Meine Ressourcen"** ist dies auf praktischer Ebene leicht möglich.

Zugang zu den eigenen Ressourcen zu haben, erhöht unmittelbar das Wohlbefinden und die eigene Gesundheit und stellt somit auch einen wichtigen Faktor der Resilienz gegenüber Burnout dar.

4.14   Modul 13: Resilienzfaktoren aktivieren können

Der Begriff der Resilienz steht für die Fähigkeit, mit den Widrigkeiten des Lebens gut umgehen zu können. Wer resilient ist, verfügt über innere Stärke und Widerstandskraft, auch mit den widrigsten äußeren Lebensumständen gut umgehen zu können, ohne daran zu zerbrechen, und ist in der Lage, auch schwere Krankheiten ohne anhaltende Beeinträchtigungen zu überwinden. Wer also trotz Armut, Arbeitslosigkeit, pathoplastischer Arbeitsplatzverhältnisse und schwerer Krisen in persönlichen Beziehungen in der Lage ist, angemessen zu reagieren und seine psychische Gesundheit zu erhalten, gilt als resilient.

In dieser Extremform ausformuliert stellt sich die Frage, wer außer Superman ist denn resilient, und was sind die Basisfaktoren der Resilienz? Der derzeitige Boom der Veröffentlichungen zum Thema Resilienz legt die Vermutung nahe, dass hier ganz sicherlich auch pekuniäre gesundheitspolitische Überlegungen und die von vielen Großunternehmen gewollten weiteren Verschärfungen der Arbeitsplatzbedingungen eine nicht unerhebliche Rolle spielen. Jenseits dieser kritischen Überlegungen bleibt zu konstatieren, dass schon 1958 Emmy Werner, eine amerikanische Entwicklungspsychologin, dieser Frage wissenschaftlich in einer über 40 Jahre andauernden Feldstudie nachging. An nahezu 700 (exakt waren es 698) Kindern der hawaiianischen Insel Kauai, die alle 1955 geboren waren, untersuchte sie kontinuierlich, wie sich trotz von Armut und Gewalt geprägter Lebensumstände psychisch gesunde und widerstandsfähige Jugendliche und spätere Erwachsene entwickeln konnten. Von den 201 unter ganz besonders schwierigen Bedingungen aufgewachsenen Kindern gelang es immerhin 72 von ihnen, auch noch vierzig Jahre später niemals straffällig, arbeitslos oder auf staatliche Sozialhilfe angewiesen gewesen zu sein. 1971 veröffentlichte sie ihre ersten Zwischenergebnisse dazu (Werner 1971). Heller (2013) exzerpierte aus der Fülle dieser Daten die folgenden sieben Resilienzschlüsselfaktoren: **Akzeptanz, Optimismus, Selbstwirksamkeit, Verantwortung, Netzwerkorientierung, Lösungsorientierung und Zukunftsorientierung.**

4.14.1 Der Zehn-Punkte-Plan der APA zur Resilienz

Die American Psychological Association betont auf ihrer Homepage, auf der sie auch einen Zehn-Punkte-Plan als „Road to Resilience" eingestellt hat (http://www.apa.org/helpcenter/road-resilience.aspx, Stand 31.05.2016), dass Resilienz kein Persönlichkeitszug sei, also nicht etwas, das Menschen entweder haben oder nicht, sondern etwas, das von jedermann durch Einstellungs- und Verhaltensänderung erlernt werden könne. Der APA zufolge lässt sich Resilienz durch folgende Verhaltens- und Einstellungshinweise erwerben:

1. Bauen Sie soziale Kontakte auf.
2. Sehen Sie Krisen nicht als unlösbare Probleme.
3. Akzeptieren Sie, dass Veränderungen zum Leben gehören.
4. Versuchen Sie, Ziele zu erreichen.
5. Handeln Sie entschlossen.
6. Finden Sie zu sich selbst.
7. Entwickeln Sie eine positive Sicht auf sich selbst.
8. Behalten Sie die Zukunft im Auge.
9. Erwarten Sie das Beste.
10. Sorgen Sie für sich selbst.

(„Road to Resilience" http://www.apa.org/helpcenter/road-resilience.aspx Stand 31.05.2016, Übersetzung der Headlines von Berndt (2013). Hier findet sich auch die deutsche Übersetzung der detaillierten Ausführungen zu den zehn Verhaltensempfehlungen auf S. 201–202.)

4.14.2 Antonovsky: Resilienz durch Kohärenz

Antonovsky wiederum benutzte nie explizit das Wort Resilienz, sondern beschrieb mehrfach und speziell in seinen beiden Hauptwerken 1979 und 1987 das Gefühl der Stimmigkeit, den „Sense of Coherence" (SOC), das Kohärenzgefühl, als die Grundlage bei allen erlebten Widrigkeiten, seine Gesundheit aufrechterhalten zu können. Die von ihm aus den Worten *salus* (lat.: *Unverletztheit, Heil, Glück*) und *genese*, (griech.: *Entstehung*) geprägte neue Wortschöpfung, die „Salutogenese", meint dabei im Gegensatz zur Pathogenese, dass es sinnvoll ist, Ausschau zu halten nach dem, was biopsychisch gesund erhält, anstatt nur nach den Ursachen von Erkrankungen. Gleichzeitig betonte Antonovsky die Sicht eines Gesundheits-Krankheits-Kontinuums, im Gegensatz zum dichotomen Denken, entweder krank oder gesund zu sein.

Entwickelt hat Aaron Antonovsky diese Perspektive vor dem Hintergrund seiner Feldforschung an überlebenden ehemals in Konzentrationslagern inhaftierten Frauen. Bei dem unerwartet hohen Prozentsatz von immerhin 29 % (!) psychisch gesunder Frauen der an der Untersuchung Beteiligten stellte sich Antonovsky vor dem Hintergrund der von ihnen durchlaufenen extremen Lebenserfahrungen – die mit dem Wort „Belastungen" nicht angemessen repräsentiert wären – die Frage: Welche Einflussfaktoren ermöglichten ihnen auch unter widrigsten Umständen das Aufrechterhalten der eigenen Gesundheit? Die Antwort auf diese Forschungsfrage war eine neue Erkenntnis: Sense of Coherence (SOC).

Stimmigkeit, auch in widrigen Situationen ein Kohärenzgefühl empfinden zu können, ist für Antonovsky die beste Grundlage, keinen oder nur den geringstmöglichen biopsychischen Schaden zu nehmen und Burnout zu vermeiden. Dieses Kohärenzgefühl, die Welt trotz aller Widrigkeiten als zusammenhängend und sinnvoll, eben stimmig zu erleben, setzt sich nach Antonovsky aus drei dazugehörigen Unterkategorien zusammen:

- Verstehbarkeit
- Handhabbarkeit
- Sinnhaftigkeit

Gelingt es, in kritischen Situationen verstehen zu können, welche Beweggründe, Hintergründe und Gesetzmäßigkeiten den Ereignissen zugrunde liegen, und erscheint uns die Situation mit den uns zur Verfügung stehenden Mitteln oder in naher Zukunft uns zukommenden Unterstützungen bewältigbar und sehen wir darüber hinaus auch noch einen Sinn darin, dass es gerade so ist, wie es ist, oder dass wir das tun, was wir tun, dann ist Stimmigkeit, das Kohärenzgefühl in uns gesichert. Resilienz, Widerstandskraft gegen Burnout ist die Folge.

Auch der Philosoph Wilhelm Schmid (2009) sieht im Vorhandensein von Sinnhaftigkeit einen wesentlichen, wenn nicht den wichtigsten Resilienzfaktor für Burnout-Vermeidung. Sinn geht laut Schmid verloren, wo Zusammenhänge verloren gehen. Dies ist bei einer wachsenden Zahl von Menschen in der modernen Gesellschaft der Fall. Doch werde, „wer die Sinnfrage stellt, oftmals als Problemfall abgetan, meist von Menschen, die nur zu gut ahnen, dass diese Fragen in Tiefen führen könnten, die sie lieber nicht kennenlernen wollen."

Und weiter: „Sehr viel hängt deshalb davon ab, ob der Arbeit und dem Leben Sinn gegeben werden kann oder nicht. Wieweit Arbeit, Leben und Sinn auseinander gedriftet sind, verrät die Rede von einer Work-Life-Balance. Arbeit und Leben, harte Arbeit und Lebensgenuss, Beruf und Familie, Sinnloses und Sinnvolles sollen miteinander zu vereinbaren sein. Aber schon vom Begriff her verweist der angestrebte Ausgleich auf das eigentliche Problem, das dem zugrunde liegt. Weil Arbeit nicht mehr als Bestandteil eines sinnvollen Lebens wahrgenommen werden kann, muss zwangsläufig nach einer Balance weitergesucht werden. Das Problem und folglich die Lösung könnte auf Seiten des Begriffs der Arbeit selbst zu finden sein. Denn was ist Arbeit? Die Antwort scheint auf der Hand zu liegen: eine Stelle zu haben und eine Aufgabe gemäß Stellenbeschreibung zu erfüllen, um vom Ertrag leben zu können. [...] Versuchsweise ließe sich der Begriff auch noch anders definieren: Arbeit ist all das, was ich in Bezug auf mich und mein Leben leiste, um ein schönes und bejahenswertes Leben führen zu können. Jede Aufmerksamkeit und jeder Aufwand an Kraft hierfür kann dann Arbeit sein: körperlich, seelisch, geistig. Das bringt Arbeitsfelder in den Blick, die bisher eher missachtet wurden und dennoch von Bedeutung sind. Vorweg die Arbeit an sich selbst um einer Selbstbefreundung willen. [...] Sich mit sich zu befreunden, erfordert, die widerstreitenden Teile in sich selbst in ein gedeihliches Verhältnis zu bringen, sie im Idealfall zur spannungsvollen Harmonie zusammenzuspannen. Gegensätzliche Seiten können sich trotz allem miteinander befreunden und eine kreative Spannung aus dem Verhältnis zueinander beziehen, etwa das Denken und das Fühlen, der Freiheitsdrang und das Bedürfnis nach Bindung, die männliche und die weibliche Seite in ein- und demselben Menschen. Selbstfreundschaft ist dabei nicht etwa ein Selbstzweck, sondern die unverzichtbare Grundlage für die Zuwendung zu anderen [...]." (Schmid 2009, Min. 22–29)

Die praktischen therapeutischen Konsequenzen liegen auf der Hand. Es geht darum, die Resilienz zu erhöhen, indem wir den Patienten dabei unterstützen:

1. die eigene Lebenssituation verstehen zu können – Modul 1 (Verstehbarkeit),
2. sich seiner Ressourcen bewusst zu werden – Modul 12 (Handhabbarkeit) und
3. letztendlich einen Sinn darin zu sehen, seine eigenen Burnout verschärfenden Denkmuster zu ergründen, zu hinterfragen, zu modifizieren (Modul 3–5) und konsekutiv ungünstiges, Burnout auslösendes und aufrechterhaltendes Verhalten zu verändern (Sinnhaftigkeit).

Ist diese Stimmigkeit, dieses Gefühl der Kohärenz erreicht, durch das verständnisfördernde Analysieren der aktuellen Lebenssituation, durch die wiedererlangte Grundüberzeugung der Handhabbarkeit, durch gemeinsames Finden von Lösungsansätzen für vorhandene Probleme, und erkennt der Betroffene einen Sinn darin, Sinnfragen zu stellen und eine Einstellungs- und Lebensstiländerung vorzunehmen, ist vorhersagbar als Folge dieses positiven Regelkreises aktivierte Resilienz.

4.14.3 Die sieben Resilienzfaktoren nach Emmy Werner

1. Akzeptanz
Diese in Modul 6 und Modul 7 schon ausgiebig als wichtiger Burnout reduzierender Faktor gewürdigte Einstellung wird noch tiefer in ihrer Bedeutung erkannt werden können, wenn sie nun zusätzlich als Resilienzfaktor gegenüber unveränderlichen Situationen als solche explizit benannt wird. Dies gilt natürlich auch für die Akzeptanz prinzipiell veränderlicher Situationen, für die der Betroffene sich jedoch entschieden hat, sie zu akzeptieren. An dieser Stelle lohnt sich erfahrungsgemäß die erneute visuelle Präsentation des **Memoblattes M35 „Unangenehme Situation"**, auf dem die Rolle der Akzeptanz im Wechselspiel zur angemessenen Veränderungsaktivität als resiliente Doppelstrategie sichtbar wird.

2. Optimismus
Nein, alles zuerst kritisch und negativ zu sehen, ist nicht intelligenter. Genau dies scheinen aber viele ausgebrannte „Realisten" zu vertreten. Besonders in Deutschland erscheint das reflexhaft kritische „Ja, aber" ein Synonym zu sein für: „Ich bin kritisch, ich bin intelligent, ich lasse mir kein X für ein U vormachen." Erinnern Sie sich an das bekannte Beispiel: Ja, es stimmt: Flugzeuge können abstürzen. Verblüffender Weise stimmt aber auch: Die meisten Flugzeuge kommen gut und sicher am Bestimmungsort an – statistisch sicherer sogar als jedes andere Beförderungsmittel. Die Frage ist nur, mit welcher Grundeinstellung reist es sich entspannter – und diese Frage

darf sich gerne auf die gesamte Lebensreise beziehen. In Bezug auf das Ziel einer Burnout-Resilienz handeln Sie therapeutisch ethisch völlig vertretbar, wenn Sie Ihren Patienten die Beobachtungsaufgabe stellen, einfach jeden Tag abends vor dem Zubettgehen drei Dinge des vergangenen Tages zu notieren, die sie selbst als positiv einschätzen. Joana Peters (2016) hat dazu ein für Patienten empfehlenswertes Tagebuch entworfen mit den ermunternden Einleitungsworten: „Lernen Sie wieder, die schönen Dinge im Leben zu sehen und zu schätzen. Jeder neue Tag schenkt uns etwas Positives. Schreiben Sie dreißig Tage lang jeden Abend vor dem Schlafengehen Ihre drei kleinen oder großen Freuden des vergangenen Tages in dieses Tagebuch" – ein Rat, der laut weiterführender Erläuterungen in der Einleitung dieses mit Leerseiten gefüllten Tagebuchs auf die Resilienzforschungen von Seligmann zurückgeht.

Heller (2013) empfiehlt ihren Klienten darüber hinaus zur Förderung einer positiveren, optimistischeren Grundhaltung in schwierigen Situationen, sich bewusst an ihre Stärken zu erinnern. Besonders leicht wird dies natürlich all den Klienten gelingen, die sich von ihren Helfenden erfolgreich motivieren ließen, diese Stärken tatsächlich als persönliche Ressourcen- und Stärkeliste schriftlich festzuhalten, und diese Liste dessen, was sie gut können und worauf sie selbst stolz sind, auch in „Friedenszeiten" sich immer wieder – im wahrsten Sinne des Wortes – vor Augen zu halten: z. B. Was kann ich gut? Was fällt mir leicht? Was macht mir Spaß? Worin kenne ich mich gut aus? Was sind meine fachlichen Fähigkeiten? Wofür interessiere ich mich besonders? Was fällt mir leicht im Umgang mit anderen in sozialen Situationen unterschiedlichster Art? Was mögen und schätzen andere an mir? Auch hierfür sei das Therapietagebuch 2 – „Meine kleinen und großen Stärken" von Peters (2016 a) als Arbeitsmaterial für Ihre Klienten empfohlen. Eine ganz besondere Technik, den Mut nicht zu verlieren angesichts aktuell unüberwindbar erscheinender Widrigkeiten des Lebens, berichtete mir ein Patient vor vielen Jahren, die ich seitdem mit unzähligen Patienten geteilt habe. Worin sie besteht? – Dieser Patient berichtete, dass immer dann, wenn er hier und jetzt keinen Ausweg mehr zu sehen vermochte, er an das vom alten Zen-Meister Basho inspirierte Haiku von Imma von Bodmershof (2002) dachte: **„Ach Mond, wüsst' ich nicht, dass nur Schatten dich decken, müsst' ich verzweifeln".**

3. Selbstwirksamkeit

Die Selbstwirksamkeitserwartung bezeichnet nach Bandura (1979, 1997) die individuelle Überzeugung, über angemessene Fähigkeiten zu verfügen, um einer gegebenen Aufgabenstellung gerecht zu werden und sie erfolgreich lösen zu können. Je höher eine Person ihre eigene Selbstwirksamkeit einstuft, um so weniger wird sie sich selbst beim Auftauchen von Hindernissen auf dem Weg zum Erfolg einer übernommenen Aufgabe irritiert, verunsichert oder gar unter übermäßiger Anspannung versetzt fühlen. Der Satz eines erstaunlich gelassenen PC-Experten auf die genervte Nachfrage seines Kunden, ob er das Problem denn immer noch nicht in den Griff bekommen habe, ist eine gute Exemplifikation hierfür: „Nein, ich habe den Fehler noch nicht gefunden – aber früher oder später werde ich ihn schon finden!"

Personen mit hoher Selbstwirksamkeitserwartung sind häufig dadurch gekennzeichnet, dass sie weder übermäßig an ihren Fähigkeiten und Fertigkeiten zweifeln noch sich zu Tätigkeiten überreden lassen, die ihre Möglichkeiten tatsächlich bei weitem übersteigen. Selbstwirksamkeit könnte deshalb auch als positive Realitätseinschätzung eigener Möglichkeiten bezeichnet werden. Im Umkehrschluss ist die praktische Konsequenz folgende: Durch zunehmende Erfahrung erfolgreicher Handlungen nimmt die Selbstwirksamkeitserwartung zu.

Praxistipp:

Geben Sie in jeder Sitzung genügend viel Raum für die positive Selbstdarstellung mit den Erfahrungen des eigenständig zur Anwendung gebrachten Entspannungstrainings, mit erfolgreichem Zeitmanagement, mit erfolgreichem Anwenden neuer konstruktiver Selbstverbalisationen und neu praktizierten Burnout reduzierenden Verhaltens. Dies ist der beste Weg innerhalb des therapeutischen Kontakts, die Selbstwirksamkeitserwartung zu erhöhen. Dies geschieht durch die bewusste Wahrnehmung und vollumfängliche Würdigung der Erfolge eigenen Handelns und eigener Bemühungen.

---

4. Verantwortung

„When I was two my Goldfish got the flew – that's why I'm stealing and lying – I'm just a poor victim …" – Ja, dieser Song eines New Yorker Liedermachers spiegelt auch an dieser Stelle hervorragend wider, worum es bei diesem Resilienzfaktor geht: Ich habe nicht immer Einfluss auf das, was in meinem Leben alles passiert – aber ich übernehme die volle Verantwortung, wie ich darauf reagiere. Und einmal mehr lächelt Epiktet still vor sich hin: „Ja, ja, ich sage es immer wieder: Es sind wirklich nicht die Dinge der Welt, die uns beunruhigen – es ist unsere Haltung den Dingen der Welt gegenüber …" Change it, love it or leave it – aber übernimm die Verantwortung dafür, wie du mit den Situationen in deinem Leben umgehst. Emmy Werner konnte immer wieder beobachten, dass diejenigen Jugendlichen die gesündeste Entwicklung nahmen, die höchste Resilienz gegen Widrigkeiten des Lebens entwickelten, die folgende Einstellung für sich entwickelt hatten: **„Ich selbst habe mich 24 Stunden jeden Tag dabei. Ich selbst habe die größte Verantwortung für mich selbst und meine Entscheidungen darüber, was ich tue und was ich unterlasse zu tun. Ich selbst bin bereit, die Folgen meiner Handlungsentscheidungen zu tragen."**

Achten Sie darauf, Ihren Klienten immer wieder den Nutzen einer selbstverantwortlichen Lebensführung als wichtigen Resilienzfaktor salient zu machen. Scheuen Sie nicht davor zurück, Opferverhalten zu spiegeln und Opferüberzeugungen im sokratischen Dialog herauszufordern bzw. mit dem ABC-Modell einer rationalen Analyse zu unterziehen und konstruktive selbstverantwortlichere Alternativen zu erarbeiten. Erlauben Sie sich provozierende Aussagen wie: „Wer nicht selbstverantwortlich handelt, wird behandelt", oder noch nachdenklicher machende Aussagen wie „Wem wir die Schuld geben, dem geben wir die Macht."

5. Netzwerkorientierung: Alleine geht's – gemeinsam geht's besser …

Diese Grundidee steht hinter dem Resilienzfaktor Netzwerkorientierung. Soziale Netzwerke zu knüpfen und aufrechtzuerhalten, ist dabei die Herausforderung.

Manche Ihrer Klienten haben damit keinerlei Mühe, andere viel. Hier kommen wieder die persönlichen Oberpläne ins Spiel, die oft dysfunktionalen Basisannahmen, die repetitiv dysfunktionalen Interaktions- und Beziehungsmuster. Hier ist für viele Hilfesuchende individuelles Coaching angesagt: **Förderung der sozialen Kompetenz als wichtiger Resilienzfaktor.**

Die Grundidee ist offensichtlich: Wer in der Lage ist, ein soziales Netzwerk aufzubauen und zu pflegen, wer genügend „Einzahlungen" ins Beziehungskonto vornimmt, der wird im Sinne einer funktionierenden Reziprozität, einem Nehmen und Geben, über genügend viel soziale Unterstützung in Krisenzeiten verfügen, vor allem aber die Gelegenheit haben, immer wieder über sich, seine Erfahrungen, Gedanken und Gefühle sprechen zu können und damit auch sehr widrige Lebensumstände vorhersagbar burnoutfrei bewältigen können.

Welche sozialen Kompetenzen es im Einzelfall zu entwickeln oder verbessern gilt, ist individuell sehr unterschiedlich.

Praxistipp:

Ihre „Anti-Burnout-Toolbox" sozialer Kompetenzen sollte folgende Elemente auf jeden Fall beinhalten: Diagnostik um das vorliegende persönliche Kompetenzprofil zu erstellen und Hilfestellungen zur Verbesserung der sozialen Kompetenz.

Auf **Arbeitsblatt 8 „Selbstsicheres Verhalten: Mein persönliches Kompetenzprofil"** befinden sich nicht nur die 27 wichtigsten sozialen Kompetenzen aufgelistet, wie z.B. auf andere zugehen, unberechtigte Forderungen ablehnen, Lob äußern, Schwächen eingestehen können etc., sondern es besteht auch die Möglichkeit zu entsprechenden Selbsteinschätzungen bezüglich des Ausprägungsgrades der jeweiligen sozialen Kompetenz auf einer Skala von 0 bis 10. Und damit nicht genug, enthält das Arbeitsblatt 8 auch die Möglichkeit, sich direkt der dazugehörigen dysfunktionalen Kognitionen bewusst zu werden und die Resilienz fördernden alternativen, soziale Kompetenz erhöhenden Denkmuster zu erarbeiten.

Nachfolgende Hinweise haben sich in der Praxis der IBT besonders bewährt zur Verbesserung der sozialen Kompetenz:

Selbstsicheres Verhalten – Übungseinheit: Gespräche beginnen
Hat sich im vorausgehenden **Arbeitsblatt 8** ergeben, dass Schwierigkeiten bestehen bei der Resilienz fördernden Kompetenz „Gespräche beginnen können", so kann diese Fähigkeit nach der Übungsanleitung auf **Memoblatt M12 „Gespräche beginnen"** eingeübt werden. Üben Sie mit Ihrem Klienten – auch in der Einzelsitzung – den Zweischritt:

- Schritt 1: Lob zu äußern über das, was der Person positiv auffällt am anderen oder in seiner Umgebung oder in der Situation, in der sich diese Person mit dem anderen gerade befindet; und
- Schritt 2: Dieses Statement mit einer W-Frage zu beenden (woher, wozu, wodurch, wie, was). Auf **Memoblatt M13 „Mut zum ersten Schritt"** findet sich noch eine etwas ausführlichere Übungsanleitung mit der gleichen Kernaussage.

Praxistipp:

Denken Sie daran, zu den in der Sitzung bearbeiteten Themen das jeweilige Memoblatt aus dem Download (s. Hinweis auf S. 10) auf DIN A4 Ihren Klienten zur vertieften Beschäftigung damit und zur wiederholten Anwendung der darin enthaltenen Hinweise mitzugeben.

Selbstsicheres Verhalten – Übungseinheit: Umgang mit erhaltener Kritik
Hat sich im vorausgehenden **Arbeitsblatt 8** ergeben, dass Schwierigkeiten bestehen bei der resilienzfördernden Kompetenz „Umgang mit Kritik", so kann diese Fähigkeit nach der Übungsanleitung auf **Memoblatt M9 „Umgang mit Kritik"** eingeübt werden. Üben Sie mit Ihrem Klienten – auch in der Einzelsitzung – den Zweischritt:

- Schritt 1: Dank dafür, dass der andere Sie anspricht und mit Ihnen redet statt über Sie und
- Schritt 2: Stellungnahme zur Kritik, getrennt nach den vier logisch möglichen Fällen: a) die Kritik ist berechtigt, b) die Kritik ist nicht berechtigt, c) die Kritik ist teils berechtigt, teils nicht und d) die Kritik bezieht sich auf etwas, das mir im Moment unklar ist, worüber ich selbst erst Daten und Fakten abklären möchte.

Selbstsicheres Verhalten – Übungseinheit: Kritik äußern
Hat sich im vorausgehenden **Arbeitsblatt 8** ergeben, dass Schwierigkeiten bestehen bei der resilienzfördernden Kompetenz „Kritik äußern", so kann diese Fähigkeit nach der Übungsanleitung auf **Memoblatt M8 „Rückmeldung geben"** eingeübt werden. Üben Sie mit Ihrem Klienten – auch in der Einzelsitzung – auf der Basis der vorausgehenden Psychoedukation, dass das Verhalten eines anderen zu kritisieren nicht ausschließt, ihn als Mensch weiterhin wertzuschätzen, den Dreischritt:

- Schritt 1: Ich sage dem anderen, was genau er jetzt getan hat, womit ich nicht einverstanden bin.
- Schritt 2: Ich sage dem anderen, wie es mir damit geht, wie ich mich fühle, in Bezug auf das, was er gerade getan oder gesagt hat.
- Schritt 3: Ich sage dem anderen, welches andere Verhalten ich mir von ihm das nächste Mal wünsche.

Möchten Sie diese Übungseinheit vertiefen, können Sie auf der Basis von **Memoblatt M7 „Du- und Ich-Botschaften"** nach den Regeln der gewaltfreien Kommunikation von Marshall B. Rosenberg die Tiefenstruktur von Ich-Aussagen zusätzlich einüben und mit drei Videotipps bereichern.

Selbstsicheres Verhalten – Übungseinheit: Umgang mit Konflikten

In den alltäglichen Kontakten innerhalb sozialer Netzwerke sind Konflikte unvermeidlich. Es wäre seltsam, wenn es nicht so wäre. Dauerharmonie widerspräche allen Naturgesetzen, und wenn sich soziale Gemeinschaften im kollektiven Konfliktvermeidungsmodus befinden, ist früher oder später die explosive oder implosive maligne Manifestation vorprogrammiert.

Konflikte, die wir zu lösen bereit sind, sind also niemals das Problem. Schwierig ist es, an Problemen zu arbeiten, die zu haben wir uns nicht zugestehen. Die Psychoedukation besteht „Konfliktvermeidern" gegenüber darin, genau das Gegenteil zu tun von dem, was sie als Konfliktlösungsstrategie bisher gewählt hatten: Wenn sie sich schlecht fühlten über etwas, was sie selbst gesagt oder getan hatten, zu schweigen und dem anderen aus dem Weg zu gehen. Bestehen bei der resilienzfördernden Kompetenz „Umgang mit Konflikten" Defizite, so kann diese Fähigkeit nach der Übungsanleitung auf **Memoblatt M10 „Umgang mit Konflikten"** eingeübt werden. Üben Sie mit Ihrem Klienten – auch in der Einzelsitzung – auf der Basis der vorausgehenden Psychoedukation, dass konsequente Konfliktvermeidung konsequent zur Konflikteskalation führen wird, die konstruktive Verhaltensalternative ein.

Selbstsicheres Verhalten: Übungseinheit: Kommunikation in der Partnerschaft

Für viele Hilfesuchende sind der Aufbau und die Pflege von Burnout reduzierenden Netzwerken oft deshalb ein für sie sehr schwieriges Feld, da es ihnen an den Grundlagen sozial kompetenter Kommunikation mangelt. Besonders innerhalb beginnender oder bestehender Partnerschaften finden sich viele dysfunktionale Kommunikations- und Interaktionsmuster. Diese resilienzfördernden Kommunikations- und Interaktionsgrundlagen können jedoch sehr wohl eingeübt werden.

Übungsanleitungen dazu finden sich auf **Memoblatt M14 „Auf Augenhöhe dem anderen begegnen"**, **M15 „Die vier apokalytischen Reiter einer Beziehung"** und **M16 „Beziehungsengel – Beziehungsteufel"** sowie auf **Arbeitsblatt 11 „Partnerschaftsklärung – Matrix"** und **11a „Erläuterung zur Partnerschaftsklärung"**. Üben Sie mit Ihrem Klienten – auch in der Einzelsitzung – auf der Basis von **Memoblatt M14 „Auf Augenhöhe dem anderen begegnen"** die innere Haltung ein: „Ich begegne jedem Menschen auf Augenhöhe". Memoblatt M14 illustriert anschaulich in der Nomenklatur der Transaktionsanalyse, was mit „Ich begegne jedem Menschen auf Augenhöhe" gemeint ist: Weder kommuniziere ich „von oben herab", quasi aus der Position des strengen besserwisserischen Vaters oder der besserwisserischen Mutter dem kleinen dummen unmündigen Kind gegenüber, das ich im anderen vermeintlich sehe, noch lasse ich es zu, dass der andere aus dieser Position mit mir kommuniziert. Zwischen zwei erwachsenen Menschen ist die gesündeste und angemessenste Art und Weise miteinander zu kommunizieren die, einander auf Augenhöhe als zwei gleichberechtigte Erwachsene zu begegnen. Im beruflichen Kontext ist dies eine wichtige spannungsreduzierende innere Matrix im Kontakt mit Vorgesetzten, Kollegen, Kunden und Ihnen gegenüber Weisungsgebundenen. Die Voraussetzung, um authentisch und auf Augenhöhe zu kommunizieren, ist sich selbst darüber klar zu sein, was denn die eigenen Vorstellungen sind. Innerhalb der Partnerschaft empfiehlt es sich, sich die Zeit zu nehmen, um sich eigener oft unbewusster, auf jeden Fall oft unausgesprochener Wünsche bewusst zu werden.

Arbeitsblatt 11a „Erläuterung zu Arbeitsblatt 11" enthält eine Anleitung, wie diese eigene Klarheit zu gewinnen mittels **Arbeitsblatt 11 „Partnerschaftsklärung – Matrix"** möglich ist. Ermutigen Sie Ihren Klienten, Ihre Klientin, das Arbeitsblatt 11 in doppelter Ausführung mit nach Hause zu nehmen, und erläutern Sie Fragen, die zur Anleitung auf Arbeitsblatt 11a noch offen sind. Erklären Sie: „Die Aufgabe ist einfach und wirkungsvoll: Nehmen Sie sich – jeder für sich – zehn Minuten Zeit, dieses Arbeitsblatt zu Hause auszufüllen. Setzen Sie sich danach zusammen und suchen Sie gemeinsam nach Lösungen für vermeintliche Unvereinbarkeiten. Scheuen Sie sich nicht, Ihre Partnerin, Ihren Partner einzuladen, in der nächsten Stunde mit Ihnen gemeinsam hierher zu kommen, falls Sie beide zusammen nicht für alle Punkte konstruktive Lösungen finden können."

Memoblatt M15 „Die vier apokalyptischen Reiter einer Beziehung" wiederum ist die Grundlage zur Psychoedukation und Einübung konstruktiv alternativer Kommunikationsmuster bezüglich der vier von Gottmann (2014) beschriebenen apokalyptischen Reiter innerhalb jeder sozialen Beziehung.

Memoblatt M16 „Beziehungsengel – Beziehungsteufel" ermöglicht die Psychoedukation bezüglich der in der Partnerschaft wichtigsten bindungsvertiefenden bzw. bindungsgefährdenden Interaktions- und Kommunikationsverhaltensweisen.

Memoblatt M6 „Wirkung und Bedeutung einer Botschaft" ermöglicht abschließend die entlastende Psychoedukation, dass egal, wie sehr ich mich auch bemühe, mich angemessen auszudrücken, immer der Empfänger die Bedeutung und Wirkung meiner Botschaft bestimmt. Wie es Gunther Schmidt immer wieder humorvoll zu vermitteln versteht, ist es gut, sich bewusst zu sein: „Ich weiß nicht, was ich dir jetzt gesagt habe – ich weiß nur, was ich dir sagen wollte …" Immer wieder Rückmeldung zu erbitten, ist die Ermutigung an unsere Klienten, die aus dieser Erkenntnis zwangsläufig resultiert.

6. Lösungsorientierung

Emmy Werner (1971) konnte beobachten, dass Lösungsorientierung ein wesentlicher Resilienzfaktor ist. Kinder und Jugendliche, die bei auftauchenden Hindernissen auf ihrem Weg lösungsorientiert blieben, anstatt in Schuldzuweisungen und depressives Klagen über die Widrigkeit der Umstände zu verfallen, meisterten ihr Leben nachweislich besser und erfolgreicher. Steve de Shazer und seine Frau Insoo Kim Berg gelten als die Begründer der lösungsfokussierten Kurztherapie. Viele Menschen, die eine hohe Resilienz aufweisen, realisieren in ihrem Denken und Handeln intuitiv Grundsätze, wie sie von Steve de Shazer (2008, 2014) immer wieder beschrieben wurden, wie etwa:

- Was nicht kaputt ist, muss man auch nicht reparieren.
- Das, was funktioniert, sollte man häufiger tun.
- Wenn etwas nicht funktioniert, sollte man etwas anderes probieren.

- Kleine Schritte können zu großen Veränderungen führen.
- Kein Problem besteht ohne Unterlass; es gibt immer Ausnahmen, die genutzt werden können.

Nach Steve de Shazer erfordern Lösungen einfach, dass jemand etwas anders macht oder etwas anders sieht, was zu einer größeren Zufriedenheit führt. Der Weg dahin besteht darin, die ganze Aufmerksamkeit auf die beschwerdefreie oder beschwerdeärmere Zeit zu richten. Leiten Sie Ihre Klienten an, sich immer wieder die lösungsorientierten Fragen zu stellen:

- Wie habe ich mich da anders verhalten?
- Was habe ich da anderes gedacht?
- Wie habe ich mich da anders gefühlt?

Gerade im Zusammenhang mit Burnout und der oftmals die Umwelt anschuldigenden depressiv-resignativen Grundhaltung der Betroffenen gilt es, dem Resilienzfaktor Lösungsorientierung immer wieder Aufmerksamkeit zu widmen. Die bereits in Kapitel 3.4 beschriebene Wunderfrage ist hierbei ebenso ein wunderbar lösungsorientiertes Therapieelement wie die Fragen nach früheren Lösungen und Lösungsentwürfen, Ausnahmen zu den erlebten Problemsituationen und Ermutigungen, bisher schon erfolgreiche Lösungsansätze fortzusetzen.

7. Zukunftsorientierung

In den 1950er Jahren war Emmy Werner sicher nicht vertraut mit dem heute weltweit verbreiteten Konzept der Achtsamkeit: die volle Präsenz im Hier und Jetzt als die beste Voraussetzung für ein gutes Morgen. Für sie bedeutete die als Resilienz geortete Zukunftsorientierung, den Unterschied zu beschreiben zwischen den lösungsorientiert, optimistisch und realistisch planenden Jugendlichen, die sich im „Hier und Jetzt" bewegen und die erforderlichen Aktivitäten in Gang setzen, um ihre Ziele zu verwirklichen, und denen, die im verbitterten Blick zurück auf verpasste Chancen und erlittenes Unrecht das Voranschreiten aufgegeben hatten. „Smarte" Ziele (**Memoblatt M29**), Lösungsorientierung, Optimismus und Achtsamkeit sind die Zutaten einer resilienzfördernden Zukunftsorientiertheit. Auch dieser Resilienzfaktor kann durch die Einladung an Ihre Klienten, erneut eine Collage zu erstellen, vertieft und verstärkt werden (**Arbeitsblatt 15 „Collage-Anleitung"**). Dieses Mal ist die Anleitung: Wählen Sie all die Bilder, Worte und Überschriften aus, die Sie in den nächsten Wochen, Monaten und Jahren in Ihrem Leben gerne repräsentiert sehen möchten.

4.15 Modul 14: Selbstfürsorge – Motivierung zur Lebensstiländerung

Soll Burnout auf Dauer vermieden werden, ist eine dauerhafte Lebensstiländerung hin zu vermehrter Selbstfürsorge unumgänglich. In vielen Seminaren und Einzelsitzungen provoziere ich die Betreffenden gerne mit der Aussage: „Wenn ich Ihnen so zuhöre, erhärtet sich in mir immer mehr der Verdacht, dass sich in Ihrem Haushalt auch eine dieser unsäglichen, weit verbreiteten Bibelfälschungen befindet … – für mich hört es sich so an, als ob Sie streng nach dem darin enthaltenen Bibelwort leben würden: ‚Liebe Deinen Nächsten – und behandle Dich selbst schlechter als Deinen Hund‘…" Jörg Fengler (2013) geht da etwas liebevoller mit seinen Klienten um und formuliert ihnen gegenüber: „Schenken Sie sich den Satz: „Selbstfürsorge ist eines meiner liebsten Hobbys!" (Fengler 2013, S. 131) Doch worin besteht „not-wendige", Burnout-Not-wendende Selbstfürsorge?

4.15.1 Relevante Bereiche der Selbstfürsorge

Wie schon in früheren Veröffentlichungen (Kowarowsky 2005, 2011) gelten auch noch 2017 als die Top Ten der Selbstfürsorge folgende:

1. tägliche Entspannung – Zeiten der Stille, Selbstrückbezug;
2. Zeitplanung – persönliches Zeitmanagement;
3. Zufriedenheitserlebnisse – Dankbarkeit;
4. den eigenen Körper pflegen und trainieren;
5. das eigene soziale Netzwerk pflegen;
6. über eigene Sorgen und Probleme mit Vertrauten sprechen;
7. andere um Rat fragen;
8. sich professionelle Hilfe rechtzeitig holen;
9. sich regelmäßig fortbilden;
10. Neugier und Offenheit für neue Erfahrungen beibehalten.

1. Tägliche Entspannung – Zeiten der Stille, Selbstrückbezug
In Kap. 4.7.2 wurde bereits ausführlich die Bedeutung von Entspannungsübungen erläutert. Die Gewissensfrage, die sich jeder Burnout-Coach, -Therapeut und -Berater immer wieder selbst stellen sollte, ist: Wie stehe ich selbst zu der Möglichkeit, mir jeden Tag Zeit für mich selbst zu nehmen? Sind für mich Zeiten der Stille, des Selbstrückbezugs, der Entspannung, der Meditation ein selbstverständlicher, nicht verhandelbarer Teil meiner eigenen täglichen Selbstfürsorge?

Für Freudenberger war es das definitiv nicht. In seinem ersten, sieben Seiten umfassenden, bahnbrechenden Artikel über Burnout, dessen Ursachen, Folgen und mögliche Präventionsansätze schrieb er: „In vielen Fällen ist die Burnout-Erschöpfung eine emotionale und mentale Erschöpfung. Es ist diese Art der Erschöpfung, die Sie nicht schlafen lassen wird. Deshalb ist es meiner Meinung nach keine gute Idee, sich Meditation oder Yoga zuzuwenden, die ein geistiges Fallenlassen bewirken. Selbst-

beobachtung – das ist es nicht, was eine ausgebrannte Person benötigt." (Freudenberger 1974, S. 164, Übers. d. Autors)

Diese Meinung kann ich jedoch in keinster Weise teilen. War es vielleicht genau
diese Einstellung von Freudenberger, die wesentlich mitverantwortlich dafür war,
dass er selbst in den Zustand völliger Erschöpfung, seines eigenen Burnouts geraten war? Experimentieren Sie für sich selbst und geben Sie Ihren Klienten Anregungen
und Erfahrungsproben von zur Verfügung stehenden Wegen hin zur Ruhe. Auch hier
bietet sich erneut an, mit dem **Arbeitsblatt 7 „Motivationsklärungsfragebogen"** zu
arbeiten, um ganz im Sinne von Miller und Rollnick sich selbst und Ihren Klienten
die Türe zu öffnen für mehr „Change Talk" in Bezug auf die Selbsterlaubnis zu täglicher Stille und Entspannung. Die Rezeptvorschläge **R2 „Stille genießen", R3 „Seelenzeit nehmen", R4 „Kurz-Entspannungstraining", R5„Entspannungstraining 30
Minuten"** und das **Memoblatt M39 „Bedeutung der Stille"** können hierbei unterstützend zum Einsatz gebracht werden.

2. Zeitplanung – persönliches Zeitmanagement

Das Wichtigste im Rahmen einer Burnout-präventiven Lebensstiländerung ist Klar-
heit, Klarheit über die eigenen Ziele und Pläne. Selbstbestimmtes Handeln ist das
Kernelement persönlicher Zeitplanung. Sich konsequent und gemäß der gewählten
Ziele zu verhalten, bedeutet optimales Zeitmanagement verwirklicht zu haben.
Das sogenannte Pareto-Prinzip, auch die 80/20-Regel genannt, hilft dabei, die Zeit-
/Leistungsrelation zu verbessern. Haben Sie Ihre Prioritäten gesetzt bezüglich dessen, was Ihnen tatsächlich zu erledigen am wichtigsten ist und was im wahrsten Sinne
des Wortes eher „Zeitverschwendung" ist, dann bemühen Sie sich, 80 Prozent der
anfallenden Arbeit in einem möglichst kurzen Zeitraum zu erledigen. Dies bedarf
meist nicht mehr als 20 Prozent der zur Verfügung stehenden Zeit. Kümmern Sie sich
immer zuerst um die grundlegenden Aufgabenbereiche, anstatt sich in den zeitfres-
senden Details festzubeißen. Sie können z. B. bei einer internen Mail stundenlang
an einer Formulierung arbeiten – oder die Aussage einfach auf den Punkt bringen.

Vermeiden Sie Prokrastination! Der Berg wächst und wächst – und Ihre Belastung
auch. Nutzen Sie die Erinnerung an die Geschichte mit den Golfbällen auf **Memoblatt M31 „Golfbälle"**, lassen Sie sich erneut nachdenklich machen von Antoine de
Saint-Exupéry auf **Memoblatt M32 „Ablauf der Zeit"** oder noch nachdenklicher von
dem 85-Jährigen auf **Memoblatt M33 „Wenn ich noch einmal zu leben hätte"**, der
sein Leben abschließend reflektiert. **Memoblatt M30 „Wichtig und Dringend"** hilft
Ihnen dabei, sich die vier Felder des Eisenhower-Prinzips bewusst zu machen, die Sie
mit **Arbeitsblatt 9 „Was zu tun anliegt", 9b „Wichtig und Dringend"** und **9a „Das
Wichtigste und Dringendste"** praktisch zur Anwendung bringen können. Wie Sie erneut überprüfen können, ob Ihre Ziele „smart" sind, erfahren Sie auf **Memoblatt
M29 „Smarte Ziele"**. Ja, und der ganz andere Blick auf „realistische" Ziele eröffnet sich durch die alternative Sichtweise der jungen Möwe Radhé auf **Memoblatt
M29a „Geschichte der jungen Möwe"**. Der notwendige Schuss Heiterkeit auf die
allgegenwärtige Versuchung zur Prokrastination findet sich dann noch auf **Memoblatt M30a „Prokrastinationsgedicht"** und in den beiden „Filmpillen"
https://www.youtube.com/watch?v=4P785j15Tzk (*Procrastination – Tales of mere*

existence) und https://www.youtube.com/watch?v=arj7oStGLkU (*Inside the mind of a master procrastinator*) (Stand 24.10.2016).

3. Zufriedenheitserlebnisse – Dankbarkeit

Selbstfürsorge bedeutet viel mehr, als sich auf mehr oder weniger liebevolle Art und Weise alles erdenklich Gute zu tun: shoppen gehen, zu fernen Zielen fliegen – natürlich nur für höchstens zehn Tage, mehr geht wirklich nicht –, mal wieder „einen drauf machen" und mehr trinken, als einem gut tut. Wenn Sie das Wort Zufriedenheitserlebnisse ernst nehmen, dann bedeutet es, immer wieder darauf zu achten, dass das, was Sie tun – und wie Sie es tun –, tatsächlich zum Zustand inneren Friedens führt. Zufriedenheitserlebnisse sind somit im tiefsten Sinne des Wortes Erfahrungen, die Sie mit dem Gefühl des zunehmenden inneren Friedens erfüllen, des zunehmenden inneren sich Mit-sich-und-der-Welt in Einklang zu empfinden. Antonovsky nannte es „Sense of Coherence" (SOC), Mihaly Csikszentmihalyi (2007) nannte diesen Erfahrungszustand „Flow".

Praxistipp:

Hier wird deutlich, wie unsinnig die allgegenwärtige Forderung nach einer vermeintlich notwendigen Work-Life-Balance ist. Arbeit, sofern sie nicht als Teil des eigenen Lebensplanes ausgeführt wird, sondern als dem Leben gegenüberstehend oder sogar entgegenstehend erlebt wird, kann nur zu einem Zustand tiefer Erschöpfung, zu Burnout führen. Bin ich meiner Arbeit, meiner Haupttätigkeit gegenüber entfremdet, wird keine wie auch immer geartete „Balance" zu erzielen sein, mit im schlimmsten Falle von sich selbst ablenkendem „Leben". Hier geht es höchstens um die Balance von „mit Arbeit verbrachter Lebenszeit" und „mit anderen Dingen als Arbeit verbrachter Lebenszeit". Und hierbei löst sich die ganze „Balance"-Idee auch schon wieder auf. Es geht nicht darum, Ihren Klienten die Balance zu ungeliebter Arbeit beizubringen, sondern sie im Rahmen Ihrer individualisierten Burnout-Therapie zu ermutigen, eine bewusste Entscheidung zu treffen, die ihnen dabei hilft, ihre Arbeit wieder als gelebtes eigenes Leben zu erleben. Und dies einfach dadurch, dass sie sich entscheiden, entweder ihre Arbeit zu verändern, zu verlassen oder – falls die ersten beiden Möglichkeiten für sie ausscheiden – sie zu lieben. Arbeit mit innerer Präsenz schließt Flow-Erfahrungen nicht nur nicht aus, nein, sie ermöglicht sie oftmals erst und ist nach den Forschungsergebnissen von Mihaly Csikszentmihalyi (2007) sogar überdurchschnittlich häufig Auslöser von erfüllenden Flow-Erfahrungen.

Der Computerexperte, der in jeder freien Minute, die er nicht mit Arbeit an Computern verbringt, in seinem Garten arbeitet und dort zurzeit gerade einen Gartenteich anlegt, erlebt sich ganz sicher als ernsthaft arbeitend in seinem Garten. Gleichwohl stellt *diese* Arbeit eine sinnvolle Balance zu seiner überwiegend sitzenden Tätigkeit vor dem Bildschirm für ihn dar. Der Landschaftsgärtner wiederum, der jede freie Minute damit verbringt, im Chaos-Computer-Club neue Schwachstellen an bewährten Softwareprogrammen ausfindig zu machen, würde diese Tätigkeit genauso wenig als „Nichtarbeit" bezeichnen wollen. Für ihn wiederum stellt diese Arbeit am Computer einen für ihn belebenden Ausgleich dar zu seiner sonstigen Zeit, die er mit der Anlage von Gärten für zahlende Kunden verbringt. Es geht also bei der Burnout reduzierenden Balance-Idee bestenfalls darum, darauf hinzuweisen, möglichst viele verschiedene Bereiche seines Lebens, seiner Persönlichkeitsfacetten, seiner Fähigkeiten und Vorlieben zu leben.

Praxistipp:

Innere Präsenz, Achtsamkeit **bei allem, was wir tun**, vermag uns auch hier wieder die Tür zu Zufriedenheitserfahrungen zu öffnen.

Wann haben Sie zum letzten Mal in der Dusche gesungen? Wann haben Sie zum letzten Mal auf der Fahrt nach Hause nach einer Biegung auf der Landstraße einen unerwarteten Blick auf die untergehende Sonne nicht nur als verkehrsgefährdende Blendung erlebt, sondern die Atmosphäre des Sonnenuntergangs in sich aufgenommen, ja vielleicht sogar mit dem Gefühl der Dankbarkeit gegenüber einem solchen Feierabendgeschenk? Das sind die Momente, in denen Achtsamkeit gepaart mit Dankbarkeit zur Erfahrung der Zufriedenheit führt.

Eine der schönsten Möglichkeiten, Ihren Klienten die Theorie und einen ersten erfahrbaren Geschmack der Dankbarkeit in Kombination mit Achtsamkeit gegenüber den unendlich vielen kleinen Geschenken des Alltags zu vermitteln, ist gemeinsam mit ihnen in der Sitzung fünf Minuten und 33 Sekunden zu investieren, um auf YouTube den von David Steindl-Rast ins Netz gestellten Exkurs über einen guten Tag „A good day" anzuschauen (oder bei mangelnder Internetanbindung aus Ihrem zuvor angefertigten Clip-Grab-Download direkt von Ihrem Rechner). Sie finden „A good day" in leicht verständlichem Englisch und mit deutschen Untertiteln unter https://www.youtube.com/watch?v=3Zl9puhwiyw (Stand 31.10.2016). Gut fünf Minuten, in den Ihnen und Ihrem Klienten viele kleine und kleinste Alltagsbeobachtungen im wahrsten Sinne des Wortes vor Augen geführt werden, mit der dabei heilsam sich selbst eröffnenden Erkenntnis: „Oh stimmt – das nehme ich normalerweise überhaupt nicht bewusst wahr, geschweige denn, dass ich dafür bisher ein Gefühl der Dankbarkeit in mir zu empfinden vermochte." Einen Lichtschalter zu bedienen und elektrisches Licht damit einzuschalten, einen Wasserhahn zu öffnen, aus dem kaltes und warmes Wasser strömt – noch dazu meist trinkbares Wasser –, dies sind nur zwei Beispiele alltäglicher Erfahrungen, die normalerweise nicht in unserem Bewusstsein repräsentiert sind. Und wenn, dann ganz sicher nicht als Erfahrungen, gegenüber denen wir bisher ein Gefühl der dankbaren Zufriedenheit zu entwickeln vermocht hätten.

Die Ressourcenübung, jeden Abend aufzuschreiben, worüber Sie sich gefreut haben, kann spezifiziert werden mit dem ergänzenden Wort Dankbarkeit: „Schreiben

Sie jeden Abend fünf Tagesereignisse auf, worüber Sie sich gefreut haben und wofür Sie dankbar sind" – und tun Sie es wirklich.

Revenstorf schreibt über die Auswirkung dieser einfachen Burnout-reduzierenden Übung sehr motivierend positiv in einem auf seiner Homepage veröffentlichten Skript zur Selbstfürsorge: „Man hat festgestellt, dass Dankbarkeit tatsächlich empirisch nachweisbar Menschen positiv verändert. Zum Beispiel nimmt materialistisches Denken durch Dankbarkeit ab, Arztbesuche werden weniger und es ist weniger Neid da. Dankbarkeit fördert gute Laune und Optimismus. Man ließ Menschen ein halbes Jahr lang jeden Abend fünf Dinge aufschreiben, für die sie an diesem Tag dankbar waren, und eine Kontrollgruppe ließ man fünf Dinge aufschreiben, über die sie sich geärgert hatten. Der ersten Gruppe ging es nach einem halben Jahr erheblich besser: weniger Depression und Angst als in der Ärger-Gruppe. Dankbarkeit fördert Altruismus, auch Hilfsbereitschaft gegenüber Fremden, Dankbarkeit fördert Beziehungen und die Ehrlichkeit in Beziehungen und es fördert auch Empathie, die an sich schon eine Qualität der Selbstfürsorge ist. Es gibt tatsächlich unendlich viele Gründe dankbar zu sein." http://www.meg-tuebingen.de/5-downloads.htm.

David Steindl-Rast (2012) vertieft diesen Gedanken, indem er schreibt: „Dankbare Aufmerksamkeit lässt sich üben und erlernen. Wir können am Abend auf den vergangenen Tag zurückschauen und für etwas noch nie vorher Beachtetes zum ersten Mal dankbar sein. Wir können aber auch vorausplanen. Heute wird, sagen wir, dankbar auf Gerüche geachtet; morgen auf Farben und Formen; übermorgen auf Geräusche. In einem „Kurs", der jeden Tag wieder von vorne beginnt, können wir so durch dankbare Sinnlichkeit unsere freudige Lebendigkeit planmäßig fördern. Alles hängt davon ab, dass wir uns immer wieder erinnern." (Steindl-Rast 2012, S. 64–65).

Fengler (2013) rät, Dankbarkeitserfahrungen als Beitrag zur Burnout-Prävention zu nutzen und sich vor allem angesichts langer Listen von Klagen, Anklagen, Enttäuschungen, Misserfolgen und Misshandlungen immer wieder selbst – und seinen Klienten – die Frage zu stellen: „Und welchen Menschen und Ereignissen gegenüber haben Sie einen Grund dankbar zu sein?" (Fengler 2013, S. 128).

Liebevoll relativierend meint Luise Reddemann (2014) dazu: „Bei vielen meiner Patientinnen und Patienten hatte Dankbarkeit keine ‚gute Presse'. Sie erinnerten sich daran, dankbar sein zu müssen für Dinge, die sie nicht wollten. Dankbarkeit war die reinste Lüge." (Reddemann 2014, S. 126). Dennoch ist auch sie bemüht, ihre Patientinnen und Patienten immer wieder einzuladen zu experimentieren, wo und wie sie für sich einen stimmigen Zugang finden können für authentische Dankbarkeit ohne zwiespältige Gefühle. Abschließend zum Thema Dankbarkeit formuliert sie: „Sie können auch darüber nachdenken, wie viele Freuden Sie Ihrem Körper verdanken, dass Sie Schönheit sehen können, laufen, springen, tanzen können usw. Vielleicht geht es dann nach und nach doch ein wenig mit der Dankbarkeit. Tun Sie einen ersten Schritt, wenn Sie aber einen starken Widerwillen spüren, dann lassen Sie es. Es ist völlig in Ordnung, wenn nicht alles geht." (Reddemann 2014, S. 127).

Ist der Zugang zu authentischer Dankbarkeit jedoch gefunden, so wird die Liste berichteter Zufriedenheitserlebnisse vorhersagbar jeden Tag immer länger. Zusätzlich zu diesen gewürdigten, vom Leben selbst überraschenderweise immer wieder geschenkten Zufriedenheitserlebnissen ist es sinnvoll, Patienten zu motivieren, ihre persönliche Liste zu erstellen, wozu Sie wieder einmal Lust hätten, es zu tun oder zu erleben. Eine solche Liste können sie schriftlich erstellen oder noch besser über eine Collage mit dem Titel „Was mir mal wieder Spaß machen würde – eine wunderbare Sammlung vieler kleiner Ideen für Zufriedenheitserlebnisse".

Genau 50 einfache Rituale, die das Leben erleichtern – so der Untertitel – enthält das kleine Büchlein von Werner Tiki Küstenmacher (2013) mit dem Haupttitel „Eine Handvoll Glück". Ganz handlungsorientierte Hinweise enthalten auch Vorschlagslisten wie diese von Kowarowsky (2011) für in der Alltagshektik immer wieder in Vergessenheit geratene mögliche Zufriedenheitserlebnisse:

- „Lernen Sie immer wieder neue Menschen kennen und pflegen Sie den Kontakt zu Ihren alten Freunden.
- Benutzen Sie ab und zu das gute Geschirr und das Tafelsilber, einfach so, während der Woche.
- Spielen Sie mit Ihrem Hund oder Ihrer Katze.
- Gehen Sie mit Ihrer besten Freundin ins Kino.
- Besuchen Sie mal wieder ein Fußballspiel Ihrer Lieblingsmannschaft.
- Gehen Sie einfach heute Abend mal wieder in die Disco.
- Singen Sie in einem Chor Ihrer Wahl.
- Besuchen Sie ein Konzert.
- Stöbern Sie im Antiquariat.
- Schlendern Sie über den Flohmarkt.
- Gehen Sie zu einer Vernissage …

Kurzum: Gönnen Sie sich jeden Tag ein ausreichendes Maß an täglichen, unbeschwerten Zufriedenheitserlebnissen. Kunst, Kultur, Erotik, Experimente! Lassen Sie den Homo Ludens, den sinnlich spielerischen Anteil in sich, nicht zu kurz kommen. Ihr eigenes inneres Kind braucht Ihre liebevolle Zuwendung. Auch heute." (Kowarowsky 2011, S. 151).

4. Den eigenen Körper pflegen und trainieren
Hier ist noch einmal Gelegenheit, sich und Ihren Klienten ausführlich bewusst zu machen, dass Selbstfürsorge immer auch liebevolle Fürsorge für unseren eigenen Körper, in dem wir in dieser Welt unterwegs sind, mit einschließen sollte. Neben der täglichen äußeren Reinigung, die die meisten Menschen bereit sind ihrem Körper zukommen zu lassen, braucht es für viele Ihrer Klienten die zusätzliche Motivation, sich ihrem Körper und seinen Funktionen und Bedürfnissen immer wieder bewusst zuzuwenden. Die wichtigsten Bausteine selbstfürsorglicher Körperpflege sind dabei:

- **Bewusste gesunde Ernährung:** In Ruhe und guter Umgebung, sitzend, anstatt in Eile dabei umherlaufend oder während des Autofahrens zu sich genommen – in aller Ruhe mit Genuss und voller Aufmerksamkeit auf den Prozess des Kauens, Schmeckens und Genießens.
- **Bewusste tiefe Atmung:** Den Körper dabei zu unterstützen, genügend Sauerstoff zur Verfügung zu haben, um alle Zellen damit zu versorgen und die Blut- und Lymphzirkulation zu optimieren. Jackson (2011) versteht es, mit einfachen Wor-

ten diesen Sachverhalt auf den Punkt zu bringen: „Eine tiefe Atmung ist grundlegend, um Krankheiten zu überwinden und gesund zu bleiben, verbessert die Blut- und Lymphzirkulation, entspannt das Nervensystem, erzeugt Energie, löst geistigen und emotionalen Stress auf, nährt, reinigt und entspannt den gesamten Organismus und beruhigt den Geist. Eine tiefe Atmung kann mit der folgenden Übung erlernt werden:

1. einatmen, so tief es angenehm möglich ist;
2. den Atem viermal so lang anhalten, wie man eingeatmet hat;
3. zweimal so lang ausatmen, wie man eingeatmet hat;
4. das Ganze zehnmal wiederholen." (Jackson 2011, S. 56–57)

Hinzufügen möchte ich noch: und das Ganze am besten wenigstens einmal morgens, mittags und abends.

- **Bewusste Dehnung der Faszien:** Den Körper zu dehnen, sich zu räkeln und zu strecken – betrachten Sie eine Katze dabei, wie genussvoll und ausgiebig sie es zu tun pflegt – ist auch für viele Menschen ein inneres Bedürfnis. Oftmals sogar ohne das bewusste Wissen um die Funktion des Dehnens und Streckens zu kennen und ohne möglicherweise jemals etwas von Faszien und der Notwendigkeit, diese immer wieder zu dehnen, gehört zu haben. Faszien sind feine, zähe, bindegewebige Häute, die die Muskeln umhüllen, so dass die einzelnen Muskeln voneinander abgegrenzt bleiben können. Jeder Muskel ist sozusagen einzeln wie in eine elastische Wursthaut eingepackt. Neben der Funktion der Trennung der Muskeln besteht ihre weitere wichtige Aufgabe darin, die Lymphe zwischen diesen Faszien ableiten zu können. Die Lymphflüssigkeit wiederum transportiert sowohl Abbauprodukte aus den Zellen als auch wichtige Aufbaustoffe zu den Zellen. Dabei unterstützt jede einzelne Muskelbewegung den Transport der Lymphe. Die Faszien umhüllen jedoch nicht nur alle Muskeln, sondern auch alle Knochen, alle Organe und selbst die Nervenleitungsbahnen. Faszien sind zahlreich mit sympathischen Nervenendigungen durchsetzt und wirken dadurch auch als wichtige Schaltstellen vegetativer Regelkreise.

Dies wirkt sich in doppelter Hinsicht aus: Innere Gelassenheit senkt die Faszienspannung. Sich überfordert und angespannt zu fühlen, steigert dagegen die Grundspannung der Faszien. In einem circulus vitiosus steigt dann das Gefühl des Sich-gestresst-und-ausgebrannt-Fühlens, wenn die Faszien unter hoher Spannung stehen. Eine Spirale wird in Gang gesetzt werden, an deren Ende zunehmende Unbeweglichkeit und multiple muskuläre Schmerzen stehen, das Gefühl des sich, im wahrsten Sinne des Wortes, Alt-und-erschöpft-Fühlens. Durch chronische Verspannungen, Bewegungs- und Dehnungsmangel verkleben die Faszien zunehmend. Viele vegetative Funktionen werden dadurch beeinträchtigt. Sind die Faszien erst einmal verklebt, führt nahezu jede Muskelbewegung zu Schmerzen, weitere Bewegungseinschränkungen sind die Folge.

Faszien lassen sich jedoch sehr gut durch bewusste Dehnungen sowie durch manuellen subtilen Druck lösen und wieder mobilisieren. Yoga, Tai Chi, Chi Gong, Feldenkrais, Rolfing, Alexander-Technik, Hakomi, Fascial Fitness sind hierbei die besten und bewährtesten Wege, um Faszien geschmeidig zu halten oder wieder werden zu lassen. Für die Mobilisierung der Faszien mit der einhergehenden verbesserten Körperhaltung und dem großen Plus an Beweglichkeit und Leistungsfähigkeit ist es sinnvoll, zum Beginn eigener täglicher Übungen einen Kurs bei einer gut ausgebildeten Lehrkraft zu besuchen. Für das tägliche Dehnen können Sie sich auch von Robert Schleip (2014), dem weltweit anerkannten Faszien-Experten, mit von ihm persönlich sorgsam zusammengestellten Übungen für eine gelöste Körperhaltung zu ein paar Minuten Fasziendehnung motivieren lassen.

In einem Interview 2009 mit der „Medical Tribune" brachte Schleip das Wichtigste, das es über Faszien zu wissen gilt, auf den Punkt: „Es wird zunehmend klar, dass die Faszien der Hauptsitz des so genannten Embodiment sind, also der Frage, ob und wie gut jemand in seinem Körper zuhause ist. Das baut auf der Propriozeption auf und hängt in einem sehr interessanten Wechselspiel mit der Strukturierung des Somatomotorkortexes sowie des psychologisch geprägten Körperbildes im Gehirn zusammen. Die Faszien sind aber auch Hauptsitz der Interozeption. Das sind Empfindungen von Schwere, Leichtigkeit, eines generellen Raum- und Wohlgefühls, die unterbewusst an die Insula im Großhirn geleitet werden und sehr stark unser emotionales Tagesempfinden beeinflussen. Hier scheinen vor allem die Faszien um die Eingeweide eine große Rolle zu spielen." (Schleip 2009, S. 10).

- **Regelmäßiges körperliches Training:** Neben bewusster Ernährung, Atmung und täglicher Fasziendehnung ist zusätzlich aerobes Training unerlässlich, falls Sie Ihrem Körper tatsächlich die Fürsorge zuteilwerden lassen möchten, die er verdient. Motivieren Sie sich und die durch Sie Beratenen erneut dazu, dem eigenen Körper sehr viel mehr Aufmerksamkeit zukommen zu lassen, als dies in der Vergangenheit in den meisten Fällen eines vorliegenden Burnouts der Fall war. Vergegenwärtigen Sie sich erneut die Grundtatsachen über Ihren Körper auf **Memoblatt M27 „Körperbewusstsein"**: „Unser Körper ist unsere Basis. Zuallererst sind wir unser Körper – wir sind definitiv noch mehr, doch zunächst sind wir Körper. Unseren Körper lieblos zu behandeln heißt, uns selbst lieblos zu behandeln. Mit unserem Körper nicht achtsam umzugehen, bedeutet mit uns selbst nicht achtsam umzugehen."

Ja, es stimmt tatsächlich, was im weiteren Textverlauf von **Memoblatt M27 „Körperbewusstsein"** zu lesen ist: „Der Wert von Jogging, Ausdauersport, Yoga, Tai Chi und Chi Gong für körperliches und psychisches Wohlbefinden ist inzwischen in mehr als einer Studie wissenschaftlich belegt." Aerobe Übungen, d.h. alles, was Ihre Lunge dazu anregt, wieder schneller, kräftiger und tiefer zu atmen, führen vorhersagbar dazu, dass Sie sich wieder frischer, heller und wacher fühlen. Dem Körper ist es dabei gleichermaßen belebend, aktiviert zu werden durch zügiges Gehen, Laufen, Schwimmen, Radfahren, Tanzen oder leidenschaftlich aktiven Sex. Wenn Sie eine Woche lang körperlich nicht ins Schwitzen kamen, kann es Ihrem Körper gar nicht mehr gut gehen. Er kann sich dann nicht mehr wirklich lebendig und energievoll anfühlen. Sie konnten vielleicht schon selbst die Beobachtung machen, die auch mehrmals experimentell nachgewiesen wurde: Allein drei Tage genügen, in denen z. B. Ihr Arm eingebunden und zur Bewegungslosigkeit verdammt ist, um eine deutliche Rückbildung des Muskels zu beobachten, bis hin zum Muskelschwund.

Regelmäßiges körperliches Training senkt nicht nur nachweislich erhöhten Blutdruck und den Cholesterinspiegel, sondern führt auch dazu, dass durch die erhöhte Zirkulation aller Körperflüssigkeiten die Gelenke besser versorgt werden, was sich wiederum im Rückgang arthritischer Schmerzen sowie in der Vorbeugung und Verbesserung bestehender Rückenschmerzen positiv bemerkbar macht. Der günstige Effekt von körperlichem aerobem Training auf Angst, Selbstunsicherheit und Depressionen ist ebenfalls gut belegt. Natürlich sollten Sie Ihre oftmals lange bewegungsabstinenten Patienten darauf aufmerksam machen, dass körperliche Aktivierungsprogramme bei untrainierten Patienten zunächst eine gewisse Verstärkung der körperlichen Beschwerden zur Folge haben können. Gerade deshalb ist es gegenüber den chronischen „couch potatoes" unter Ihren Patienten ganz besonders wichtig zu betonen, dass mittelfristig durch regelmäßiges körperliches Training vorhersagbar deutliche Multi-Level-Symptombesserungen zu erwarten sind.

Dennoch – und das kann aus meiner Sicht nicht oft genug betont werden – weisen Miller und Rollnick immer wieder darauf hin, wie wichtig die therapeutische Grundhaltung ist, sich darüber bewusst zu bleiben, dass es die **Eigenverantwortung** des Patienten ist und bleibt, selbst zu entscheiden, was er für sich zu tun bereit ist und was nicht. Selbstfürsorge für den Körper bedeutet die bewusste Entscheidung für bewusste Ernährung, regelmäßige Dehnungen und aerobe Bewegung, bei der Sie gerne ins Schwitzen kommen dürfen. Dies ist idealerweise im Alltag begleitet von einer besonderen Achtsamkeit bezüglich des kontinuierlichen guten bewussten Wechsels von Gehen, Stehen, Sitzen und Liegen, anstatt zu lange in einer Position regungslos zu verharren (z. B. stundenlang unbeweglich vor dem PC zu sitzen). Die konkreten Entscheidungen für diesbezüglich notwendige, dauerhafte Veränderungen im Umgang mit unserem Körper liegen letztendlich bei jedem von uns selbst.

Wichtig ist besonders bei sich völlig erschöpft fühlenden Patienten, auf negative kognitive Regelkreise zu achten. Durch die erlebte Burnout-Erschöpfung hat sich oftmals ein sehr negatives Selbstbild eingestellt – „Ich bin halt einfach nicht mehr der Jüngste; früher war ich noch echt fit, jetzt gehöre ich eben schon zum alten Eisen usw." –, was dann wiederum Grundlage für weitere depressive Entwicklungen ist und erhöhte körperliche Passivität nach sich zieht. Durch die erfolgreiche Motivierung zu vermehrter körperlicher Aktivität und regelmäßigem Training kann sich der Patient jedoch wieder als körperlich belastbarer und leistungsfähiger erleben und damit auch wieder ein positiveres Selbstbild entwickeln. Erhöhte Selbstfürsorge im Hinblick auf einen guten körperlichen Trainingszustand bedeutet fast immer die Erfahrung zu machen: Je mehr ich für meinen Körper tue, umso wohler fühle ich mich. Je mehr Energie ich in meinen Körper investiere, umso mehr Energie habe ich.

- **Regelmäßiger ausreichender Schlaf:** Neben der Energetisierung durch körperliche Bewegung ist für viele unter Burnout Leidende eine Lebensstiländerung in Bezug auf ausreichende Schlafzeit unabdingbar. Ganz sicher benötigt nicht jeder Betroffene acht Stunden Schlaf pro 24-Stunden-Zyklus. Über Wochen und Monate hinweg jedoch jeden Tag nur vier bis fünf Stunden zu schlafen – und das chronisch erst weit nach Mitternacht beginnend – ist sicherlich kein Zeichen von liebevoll-fürsorglichem Umgang mit dem eigenen Körper. Die einfache Beobachtungsübung, für mehrere Wochen die Nettoschlafenszeit zu dokumentieren, ist in vielen Fällen der beste Weg, den Betroffenen den Ist-Zustand vor Augen zu führen und zu einer Änderung der Tagesroutine zu motivieren.

5. Das eigene soziale Netzwerk pflegen

„No man is an island." Treffender, als dies John Donne (1572–1631) ausdrückte, kann man es nicht formulieren. Niemand kann auf Dauer in Selbstisolation leben. Das Bindungs- und Beziehungsbedürfnis ist ein menschliches Basismotiv. Gerade in der Überlastung entsteht oft die ungünstige Dynamik von zunehmendem sozialem Rückzug. Mehrarbeit – als Versuch, der Lage Herr zu werden – führt infolge dazu, dass die Reservetanks eigener Energie vollends aufgebraucht werden und für Kontakte mit Freunden und Menschen, die einem gut tun, keine Kraft mehr vorhanden ist, Kraft, die fehlt, weil die Nahrung fehlt, die befriedigende soziale Kontakte letztendlich bedeuten. Ja, Joe Cockers raue Stimme, die den Nachthimmel vieler Open-air-Konzerte erfüllte, sollte gerade in Zeiten der völligen Erschöpfung im inneren System der Erinnerungen reaktiviert oder initial implementiert werden: „With a little help from my friends …" Sich des eigenen sozialen Netzwerks bewusst zu werden, ist anschaulich am besten zu vermitteln mit der Bitte an den Patienten, am Flip-Chart – oder auf einem großen Zeichenblock, den in Reichweite zu haben ich allen Therapierenden empfehlen möchte, falls ein Flip-Chart nicht zur Standardausrüstung Ihres Arbeitsraumes gehört – seinen Namen in einem Kreis in der Mitte des Blattes einzuzeichnen. Näherliegende und weiter entfernt liegende Kreise mit den Namen der jeweils relevanten Sozialpartner folgen. Grüne Verbindungslinien zeigen (noch) bestehende Beziehungen an; rote Pfeile werden hin zu denjenigen Personen gezeichnet, zu denen wieder mehr Kontakt gewünscht wird.

Sitzungsziel ist die Beantwortung der Frage: „Wann genau werden Sie mit wem wie Kontakt aufnehmen? Wen wann anrufen? Wen wann anmailen? Wen wann besuchen? Mit wem wann wofür verabreden? Welche in naher Zeit realisierbaren Möglichkeiten bestehen, neue Kontakte zu knüpfen? Was haben Sie bisher noch *nie* getan, um Ihr soziales Netzwerk zu erweitern?" Selbstfürsorge bedarf einer guten Balance von Zeiten des Selbstrückbezugs, Zeiten erfüllenden Bei-sich-Seins, Mit-sich-Seins, In-sich-Seins und der Zeiten des Miteinander-Seins.

Ermutigen Sie Ihre Klienten, die Nähe zu den Menschen zu suchen, die ihnen gut tun und die sie mögen (idealerweise diejenigen, bei denen dies in beiden Richtungen gilt). Erinnern Sie sie daran: „Sollten bei Ihren Kontaktversuchen von sieben Anfragen sechs aktuell auf Ablehnung stoßen, freuen Sie sich über die Verabredung, die zustande kommt. Seien Sie nicht zu selbstzentriert. Die meisten ‚Neins', die Sie erhalten, haben mehr mit dem aktuellen Leben der anderen zu tun, als dass es bedeutet, dass Sie es nicht wert wären, dass man sich mit Ihnen treffen möchte."

6. Über eigene Sorgen und Probleme mit Vertrauten sprechen

Ganz sicherlich werden die einzelnen sozialen Kontakte ganz unterschiedliche Bereiche der Persönlichkeit zu bereichern in der Lage sein. Als spezieller Aspekt der Selbstfürsorge hat sich die Notwendigkeit herauskristallisiert sicherzustellen, dass immer wieder die Möglichkeit besteht, über eigene Schwierigkeiten und Probleme mit zuverlässigen und des Stillschweigens fähigen Vertrauten zu sprechen. Dies gilt insbesondere für all diejenigen wegen Burnout um Hilfe Bittenden, die selbst als Helfende, Lehrer oder Führungskräfte tätig sind. Für diese Personengruppe ist es oftmals besonders schwierig, diesbezüglich ausreichend Gelegenheit zu haben, da selbst im privaten Umfeld oftmals der professionelle Status dazu führt, dass andere eher die Kontaktmöglichkeiten nutzen, um ihrerseits über eigene Schwierigkeiten und Probleme zu sprechen. Sie tun dies in der Gewissheit, einem kompetenten Gesprächspartner gegenüberzusitzen. Der Betreffende selbst wiederum sieht sich vor die Problematik gestellt, seine professionelle Rolle immer wieder im privaten Umfeld bewusst aktiv zu verlassen und Grenzen aufzuzeigen. Der weitere Teil der Schwierigkeit soll nicht verschwiegen werden: Ganz vielen Gesprächspartnern fehlt schlichtweg die Fähigkeit – selbst bei vorhandener Bereitschaft dazu – wirklich gut zuhören zu können. Der Reflex von „Ja, das kann ich gut verstehen, bei mir war da auch so eine Situation …" ist bei vielen Menschen sehr tief verankert und eher statistisch häufig als selten vorzufinden. Diese alltägliche Erfahrung gilt es in den Sitzungen zu thematisieren. Es sind insbesondere selbst professionell Helfende, die hier zu schnell aufgeben und ihr eigenes Mitteilungsbedürfnis in den Hintergrund zu stellen gewohnt sind. Gedanken wie: „Na ja, typisch! Wenn ich etwas teilen möchte, interessiert das eh keinen" sind dann häufig die inneren zum Verstummen führenden Selbstverbalisationen. Ermutigen Sie deshalb zu alternativen Gedanken und geäußerten Sätzen wie diese: „Ich möchte gerne noch weiter erzählen, ich war noch nicht fertig." oder „Was mir noch wichtig ist zu dem, was ich dir gerade begonnen hatte zu berichten, ist …", „Ich möchte dir gerne noch genauer darstellen, wenn du es hören magst, wie ich das Ganze erlebt habe …", „Was in mir dabei abgelaufen ist, war Folgendes …" Zu einer umfassenden Selbstfürsorge und einem wirksamen dauerhaften Burnout-Schutz ist wenigstens ein Vertrauter oder eine Vertraute, besser eine kleine Gruppe von Vertrauten, im wahrsten Sinne des Wortes not-wendig. Überlegen Sie mit den um Hilfe Bittenden gemeinsam in aller Ruhe, wem gegenüber sie eine größere Selbstöffnung als bisher einzugehen bereit wären. Wem gegenüber wäre auch das Sprechen über eigene Sorgen und Probleme ein vertretbares Risiko und eine für sich selbst bereichernde Erfahrung?

7. Andere um Rat fragen

Noch einen Schritt weiter geht Selbstfürsorge, wenn die Erkenntnis erreicht wird, dass es nicht nur wichtig ist, über eigene innere Themen zu sprechen und sich vertrauensvoll über eigene Sorgen und Probleme auszutauschen, sondern auch aktiv andere um Rat zu fragen. Heller (2013) empfiehlt hierzu aus ihrer eigenen Coaching- und Beratungspraxis heraus, den Selbstcheck anzuregen bezüglich folgender potenziell vorliegender dysfunktionaler Grundüberzeugungen, die jemanden aktiv um Rat zu fragen oft im Wege stehen: „Dir hilft eh niemand; da musst du alleine durch; wenn du dir helfen lässt, machst du dich abhängig; Hilfe brauchen nur schwache Menschen; wer hilfsbedürftig ist, ist weniger wertvoll …" (Heller 2013, S. 133). Gerade die speziell vorbenannte Gruppe professioneller Helfender, Lehrer und Führungskräfte sind oft genug von mehr als einem dieser irrationalen Annahmen für sich persönlich als gültig überzeugt. Eine Bearbeitung dieser oder ähnlicher georteter ungünstiger Grundeinstellungen mittels eigenständig durchgeführter Rationaler Selbstanalyse (RSA) bzw. sokratischen Dialoges ist dann in jedem Fall indiziert.

8. Sich professionelle Hilfe rechtzeitig holen
Da der unter Burnout Leidende ja schon bei Ihnen angekommen ist, bleibt dieser Rat der weiteren Lebensführung vorbehalten – auch in Bezug auf körperliche Problemfelder, die in der Vergangenheit oft aus Achtlosigkeit oder problematischer Prioritätensetzung häufig zu spät einer professionellen Hilfestellung zugeführt wurden. Gerade für Menschen, die es gewohnt sind, ihrerseits professionell für das biopsychosoziale-environmentale Wohlergehen anderer Menschen zuständig zu sein, ist es eine immerwährende Herausforderung, sich selbst rechtzeitig professionelle Hilfe zu holen. Die Motivierung für diesen speziellen Aspekt der Selbstfürsorge sollte deshalb im Verlauf der gemeinsamen Arbeit mehr als einmal das Thema sein. Vertiefende Unterstützung bei der Bewältigung eines vorliegenden ausgeprägten Zustandes der Erschöpfung in speziellen Gruppen für Lehrer wird in der Klinik Roseneck in Prien am Chiemsee angeboten (http://www.schoen-kliniken.de/ptp/kkh/ros/, Stand 09.11.2016) und spezielle Burnout-Gruppenbehandlungsangebote für erschöpfte Therapeuten und professionell Helfende in der Klinik Heiligenfeld bei Würzburg (https://www.heiligenfeld.de/, Stand 09.11.2016). Führungskräfte werden sich unter ihresgleichen am ehesten in der Max-Grundig-Klinik in Bühl bei Baden-Baden wiederfinden können (http://www.max-grundig-klinik.de/index.php?id=280&gclid= CP3buuaYk80CFbYV0wodcdcCcw, Stand 09.11.2016). Neue qualifizierte Angebote auch anderer Anbieter entstehen derzeit zunehmend.

9. Sich regelmäßig fortbilden
Die Erfahrung zeigt, dass, ganz gleich welcher Tätigkeit die von Burnout Betroffenen auch nachgehen, mit zunehmender Erschöpfung die Offenheit für freiwillige vermeintliche Belastungen, wie Fortbildungen zu besuchen, drastisch abnimmt. Genau dies führt aber in der Regel zu einer Zunahme an Belastung, da dadurch vorhersagbar ein Ins-Hintertreffen-Geraten verbunden ist. Jenseits der Aktualisierung des Fachwissens erleben die meisten Teilnehmenden an guten Fortbildungsveranstaltungen eine nachfolgend erhöhte Lebendigkeit, einen größeren gesunden Abstand zu dem Klein-Klein des Alltagsgeschehens und einen geweiteten Blick, nicht nur auf das eigene Arbeitsgebiet. Sich regelmäßig fortzubilden – bei kassenzugelassenen Psychologischen Psychotherapeuten in Deutschland sogar eine jährliche Verpflichtung von mindestens 50 Stunden – sollte als Quelle der eigenen Kompetenzerhöhung, als Quelle für die Vertiefung beruflicher sozialer Netzwerke und als Quelle für die Erhöhung eigener mentaler Präsenz zum Standardrepertoire der beruflichen Selbstfürsorge auch in den Beratungsgesprächen immer wieder thematisiert werden. Wichtig ist dabei auch die Weitergabe von praktischen Informationen, wie z. B. die Tatsache, dass es in Deutschland seit Ende 2008 das Programm einer Bildungsprämie gibt - von der Bundesregierung initiiert als ein Baustein im Konzept „Lebenslanges Lernen", das mehr Menschen Weiterbildung ermöglichen soll durch diesbezügliche staatliche finanzielle Unterstützung. Mehr Informationen bekommen Sie unter http://www.bildungspraemie.info/_medien/downloads/BiP_FlyerWBI.pdf oder über die kostenlose Hotline 0800 2623-000 (Stand 31.10. 2016).

Fortbildung ist sogar im Zustand der Belastung durch Langzeitarbeitslosigkeit mit seinen finanziellen Engpässen möglich. In Deutschland stellt die Bundesagentur für Arbeit in diesem Fall die Bildungsgutscheine aus. Informationen hierzu finden Ihre Patienten unter https://www.arbeitsagentur.de/web/content/DE/BuergerinnenUnd-Buerger/Weiterbildung/Foerdermoeglichkeiten/Bildungsgutschein/Detail/index.htm?dfContentId=L6019022DSTBAI486072 (Stand 31.10.2016).

Speziell für Menschen, die therapeutisch mit Trauma-Opfern oder oftmals traumatisierten Borderline-Patienten arbeiten, ist regelmäßige Fortbildung zur eigenen Burnout-vermeidenden Psychohygiene von ganz besonderer Bedeutung. Auf **Rezeptvorschlag 9 „Selbstfürsorge für Therapeuten"** findet sich diesbezüglich zum Unterthema „Abgrenzungsnotwendigkeit" ein bibliotherapeutischer Fortbildungshinweis durch Meichenbaum. Auf **Rezeptvorschlag 10 „Literatur zur Überwindung von Burnout"** findet sich eine umfassende Literaturliste, die erfahrungsgemäß von den meisten Ihrer Patienten sehr wertgeschätzt werden wird.

10. Neugier und Offenheit für neue Erfahrungen beibehalten

Neotenie – Neugier und Offenheit für neue Erfahrungen – hat sich als ein wesentlicher Faktor für Langlebigkeit und Gesundheit bis ins hohe Lebensalter erwiesen. Die (Selbst-)Motivierung zu erneuter kindlicher Neugier und erneuter Offenheit, sich immer wieder auf den Fluss des Lebens einzulassen – bei allen erlittenen Enttäuschungen und unter Umständen noch bestehender Verbitterung – scheint einer der wichtigsten Aspekte der Selbstfürsorge zu sein. Er schließt Güte, die Haltung von Nachsicht gegenüber den Unzulänglichkeiten und Fehlern anderer Menschen sowie Vergebung mit ein. Dem anderen oder gar den anderen zu vergeben, ist nicht ganz uneigennützig. Es dient nicht zuletzt immer auch der eigenen inneren Seelenruhe, dem Abbau eigener Verbitterung und Kränkung. Und Vergebung hilft dabei, dass auch die anderen Beteiligten aus reaktiven Handlungsspiralen wieder heraustreten können. Sich selbst gegenüber gnädig und nachsichtig zu sein, eigene Unzulänglichkeiten und Fehler zu verzeihen, ist manchmal noch schwerer und dennoch unabdingbar, um wieder offen dem nächsten Tag entgegentreten zu können, erfrischt nach einer Nacht mit friedlichem vorangegangenen Tagesende, resultierend aus dem aktiven Entschluss zur Vergebung, gütigen Gedanken gegenüber anderen und Selbstversöhnung. Offenheit und Neugier auf den heutigen Tag beim Erwachen, ganz im Sinne von Hermann Hesse, „heiter Raum um Raum durchschreitend" immer wieder neue Lebensräume zu betreten mit der Bereitschaft innerer Offenheit für neue Erfahrungen Tag für Tag:

> *„Nur wer bereit zu Aufbruch ist und Reise,*
> *Mag lähmender Gewöhnung sich entraffen.*
> *Es wird vielleicht auch noch die Todesstunde*
> *Uns neuen Räumen jung entgegen senden,*
> *Des Lebens Ruf an uns wird niemals enden ..."*
> (aus: Hermann Hesse, *Stufen*)

4.15.2 Selbstfürsorge aus der Sicht der Traditionellen Chinesischen Medizin (TCM)

Gerade in einem Zustand völliger Erschöpfung sind viele Betroffene oft unkritisch bereit, jeder Art von ungeprüften alternativen Hilfshinweisen zu folgen – oft mit mehr als fraglichem oder gar schädlichem Ergebnis. Bei der Suche nach den qualifiziertesten Quellen für relevantes Wissen, um Burnout so kompetent wie möglich behandeln zu können, fiel die Wahl deshalb darauf, die neben der modernen Medizin existierenden beiden ältesten Gesundheitssysteme mit ihrem Verständnis um Krankheit und Gesundheit diesbezüglich zu Wort kommen zu lassen. Um jedoch nicht in der unüberschaubaren Fülle der Literatur verloren zu gehen, die einem Außenstehenden nach Relevanz und Güte zu beurteilen schwer fallen dürfte, fiel die Wahl auf die Form des direkten Interviews mit den derzeit qualifiziertesten deutschen Vertretern. Für die praktische Anwendung von Traditioneller Chinesischer Medizin (TCM) wurde Andreas Noll als Experte befragt und für Ayurveda Ernst Schrott. Beide erklärten sich dankenswerterweise dazu bereit, ihre Top-Ten-Hinweise der Selbstfürsorge zur Prävention und Behandlung von Burnout den Lesern und Anwendern dieses Lehrbuches zur Verfügung zu stellen. Als ausgedruckter Download von **Rezeptvorschlag R6 „TCM Top Ten"** und **R7 „Ayurveda Top Ten"** können Sie die Essenz dieser Aussagen als Empfehlungen zu gesundheitsrelevantem Basiswissen gerne an Ihre Patienten weitergeben. Was genau sind nun die wichtigsten Aussagen der TCM und des Ayurveda zur gesundheitserhaltenden, Burnout bewältigenden Selbstfürsorge?

TCM und Burnout
Andreas Noll aus München ist ausgewiesener Experte für Traditionelle Chinesische Medizin (TCM). Er ist Gastprofessor an der TCM-Universität Chengdu in China und Autor von inzwischen einem guten Dutzend Büchern über die unterschiedlichsten Aspekte der TCM.

In einem Interview am 30.08.2015 antwortete er auf meine Fragen nach der Sicht der TCM in Bezug auf die Top Ten einer kompetenten gesundheitlichen Selbstfürsorge zur Prävention und Behandlung des Burnouts Folgendes:

Die Top Ten der TCM-Empfehlungen zur Selbstfürsorge gegen Burnout
Die wichtigste Empfehlung für Betroffene lautet:

1. **Sorgen Sie für hochwertigen körperlichen, geistigen und seelischen Input.**
   Erschöpfung bedeutet, dass jemand lange Zeit seine Energien verausgabt hat. Getrieben durch Sehnsüchte, Ansprüche und soziale Vorgaben ist das Augenmerk auf die Realisierung dieser Vorstellungen gerichtet – nach außen. Zu wenig wird auf ‚Input' geachtet: Ruhepausen, ausreichender Schlaf in einer ruhigen Umgebung, tägliche Anwendung einer Entspannungsmethode, Massagen, gesunde Ernährung, Kontakt zu den uns liebsten Mitmenschen, gute Gespräche, schöne Musik und die Pflege der persönlichen Interessen.

2. **Sorgen Sie jetzt dafür – nicht später.**
   Die Beachtung geläufiger, scheinbar banaler Wahrheiten wie „keine Bewegung ohne

Ruhe" werden, wenn überhaupt, auf die Zukunft verschoben. Die Traditionelle Chinesische Medizin (TCM) geht von einem umfassenden Lebenskonzept aus, das die Einheit des Menschen mit sich selbst und mit der Um-/Mitwelt als Idealzustand postuliert. Der Mensch wird aus Sicht der TCM innerlich getrieben durch seine Vorstellungen, seiner Seele und seinem Geist. Spürbar sind die positiven und negativen Auswirkungen dieser Ambitionen nur über den Körper und seine Äußerungsmöglichkeiten: Druck – ob direkt von innen oder über die problematische Bewertung des Außen – erzeugt Druckgefühle, sei es im Kopf, in den Muskeln oder im Bauch. Grübeln schlägt auf die Verdauung und Ängste ziehen den Boden unter den Füßen weg, machen schwindelig und auch körperlich instabil. Wie auch im alltäglichen Sprachgebrauch werden in der TCM den Gefühlen im positiven wie negativen Sinne Organbilder zugeschrieben: Angst geht an die Nieren, Wut geht an die Leber und bei Freude sind wir mit vollem Herzen bei der Sache. Bei einer Verausgabung und Erschöpfung können dann tatsächlich, nicht nur gefühlt – wie häufig als subjektives Erleben oft monate- oder gar jahrelang im Voraus möglich – sondern objektivierbar organisch und somit substanziell diese Organfunktionen gestört werden. Spätestens dann ist der Zeitpunkt erreicht, dass durch Herzrasen, Herzschmerzen, Magenbeschwerden oder Durchfälle das reibungslose Funktionieren im modernen Alltag unmöglich geworden ist. „Burnout" heißt, dass die energetischen und substanziellen Reserven der Lebensenergie Qi erschöpft sind. Dies ist in den meisten Fällen ein Prozess, der langsam anfängt und zunehmend spürbar wird. Die Verschiebung der notwendigen korrigierenden Verhaltensänderungen auf die ferne Zukunft ist das Problem. Die besondere Stärke der TCM liegt in der Vermeidung der Gefahr, bevor sie eingetreten ist. Ändern Sie deshalb Ihre ungünstigen Lebensgewohnheiten. Ändern Sie Ungünstiges Jetzt! – nicht später.

3. Sorgen Sie dauerhaft dafür – nicht nur kurzfristig.
Das im alten konfuzianischen China postulierte ‚Maßhalten' wird in der akuten Erschöpfungssituation den heutigen ‚ausgebrannten' Menschen vielleicht schlüssig und befolgenswert erscheinen. Sobald aber durch gesundheitsgerechteres Verhalten der Zustand völliger Erschöpfung überwunden ist und der Energiehaushalt es wieder zulässt, fällt der oder die Betroffene ganz häufig in die vertrauten ungünstigen und krankmachenden Muster zurück. Die wirkliche Herausforderung besteht aber nun genau darin, auf Dauer ein geregelteres, maßvolles Leben zu leben."

4. Sorgen Sie für Ihre persönliche Lebensstil-Balance.
Die TCM geht nicht von einem einfachen Leere-Fülle-Konzept aus, sondern von einer wechselseitigen Bedingung: Die Erfahrung einer inneren Leere (z.B. Leeregefühle, Müdigkeit, geringes Selbstwertgefühl) kann der Antrieb für Aktivitäten sein, um sich wieder die Erfahrung von mehr Fülle zu eröffnen. Dies wiederum kann – ohne Maß und Ziel durchgeführt, ohne die rechte Balance von Ruhe und Aktivität einzuhalten – aber auch schnell wieder in die völlige Verausgabung führen mit erneuter Erfahrung innerer Leere. Die Lösung liegt in der Balance. Sorgen Sie für Ihre persönliche Lebensstil-Balance, dem Ausgleich scheinbar entgegengesetzter Bewegungen. Wer zu viel im Kopf hat, muss etwas mit dem Körper tun. Wer beruflich extrovertiert gefordert ist, alle Aufmerksamkeit auf das

Außen zu legen hat, sollte sich viel von seiner frei verfügbaren Zeit für sein Innenleben nehmen. Wer sehr kommunikativ arbeitet, sollte den wohltuend ausgleichenden Segen der Einsamkeit kennenlernen.

5. **Akzeptieren Sie die Wechselhaftigkeit des Daseins.**
   Etwas anderes zu tun als das tägliche ‚Muss‘ ist keine Verschwendung, sondern schafft Kapazitäten für Neues. Dies schafft die Leere, die wieder durch mehr Kraft und Ideen gefüllt werden kann. Erst der erfrischende Schlaf bringt die Power für den folgenden Tag. Dieses Gefühl zu bekommen für die eigentlich unausweichliche Wechselhaftigkeit unseres Daseins, eines Auf und Ab von Ruhe und Bewegung führt zu dieser von Vielen ersehnten inneren Gelassenheit.
   Akzeptieren Sie diese Wechselhaftigkeit des Daseins, die auch die Wechselhaftigkeit von Wohlbefinden und gelegentlichen körperlichen wie seelischen Turbulenzen beinhaltet! Dies ist ein großer Gewinn für die ansonsten im Widerstand gegen die Abweichungen von der Idealvorstellung verbrauchte Schaffenskraft eines modernen Menschen.

6. **Vermeiden Sie das Befolgen abstrakter, allzu sehr verallgemeinernder „Ernährungslehren“ – essen Sie das, was Ihnen bekommt.**
   Eigentlich ist die alte chinesische Heilkunde ein zutiefst ökologisch orientiertes Gesundheitssystem: Gesund ist, wenn der Mensch im Einklang mit sich selbst, mit der Natur und dem gesamten Kosmos lebt. Das schließt nicht nur die Beachtung der zeitlichen Rhythmen von Tages- bis Jahreszeiten ein, sondern auch die Ernährung. Erdbeeren im Januar und Äpfel im Juni – das ist nicht nur in der ökologischen Bilanz unangebracht. Soweit das äußere Angebot. Essen sollten wir darüber hinaus das, was schmeckt, satt macht und vor allem das, was uns bekommt. Letzteres ist das Wichtigste! Vermeiden Sie das Befolgen abstrakter, allzu sehr verallgemeinernder ‚Ernährungslehren‘. Das morgendliche Müsli kann nicht das Gesündeste sein, wenn man sich im Büro mit Blähungen herumquälen muss. Der populäre Verzicht auf tierisches Eiweiß führt zu Kälte- und Schwächegefühlen, wenn man nicht sehr aufmerksam diese Defizite auffüllt. Die Verdauung von Rohkost kostet den Magen und Darm viel Energie, also sollte man eher gekochtes Gemüse essen, wenn sowieso Kältegefühle lästig sind. Ersparen Sie vor allem am Abend Ihrem Körper die Belastung durch Rohkost. Nahrungsmittelergänzungen sollten tatsächlich nachgewiesenen Defiziten vorbehalten sein, wenn diese nicht durch eine angepasste ausgewogene Ernährung ausgeglichen werden können. Das tägliche Essen ist außerdem weitaus mehr als Materialzufuhr – es ist ein gefühlvolles, auch soziales Ereignis. Das gesündeste Essen ist das, was Sie mit Genuss in Ruhe und guter, harmonischer Atmosphäre zu sich nehmen.“

7. **Bewegen Sie sich.**
   Bewegung ist das Wichtigste für uns moderne ‚kopflastige‘ Menschen. Welche Art und Intensität ist abhängig vom Level der Lebensenergie Chi: Ist das Chi kraftvoll, aber blockiert (Stichwort: Frust, Anspannung), dann sind längerdauernde, durchaus auch langweilige Bewegungsarten sinnvoll, von Spazierengehen bis Joggen – aber nicht leistungs-, sondern zeitorientiert, also drei- bis viermal pro

Woche jeweils 30 bis 60 Minuten. Ist der Erschöpfungszustand bereits da, so sind Yoga oder Chi Gong sinnvoll. Mit diesen Übungen wird die Energie eher bewahrt. Viele tief erschöpfte Menschen haben dabei das Empfinden, mehr Energie aus diesen Übungen zu gewinnen, als sie dafür investieren. Von den Tageszeiten her ist der Abend sicherlich am wenigsten sinnvoll für anstrengende Tätigkeiten ebenso wie die Mittagszeit. Der traditionelle Frühsport hat nicht nur in China eine lange Tradition. In der TCM geht man von einer „Organ-Uhr" aus, nach der, wie auch in der Chronobiologie nachgewiesen, die Körper- und Geistesfunktionen im 24-Stunden-Rhythmus ihre Hoch- und Tiefzeiten haben. So ist von 7 bis 9 Uhr der Magen optimal aufnahmefähig – das gut verdauliche Frühstück sollte immer möglich sein für den Start in den Tag! Was die Jahreszeiten betrifft, so sind der Frühling und Herbst für Bewegung und Sport am besten, der Sommer für Kommunikation und Gesellschaft und der Winter für das behagliche ‚Baumeln der lieben Seele'."

8. Leben Sie gelassen in Übereinstimmung mit den Naturgesetzen.
Wenn es darum geht, innere Gedanken, Heilsätze, Einstellungsänderungen, die schon vor Jahrtausenden ausgebrannten Menschen im antiken China empfohlen wurden, zu reflektieren, fällt mir ganz spontan der Text von Zhuang Zi ein:

‚Das Wirken der Natur zu kennen und zu erkennen, in welcher Beziehung das menschliche Wirken dazu stehen muss: Das ist das Ziel. Die Erkenntnis des Wirkens der Natur wird durch die Natur erzeugt, und die Erkenntnis des (naturgemäßen) menschlichen Wirkens wird dadurch erlangt, dass man das Erkennbare erkennt und das, was dem Erkennen unzugänglich ist, dankbar genießt. Seines Lebens Jahre zu vollenden und nicht auf halbem Wege eines frühen Todes zu sterben: Das ist die Fülle der Erkenntnis ...'

Und Zhuang Zi fährt fort mit der Beantwortung der selbst gestellten Frage: ‚Was ist unter einem wahrhaftigen Menschen zu verstehen?'

‚Die wahrhaftigen Menschen des Altertums hatten während des Schlafens keine Träume und beim Erwachen verspürten sie keine Angst. Ihre Speise war einfach, ihr Atem tief ... Die wahrhaftigen Menschen der Vorzeit kannten nicht den Hang zum Leben und nicht die Abscheu vor dem Sterben. Ihr Hervortreten (in die Welt der Körperlichkeit) bereitete ihnen keine Freude, ihr Wiedereintritt (in die Welt gestaltlosen Daseins) vollzog sich ohne Widerstreben. Gelassen gingen sie, gelassen kamen sie. Sie vergaßen ihren Ursprung nicht und strebten auch ihrem Ende nicht zu; sie nahmen ihr Schicksal hin und freuten sich darüber, und (des Todes) vergessend kehrten sie (ins Jenseits) zurück ...

Tod und Leben sind Schicksal; dass es ewig ist wie Tag und Nacht, liegt in der Natur begründet; dass es Grenzen gibt, die man nicht überschreiten kann, beruht auf den allgemeinen Verhältnissen, in denen die Geschöpfe sich befinden.'

9. Lassen Sie sich inspirieren von bewährten TCM-„Textpillen".
In meinem ‚Patientenratgeber TCM' (2013) habe ich Burnout reduzierende Hinweise in Form kleiner ‚Textpillen' so formuliert:

Ruhe und Bewegung
Wir leben in einer Zeit, in der Bewegung und Veränderung der vermeintlich al-

les entscheidende Wert sind. Und so ist auch das persönliche Leben geprägt davon weiterkommen zu wollen, sich weiter entwickeln zu wollen, sich verändern zu wollen. Wir leben ein Leben, das so gelebt, irgendwann zur Verausgabung führen kann. Gönnen Sie sich daher auch mal ein wenig völlig unproduktive Langeweile! Das gilt auch für die faulen Abende auf dem Sofa. Nicht jeden Tag ist das Fitnessstudio oder die Joggingstrecke angebracht. Yin und Yang – der Mensch braucht Ruhe und Bewegung.

Übermaß und Mittelmaß
Jegliche Form an Exzessivität erschöpft die Reserven. Genüsse und Leidenschaften, Sport oder Faulenzerei, zu viel Sex oder zu viel Arbeiten ... – aber Sie wissen ja sicher aus eigener Erfahrung, dass einem Hoch immer ein Tief folgt!

Ein jedes Ding hat seine Zeit ...
... so heißt es schon im Alten Testament. Sie wurden irgendwann geboren und sterben irgendwann. Der Zeitpunkt liegt irgendwann in der Zukunft und ist nicht sicher. Sie sterben vielleicht morgen oder in 50 Jahren. Sie können nichts daran ändern. Auch die Vergangenheit ist nicht mehr beeinflussbar. Also bleibt nur eines – leben Sie das jetzige, heutige Leben mit Bewusstheit und Klarheit. Und seien Sie sich auch bewusst darüber, dass das heutige Leben und Verhalten die Wurzel für das Morgen ist!

Wichtigkeiten
Erst der Tod eines lieben Angehörigen oder Freundes macht häufig klar, was im Leben tatsächlich wichtig ist. Oder auch die eigene Krankheit. Ein gefülltes Bankkonto mag schön sein, aber es hilft nur selten, wenn Schmerzen in Körper und Seele das Leben in jeder Sekunde zur Hölle machen. Wie wohltuend ist es dann für diesen Körper und diese Seele, wenn Freunde und Verwandte trösten, da sind und mitfühlen.

Ändert es eigentlich irgendetwas, wenn Sie sich ärgern?
Hass, Wut und Groll mögen manchmal ihre Berechtigung haben, aber diese Gefühle empfinden Sie vor allem selbst – die anderen interessiert es meist nicht, denn sie wissen oft nichts davon. Ihr eigener Körper aber schmerzt unter dieser zerstörerischen, nagenden Kraft dieser nicht ausgedrückten Emotionen.

Sie sind in Ordnung!
Bedenken Sie die Energie, die Sie in Ihre Imagepflege stecken, um die von Ihnen gewünschte Außenwirkung zu erzielen! Wer bin ich wirklich und was versuche ich darzustellen? Seien Sie mutig, erlauben Sie sich, Sie selbst zu sein – einfach echt! Sie sind auf diese Welt gekommen und haben sich zu einem einmaligen Wesen entwickelt, zu einer einzigartigen Persönlichkeit. Niemand sonst ist so wie Sie! Respektieren Sie sich deshalb, seien Sie stolz auf Ihre Einmaligkeit und erfreuen Sie sich wiederum an der Einmaligkeit der Menschen, die Sie umgeben. Und – Sie wissen es ganz genau! – Sie selber haben Ihre Ecken und Schrullen – gönnen Sie sie auch den anderen Menschen!

Achten Sie auf sich!
Das Fatale ist ja, dass man den Körper oft erst dann wahrnimmt, wenn er sich in gesundheitlichen Störungen bemerkbar macht. Wenn alles reibungslos funktioniert, wenn die Lebensenergie Chi frei durch alle Meridiane fließt, dann ist man gesund. Also horchen Sie bei aller Wichtigkeit, die die Außenwelt für Sie haben mag, gelegentlich auch in sich selbst hinein – dann können Sie vielleicht schon etwas für sich tun, bevor die Krankheit da ist! Nicht selten stellen manche geschäftigen Menschen voller Erstaunen erst dann, wenn das Blaulicht vor der Tür blinkt, fest, dass sie einen Körper haben.

Rechtzeitig Unterstützung suchen
Wenn Sie nicht mehr weiterkommen, wenn Sie sich alleine nicht mehr helfen können, scheuen Sie nicht den rechtzeitigen Weg zum Therapeuten. Je früher er mit den verschiedenen TCM-Techniken kleine und gezielte Anstöße an Ihr Chi-System geben kann, desto schneller erlangen Sie Ihr Gleichgewicht wieder zurück und können auf eigenen Beinen stehen!

10. Vertrauen Sie Ihren Selbstheilungsressourcen.

Ein „Burnout" bedeutet für jeden, gerade für die überaus leistungsorientierten Menschen, eine sehr tiefe, fundamentale Erschütterung des reibungslos gewohnten Selbstvertrauens. Das emotionale und körperliche „Loch" scheint unergründlich und unentrinnbar. Die wichtigste Herausforderung für die Heilung ist, das Vertrauen in die enormen Selbstheilungsressourcen (Verzeihung für den sehr strapazierten Begriff) wieder zu bekommen. Der Mensch verfügt über umfangreiche Kompensationswege. Wie im Blutkreislauf bei Blockaden „Kollateralen" gebildet werden, so finden sich auch für die gefühlten Berge von Problemen manchmal überraschend leichtere Wege. Stück für Stück werden diese Wege und Pfade ergründet und erschlossen, und hinter jeder Biegung ist man dem Ziel näher. Aber Zeit braucht's!

Ihnen recht herzlichen Dank für ihre Ausführungen, Herr Noll!

Angeregt durch diese Ausführungen eines der besten deutschen Kenner des TCM-Wissens fällt mir dazu passend ein Satz wieder ein, aus dem von Laotse im 6. Jahrhundert vor Christus verfassten Tao Te King. Eine, wie ich meine, schöne Zusammenfassung für ein Leben in Übereinstimmung mit den Naturgesetzen:

Übertriebene Farben fährden das Sehen.
Überspitzte Kost kostet den Geschmack.
Überreizte Erregung erregt Unnatürlichkeit.
Überhäufter Besitz besitzt den Besitzenden.
Also der Erwachte:
Ihn verleitet nicht Zeitliches.
Ihn leitet das Zeitlose.
Laotse, Tao Te King XII (2010, S. 20)

Wenden wir nun zum Abschluss unserer Reflexionen über traditionelle Selbstfürsorgehinweise unsere Aufmerksamkeit auf das ayurvedische Wissen um die Möglichkeiten einer Burnout bewältigenden selbstfürsorglichen Lebensstiländerung:

4.15.3 Selbstfürsorge aus der Sicht des Ayurveda

Ayurveda und Burnout
Ernst Schrott aus Regensburg, der Experte für Ayurvedische Medizin, Vorsitzender der deutschen Ayurvedagesellschaft und ebenfalls Autor von einem guten Dutzend Büchern über die unterschiedlichsten Aspekte des Ayurveda, antwortete auf meine Frage in einem Interview am 25.08.2015 nach der Sicht des Ayurveda in Bezug auf eine kompetente Selbstfürsorge und Behandlung des Burnout Folgendes:

„Aus ayurvedischer Sicht gibt es einige grundlegende Erkenntnisse, die helfen, einen Zustand völliger Erschöpfung zu vermeiden bzw. wieder rückgängig zu machen. Dieses Wissen für sich selbst anzuwenden und an Betroffene weiterzugeben, ist sicherlich eine nützliche und wirksame Unterstützung bei jeder Burnout-Behandlung."

Die Top Ten der ayurvedischen Empfehlungen zur Selbstfürsorge gegen Burnout

1. Hören Sie auf, sich mit Kaffee zu dopen.
Dies ist die wichtigste und vielleicht unpopulärste ayurvedische Empfehlung für Betroffene.

Wenn Patienten erstmals in meine Sprechstunde kommen (in die von Dr. med. Ernst Schrott, Anm. d. Verf.), werden sie gebeten, einen Fragebogen auszufüllen, unter anderem mit Fragen über ihre Lebensweise, Ess- und Trinkgewohnheiten. Dabei fällt auf: In den letzten Jahren hat der Kaffeekonsum drastisch zugenommen: Espressos, Cappuccinos, Latte Macchiatos werden in Mengen getrunken, die zu Großelterns Zeiten als völlig undenkbar und vor allem als unbekömmlich betrachtet worden wären. Die Folgen wie Schlafstörungen, Sodbrennen oder Nervosität werden seltsamerweise oftmals nicht einmal von meinen ärztlichen Kollegen dem übermäßigen Kaffeekonsum zugeschrieben. Im Gegenteil: Patienten kompensieren ihren Schlafmangel durch „Doping" mit Kaffee, schon früh morgens und in Phasen nachlassender Leistungsfähigkeit während des Tages. Nichts gegen eine gute Tasse Kaffee zum richtigen Zeitpunkt (übrigens, der gute alte deutsche Filterkaffee erfährt zurzeit eine Renaissance, riecht gut und ist lange nicht so stark dosiert wie ein Espresso). In der täglichen Praxis fällt aber auf: Je höher der Kaffeekonsum, umso häufiger werden auch Erschöpfung, Schlafstörungen, Sodbrennen und Burnout auf meinem Fragebogen angegeben!

Die dahinterliegende Idee und anfängliche Erfahrung mag wohl sein, dass durch Koffein zunächst die mentale und physische Leistungskraft gesteigert wird. Dies ist leider nur kurzfristig der Fall. Koffein als Nervengift zu bezeichnen mag hart klingen, Tatsache jedoch ist, dass Koffein auf Dauer zum Gegenteil dessen führt, wozu es konsumiert wird. Durch die koffeinbedingte chronisch erhöhte Ausschüttung von

Adrenalin kommt es im Laufe der Zeit zu einer Nebennierenerschöpfung. Koffein entzieht dem Körper Vitamin B, Magnesium und Kalium, verhindert die Eisenabsorption, reduziert die Bildung des Antidepressions-Neurotransmitters Serotonin, behindert die Reparatur körpereigener DNA nach Schädigung, führt häufig zu empfindlichem Magen und Sodbrennen und reizt die Blase. Auf Dauer führt übermäßiger Kaffeekonsum paradoxerweise tatsächlich zu einem Leistungs- und Energieabfall. Koffein besitzt eine ähnliche Struktur wie Adenosin und kann dadurch an den gleichen Rezeptoren andocken. Es besetzt die Rezeptoren jedoch nur, ohne diese zu aktivieren. Folglich wird an die Nervenzellen kein Signal zum langsameren Arbeiten gesendet – die Nervenzellen arbeiten also weiterhin auf Hochtouren und erschöpfen sich somit schneller und nachhaltiger. Die Burnout-typische Erschöpfung, die durch die sonst üblichen Erholungsmaßnahmen nicht wieder abgebaut werden kann, ist die Folge. Wer sich für weitere Details der Wirkmechanismen des Koffein interessiert, sei auf Stephen Cherniske verwiesen, der in seinem Buch „Caffeine Blues" (1998) eine sehr umfassende und detaillierte Darstellung der negativen Auswirkungen von Koffein vorgelegt hat. Die koffeinbedingte Steigerung der prämenstruellen Beschwerden, Verringerung der Wahrscheinlichkeit schwanger zu werden, vermehrte Bildung von Zysten in der Brust, Prostataprobleme, Herzrhythmusstörungen und die Korrelation zwischen Herzinfarkt und Koffeinkonsum werden darin detailliert beschrieben.

Die Schwierigkeit, den Koffeinkonsum trotz dieses Wissens zu verringern, liegt darin begründet, dass der plötzliche Entzug meist zu Kopfschmerz, Müdigkeit, depressiven Verstimmungen und Gereiztheit führt.

Immerhin nehmen Sie mit einer Tasse Filterkaffee ca. 120 mg reines Koffein zu sich, während eine kleine Tasse Espresso bereits stolze 107 mg Koffein enthält. Nach etwa einer halben Stunde gelangt dieses Koffein in den Blutkreislauf, über den es im ganzen Körper verteilt wird. Es dauert in der Regel ca. vier Stunden, bis es wieder mit dem Urin ausgeschieden wird. Bei Schwangeren kann sich die Halbwertszeit bis auf zwanzig Stunden verlängern. Der Ayurveda rät bei beabsichtigter gesundheitsfördernder Koffeinabstinenz deshalb allen ehemals exzessiven Kaffeetrinkern nicht zu revolutionärem, sondern zu evolutionärem Änderungsverhalten.

Reduzieren Sie ihren Kaffeekonsum langsam. Wenn Sie bisher fünf oder mehr Tassen Kaffee pro Tag getrunken haben, ersetzen Sie für eine Woche erst einmal nur zwei Tassen durch andere Getränke, etwa Getreidekaffee, Tee oder ganz ideal durch zwei Tassen heißes Wasser, das Sie zuvor gut zehn Minuten geköchelt haben, um es von allen Schlackenstoffen zu befreien. In einer nur für heißes Wasser benutzten Thermoskanne ins Büro bzw. an den Arbeitsplatz mitgenommen, steht Ihnen diese Kaffeealternative der Gesundheitsoberstufe jederzeit leicht zur Verfügung. Dieses so genannte ayurvedische Wasser gilt in Indien bis heute traditionell als die Königsmedizin schlechthin.

In der zweiten Woche reduzieren Sie auf zwei Tassen Kaffee, in der dritten auf eine Tasse, um dann in der vierten Woche vorhersagbar ohne irgendwelche Entzugserscheinungen auf Koffein völlig verzichten zu können.

Sollte Ihnen der Duft, der Geschmack, das Ritual, das gemeinschaftliche Gefühl einer bewusst genossenen Tasse Kaffee jedoch so sehr am Herzen liegen, dass Sie nicht darauf verzichten möchten, wäre aus ayurvedischer Sicht der beste Zeitpunkt für eine Tasse Kaffee die Zeit am Morgen zum Frühstück oder die Zeit nach dem Mittagessen.

Der zweite wichtige Hinweis zur Wiedererlangung von Energie aus ayurvedischer Sicht lautet:

2. Essen Sie abends nicht zu spät, nicht zu viel und nicht zu schwer.
Wenn sich Menschen in Überforderungs- und Erschöpfungssituationen wiederfinden, leidet ganz schnell jede Form von gesundheitserhaltender Regelmäßigkeit und gesundheitsfördernder Tagesroutine. Unter Stress und Überforderung verändert sich häufig auch auf negative Art und Weise das Essverhalten. Besonders ungünstig wirkt es sich hier aus, wenn tagsüber keine Zeit eingeplant und eingehalten wird, um in Ruhe ein angemessenes Mittagessen zu sich zu nehmen. Zwischen 12.00 Uhr und 13.00 Uhr sollte die Hauptmahlzeit des Tages eingenommen werden. Zu dieser Zeit besitzt der Körper die höchste Verdauungskraft. Er befindet sich aus ayurvedischer Sicht hier in der Pitta-Phase, das „Verdauungsfeuer" ist bereit zur Verstoffwechselung gesunder Speisen. Zu dieser Zeit ist es dem Körper sogar möglich, tierische Fette zu verdauen, wenn Sie ein „Flexitarier" sind und sich gesundheitsbewusst, aber dennoch nicht streng vegan oder vegetarisch ernähren möchten. Oma Kasupke hätte sich nichts anderes vorstellen können, als mittags um 12.00 Uhr in aller Ruhe zu Mittag zu essen. Dass das Radio, der Fernseher und in neuerer Zeit der Laptop oder das Smartphone dabei die Aufmerksamkeit nicht vom Essen ablenkten, verstand sich für sie selbstredend.

Drei Mahlzeiten am Tag, die Hauptmahlzeit zur Mittagszeit und abends idealerweise nicht später als 19.00 Uhr zu Abend zu essen, empfehle ich dem Gesunden, um seine Gesundheit zu erhalten, vor allem aber, und hier ganz strikt, allen, die erschöpft, ausgebrannt und überarbeitet sind. Nehmen Sie sich genügend Zeit, um in aller Ruhe Ihr Essen zu sich zu nehmen. Essen Sie im Sitzen; wenn Sie essen, essen Sie und verzichten Sie für eine halbe Stunde auf den Blick auf Ihr Smartphone; bleiben Sie nach dem Essen noch mindestens drei Minuten sitzen, bevor Sie wieder Ihre Aktivitäten aufnehmen. In wenigen Tagen werden Sie den positiven Unterschied zu hektischem oder gar ausgefallenem Mittagessen verspüren.

Das Abendessen sollte leicht verdaulich sein. Mediterrane Küche, leichte, gekochte, vegetarische Kost ohne tierische Fette, kein Fleisch, keine Wurst, kein Käse. Auch auf reine Rohkost sollte am Abend verzichtet werden, um bioalkoholische Gärung zu vermeiden. Wer gerne Suppen isst, kann sie mit Genuss am Abend zu sich nehmen, der Abend ist eine gute Zeit dazu.

Die nächste ayurvedische Anti-Burnout-Empfehlung wird für viele Betroffene wahrscheinlich eine echte Herausforderung darstellen, sie lautet:

3. Gehen Sie vor 22.00 Uhr ins Bett.
Gerade bereits völlig erschöpfte Menschen meinen, die Menge der unerledigten Aufgaben durch längeres Arbeiten bewältigen zu müssen. Die Folge: Sie brennen noch mehr aus! Wenn Sie Ihren Akku auf vielen Ebenen anzapfen und nie an die Ladestation bringen, müssen Sie sich nicht wundern, wenn er sich tiefenentlädt und nach

und nach dann auch durch normale Regenerationsmaßnahmen nicht mehr aufzuladen ist.

Die Uhrzeit 22.00 Uhr ist nicht beliebig. Im Ayurveda ist man sich seit Jahrtausenden der Bedeutung der Unterschiede einzelner Betriebszustände bewusst: der Unterschiede in den Grundkonstitutionen der Menschen, der Unterschiede von Morgen, Mittag, Abend, Nacht, von Frühling, Sommer, Herbst und Winter, von Kindheit, Jugend, Erwachsensein und Alter.

Im Ayurveda gelten als Grundparameter der Beschreibung dieser Unterschiede die drei Begriffe Kapha, Pitta und Vata: Kapha – das Beständige, Erdverbundene; Pitta – das Feurige, Energiereiche; und Vata – das Bewegliche, Luftige, Kreative.

Ab 22.00 Uhr sollte die neue Welle der nächtlichen Pitta-Energie zur Regeneration des Körpers im Schlaf genutzt werden.

Verpassen Sie den „Engelszug", der spätestens 22.30 Uhr abfährt, und liegen bis dahin noch nicht im Bett, wird Energie freigesetzt, die eigentlich der Regeneration der inneren Organe und des Nervensystems dienen sollte. Sie spüren diese Energie dann stattdessen als wiederkehrende Wachheit und Unternehmungslust. Dann ist die Wahrscheinlichkeit hoch, dass Sie sich schnell im Strudel erneuter Aktivitäten wiederfinden, um dann erst gegen 1.00 Uhr oder gar erst 2.00 Uhr Ihr Bett für einen viel zu kurzen und oft sehr oberflächlichen, gedankenreichen und unruhigen Schlaf aufzusuchen. Vom „Absacker", dem alkoholischen vermeintlichen Einschlaferleichterer und dem Late-Latenight-Imbiss vor dem offenen Kühlschrank ganz zu schweigen.

Wissenschaftlich konzentriert sich die Schlafforschung auf Melatonin. Das „Schlafhormon" Melatonin wird in der Zirbeldrüse (Epiphyse), einer etwa erbsengroßen Drüse im Zwischenhirn, gebildet und dies nahezu ausschließlich nachts. Seine Aufgaben im menschlichen Organismus sind vielfältig und noch längst nicht in allen Details erforscht. Das Melatonin scheint aber eines der wichtigsten Hormone zu sein, denn die Zirbeldrüse besteht zu 80 % aus Zellen, die Melatonin produzieren. Sicher ist, dass Melatonin das Immunsystem stärkt, das Tumorwachstum hemmt und die aggressiven, zellschädigenden Sauerstoffradikale unschädlich macht. Melatonin dringt dazu nachts in alle Zellen des Körpers ein und scheint eine Art Hauptinformant zu sein für die biochemischen Informationen, derer alle Organe bedürfen, um erneut störungsfrei funktionieren zu können. Melatonin spielt auch eine große Rolle in der Verlangsamung der Hautalterung. Wenn wir zu wenig geschlafen haben, sehen wir deshalb im wahrsten Sinne des Wortes „alt" aus. Und dies ist ganz sicher nicht nur kosmetisch gemeint. Burnout-Prophylaxe und Burnout-Therapie steht und fällt mit ausreichendem Nachtschlaf, der – auch dies wusste Oma Kasupke schon immer – gut zwei Stunden vor Mitternacht beginnt.

Soll Burnout auf Dauer vermieden oder wieder dauerhaft abgebaut werden, so empfiehlt der Ayurveda zusätzlich zum frühen Nachtschlaf das Erlernen und tägliche Anwenden einer Technik, mit der Sie Ihrem Körper und Ihrem Geist die Erfahrung tiefer Felder der Ruhe vermitteln können – einen Zustand, in dem der Körper Ruhewerte erfährt, die tiefer sind als die Ruhe des Tiefschlafs – und in dem die geistige Aktivität wach bleibt. Eine solche Technik zur Erfahrung des Zustandes der ruhevollen Wachheit ist ein machtvolles Werkzeug zur Regenerierung des erschöpften Körpers und Geistes.

Erlernen Sie eine Entspannungs-, Achtsamkeits- und Meditationstechnik. Die vierte ayurvedische Empfehlung lautet deshalb:

4. Nehmen Sie sich täglich zweimal zwanzig Minuten Zeit für Stille und tiefe Ruhe.

Autogenes Training, Progressive Muskelrelaxation, achtsamkeitsbasierte Stille-Übungen, Transzendentale Meditation – das sind nur einige der zahlreichen Techniken, die seit vielen Jahrzehnten zur Verfügung stehen.

1972 veröffentlichten Wallace und Benson in Scientific American den ersten wissenschaftlichen Bericht über Transzendentale Meditation. In den vergangenen 40 Jahren haben inzwischen Wissenschaftler in über 30 Ländern in über 600 Studien die Wirkungen der Transzendentalen Meditation untersucht. Damit kann die TM als die am gründlichsten erforschte Meditationstechnik bezeichnet werden.

In Bezug auf Burnout wurde der Nachweis geliefert, dass stressbedingte Überschüsse von Milchsäure, Bluthochdruck, Kopfschmerzen, Migräne, Schlafstörungen und erschöpfungsbedingte Folgebeschwerden durch die tägliche Anwendung dieser Meditationstechnik positiv beeinflusst werden konnten. Aus ayurvedischer Sicht ist diese Technik von daher die empfehlenswerteste und wirksamste Methode zur täglichen Erschöpfungsprävention und Regeneration.

Was die Frage nach der Unterstützung durch pflanzliche Mittel betrifft, so ist eine Konsultation bei einem ausgebildeten Ayurveda-Arzt sicherlich der beste Rat für jeden Hilfesuchenden. Die deutsche Gesellschaft für ayurvedische Medizin verfügt über eine ständig aktualisierte Adressdatei qualifizierter Ärzte, Kliniken und Bezugsquellen für ayurvedische Heilhilfsmittel und Präparate in Deutschland, Niederlande, Dänemark, Österreich und der Schweiz (www.ayurveda.de).

Generell gilt die Empfehlung:

5. Pflanzliche Mittel können die Regeneration aus Zuständen tiefer Erschöpfung wesentlich unterstützen.

Im Ayurveda existieren Rezepte für Kräutermischungen, die im Wesentlichen das Immunsystem unterstützen und die freien Radikalen zu reduzieren in der Lage sind. Die bekannteste Breitbandpflanzenzubereitung ist hier ganz sicher das Amrit Kalash, das mit je einem Teelöffel zwischen den Mahlzeiten genommen nachweislich die Anzahl der freien Radikalen zu verringern vermag.

Vata balancierende Kräutermischungen und Vata balancierende Tees werden von Burnout-Betroffenen in den meisten Fällen als die Regeneration unterstützend erlebt. Nach ayurvedischer Auffassung hat der Geist von Natur aus eine ruhige und klare Funktionsweise. Ein erhöhtes Vata kann diese Ruhe stören. Aus ayurvedischer Sicht handelt es sich bei Burnout um eine Vata-Störung. Sind die Lebensweise hektisch und die eigenen Energiereserven übersteigend geworden, fehlt meist die Balance von Ruhe und Aktivität. Ist zusätzlich die Ernährung unregelmäßig geworden, nimmt die Belastbarkeit schnell weiter rapide ab. Eine Störung durch erhöhtes Vata liegt aus ayurvedischer Sicht vor. Neben regelmäßiger Entspannung, ausreichend Schlaf und warmen, nährenden Speisen empfiehlt der Ayurveda deshalb zusätzlich auf die Bedürfnisse des erschöpften Körpers abgestimmte Nahrungsergänzungen.

Diese speziellen Vata balancierenden Kräutermischungen helfen dabei, erhöhtes Vata auszugleichen und die Regeneration zu fördern. Eine besonders häufig von Ayurveda-Ärzten empfohlene Nahrungsergänzung heißt deshalb schlicht: Vata Balance.

Die Rezeptur dieser Nahrungsergänzung enthält zahlreiche Kräuter des indischen Subkontinents, die bereits seit Tausenden von Jahren im Ayurveda Verwendung finden: Winterkirsche, Süßholz, Indische Narde, Guduchi, Galgant, Nabelkraut und Ackerwinde. Die kostbarste Zutat dabei sind pulverisierte Perlen.

Neben der Anwendung pflanzlicher Mittel in der Behandlung eines Zustandes völliger Erschöpfung wird im klassischen Ayurveda die regenerierende Wirkung von Ölmassagen hochgeschätzt.

Daher die nächste Empfehlung für Burnout-Betroffene, sich regelmäßig massieren zu lassen, denn:

6. Ayurvedische Massagen können die Regeneration aus Zuständen tiefer Erschöpfung wesentlich unterstützen.

Im Ayurveda gibt es zur Regeneration aus Zuständen tiefer Erschöpfung vielfältige Massagen und unterschiedlichste Massagetechniken.

Bekannt geworden sind die Ganzkörperölmassagen, bei der jeweils durch zwei Ayurvedatechnikexperten gleichzeitig und synchron mit vier Händen der erschöpfte Körper massiert wird.

Ebenso bekannt, weil gerne als ästhetische Fotografie veröffentlicht, ist der Stirnguss, die sanfte Ölstrahlmassage der Stirn mit ihrem harmonisierenden Einfluss nicht nur auf den präfrontalen Cortex. Diese sanfte Ölmassage wird in den meisten Fällen nur im Zusammenhang mit einer ganzheitlichen Panchakarma-Behandlung zur Anwendung kommen. Panchakarma wiederum ist ein System genau aufeinander abgestimmter physikalischer Behandlungen. Diese bewährte ayurvedische Therapie arbeitet gezielt darauf hin, den Organismus sanft und zugleich dauerhaft zu entschlacken. Möglich wird dies durch eine Abfolge bewährter einzelner Behandlungsschritte mit inneren und äußeren Ölanwendungen, durch die der Organismus äußerst systematisch von Toxinen befreit wird.

Der Hintergrund der über die westliche Massage hinausgehenden regenerierenden Wirkung ayurvedischer Massagen ist das zusätzliche Wissen um die Marmapunkte. In vielen alten Medizinsystemen, vor allem denen Asiens, gibt es bedeutendes Heilwissen über besondere Energiepunkte am Körper. Die chinesischen Ärzte benutzten sie unter anderem für Akupunktur, Hitzeanwendung (Moxa) oder Stimulationsmassage. Einen ganz besonderen Stellenwert haben solche Energie- oder Vitalpunkte auch in der Medizin des alten Indien, eben dem Ayurveda. Sie werden hier „Marma" genannt, was so viel heißt wie „empfindliche, verborgene oder auch lebenswichtige Stellen". Was genau sind Marmas? Marmapunkte sind subtile und sehr wirksame Steuerpunkte oder Areale für Körper und Geist. Sie sind vergleichbar mit den Akupunkturpunkten der Traditionellen Chinesischen Medizin. Viele Marmas sind aber größer und schließen oft die kleineren Akupunkturpunkte mit ein. 108 solcher der westlichen Medizin lange Zeit geheimnisvoll anmutender Energiepunkte werden erstmals in einem 3 000 Jahre alten Lehrbuch der Chirurgie, der Sushruta Samhita, beschrieben. An diesen Vitalpunkten treten konzentriert Informationen des Organismus, seiner Organe und Organsysteme, aber auch Bewusstseinsinhalte und Gefühle an die Körperoberfläche. Marmas sind aus ayurvedischer Sicht die Schnittstellen von Geist, Körper und Bewusstsein. Bei Verspannungen und Erschöpfungszuständen sind dem erfahrenen ayurvedischen Masseur die Veränderungen an diesen kritischen Stellen des Körpers sofort offensichtlich und können von ihm behandelt werden.

Gegenüber der noch heute vor allem in Südindien praktizierten Druckmassage an den Marmapunkten, die zum Teil sehr schmerzhaft sein kann, kann auch eine sehr sanfte Behandlungstechnik angewendet werden. Sie wurde auf der Grundlage des traditionellen Wissens über die Marmas in den letzten Jahren von Schrott und Kollegen entwickelt und als Sukshma Marma-Therapie® bezeichnet. Es ist eine sehr subtile und äußerst wirksame Form der Marma-Therapie, die sich auch zur regenerationsunterstützenden Selbstbehandlung eignet. Die Anwendung ist äußerst angenehm. Sie wirkt primär auf der Ebene des Bewusstseins und sekundär im Körper und seinen Organen. Dies ist der Grund, weshalb sie als „Sukshma", als subtile, feinstoffliche Marma-Behandlung bekannt wurde (s. Schrott 2009). Diese sanfte und äußerst wohltuende Energiepunktbehandlung regeneriert tiefgreifend und bringt den erschöpften Burnout-Patienten wieder in Verbindung mit seiner innersten Quelle von Gesundheit und Wohlbefinden.

Der nächste wichtige Hinweis aus der Sicht des Ayurveda, um den Akku wieder mit Energie aufzuladen, besteht in einer achtsamen Tagesroutine. Besondere Achtsamkeit sollte hierbei darauf gelegt werden, wie Sie den Tag beginnen und beenden. Deshalb die ayurvedische Empfehlung Nummer sieben und acht:

7. Achten Sie auf das Tagesende.
Der Tagesbeginn hängt ab vom Tagesende.
Haben Sie abends frühzeitig ein leichtes Abendessen zu sich genommen und sind Sie abends rechtzeitig ins Bett gegangen, dann ist die Chance groß, dass Sie morgens ausgeschlafen und erfrischt aufwachen.

Gewöhnen Sie sich an, anstatt bis an die Bettkante zu arbeiten, die letzte halbe Stunde des Tages mit ruhiger Aktivität zu verbringen. Denken Sie daran, wie Sie ein Kind zur Ruhe geleiten. Ganz sicher nicht durch einen abrupten Wechsel vom intensiven Spiel zur Stille der Nachtruhe.

Sollten Sie mit dem Einschlafen Schwierigkeiten haben, so sei zur Selbstbehandlung vor allem eine abendliche Fußmassage empfohlen. Wer sich schwer tut abzuschalten, zu sehr „im Kopf ist", dem sei eine abendliche Tasse Vata-Tee empfohlen. Wenn Sie dann noch die Füße nach einem kurzen Fußbad mit Ghee, also Butterschmalz, oder mit einer Vata-Ölmischung einreiben, werden Sie feststellen, wie viel leichter das Einschlafen fällt. Unterstützt werden kann das Einschlafen durch ayurvedische Aromatherapie mit einem Vata-Duftöl im Schlafraum. Sanfte Bambusflötenmusik, etwa die Regenmelodie (Rain Melody mit Amar Nath, CD) kann den Einschlafvorgang unterstützen und das Erwachen am nächsten Morgen friedvoller und regenerierter werden lassen.

8. Achten Sie auf den Tagesbeginn.
Den Tag bewusst zu beginnen, hilft, aus der Mitte heraus tagsüber energievoller aktiv sein zu können.

Nehmen Sie sich Zeit im Badezimmer. Reinigen Sie vor dem Zähneputzen die Zunge vom Belag der Schlackenstoffe, die sich in der Nacht darauf abgelagert haben – er enthält Toxine, die den Körper belasten. Sollten Sie noch keinen ayurvedischen „Zungenschaber" besitzen, können Sie auch einfach den Stiel eines Teelöffels dazu benutzen.

Ein Glas heißes Wasser – idealerweise mit dem Saft einer halben Zitrone vermischt und, wenn Sie keine Blutzuckerprobleme haben, noch einen Teelöffel Honig hinzugefügt – wird Sie leicht bis zum Frühstück durchhalten lassen und Ihrem Körper die über Nacht verlorene Flüssigkeit wieder zuführen. Eine perfekte Kopfschmerz- und Migräneprävention.

Ein Spaziergang am frühen Morgen, 30 Minuten alleine, zwischen 6.00 Uhr und 9.00 Uhr durchgeführt, hilft Ihnen, die Kraft der Jugend des neuen Tages aufzunehmen.

Ob Sie morgens einige Yoga-Übungen machen, Tai Chi oder Chi Gong, Faszien-dehnungen oder Feldenkraisübungen – erlauben Sie es Ihrem Körper, sich ausgiebig zu strecken und zu dehnen.

Erlauben Sie Ihrer Lunge, sich mit Prana, dem Sauerstoff des jungen Tages, zu füllen. Atemübungen, Pranayama und andere Techniken bewussten Atmens können leicht erlernt werden.

Nehmen Sie sich jeden Tag die Zeit zum Meditieren vor dem Frühstück.

Wenn Sie jedoch der Überzeugung sind, diese Zeit nicht zu haben, dann brauchen Sie sie besonders. Wenn Sie morgens aus der Garage fahren würden, hin zu einem wichtigen Termin, und Sie würden feststellen, dass Ihr Tank leer ist, werden Sie an der nächsten Tankstelle anhalten und tanken, egal, wie lange Sie an der Zapfsäule warten müssten, um endlich aufzutanken. Die Logik würde es Ihnen gebieten: Es hat keinen Sinn weiterzufahren, wenn ich nach einigen Kilometern auf freier Strecke liegen bleiben würde ...

Nehmen Sie sich die Zeit für Stille, die Zeit für zwanzig Minuten in sich sein, bei sich sein, in Sicherheit in sich zu sein. Tanken Sie und dann können Sie unbesorgt losfahren – ... aber erst, nachdem Sie in Ruhe gefrühstückt haben. Genießen Sie Ihr Frühstück in aller Ruhe.

Jetzt sind Sie gut auf den Tag vorbereitet.

Es sind genau diese kleinen dauerhaften Änderungen in Ihrer Alltagsroutine, die Ihr Energieniveau in wenigen Wochen wieder deutlich erhöhen werden. Achten Sie auf die bewusste Gestaltung des Tagesanfangs und des Tagesendes.

Die neunte ayurvedische Empfehlung für mehr Energie lautet:

9. Tanken Sie Energie in der Natur – suchen Sie den nächstgelegenen schönen See auf.
Im Zustand der Erschöpfung neigen viele Menschen dazu, nicht sehr hilfreiche Wege zu beschreiten, um sich zu erholen und zu regenerieren. Der Einkaufsbummel am Wochenende in überfüllten Einkaufszentren, das Besuchen lärmender Veranstal-

tungen oder das Einigeln im dunklen Zimmer hinter dem Computer, dem Fernseher oder gar der vermeintlich entspannenden Flasche(n) Alkohol dient ganz sicher nicht dazu, am darauffolgenden Montag mit mehr Energie seinen beruflichen Alltag erfolgreich zu bewältigen.

Ein stiller schöner See gilt im Ayurveda als sattvisch. Sattva bedeutet hell, gut, heilend, wohltuend, evolutionär auf allen Ebenen förderlich.

Ein Spaziergang entlang eines schönen Sees, gar ein Urlaub an einem ruhigen See – das ist es, was jeder Ayurveda-Arzt einem erschöpften Menschen raten wird. Neben der sattvischen Qualität wird die Kapha-Qualität eines stillen Sees das überschüssige Vata zu beruhigen vermögen.

Wenn Sie sich sehr erschöpft fühlen, werden Sie besonders deutlich spüren können, wie wohltuend es ist, ein Bad in einem schönen Natursee zu nehmen. Gehen Sie prinzipiell bei Erschöpfung eher Schwimmen als Joggen. Wasser beruhigt das überschüssige Vata der Überfordertheit. Wann immer es Ihnen möglich ist, schwimmen Sie in einem stillen schönen See.

Die zehnte ayurvedische Empfehlung lautet:

10. Vereinfachen Sie Ihr Leben.

Zu Recht war Werner Tiki Küstenmachers Buch „Simplify your life: Einfacher und glücklicher leben", das er zusammen mit Lothar Seiwert 2001 schrieb, ein solcher Erfolg beschieden, dass es nunmehr bereits in der 16. Auflage vorliegt. Der Titel selbst hat – sofern befolgt – heilende Wirkung. Aus ayurvedischer Sicht trifft der Titel dieses Buches das Herzstück jeglicher Burnout-Behandlung: Back to the roots! Einfachheit statt Komplexität, Natürlichkeit statt Überreiztheit.

Eat Ski Sleep – diese drei Worte auf dem Sweatshirt eines Patienten, der gerade aus Grindelwald vom Skiurlaub gekommen war, hatten ihm geholfen, die Wende in seinem Burnout-Prozess zu vollziehen. Nach vierzehn Tagen, in denen sein Leben aus nichts anderem bestanden hatte als essen, Skifahren und schlafen, ohne Smartphone, Laptop und Fernseher, fühlte er, wie seine Lebensgeister wieder erwachten.

Die Herausforderung besteht darin, die in der heutigen Zeit altmodisch erscheinenden einfachen Prinzipien einer gesunden regelmäßigen Lebensführung dauerhaft in den Alltag zu integrieren, sie zur Grundlage einer Lebensstiländerung werden zu lassen, Einfaches dem Komplexen vorzuziehen, simple pleasures – einfache Freuden – wieder genießen zu lernen. Mancher Manager, der sich im Verdienen seines Reichtums verausgabt hatte und völlig erschöpft war, suchte auf ayurvedischen Rat hin wieder die Einfachheit auf. Ob in einem Kloster in Tibet, Nepal, Japan, Niederaltaich, Münsterschwarzach, Selbitz oder in einer ayurvedischen Klinik – der zentrale Wirkaspekt ist die Einfachheit: einige Wochen einfachstes Leben in reizreduzierter Abgeschiedenheit, einfaches, natürliches, gesundes Essen, natürliche Dränge nicht unterdrücken (weder Harn- und Stuhldrang noch Gähnen, Niesen, Weinen, Lachen), rechtzeitiges Schlafengehen, Spaziergänge in Stille, Zeiten der Meditation – viele Berichte liegen vor, dass genau dies hilfreich zu sein scheint.

Im Ayurveda ist die Ausgeglichenheit der Doshas im Körper das Ziel. Die Balance von Vata, Pitta und Kapha. Ist diese erreicht, ist Wohlbehagen und Gesundheit die natürliche Folge.

Einfachheit ist hierzu die goldene Formel: die berühmte goldene Mitte, das Einfache, das Unverfälschte. Dazu zählen beispielsweise barfuß laufen, im See schwimmen, die Katze streicheln, sich massieren lassen, schmusen, Zärtlichkeiten austauschen, mit Freunden sitzen und reden, Musik hören, gesunde Speisen gemeinsam in Harmonie genießen, sich an Entschleunigung erfreuen, die Pausen genießen können – die Pausen der Stille zwischen den Tönen, die Pausen zwischen zwei Aktivitätszyklen."

Ihnen recht herzlichen Dank für Ihre Ausführungen, Herr Schrott.

Angeregt durch diese Ausführungen eines der besten deutschen Kenner des Ayurveda fällt mir dazu passend der Satz von Thich Nhat Hanh zum Epilog dieses Buches wieder ein, der sein Hohelied der Einfachheit in vier Zeilen auszudrücken vermochte:

Epilog

Ich atme ein
und komme zur Ruhe.
Ich atme aus
und lächle.

Thich Nhat Hanh

Individualisierte Burnout-Therapie (IBT)
Flussdiagramm

Patient kommt mit Behandlungswunsch: „Ich habe Burnout."

- Seine Beschwerden
- Seine Erklärungen
- Seine Ziele

Unser Wissen

- Burnout
  ICD 10: Z 73.0 Zustand völliger Erschöpfung
- Schnittmenge aller Burnout-Beschreibungen
    - tätigkeitsbezogene tiefe Erschöpfung
    - Zynismus, Distanzierung, Rückzug, Depersonalisation
    (als Reaktion auf Erschöpfung)
    - Leistungsabfall

Ursachen

- Ursachenvielfalt der Symptome
- Biopsychosozial-environmentales Modell sinnvoll
- Biologische Ursachen
    - körperliche Krankheiten mit Erschöpfungsfolge
    - Mikronährstoffmangel (ernährungs-/krankheitsbedingt)
- Psychologische Ursachen
    - psychische Krankheiten mit Erschöpfungsfolge
- Soziale Ursachen
    - soziale und tätigkeitsbezogene Konflikte mit Erschöpfungsfolge
- Environmentale Ursachen
    - elektro-physikalisch-chemische Noxen mit Erschöpfungsfolge

Diagnostik

- Biologische Differenzialdiagnostik
- Psychologische Differenzialdiagnostik
- Soziologische Differenzialdiagnostik
- Environmentale Differenzialdiagnostik

Behandlung (gemäß Ergebnis der Differenzialdiagnostik)

- Behandlung der körperlichen Grunderkrankungen
- Ernährungsberatung, Mikronährstoffsupplementation
- Behandlung der psychischen Grunderkrankungen
- Behandlung der sozialen Konflikte
- Veränderung der environmentalen pathoplastischen Einflussfaktoren

Behandlungsmodule (gemäß Ergebnis der Differenzialdiagnostik)

- Modul 1: Das individuelle Burnout verstehen – Psychoedukation
- Modul 2: Motivierung
    - zur aktiven Kontaktaufnahme zwecks Behandlung der körperlichen Grunderkrankungen
    - zur Änderung des Ernährungsverhaltens incl. Ernährungsberatung
    - zur Behandlung der psychischen Grunderkrankungen
    - zur Veränderung pathoplastischer Tätigkeitsbedingungen
    - zum lösungsorientierten Umgang mit sozialen Konflikten
    - zur Veränderung pathoplastischer environmentaler Einflüsse
    - zur Lebensstiländerung
- Modul 3: ABC-Modell
    - das ABC-Modell vermitteln
    - das ABC-Modell praktisch anwenden
    - Antworten auf häufig von Patienten gestellte Fragen
    - die Rationale Selbstanalyse (RSA) vermitteln
- Modul 4: Burnout verstärkende Kognitionen kennenlernen
    - die Top Ten irrationaler Grundeinstellungen nach Ellis
    - eine ganz besondere Kognition
    - die fünf Stressverstärker nach Kaluza
- Modul 5: Burnout vermeidende Kognitionen einüben
    - die Rationale Vorstellungsübung (RVÜ)
    - konstruktive Kognitionen einüben mit dem Ein-Personen-Rollenspiel
    - eine ganz besondere Art, konstruktive Kognitionen einzuüben
- Modul 6: Äußere Belastungsfaktoren verringern
- Modul 7: Achtsamkeit und Akzeptanz verstehen und anwenden können
- Modul 8: Selbstwertkonzept verstehen und anwenden können
- Modul 9: Selbstregulationsfähigkeiten erlernen und anwenden können
- Modul 10: Problemlösungsstrategien kennen und anwenden können
- Modul 11: Zeitmanagement individuell anwenden können
- Modul 12: Ressourcenaktivierung durchführen können
- Modul 13: Resilienzfaktoren aktivieren können
- Modul 14: Selbstfürsorge

Literaturverzeichnis

Antonovsky, A. (1979). *Health, Stress and Coping: New perspectives on mental and physical wellbeing.* San Francisco: Jossey-Bass.

Antonovsky, A. (1987). *Unraveling the mystery of health. How people manage stress and stay well.* San Francisco: Jossey-Bass.

Antonovsky, A. (1997). *Salutogenese. Zur Entmystifizierung der Gesundheit* (dt. erweiterte Herausgabe von Antonovsky, 1987, von A. Franke). Tübingen: dgvt.

Arkowitz, H., Westra, H.A., Miller, W.R. & Rollnick, St. (2010). *Motivierende Gesprächsführung bei der Behandlung psychischer Störungen.* Weinheim, Basel: Beltz.

Arntz, A. & van Genderen, H. (2010). *Schematherapie bei Borderline-Persönlichkeitsstörung.* Weinheim, Basel: Beltz.

Bandura, A. (1979). *Social learning theory.* Englewood Cliffs, NJ: Prentice Hall.

Bandura, A. (1997). *Self-efficacy. The exercise of control.* New York: Freeman.

Barth, A.-R. (1992). *Burnout bei Lehrern.* Göttingen: Hogrefe.

Basco, M. R. (2012). *Schluss mit Prokrastinieren.* Bern: Hans Huber.

Beck, A. T., Freeman, A. (1999). *Kognitive Therapie der Persönlichkeitsstörungen.* Weinheim: Psychologie Verlags Union.

Beck, A.T. Rush, A.J., Shaw, B.F., Emery,G. (1999). *Kognitive Therapie der Depression.* Weinheim, Basel: Beltz.

Becker, E. & Margraf, J. (2016). *Generalisierte Angststörung.* Weinheim, Basel: Beltz.

Behary, W. (2009). *Der „Feind" an Ihrer Seite.* Paderborn: Junfermann.

Benoy, C., Bader, K. & Schumann I. (2015). Akzeptanz- und Commitment-Therapie: ein transdiagnostischer Ansatz. *PSYCH up2date, 9(04),* 237–255.

Bergner, T. M. H. (2011). *Burnout-Prävention.* Stuttgart: Schattauer.

Berking, M. (2008). *Training emotionaler Kompetenzen.* Heidelberg: Springer.

Berndt, C. (2013). *Resilienz das Geheimnis der psychischen Widerstandskraft.* München: dtv.

Berndt, F. H. (2008). *30 Minuten Burn-out.* Offenbach: Gabal.

Birkenbihl, V. F. et al. (1999). *Das Power-Lesebuch. Strategien für mehr Erfolg und Lebensqualität.* Landsberg: mvg.

Bodmershof v., I. (2004). *Haiku.* Mit Zeichnungen von Ruth Stoffregen. München: dtv.

Bohus, M. & Wolf, M. (2012). *Interaktives Skillstraining für Borderline-Patienten.* Stuttgart: Schattauer.

Bopp, A. & Herbst, V. (2013). *Handbuch Medikamente.* Berlin: Stiftung Warentest.

Braumann, K. M. (2012). *Burnout – ein anderes Wort für Depression?* Uni Hamburg Newsletter Nr. 37 April 2012. https://www.uni-hamburg.de/newsletter/archiv/April-2012-Nr-37/Burnout-ein-anderes-Wort-fuer-Depression-Interview-mit-Prof-Dr-med-Klaus-Michael-Braumann.html [08.06.2016].

Broers, D. (2011). *Checkliste Energie.* Berlin, München: Scorpio.

Burchard, G. (2015). Importierte Erkrankungen. *Deutsche medizinische Wochenschrift,* 140(11), 797–804.

Burisch, M. (2009). Burnout. *PiD – Psychotherapie im Dialog, 2009/3,* 255–257.

Burisch, M. (2010). *Das Burnout-Syndrom.* Berlin, Heidelberg: Springer.

Burisch, M. (2012). Auszug aus: *Een lijn in de eerste lijn bij overspanning en burnout* (2011) [Übersetzung der holländischen Richtlinien zu Fehlbelastung und Burnout (Anm. d. Autors)]. http://www.burnout-institut.eu/fileadmin/user_upload/Def_BO_NL.pdf [08.06.2016].

Burisch, M. (2015). *Dr. Burischs Burnout-Kur für alle Fälle.* Berlin, Heidelberg: Springer.

Burisch, M. (2016). *The Hamburg Burnout Inventory (HBI) in Two Large International Online Samples.* http://www.burnout-institut.eu/fileadmin/user_upload/HBI-Report__V1.pdf [08.06.2016].

Brill, P.L. (1984). The need for an operational definition of burnout. *Family and Community Health 6(4),* 12–24.

Carruthers B. M., van de Sande, M. I., De Meirleir K. L., Klimas N. G., Broderick G., Mitchell, T., Staines, D., Powles, A. C., Speight, N., Vallings, R., Bateman, L., Baumgarten-Austrheim, B., Bell, D. S., Carlo-Stella, N., Chia, J., Darragh, A., Jo, D., Lewis, D., Light, A.R., Marshall-Gradisbik, S., Mena, I., Mikovits, J.A., Miwa, K., Murovska, M., Pall, M. L. & Stevens, S. (2011). Myalgic encephalomyelitis: International Consensus Criteria. *Journal of Internal Medicine, Oct, 270(4),* 327–338.

Christley, Y., Duffy, T. & Martin, C. R. (2012). A review of the definitional criteria for chronic fatigue syndrome. *Journal of Evaluation in Clinical Practice,* Feb, 18(1), 25–31.

Cherniske, S. (1998). *Caffeine Blues. Wake up to the hidden dangers of America's #1 Drug.* New York: Grand Central Publishing.

Cherniss, C. (1980). *Professional Burnout in Human Service Organizations.* New York, NY: Praeger.

Cherniss, C. (1999). *Jenseits von Burnout und Praxisschock.* Weinheim: Beltz.

Csikszentmihalyi, M. (2007). *Flow. Das Geheimnis des Glücks.* Stuttgart: Klett-Cotta.

Classen, M., Diehl, V., Koch, K.-M., Kochsiek, K., Pongratz, D. & Scriba, P. C. (2002). *Differentialdiagnose auf einen Blick.* München, Jena: Urban&Fischer.

Classen, M., Diehl, V. & Kochsiek, K. (Hrsg.) (2009). *Innere Medizin.* München: Elsevier.

Crane, F. (2001). Biochemical functions of coenzyme Q10. *Journal of the American College of Nutrition, 20(6),* Dec, 591–598.

Dahlke, R. (2012). *Seeleninfarkt.* Berlin, München: Scorpio.

Damasio, A. (2010). *Descartes Irrtum.* Berlin: List.

Demmel, R. (2015).*Vorwort zur Deutschsprachigen Ausgabe.* In W. R. Miller & S. Rollnick, Motivierende Gesprächsführung (3. Aufl.). Freiburg: Lambertus.

Deutsche Gesellschaft für Ernährung, Österreichische Gesellschaft für Ernährung, Schweizerische Gesellschaft für Ernährungsforschung, Schweizerische Vereinigung für Ernährung (Hrsg.) (2013): *Referenzwerte für die Nährstoffzufuhr,* 1. Auflage, 5. Korrigierter Nachdruck. Neustadt a.d.W.: Neuer Umschau Buchverlag.

Deutsche Gesellschaft für Ernährung, Österreichische Gesellschaft für Ernährung, Schweizerische Gesellschaft für Ernährung (Hrsg.) (2015). *Referenzwerte für die Näherstoffzufuhr,* 2. Auflage, 1. Ausgabe. Bonn: Neuer Umschau Buchverlag.

DGPPN, BÄK, KBV, AWMF, AkdÄ, BPtK, BApK, DAGSHG, DEGAM, DGPM, DGPs, DGRW (Hrsg.). (2015). *S3-Leitlinie/Nationale Versorgungs-Leitlinie Unipolare Depression – Langfassung,* 2. Auflage, Konsultationsfassung, 20. Juli 2015. www.depression.versorgungs-leitlinien.de [25.10.2015].

Dieckmann, E. (2011). *Die narzisstische Persönlichkeitsstörung mit Schematherapie behandeln.* Stuttgart: Klett-Cotta.

Diekstra, R. F. W. (1991). *Pflaster für die Seele.* Hamburg: Ernst Kabel.

Diekstra, R. F. W. & Dassen, W. F .M. (1982). *Rational-Emotive Therapie.* Lisse: Swets & Zeitlinger.

Dilling, H. & Freyberger, J. (Hrsg.) (2008). *Taschenführer zur ICD-10-Klassifikation psychischer Störungen.* Bern: Hans Huber.

Dorrmann, W. (2002). *Suizid.* Stuttgart: Klett-Cotta.

DSM-5 (2015). *Diagnostisches und statistisches Manual psychischer Störungen.* Deutsche Ausgabe herausgegeben von P. Falkai & H.-U. Wittchen. Göttingen: Hogrefe.

Edelwich, J. & Brodsky, A. (1980). *Burn-Out. Stages of disillusionment in the helping professions.* New York, NY: Human Science Press.

Egger, J. W. (2005). *Das biopsychosoziale Krankheitsmodell – Grundzüge eines wissenschaftlich begründeten ganzheitlichen Verständnisses von Krankheit.* Psychologische Medizin, 16(2), 3–12.

Eisenlohr, V., Zimmermann, P., Kowalsky, J. T. (2011). Burnout – ein bedeutendes Symptombild in der Truppenärztlichen Praxis. *Wehrmedizinische Monatsschrift 10/2011*. http://www.wehrmed.de/article/2003-burnout-ein-bedeutendes-symptombild-in-der-truppen aerztlichen-praxis.html [08.06.2016].

Ellis, A. (1977). *Rational-Emotive Therapie*. München: Pfeiffer.

Ellis, A. (1996). *Training der Gefühle: Wie Sie sich hartnäckig weigern unglücklich zu sein*. München: mvg.

Ellis, A. & Crawford, T. (2003). *Training der Gefühle in der Partnerschaft*. Frankfurt a.M.: mvg.

Ellis, A. & Hoellen, B. (2008). *Grundlagen und Methoden der Rational-Emotiven Verhaltenstherapie*. Stuttgart: Klett-Cotta.

Ellis, A. & Maclaren, C. (2015). *Rational-Emotive Verhaltenstherapie*. Paderborn: Junfermann.

Enders, G. (2014). *Darm mit Charme*. Berlin: Ullstein.

Engel, G. L. (1976). *Psychisches Verhalten in Gesundheit und Krankheit*. Bern: Huber.

Faust, V. (1989). *Depressionsfibel*. Stuttgart: Fischer.

Faust. V. (2011). *Burnout: erschöpft, verbittert, ausgebrannt*. Stuttgart: Hirzel.

Fengler, J. & Sanz, A. (2011). *Ausgebrannte Teams*. Stuttgart: Klett-Cotta.

Fengler, J. (2013). *Burnout-Prävention im Arbeitsleben. Das Salamander-Modell*. Stuttgart: Klett-Cotta.

Fengler, J. (2013). *Das kleine Buch gegen Burnout*. Ostfildern: Patmos.

Fiedler, C. & Goldschmid, I. (2010). *Burn-out – Erprobte Wege aus der Falle*. München: C.H. Beck.

Festinger, L. (1957). *A theory of cognitive dissonance*. Stanford, CA: Stanford University Press.

Fiedler, P. (2007). *Persönlichkeitsstörungen*. Weinheim, Basel: Beltz.

Figley, C. R. (Hrsg.) (1995). *Compassion fatigue: Coping with secondary traumatic stress disorder in those who treat the traumatized*. New York: Brunner/Mazel.

Flemmer, A. (2011). *Mood-Food-Glücksnahrung*. Hannover: Schlütersche Verlagsgesellschaft.

Freudenberger, H. (1974). *Staff Burn-Out*. Journal of Social Issues, 30(1), 159–165.

Freudenberger, H. & Richelson, G. (1980). *Burnout: The High Cost of High Achievement*. New York: Anchor Press.

Freudenberger, H. & Richelson, G. (1981). *Die Krise der Erfogreichen. Gefahren erkennen und vermeiden*. München: Kindler.

Freudenberger, H. & North, G. (1997). *Burn-out bei Frauen. Über das Gefühl des Ausgebranntseins*. Frankfurt a.M.: Fischer.

Fritzsche, K. & Woltemade, H. (2010). *Einführung in die Ego-State-Therapie*. Heidelberg: Carl Auer.

Frommberger, U. & Maercker, A. (2016). Posttraumatische Belastungsstörung (ICD-10 F43.1). In U. Vorderholzer & F. Hohagen (Hrsg.) (2016). *Therapie psychischer Erkrankungen. State of the Art* (S. 251–260). München: Urban und Fischer.

Fryda, W. (2004). *Diagnose Krebs*. Norderstedt: BoD.

Gigerenzer, G. (2010). *Bauchentscheidungen*. Gütersloh: rm Buch und Medien.

Giger-Bütler, J. (2010). *Jetzt geht es um mich*. Weinheim, Basel: Beltz.

Gilligan, S. G. (2004). *Liebe dich selbst wie deinen Nächsten*. Heidelberg: Carl-Auer.

Goewey, D. J. (2008). *Das stressfreie Gehirn*. Oberstdorf: Windpferd.

Gößling, H.W. (2013). *Hypnose für Aufgeweckte – Hypnotherapie bei Schlafstörungen*. Heidelberg: Carl-Auer.

Gottschalk, A. (2011). Schilddrüse. In F. Wappler, H. Bürkle & P. Tonner (Hrsg.), *Anästhesie und Begleiterkrankungen* (S. 219–224). Stuttgart: Thieme.

Gottmann, J. M. (2014). *Die 7 Geheimnisse der glücklichen Ehe*. Berlin: Ullstein

Grawe, K., Donati, R. & Bernauer, F. (1994). *Psychotherapie im Wandel. Von der Konfession zur Profession*. Göttingen: Hogrefe.

Grässer, M., Hovermann jun. E. & Botved, A. (2016). *Ratingskalen zum Einsatz in der Psychotherapie. 20 Skalen für Therapie, Beratung, Coaching*. Weinheim, Basel: Beltz.

Gross, W. (2010). *... aber nicht um jeden Preis*. Freiburg: Herder.

Green, G. (1960). *A Burnt-Out Case*. London: Heinemann.

Green, G. (1961). *Ein ausgebrannter Fall*. Wien, Hamburg: Zsolnay.

Greenberg, L. S. (2003). *Emotionale Veränderungen Fördern*. Paderborn: Junfermann.

Greenberg, L. S. (2006). *Emotionsfokussierte Therapie*. Tübingen: dgvt.

Greenberg, L. S. (2011). *Emotionsfokussierte Therapie*. München: E. Reinhardt.

Greten, H., Rinninger, F. & Greten, T. (2010). *Innere Medizin*. Stuttgart: Thieme.

Grün, A. (2011). *Ich bin müde*. Münsterschwarzach: Vier-Türme-Verlag.

Hagemann, B. & Generich, K. (2009). *Burnout-Screening-Skalen BOSS*. Göttingen: Hogrefe.

Haltenhof, H., Schmid-Ott, G. & Schneider, U. (2009). *Persönlichkeitsstörungen im therapeutischen Alltag*. Lengerich: Pabst Science Publishers.

Hannöver, W. (2012). *Motivational Interviewing als Instrument der Prävention*. Vorlesung Querschnittsbereich 10, Motivierende Gesprächsführung WS 11/12 PD Dr. phil. Dr. rer. med. habil. Wolfgang Hannöver, Institut für Medizinische Psychologie 2012. www2.medizin.unigreifswald.de/medpsych/fileadmin/use.r._upload/Dokumente/Downloads/QB10_Vorlesung_Motivierende_Gespraechsfuehrung_2012_download.pdf [08.06.2016].

Hansen, H. (2008). *A–Z der Intervention in der Paar- und Familientherapie*. Stuttgart: Klett-Cotta.

Hauser, F. & Pleuger, F. (2009). Great Place to Work: Ein Arbeitsplatz an dem man sich wohlfühlt. In B. Badura, H. Schröder, J. Klose & K. Macco (Hrsg.), *Fehlzeitenreport 2009. Arbeit und Psyche: Belastungen reduzieren – Wohlbefinden fördern* (S. 197–204). Berlin: Springer.

Hautzinger, M. (1994). *Verhaltenstherapie bei Depressionen*. Baltmannsweiler: Schneider.

Hautzinger, M. (2006). *Ratgeber Depression*. Göttingen: Hogrefe.

Hautzinger, M. & Meyer, T. D. (2011). *Bipolar affektive Störungen*. Göttingen: Hogrefe.

Hautzinger M. (1997). *Kognitive Verhaltenstherapie bei Depressionen*. Weinheim: Psychologie Verlags Union.

Heckhausen, J. & Heckhausen, H. (Hrsg.) (2006). *Motivation und Handeln*. Heidelberg: Springer.

Heller, J. (2013). *Resilienz – 7 Schlüssel für mehr innere Stärke*. München: Gräfe und Unzer.

Herpertz, S. & Zipfel, S. (2016). Adipositas und psychische Störungen. In U. Vorderholzer & F. Hohagen (Hrsg.), *Therapie psychischer Erkrankungen. State of the Art* (S. 315–322). München: Urban und Fischer.

Heyl, A. (2002). *Zwischen Burnout und spiritueller Erneuerung. Studien zum Beruf des evangelischen Pfarrers und der evangelischen Pfarrerin*. Habilitationsschrift zur Erlangung des akademischen Grades eines Dr. habil. der Theologie der Augustana Hochschule Neuendettelsau.

Hilgers, A. & Hofmann, I. (1995). *Gesund oder krank – Das Immunsystem entscheidet*. Berlin: Springer.

Hillert, A. (2004). *Das Anti-Burnout-Buch für Lehrer*. München: Kösel.

Hillert, A. & Marwitz, M. (2008). *Die Burnout Epidemie: Oder brennt die Leistungsgesellschaft aus?* München: Beck.

Hillert, A. (2014). *Burnout – Zeitbombe oder Luftnummer? Persönliche Strategien und betriebliches Gesundheitsmanagement*. Stuttgart: Schattauer.

Hinsch, R., Wittmann, S. (2010). *Soziale Kompetenz kann man lernen*. Weinheim, Basel: Beltz.

Höhler, G. (2004). *Herzschlag der Sieger*. Berlin: Ullstein.

Hoffmann, N. & Hofmann, B. (2008). *Selbstfürsorge für Therapeuten und Berater*. Weinheim, Basel: Beltz.

Holtforth, M. G. (2001). *Was möchten Patienten in Ihrer Therapie erreichen? – Die Erfassung von Therapiezielen mit dem Berner Inventar für Therapieziele (BIT)*. https://www.researchgate.net/profile/Martin_Grosse_Holtforth/publication/232252077_GrosseHoltforth2001BIT-C1/links/09e41507dab592ff07000000.pdf [08.06.2016].

Horneber, M., Fischer, I., Dimeo, F., Rüffer, J. U. & Weis, J. (2012). Cancer-related fatigue: epidemiology, pathogenesis, diagnosis, and treatment. *Deutsches Ärzteblatt International, 2012, 109(9)*. 161–172.

Hopf-Seidel, P. (2008). *Krank nach Zeckenstich. Borreliose erkennen und wirksam behandeln*. München: Droemer Knaur.

IG-Metall (2006). *Mobbing wirkungsvoll begegnen – Ein Ratgeber der IG-Metall.* Gesünder @rbeiten, Arbeitshilfe 16. http://library.fes.de/pdf-files/netzquelle/igm/mobbing.pdf [08.06.2016].

Izard, C. E. (1999). *Die Emotionen des Menschen. Eine Einführung in die Grundlagen der Emotionspsychologie.* Weinheim: Beltz.

Jackson, A. (2011). *Die zehn Geheimnisse der Gesundheit.* München: MensSana bei Knaur.

Jacobson, E. (2006). *Entspannung als Therapie. Progressive Relaxation in Theorie und Praxis.* München: Klett-Cotta.

James, W. (1884). What is an emotion? *Mind, Vol. 9, 34.* 188–205. http://gruberpeplab.com/5131/2_James_1884_WhatisanEmotion.pdf [08.06.2016].

Jason, L.A., Taylor, R.R., Plioplys, S., Stepanek, Z. & Shlaes, J. (2002). Evaluating attributions for an illness based upon the name: chronic fatigue syndrome, myalgic encephalopathy and Florence Nightingale disease. *American Journal of Community Psychology, Feb, 30(1),* 133–148.

Kabat-Zinn, J. (2010). *Zur Besinnung kommen.* Freiamt: Arbor.

Kabat-Zinn, J. (2013). *Gesund durch Meditation. Das große Buch der Selbstheilung.* München: Knaur.

Kabat-Zinn, J. (2015). *Im Alltag Ruhe finden: Meditationen für ein gelassenes Leben.* München: Knaur.

Kaluza, G. (2011). *Stressbewältigung,* 2. Auflage. Berlin, Heidelberg: Springer.

Kaluza, G. (2015). *Stressbewältigung,* 3. Auflage. Heidelberg: Springer.

Kanfer, F., H., Reinecker, H. & Schmelzer, D. (2006). *Selbstmanagement-Therapie. Ein Lehrbuch für die klinische Praxis.* Berlin: Springer.

Kaschka, W. P., Korczak, D. & Broich, W. (2011). Modediagnose Burn-out. *Deutsches Ärzteblatt, 46/2011,* 781–787.

Kast, V. (2008). *Mit Leidenschaft für ein gelingendes Leben.* Stuttgart: Kreuz.

Keetman, A. (2006). Essstörungen. In H. Reinecker, H. (Hrsg.), *Verhaltenstherapie mit Erwachsenen* (S. 41–44). Göttingen: Hogrefe.

Keller, A., Litzelmann, K., Wisk, L. E., Maddox, T., Cheng, E. R.,Cresswell, P. D. & Witt, W. P. (2012). Does the Perception that stress matters affects health matter? *Health Psychology, 31(5),* Sep 2012, 677–684.

KfH (2015). *Nierenwissen.* https://www.nierenwissen.de/chronische-nierenerkrankungen/wie-erkenne-ich-eine-nierenerkrankung [08.06.2016].

Kingston, K. (2003). *Feng Shui gegen das Gerümpel des Alltags.* Berlin: Rowohlt.

Kiefer, F., Heinz, A., Mann, K. F. & Müller, C. A. (2016). Alkoholabhängigkeit (ICD-10 F1). In U. Vorderholzer & F. Hohagen (Hrsg.), *Therapie psychischer Erkrankungen. State oft he Art* (S. 23–38). München: Urban und Fischer.

Kleinschmidt, C. (2012). *Kein Stress mit dem Stress – Eine Handlungshilfe für Führungskräfte. Das Projekt „Psychische Gesundheit in der Arbeitswelt – psyGA-transfer".* Berlin: Bundesanstalt für Arbeitsschutz und Arbeitsmedizin.

Kniffki, C. (1979). *Transzendentale Meditation und Autogenes Training – ein Vergleich.* München: Kindler.

Koch, S., Lehr, D. & Hillert, A. (2015). *Burnout und chronischer beruflicher Stress.* Göttingen: Hogrefe.

Köhler, T. (2005). *Biologische Grundlagen psychischer Störungen.* Göttingen: Hogrefe.

Komaroff, A. (2010). *Die neueste CFS-Forschung.* www.cfs-aktuell.de/Komaroff%20cfs%20 aktuell.pdf [08.06.2016].

Kondo, M. (2015). *Magic Cleaning. Wie richtiges Aufräumen Ihr Leben verändert.* Reinbek bei Hamburg: Rowohlt.

Korczak, D., Kister, C. & Huber, B. (2010). *Differentialdiagnostik des Burnout-Syndroms.* Schriftenreihe Health Technology Assessment, Bd. 105. Deutsches Institut für Medizinische Dokumentation und Information, Köln.

Korzybski, A. (1940). *General Semantics: papers from the First American Congress for General Semantics.* New York: Arrow Editions.

Korzybski, A. (1921). *Manhood of Humanity:* New York. Dutton.

Kraemer, H. (2010) *Soforthilfe bei Stress und Burn-out.* München: Kösel.

Kraemer, H. (2012) *Soforthilfe bei Stress und Burn-out*. Das Praxisbuch. München: Kösel.

Krishnamurti, J. (2002). *Einbruch in die Freiheit*. München: Lotos.

Kuhl, J. (2001). *Motivation und Persönlichkeit. Interaktionen psychischer Systeme*. Göttingen: Hogrefe.

Küstenmacher, W. T. & Seiwer, L. (2006). *Simplify your Life. Einfacher und glücklicher leben*. Frankfurt a.M.: Campus.

Küstenmacher, W. T. (2013). *Eine Handvoll Glück: 50 Einfache Rituale, die das Leben erleichtern*. München: Gräfe und Unzer.

Ladwig, K.-H., Lederbogen, F., Albus, C., Angermann, C., Borggrefe, M., Fischer, D., Fritzsche, K., Haass, M., Jordan, J., Jünger, J., Kindermann, I., Köllner, V., Kuhn, B., Scherer, M., Seyfarth, M., Völler, H., Waller, C. & Herrmann-Lingen, C. (2013). Positionspapier zur Bedeutung psychosozialer Faktoren in der Kardiologie. *Der Kardiologe, 7*, 7–27.

Lalouschek, W. (2011). *Burnout-Manual für Klinik und Praxis*. Wien: Verlagshaus der Ärzte.

Laotse (2010). *Tao Te King. Das Buch vom Lauf des Lebens*. München: O.W. Barth.

Lauderdale, M. L. (1982). *Burnout: Strategies for Personal and Organizational Life*. San Diego, CA: Learning Concepts, subsidiary of University Associates.

Le Doux, J. E. (1999). Das Gedächtnis für Angst. *Spektrum der Wissenschaft, Dossier 3*, 16–23.

Lelord, F. & André C. (2011). *Der ganz normale Wahnsinn*. Berlin: Aufbau.

Leyman, H. (1993). *Mobbing. Psychoterror am Arbeitsplatz und wie man sich dagegen wehren kann*. Hamburg: Rowohlt.

Linehan, M. (1993). *Skills Training Manual for Treating Borderline Personality Disorder*. New York: Guilford.

Linehan, M (1997). *Dialektisch-Behaviorale Therapie der Borderline-Persönlichkeitsstörung*. München: CIP-Medien.

Linden, M. & Hautzinger, M. (2004). *Verhaltenstherapiemanual*. Berlin: Springer.

Löhmer, C. & Standhardt, R. (2012). *Timeout statt Burnout. Einübung in die Lebenskunst der Achtsamkeit*. Stuttgart: Klett-Cotta.

Lohse, A. (2010). *Wenn die Wohnung krank macht*. http://www.sueddeutsche.de/geld/wohngifte-wenn-die-wohnung-krank-macht-1.554722 [08.06.2016].

Long, A. (2010). *Die 7 Geheimnisse der Schildkröte. Den Alltag entschleunigen, das Leben entdecken*. München: Heyne.

Long, S.-J. & Benton, D. (2013). Effects of vitamin and mineralsupplementation on stress, mild psychiatric symptoms and mood in non clinical samples. A meta analysis. *Psychosomatic Medicin, 75(2)*, 144–153.

Lotz, N. W. & Diekstra, R. F. W. (1991). *Rational Emotive Therapie – Eine zusammenfassende Betrachtung*. Eschborn bei Frankfurt a.M.: Dietmar Klotz.

Maaron, I. (2008). *Burnout bei Sozialarbeitern*. Hildesheim: Olms.

Maercker, A. (2004). Posttraumatische Belastungsstörungen. In M. Linden & M. Hautzinger (Hrsg.), *Verhaltenstherapiemanual* (S. 403–411). Berlin: Springer.

Mahoney, M. J. (2003). *Constructive psychotherapy: A practical guide*. New York: Guilford.

Mahoney, M. J. (1980). Psychotherapy and the structure of personal revolutions. In M. J. Mahoney (Ed.), *Psychotherapy Process: Current Issues and Future Directions* (S. 157–180). New York: Plenum.

Malik, F. (2006). *Führen Leisten Leben*. Frankfurt a.M.: Campus.

Margraf, J. & Schneider, S. (2013). *Angstanfälle und ihre Behandlung*. Berlin, Heidelberg: Springer.

Maroon, I. (2008). *Burnout bei Sozialarbeitern. Theorie und Interventionsperspektiven*. Hildesheim, Zürich, New York: Georg Olms.

Maslach, C. (1982). *Burnout – The Cost of Caring*. Engelwood Cliffs, NJ: Prentice-Hall.

Maslach, C. & Leiter, M. P. (1997). *The Truth About Burnout: How Organizations Cause Personal Stress and What to Do About It*. San Francisco: Jossey-Bass.

Maslach, C. & Leiter, M. P. (2001). *Die Wahrheit über Burnout. Stress am Arbeitsplatz und was Sie dagegen tun könnnen*. Wien: Springer.

Mathesius, R. & Scholz, W.-D. (2014). *Multimodale Stresskompetenz*. Lengerich: Pabst Science Publishers.

Meichenbaum, D. (2016). *Self-Care for Traumapsychotherapists and Caregivers: Individual, Social, and Organizational Interventions.* http://www.melissainstitute.org/documents/Meichenbaum_SelfCare_11thconf.pdf [08.06.2016].

Merod, R. (2005). *Behandlung von Persönlichkeitsstörungen.* Tübingen: dgvt.

Miller, A. L., Rathus, J. H. & Linehan, M. M. (2007). *Dialectical behavior therapy with suicidal adolescents.* New York: Guilford Press.

Miller, W. R. & Rollnick, S. (2004). *Motivierende Gesprächsführung* (2. Aufl.). Freiburg: Lambertus.

Miller, W. R. & Rollnick, St. (2015). *Motivierende Gesprächsführung* (3. Aufl.). Freiburg: Lambertus.

Müller, H. (2012). *Der erfolgreiche Umgang mit täglichen Belastungen. Programm zur Stressbewältigung. Power Point Folien für Kursleiter.* München: IFT-Gesundheitsförderung.

Müller, H. & Kröger, C. B. (2013). *Der erfolgreiche Umgang mit täglichen Belastungen. Programm zur Stressbewältigung. Handbuch für Kursteilnehmer.* München: IFT-Gesundheitsförderung.

Neff, K. (2012). *Selbstmitgefühl.* München: Kailash.

Neiser, I. (2016). S-3 Leitlinie Unipolare Depression – nationale Versorgungsleitlinie neu aufgelegt. *Report Psychologie, 3/2016,* 123–124.

Nelting, M. (2014). *Burn-out – Wenn die Maske zerbricht: Wie man Überbelastung erkennt und neue Wege geht.* München: Goldmann.

Nido, M. (2012). *Das Engagement von Lehrpersonen.* Lengerich: Pabst Science Publishers.

Nuber, U. (2016). *Eigensinn. Die starke Strategie gegen Burn-out und Depression – für ein selbstbestimmtes Leben.* Frankfurt a.M.: Fischer.

Paine, W. S. (1982). The burnout syndrome in context. In J. W. Jones (Ed.), *The Burnout Syndrome* (S. 124–137). Park Ridge, IL: London House Press.

Peichl, J. (2011). *Jedes Ich ist viele Teile.* München: Kösel.

Pelz, W. (2004). *Kompetent führen.* Wiesbaden: Gabler.

Pelz, W. (2014). *Symptome des Burnout-Syndroms.* http://www.procausa.de/wp-content/uploads/2014/11/Symptome_des_Burnout-Syndroms.png [08.06.2016].

Peters, J. (2016a). *Meine kleinen und großen Freuden. Therapietagebuch 1.* Norderstedt: BOD.

Peters, J. (2016b). *Meine kleinen und großen Stärken. Therapietagebuch 2.* Norderstedt: BOD.

Petrak, F. (2013). Depression und Diabetes mellitus. Ein gefährlicher Teufelskreis. In F. Petrak & S. Herpertz (Hrsg.), *Psychodiabetologie* (S. 127–144). Springer: Heidelberg.

Picabia. F. (2011). *Der Kopf ist rund, damit das Denken die Richtung wechseln kann.* Hamburg: Edition Nautilus.

Pines, A., Aronson, E. & Kafry, D. (1981). *Burnout: From tedium to personal growth.* New York: Free Press.

Pines, A. & Aronson, E. (1988). *Career burnout: Causes and cures.* New York: Free Press.

Pitschel-Walz, G., Bäuml, J. & Kissling, W. (2003). *Psychoedukation Depressionen.* München: Urban und Fischer.

Prieß, M. (2013). *Burnout kommt nicht nur von Stress.* München: Südwest.

Prior, M. (2015). *MiniMax-Interventionen: 15 minimale Interventionen mit maximaler Wirkung.* Heidelberg: Carl-Auer.

Rabaioli-Fischer, B. (2015). *Biografisches Arbeiten und Lebensrückblick.* Göttingen: Hogrefe.

Rau, M. (2015). *Nebennierenschwäche, Adrenal-Fatique. Selbsthilfe bei chronischer Erschöpfung.* http://www.adrenal-fatique.de/nebennieren [08.06.2014].

Reddemann, L. (2014). *Eine Reise von 1.000 Meilen beginnt mit dem ersten Schritt.* Freiburg i.Br.: Herder.

Reinecker, H. (1998). *Lehrbuch der Klinischen Psychologie.* Göttingen: Hogrefe.

Reinhard-Hennch, B. (2008). Vitamin B6 bei prämenstruellem Syndrom. Pyridoxine and PMS. *Gynäkologische Endokrinologie, 6,* 87–93.

RKI (2012). XMRV ist nicht human-pathogen und hat keine Bedeutung für die Sicherheit von Blut und Blutprodukten. *Bundesgesundheitsblatt, 55,* 1057–1060.

RKI (2015). *Erkenntnisstand zum „Chronic Fatigue Syndrome" (CFS).* http://www.rki.de/DE/Content/Gesundheitsmonitoring/Gesundheitsberichterstattung/Gesund AZ/Content/C/Chron_Fatigue_Syndrom/Inhalt/CFS_Erkenntnisstand_2015.pdf?__blob=publ icationFile [08.06.2016].

Rösing, I. (2008). *Ist die Burnout-Forschung ausgebrannt?* Kröning: Asanger.

Rollnick, St., Miller, W. R. & Butler, C. (2012). *Motivierende Gesprächsführung in den Heilberufen.* Lichtenau/Westf.: Probst.

Rosengarten, D. B. (2012). *Arbeitsbuch Motivierende Gesprächsführung.* Lichtenau/Westf.: Probst.

Rosenthal, N. (2013). *The Gift of Adversity.* New York: Penguin-Group.

Ross, A. & Neumann, R. (2007). *Fettnapf-Slalom für Manager: In 30 Tagen sicher ans Ziel.* Frankfurt a.M.: FAZ.

Roth, K. (2012). *Sexsucht. Ein Ratgeber für Betroffene und Angehörige.* Berlin: Ch. Links.

Rotter, J. B. (1966). General Expectancies for Internal Versus External Control of Reinforcement. *Psychological Monographs, 33(1),* 300–303.

Sachse, R. (2003). *Schwarz ärgern – aber richtig.* Stuttgart: Klett-Cotta.

Sachse, R. (2004). *Persönlichkeitsstörungen. Leitfaden für die Psychologische Psychotherapie.* Göttingen, Bern, Wien, Toronto, Seattle, Oxford, Prag: Hogrefe.

Sachse, R. (2006a). *Psychologische Psychotherapie bei chronisch entzündlichen Darmerkrankungen.* Göttingen, Bern, Wien, Toronto, Seattle, Oxford, Prag: Hogrefe.

Sachse, R. (2006b). *Persönlichkeitsstörungen verstehen.* Bonn: Psychiatrie-Verlag.

Sachse, R. (2006c). *Therapeutische Beziehungsgestaltung.* Göttingen: Hogrefe.

Sachse, R., Sachse, M. & Fasbender, J. (2011). *Klärungsorientierte Psychotherapie von Persönlichkeitsstörungen.* Göttingen: Hogrefe.

Sachse, R., Langens, T. A. & Sachse, M. (2012). *Klienten motivieren.* Bonn: Psychiatrie-Verlag.

Sachse, R., Sachse, M., Fasbender, J. Breil, J. & Sachse, M. (2016). *Bearbeitung von Schemata im Ein-Personen-Rollenspiel.* www.ipp-bochum.de/das_ausbildungskonzept/pkp-epr.htm [08.06.2016].

Saint-Excupéry, A. de. (1939, 2010). *Wind, Sand und Sterne.* Düsseldorf: Karl-Rauch.

Satir, V. (2001). *Meine vielen Gesichter.* München: Kösel.

Scapagnini G., Davinelli S., Drago F., De Lorenzo A. & Oriani G. (2012) Antioxidants as anti-depressants: fact or fiction? *CNS Drugs, 26(6),* 477–490.

Schachinger, W. & Schrott, E. (1999). *Gesundheit aus dem Selbst. Transzendentale Meditation.* Bielefeld: Kamphausen.

Scharnhorst, J. (2012). *Burnout.* Freiburg: Haufe-Lexware.

Schaub, A., Bernhard, B. & Gauck, L. (2004). *Kognitiv-psychoedukative Therapie bei bipolaren Erkrankungen.* Göttingen: Hogrefe.

Schaufeli, W. B. & Enzmann, D. (1998). *The burnout companion to study and practice: A critical analysis.* London: Taylor u. Francis.

Schläpfer, T. (2016). Bipolare Störungen (ICD_3). In U. Vorderholzer & F. Hohagen (Hrsg.), *Therapie psychischer Erkrankungen. State of the Art* (S. 211–218). München: Urban und Fischer.

Schleip, R. (2009). *Rückenschmerzen – Faszien im Zentrum der Aufmerksamkeit.* Medical Tribune, 41(13), 10.

Schleip, R. (2015). *Der aufrechte Mensch: 30 Übungen für eine gelöste Körperhaltung.* München: Kiener.

Schmauß, M. (2016). Unipolare Depression-Pharmakotherapie und Psychotherapie (ICD-10 F3). In: U. Vorderholzer & F. Hohagen (Hrsg.), *Therapie psychischer Erkrankungen. State of the Art* (S. 149–175). München: Urban und Fischer.

Schmid, A. (2003). *Stress, Burnout und Coping: eine empirische Studie an Schulen zur Erziehungshilfe.* Bad Heilbrunn: Julius Klinkhard.

Schmid, W. (2009). *anders denken – Arbeit am Glück: Lebenskunst und Älterwerden* (Hörbuch). Hamburg: Hoffmann u. Kampe.

Schmiedel, V. (2015). Kann man schlechte Laune einfach wegessen? *Erfahrungsheilkunde, 64,* 328–332.

Scholz, H. (1996). *Mineralstoffe und Spurenelemente.* Stuttgart: TRIAS Thieme Hippokrates Enke.

Schrott, E., Raju, J. R. & Schrott, S. (2009). *Marmatherapie – die heilende Kraft der Vitalpunktmassage aus dem Ayurveda.* München: Goldmann.

Schröder, J.-P. (2013). *Gesunde Führung statt Burnout.* Schwäbisch Hall: Steinbach Medien Networt.

Schulz von Thun, F., Ruppel, J. & Stratmann, R. (2004). *Miteinander reden.* Reinbek: Rowohlt.

Schulz von Thun, F. (1981). *Miteinander reden:* 1. Reinbek: Rowohlt.

Schulz von Thun, F. (1981). *Miteinander reden:* 2. Reinbek: Rowohlt.

Schulz von Thun, F. (1998). *Miteinander reden:* 3. Reinbek: Rowohlt.

Seidel, W. (2011). *Burnout: Erkennen, verhindern, überwinden. Die eigenen Emotionen steuern lernen. Wie neueste Erkenntnisse helfen.* Hannover: Humboldt.

Seiwert, L. (2002). *Das Bumerang-Prinzip.* München: Gräfe und Unzer.

Seiwert, L. (2006). *Noch mehr Zeit für das Wesentliche.* Kreuzlingen, München: Hugendubel.

Seiwert, L. (2011). *Ausgetickt – Lieber selbstbestimmt als fremdgesteuert. Abschied vom Zeitmanagement.* München: Ariston.

Seliger, R. (2008). *Das Dschungelbuch der Führung.* Heidelberg: Carl Auer.

Seligman, M. (2010). *What You Can Change and What You Can't: The Complete Guide to Successful Self-Improvement.* London, Boston: Nicholas Brealey.

Shazer, S. (2015). *Der Dreh. Überraschende Lösungen und Wendungen in der Kurzzeittherapie.* Heidelberg: Carl Auer.

Shazer, S. & Dolan, Y. (2008). *Mehr als ein Wunder. Lösungsfokussierte Kurzzeittherapie heute.* Heidelberg: Carl Auer.

Sloterdijk, P. (2011). *Stress und Freiheit.* Berlin: Suhrkamp.

Sobanski, H. (2012). *Der Problemlöser für Trainings und Workshops. Profitipps für den Umgang mit kritischen Situationen und fordernden Teilnehmern.* Berlin: Cornelsen.

Soyka, M. & Batra, A. (2016). Benzodiazepinabhängigkeit. In U. Vorderholzer & F. Hohagen (Hrsg.), *Therapie psychischer Erkrankungen. State of the Art* (S. 55–62). München: Urban und Fischer.

Spitzer, M. (2002). *Lernen: Gehirnforschung und die Schule des Lebens.* Berlin: Spectrum

Stavemann, H. H. (1999). *Emotionale Turbulenzen.* Weinheim: Psychologie Verlags Union.

Steffers, G. & Credner, S. (2015). *Allgemeine Krankheitslehre und Innere Medizin für Physiotherapeuten.* Stuttgart: Thieme.

Steindl-Rast, D. (2012). *Einladung zur Dankbarkeit.* Freiburg i.Br.: Kreuz.

Storch, M. & Krause, F. (2010). *Ressourcen aktivieren mit dem Unbewussten. Manual und Grundlagen für die Arbeit mit dem Zürcher Ressourcen-Modell.* Bern: Huber.

Sulman, F. G. (1974) Föhnleiden, ihre Ursachen und Behandlung. *Phys. Reh. 12*, 256–260.

Sulz, K. D. (1994). Eine kognitiv affektive Entwicklungstheorie. In K. D. Sulz (Hrsg.), *Das Therapiebuch* (S. 2–23). München: CIP Medien.

Swift J., Greenberg, R., Whipple, J. & Kominiak, N. (2012). Practice recommendations for reducing premature termination in therapy. *Professional Psychology,* online first publication, 30.04.2012, doi: 10.1037/a0028291. Referiert durch: *Deutsches Ärzteblatt für PP und Kinder- und Jugendlichen PP,* 10, 473.

Switzer, W. M., Jia, H., Hohn, O., Zheng, H., Tang, S., Shankar, A., Bannert, N., Simmons, G., Hendry, R. M., Falkenberg, V. R., Reeves, W. C. & Heneine, W. (2010). Absence of evidence of xenotropic murine leukemia virus-related virus infection in persons with chronic fatigue syndrome and healthy controls in the United States. *Retrovirology, 7*, 57.

Szomoru, S., Valentin, V., Engel, B., Lukas, L. (2006). *Borderline brach Herz.* München: Starks-Sture.

Tausch, R. (2002). *Hilfen bei Stress und Belastung.* Reinbek: Rowohlt.

Uexküll, T. v. (2002). *Integrierte Medizin. Modell und klinische Praxis.* Stuttgart: Schattauer.

Uexküll, T. v. (2013). *Psychosomatische Medizin: Theoretische Modelle und klinische Praxis.* München: Elsevier.

Ullrich, R. & Ullrich de Muynck R. (1980). *Das Assertiveness-Training-Programm ATP.* München: J. Pfeiffer.

Urach, H. (2014). *Generating Energy: Burnout-Prophylaxe und -Therapie durch Shaolin-Qi Gong*. Hamburg: disserta.

Vorderholzer, U. & Hohagen, F. (Hrsg.) (2016). *Therapie psychischer Erkrankungen. State of the Art*. München: Urban und Fischer.

Vorderholzer, U., Neumayr, C. & Stieglitz, R.-D. (2016). Fremd- und Selbstbeurteilungsverfahren bei psychischen Erkrankungen. In U. Vorderholzer & F. Hohagen (Hrsg.), *Therapie psychischer Erkrankungen. State of the Art* (S. 499–517). München: Urban und Fischer.

Wagner-Link, A. (2001). *Verhaltenstraining zur Stressbewältigung*. Stuttgart: Klett-Cotta.

Wagner-Link, A. (1996). *Sackgasse Stress?* Stuttgart: Georg Thieme.

Wallace, R.K. & Benson, H. (1972). The Physiology of Meditation. *Scientific American, 226(2)*, 85.

Ware, B. (2013). *5 Dinge, die Sterbende am meisten bereuen*. München: Arkana.

Weimer, S. & Pöll, M. (2012). *Burnout – ein Behandlungsmanual*. Stuttgart: Klett-Cotta.

Weiner, H. (1986). Die Geschichte der psychosomatischen Medizin und das Leib-Seele-Problem in der Medizin. Psychotherapie Psychosomatik *Medizinische Psychologie, 36*, 361–391.

Weiss, L. (2004). *Therapist's Guide to Self-Care*. New York, Hove: Brunner-Routledge.

Werner, E. (1971). *The children of Kauai: a longitudinal study from the prenatal period to age ten*. Honolulu: University of Hawaii Press.

Williams, R. J. & Kalita, D. K. (Eds.) (1977). *A Physician's Handbook of Orthomolecular Medicine*. New York: Pergamon Press.

Wohlleben, P. (2015). *Das geheime Leben der Bäume*. München: Ludwig-Verlag.

Wolf, D. (2003). *Ab heute kränkt mich niemand mehr*. Mannheim: PAL.

Wolf, D. & Merkle, R. (2012). *Gefühle verstehen, Probleme bewältigen*. Mannheim: PAL.

Wolf, D., Garner, A. (2004). *Nur Mut zum ersten Schritt: Wie Sie auf andere zugehen und sich ungezwungen unterhalten*. Mannheim: PAL.

Wülser, M. (2011). *Fehlbeanspruchungen bei personenbezogenen Dienstleistungstätigkeiten*. Lengerich: Pabst Science Publishers.

Yalom, I. D. (2002). *Der Panama-Hut: Oder was einen guten Therapeuten ausmacht*. München: Goldmann.

Yapko, M. D. (2002). *S.O.S. Depression*. Heidelberg: Carl Auer.

Zimbardo, P. G. (2008). *Der Luzifer Effekt. Die Macht der Umstände und die Psychologie des Bösen*. Heidelberg: Springer.

Zimmermann, M., Schurgast, H. & Burgerstein, U. P. (2000). *Burgersteins Handbuch Nährstoffe*. Heidelberg: Karl F. Haug.

Zimmermann, M. (2001). *Burgersteins Mikronährstoffe in der Medizin*. Heidelberg: Karl F. Haug.

Verzeichnis der Onlinematerialien

Alle im Text erwähnten Arbeitsblätter, Memoblätter und Comics finden Sie als Download unter http://downloads.kohlhammer.de/?isbn=978-3-17-032341-4 (Passwort: 7t0tbllw). Hier können Sie die Unterlagen im direkt für die Praxis benutzbaren DIN-A4-Format ausdrucken.[9]

Arbeitsmaterialien

Arbeitsblatt 1:   Meine Burnout-Beschwerden
Arbeitsblatt 1a: Nachbearbeitungsbogen
Arbeitsblatt 1b: Anleitung zu 1a Nachbearbeitungsbogen
Arbeitsblatt 2:   A-Z-Checkliste medizinischer Ursachen für Erschöpfung
Arbeitsblatt 3:   Checkliste psychologischer Ursachen für Erschöpfung
Arbeitsblatt 3.1:   Fragen nach Depressionsanzeichen
Arbeitsblatt 3.2:   Possnigg-Test (Burnout-Fragebogen)
Arbeitsblatt 4:   Checkliste sozialer Ursachen
Arbeitsblatt 4a: Fragen nach Arbeitsplatzfaktoren
Arbeitsblatt 5:   Checkliste environmentaler Ursachen für Erschöpfung
Arbeitsblatt 6:   Arbeitsverhalten – Checkliste
Arbeitsblatt 7:   Motivationsklärung
Arbeitsblatt 8:   Selbstsicheres Verhalten – Mein persönliches Kompetenzprofil
Arbeitsblatt 9:   Was zu tun anliegt
Arbeitsblatt 9a: Das Wichtigste und Dringendste
Arbeitsblatt 9b: Wichtig – dringend
Arbeitsblatt 10:   ACT-Hexaflex
Arbeitsblatt 11:   Partnerschaftsklärung – Matrix
Arbeitsblatt 11a: Erläuterung zu Arbeitsblatt 11
Arbeitsblatt 12:   RSA
Arbeitsblatt 13:   Vier Ebenen der Angst
Arbeitsblatt 14:   Wenn ich nur noch ein Jahr zu leben hätte – Vorlage
Arbeitsblatt 14a: Lebenszeit
Arbeitsblatt 15:   Collage-Anleitung
Arbeitsblatt 16:   Top Ten äußerer Belastungsfaktoren
Arbeitsblatt 16a: Anleitung zu 16b
Arbeitsblatt 16b: Äußere Belastungsfaktoren verringern
Arbeitsblatt 17:   Meine Ressourcen
Arbeitsblatt 18:   Burisch Burnout-Fragebogen

Memoblätter

M0:   Flussdiagramm der IBT
M1:   Spruch des Epiktet

---

[9] Wichtiger urheberrechtlicher Hinweis: Alle zusätzlichen Materialien, die im Download-Bereich zur Verfügung gestellt werden, sind urheberrechtlich geschützt. Ihre Verwendung ist nur zum persönlichen und nichtgewerblichen Gebrauch erlaubt. Jede Verwendung außerhalb der engen Grenzen des Urheberrechts ist ohne Zustimmung des Verlags unzulässig und strafbar. Das gilt insbesondere für Vervielfältigungen, Übersetzungen, Mikroverfilmungen und für die Einspeicherung und Verarbeitung in elektronischen Systemen.

M1a: Spruch von Klaus Kinski
M2:   Leiden = Schmerz x Widerstand
M3:   Liste der Krankheiten mit ausgeprägtem Erschöpfungssyndrom
M4:   Sinnvolle somatische Untersuchungen bei Burnout-Patienten
M4.1:   Namensliste B-Vitamine
M4.2:   Burnout relevante Labordiagnostikparameter
M4.3:   Verhältnisse der Mikronährstoffe untereinander
M4.4:   Mikronährstoffmangel-Tabelle
M5:   Psychologische Ursachen für Erschöpfung
M5a: Psychodiagnostikfragen bei Burnout-Patienten
M6:   Wirkung und Bedeutung einer Botschaft
M7:   Du- und Ich-Botschaften
M8:   Rückmeldung geben
M9:   Umgang mit Kritik
M10:   Umgang mit Konflikten
M11:   Bewertungen (Cave-Bewertungen in Verkleidung)
M12:   Gespräche beginnen – eine Anleitung
M13:   Mut zum ersten Schritt der Kontaktaufnahme
M14:   Auf Augenhöhe dem anderen begegnen
M15:   Die vier apokalyptischen Reiter einer Beziehung
M16:   Beziehungsengel – Beziehungsteufel
M17:   Zwölf irrationale Gedanken und ihre rationalen Alternativen
M17-1:   ABC-1
M17-2:   ABC-2
M17-3:   ABC-3
M17-4:   ABC-Hasengeschichte
M17-5:   Literaturliste hilfreicher Geschichten
M17a: Wünschenswert vs. muss
M17b: Vergangenheit ändern
M18:   Zehn Basisgefühle
M18.1:   Gedanken mit Windstärke über 7
M19:   Angst bewältigen
M20:   Depressionen überwinden
M21:   Dimensionen der Selbstsicherheit – Ziele eines Selbstsicherheitstrainings
M22:   Lernziele: Selbstsicherheit
M23:   Selbstkonzept
M24:   Persönlicher Wert
M25:   Was ist Selbstbewusstsein
M26:   Pinguingeschichte
M27:   Körperbewusstsein
M27a: Bild Burnout-Gefahr-Körper
M27b: Bild Burnout-Resilienz-Körper
M28:   Bild Burnout-Körper vs. Resilienz-Körper
M29:   Smarte Ziele
M29a: Geschichte der jungen Möwe
M30:   Wichtig und dringend Kategorien
M30a: Prokrastinationsgedicht
M31:   Golfbälle
M32:   Ablauf der Zeit
M33:   Wenn ich noch einmal zu leben hätte
M34:   Teresia von Avila
M35:   Unangenehme Situation
M36:   Erläuterung zu Memoblatt 35
M37:   Thema Alkohol – wertvolle Informationen
M38:   Burnoutstadien nach Freudenberger
M39:   Bedeutung der Stille

Rezepte

R1   Rezeptvorschlag – Ein Waldbad nehmen
R2   Rezeptvorschlag – Stille genießen
R3   Rezeptvorschlag – Seelenzeit nehmen
R4   Rezeptvorschlag – Kurz-Entspannungstraining
R5   Rezeptvorschlag – Entspannungstraining 30 Minuten
R6   Rezeptvorschlag – TCM Top Ten
R7   Rezeptvorschlag – AyurvedaTop Ten
R8   Rezeptvorschlag – Grenzen setzen als Therapeut
R9   Rezeptvorschlag – Selbstfürsorge für Therapeuten
R10   Rezeptvorschlag – Literatur zur Überwindung von Burnout

Videotipps

V1:   Prokrastination – Zeichentrick
V2:   Prokrastination – Lecture
V3:   Dankbarkeit – „A good day"
V4:   Leben vor dem Tod – Lecture
V5:   Eckart v. Hirschhausen – Pinguin-Geschichte
V6:   Marshall B. Rosenberg – Objektiv beobachten
V7:   Marshall B. Rosenberg – Präsent sein
V8:   Marshall B. Rosenberg – Lösung eines Konflikts
V9:   Bedeutung von Bindung – „Still face experiment"
V10: Burnout durch permanente Erreichbarkeit – Zeichentrick
V10: Burnout in der Pflege – Zeichentrick

Abbildungen

Abb. 1.1   Individuelles Versagen oder zu schneller Taktschlag
Abb. 1.2   Dreht das Rad zu schnell oder grübelst du zu viel
Abb. 1.3   Sind die Anforderungen zu hoch oder bist du zu schwach
Abb. 1.4   Zu hohe Vorgaben oder bist du zu langsam und zu geschwätzig
Abb. 1.5   Flocki hat Burnout
Abb. 1.6   Modell Burnout als eigenständiges Konstrukt
Abb. 1.7   Modell Burnout als Teilmenge
Abb. 1.8   Freudenberger Burnoutstadien
Abb. 2.1   Formen chronischer Depression
Abb. 2.2   Hab ich im Griff
Abb. 2.3   Burnout – das haben wir gleich
Abb. 2.4   Ohne Burnout können Sie kein Leistungsträger sein
Abb. 2.5   Unser wertvollster Mitarbeiter
Abb. 2.6   Mitarbeiterwertschätzung
Abb. 2.7   Zumutbare Pendelzeiten
Abb. 2.8   Der ausgebrannte Apotheker
Abb. 2.9   Der ausgebrannte Arzt
Abb. 2.10   Der ausgebrannte Psychiater
Abb. 4.1   ABC-1
Abb. 4.2   ABC-2
Abb. 4.3   ABC-3
Abb. 4.4   Unangenehme Situation, Entscheidungs-Flussdiagramm
Abb. 4.5   Mensch mit Kopf und Handy und reduziertem Körper
Abb. 4.6   Mensch mit lebendigem Burnout-Resilienz-Körper

Stichwortverzeichnis

A

ABC-Modell   176 ff, M1*, M1a*, M17.1*,
    M17.2.*, M17.3*, M17.4*
Abendessen   274, 278
abschalten können   27
Abstinenz   78–79
Achtsamkeitsübung   117, 213, 218 ff, 224,
    Arbeitsblatt 10*
ACT   174, 220
Act as if   192
Adrenalinmangel   39, 42
Akzeptanz,   168, 217, 220, 230, 245 AB 10*
– radikale   80, 92, 123, 174, 223, M2*,
    M35*, M36*, Arbeitsblatt 10*
Alienation   119, 226
Alkoholismus   48, M37*
Allergie   42
Anämie   43, 49
Anamnese   33, 35, 37, 76, 133, 142, 143,
    Arbeitsblatt 1*, 2*, 3*, 4*, 5*
Angst   79, M19*, Arbeitsblatt 13*
– generalisierte   88
– hypochondrische   89
– spezifische   87
Anorexie   48, 130
Anpassungsstörungen   74, 103 ff
Äon   240
Arbeitsauftrag erarbeiten   162
Atemübung   279
AVEM   158 ff
Ayurveda   272, R7*

B

Basisgefühle   186, M18*
BDI-II   160
Behandlungsplan   133, 147 ff, M0*
Belastungsstörung, somatische   109
Benzodiazepin   126 ff
Bewertung   176, 178, 180, 184, 190
Bewusstheit   214, 240, 270

Bewusstsein   218, 224
Big Five   27
Binge-Eating   131
Biopsychosozial-environmentales Modell   35
Bulimie   130
Burnout-Stadien   12, 30, Abb. 1.8*
Burnout-Definitionen   21, 23

C

Chronos   240
Chi Gong   213, 259, 260, 269, 279
Collage   166, 226, 234, 241, 252, 258,
    Arbeitsblatt15*

D

Dankbarkeit   255 ff, V3*
Depersonalisation   22, 32, 152
Depression   91, Arbeitsblatt 3.1*
– bipolare   96
– unipolare   93
Diagnostik   14, 148, 157, 161
– AVEM   158 ff
– BDI-II   160
– erweiterte Burnout-Syndrom-Diagnostik
    157
– SCL-90   160
– sinnvolle somatische Untersuchungen
    76, M4*
– Stressverstärker-Profil nach Kaluza   157
– Testverfahren   149, Arbeitsblatt 3.2*,
    18*
Dissonanz   111

E

Ein-Personen-Rollenspiel   204 ff
Entspannung   203, 213 ff, R1*, R2*, R3*,
    R4*, R5*

---

* Im Download verfügbar, siehe Hinweis auf S. 10

Ernährung 70, 258
Essstörungen 130
– Anorexie 130
– Binge-Eating 131
– Bulimie 130

F

Faszien 259
– Dehnung 259
– Training 261
Flow 255
Frühstück 269, 278

G

Gelassenheit 178, 259
Geschichten 206, M17.5*
– Geschichte der Möwe M29a*
– Geschichte des Hasen M17.4*
– Geschichte von den Golfbällen M31*
Gesprächsführung 33, 79, 130, 142, 168
Glyphosat 35

H

Handhabbarkeit 244–245
HBI 156
Hexaflex 161, 220, AB10*

I

Impulskontrolle 115–116, 190, M18.1*
individuelle Einflussfaktoren gewichten 148
individuelles Verständnis erfassen 147
Intuition 186–187, 219
Irrationale Gedanken 198, 204, 221, M17

K

Kaffee 272 ff
Kairos 240
Kameracheck 183
Killergedanken 207
Koffein 50, 53, 74, 129, 272 ff
Kohärenz 243–245
Kommunikation 139–140, 168, M6*, M7*, M8*, M9*, M11*, M12*, M13*, M14*
Konflikte 133 ff, 141 ff, M10*
Körperbewusstsein 260, M27*, M34*

Krankheitsangst 89
Kritik, Umgang mit 149, M9*

L

Labordiagnostik M4*, M4.1*, M4.2*, M4.3*, M4.4*
Lebensstiländerung 163 ff, 253 ff, R6*, R7*
Lebensstil-Balance 267
Leistungsabbau 22
Locus of control 141
Lösungsorientierung 242, 251–252, Arbeitsblatt 16*, 16a*, 16b*, M35*, M36*

M

Massage 266, 277–278
Meditation 213 ff, 239, 253, 276
– Forschung 213
Mikronährstoffe 42 ff, M4.1*, M4.2*, M4.3*, M4.4*
– Defizite 42 ff
Minimax-Intervention 148
Mittagessen 274
Mobbing 137, 140
Mother's little helpers 127
Motivierende Gesprächsführung 168 ff, Arbeitsblatt 7*

N

Negativsymptomatik 132–133
Neotenie 265
Nervensystem 242, 247
Netzwerkorientierung 242, 247–248, 262
Neurotizismus 27

O

Oberplan 191, 198, 199
Opferhaltung 133
Optimismus 242, 245, 252, 257
Organisation 23, 148

P

Partnerschaft AB 11*, 11a*, M15*, M16*
Persönlichkeitsstörung 111 ff
– andere 124

- antisoziale 115
- borderline 116
- dependente 122
- histrionische 117
- narzisstische 119
- paranoide 113
- schizoide 114
- schizotypische 114
- vermeidend-selbstunsichere 121
- zwanghafte 123

Phasenmodelle 29, Abb. 1.8*
Posttraumatische Belastungsstörungen 99 ff
Problemlösung 210, 228 ff, Arbeitsblatt 16*, 16a*, 16b*
Prokrastination 238 ff, M30a*, V1*, V2*

Q

Qualitätssicherung 12, 122

R

Rationale Gedanken 176 ff, M17*, M17a*
Rationale Selbstanalyse 193 ff
Rationale Vorstellungsübung 201, 202–203
Resilienz 242 ff
Ressourcen 165, 168, 210, 241, AB17*
REVT 201
Roundup 35
RSA 193 ff, Arbeitsblatt 12*, M17*
RVÜ 201, 202–203

S

Salutogenese 243
Schlaf 266, 274
- ausreichend 261
- Störungen 73 ff
SCL-90 160
Seeding 133, 201
Selbstfreundschaft 244–245
Selbstfürsorge 253 ff, R9*, R10*, R8*, M34*
Selbstkonzept 221 ff, M23*
Selbstmanagement 34, 142, 232
Selbstregulationsfähigkeit 34, 225, 228
selbstsicheres Verhalten 248-251, AB 8*
Selbstrückbezug 219, 231, 232, 237, 253
Selbstwert 221 ff, M23*, M24*
Selbstwirksamkeit 34, 122, 141, 167, 226, 236, 246
Sense of Coherence 243–244, 255
Sex 28, 30, 32, 62

Sinn 139
Sinnhaftigkeit 139, 244–245
Sinnlosigkeit 29, 32, 137
Smarte Ziele 235, M29*
Soziales Kompetenztraining 117, 192, Arbeitsblatt 8*, M8*, M9*, M10*, M12*, M13*, M14*, M21*, M22*
Soziales Netzwerk 248, 262
Sterbende 234
Stimmigkeit 244–245
Stressbewältigung 209 ff
Substanzkonsumstörungen 126 ff

T

Tagebuch 246
Tagesbeginn 279
Tagesende 278
Tai Chi 213, 259, 260, 269, 279
Traditionelle Chinesische Medizin (TCM) 266, R6*
Tee 38, 49, 53, 126 ff
Testverfahren 149
- HBI 156
- MBI 151
- Tedium Measure 152
Textpillen 18
Therapieziele 163 ff
Training, körperliches 260
Trauma 99 ff

U

Überdruss-Skala 152
Überlebensregel 190, 198, 226
Unsicherheit 80, 88, 161, 201
Ursachen
- biologische 37, M13*, Arbeitsblatt 2*
- arbeitsplatzbedingte 133, Arbeitsblatt 4a*, 6*
- environmentale 143, Arbeitsblatt 5*
- psychologische 76, M5*, Arbeitsblatt 3*
- soziale 141, Arbeitsblatt 4*

V

Verantwortung 233, 247
Vereinfachen 280
Vergebung 265
Verstehbarkeit 244–245
Vitamine 43 ff, M4.1*, M4.2* M4.3*, M4.4*

W

Wasser 59-60, 280
–   heißes 60, 273, 278
Wear-out 141
Work-Life-Balance 165, 244, 255
Wunderfrage 164

X

XMRV-Virus 107

Y

Yoga 213, 253, 260, 269, 279

Z

Zeit 232, 254, M30a*, M31*, M32*, M33*
–   Management 231, Arbeitsblatt 9*, 9a*,
     9b*, 14, Arbeitsblatt 14a*, 15*, M30*,
     M30a*, M31*, M32*
Ziele
–   smarte 235, M29*, M29a*
–   tägliche 239
–   therapeutische 163
Zufriedenheitserlebnisse 119, 211, 253,
     255 ff
Zukunftsorientierung 242, 252
Zwang 30, 136, 200
Zwangsstörung 90
Zwickmühle 28